国家哲学社会科学基金重点项目（16AZD010）
西北大学“双一流”建设项目
教育部人文社科重点研究基地——西北大学中国西部经济发展研究院

ANNUAL REPORT ON DEVELOPMENT OF THE SILK ROAD ECONOMIC BELT:2020-2021

丝绸之路经济带发展报告

2020—2021

马莉莉　等◎著

中国经济出版社
CHINA ECONOMIC PUBLISHING HOUSE
·北京·

图书在版编目（CIP）数据

丝绸之路经济带发展报告 . 2020—2021 / 马莉莉等著 . -- 北京：中国经济出版社，2022. 7
ISBN 978 - 7 - 5136 - 6968 - 9

Ⅰ. ①丝… Ⅱ. ①马… Ⅲ. ①丝绸之路 - 经济带 - 区域经济发展 - 研究报告 - 中国 - 2020 - 2021 Ⅳ. ①F127

中国版本图书馆 CIP 数据核字（2022）第 104032 号

责任编辑　孙晓霞
责任印制　马小宾
封面设计　任燕飞设计工作室

出版发行　中国经济出版社
印 刷 者　北京力信诚印刷有限公司
经 销 者　各地新华书店
开　　本　787mm × 1092mm　1/16
印　　张　26. 5
字　　数　514 千字
版　　次　2022 年 7 月第 1 版
印　　次　2022 年 7 月第 1 次
定　　价　98. 00 元
广告经营许可证　京西工商广字第 8179 号

中国经济出版社 **网址** www. economyph. com **社址** 北京市东城区安定门外大街 58 号 **邮编** 100011

序

自从国家主席习近平2013年9月和10月在出访哈萨克斯坦和印度尼西亚时先后提出共建“丝绸之路经济带”和“21世纪海上丝绸之路”的重大倡议以来，已经过了9年时间。9年来共建“一带一路”倡议以政策沟通、设施联通、贸易畅通、资金融通、民心相通为重点，已经从理念转化为行动，从愿景转化为现实，从倡议转化为全球广受欢迎的公共产品。

从世界经济发展史的角度来看，世界经济发展长周期带来的发展中心变迁，推动着世界经济增长极的形成与转移，目前全球经济持续萧条与衰退，推进共建“一带一路”高质量发展肩负着造就世界经济新增长极，推动全球经济复苏的任务。世界经济于1500年进入大分流时代——开始了传统与现代化的分流，由此拉开世界现代化的序幕。开始于18世纪中后期的欧洲工业革命为世界经济发展提供了驱动力，驱动世界市场和世界历史的形成，也使世界经济进入现代化时代。“过去那种地方的和民族的自给自足和闭关自守状态，被各民族的各方面的互相往来和各方面的互相依赖所代替了。物质的生产是如此，精神的生产也是如此。”[①]，工业化的发展造就了欧洲世界经济中心地位，并带动世界从18世纪到20世纪初期的经济增长，形成了现代化国家与非现代化国家的道路分异。两次世界大战之后世界经济中心转移到了美国，美国中心带动了世界经济半个多世纪的增长，推动了世界现代化的进程，进而形成“中心—外围”的世界经济结构，处在中心的是美国，紧接着是欧洲和日本等国家进入世界经济中心，而处在外围的是大量的发展中国家。“中心—外围”的世界经济结构在促进世界经济发展的同时，也造成了世界经济的失衡，使世界现代化进入发达国家与发展中国家的二元世界体系时代。20世纪80年代之后，世界经济中心向亚洲地

① 马克思，恩格斯：《马克思恩格斯选集》，第1卷，人民出版社，2012年版，第404页.

区转移，“亚洲四小龙”的成功崛起造就了东亚经济奇迹，中国20世纪80年代以后波澜壮阔的改革加快了东亚成为世界经济增长中心的进程。目前两次世界金融危机使得世界经济陷入衰退阶段，世界经济面临着恢复性发展的任务。中国倡导的共建“一带一路”倡议承担着打造世界经济发展新增长极的任务，推进共建“一带一路”倡议将进一步推动世界经济增长重心向亚洲地区转移的进程，打通亚欧大陆，实现亚欧经济一体化，使亚洲成为世界经济发展的新增长中心，带动世界经济实现新的发展。“一带一路”贯穿亚欧非大陆，把活跃的东亚经济圈、发达的欧洲经济圈、中间广大腹地经济发展潜力巨大的国家联系起来。推进共建“一带一路”高质量发展，可以把亚欧大陆各经济体联合起来推动世界经济新增长中心的形成，为开放型世界经济注入强劲动力，引领世界经济坚定复苏和稳步增长。

从中国来看，共建“一带一路”是我国对外开放的重要举措、经济外交的顶层设计、推动全球治理体系变革的主动作为、构建人类命运共同体的实践平台。9年来共建“一带一路”有力践行了上述发展定位。2016年、2018年和2021年第一、二、三次推进“一带一路”建设工作座谈会召开，2017年、2019年我国举办第一、二届“一带一路”国际合作高峰论坛，多国政要参会。共建“一带一路”倡议得到越来越多国家的积极响应和参与，目前我国与建交的180个国家中的140多个签署了共建文件，许多国际机构、大型跨国公司、非政府组织也支持参与共建“一带一路”。9年来我国与周边国家经贸投资合作明显加强，基础设施互联互通水平大幅提升。中欧（中亚）班列、西部陆海新通道、空中丝绸之路等贯通，带动内陆地区向两端开放发力，重庆、成都、郑州、西安、武汉、长沙等内陆城市正向国际化大都市转变。我国全方位对外开放新格局基本形成，通过“一带一路”建设，疏通拓展了与世界联通的路径，货物、人员流动更加便捷，为新时代加快构建新发展格局奠定了基础。

从2013年国家主席习近平提出共建“丝绸之路经济带”和“21世纪海上丝绸之路”的重大倡议以来，西北大学经济管理学院就非常重视丝绸之路经济带的研究，把这一方向作为世界经济学科的主攻方向，以马莉莉教授为带头人的团队，从2014年开始出版《丝绸之路经济带发展报告》，至今已经出版6本。第6本《丝绸之路经济带发展报告2020—2021》的主题是大变局下“内策外联”高质量共建“一带一路”。报告主体分为7章，主要研究了百年未有之大变局开辟新时代、基于全局的“一带一路”沿线价值链与产业变迁、“双循环”与“内策外联”建设“一带一路”、驱动南方基于数字经济的转型升级、南北耦合强化北方战略保障功能、东西内外互济支撑亚欧陆海贸易通道、层级生产网络的梯度联动。本次报告的特点体现在：一是在百年未有之大变局下中国所面对形势中思考和研究“一带一路”倡议。二是基于全局的“一带一路”沿线价值链与产业变迁研究“一带一路”倡议，研究了“一带一路”沿线价值链与分工格局变迁、“一带一路”沿线区域产业转型、“一带一路”沿线数字服务贸易结构与价值链分工格局。三是提出了“双循环”与“内策外联”建设“一带一路”的协同联动，研究了“双循环”的战略选择及其赋能“一带一路”建设。四是研究东西内外互济支撑亚欧陆海贸易通道，包括驱动南方基于数字经济的转型升级，南北耦合强化北方战略保障功能等。

共建“一带一路”的经济本质是创造新发展空间，在微观上表现为合作共赢、多边共赢，在宏观上表现为助推全球经济平衡。共建“一带一路”倡议提出9年，目前已经进入理论总结和政策绩效评价阶段。实践的推进，也为我们进一步学术研究提出了一些重大问题：如何把共建“一带一路”做成历史性的国际合作创新工程，如何使共建“一带一路”助推构建国内国际双循环，如何构建“一带一路”更高水平开放型经济新体制，如何提高互联互通建设的数字化水平，如何实现中国与沿线国家客观存在的经济结构中的供需匹配，等等。

学术研究的出发点是经验观察，而在经验观察基础上理论总结和创新是最高境界。马莉莉教授作为带头人出版《丝绸之路经济带发展报告》已有6本，我是最初的参与者，也是6本的见证者，期望该报告能不断地坚持出版下去，更期望能够在理论总结上结出硕果。《丝绸之路经济带发展报告》第6本出版之际，马莉莉教授接任了西北大学经济管理学院的院长，我也期望马院长能够领导学院继往开来，使得学院能够在学术研究和学科建设的正路上奋力前行，保持学院学术事业的薪火相传。

是以为序。

任保平

2022 年 7 月于西安

前　言

自21世纪以来，世界生产方式及经济格局都发生了根本性变化，并深刻左右着世界政治经济秩序走向及中国提出的“一带一路”共建倡议。本报告在深入剖析时代变迁和“一带一路”建设进展基础上，探究“双循环”新发展格局的内在逻辑，并提出“内策外联”建设“一带一路”的路向选择。

一、百年未有之大变局的实质

垄断生产方式是美国走上世界经济格局主导地位的根基，但其脱胎于垄断生产方式的模块网络化，是一种循环累积强化的新型发展机制。它在微观层面因要求政府与市场有机联结、协同发展而重构市场关系，因碎片化生产与消费对数字、网络、平台、智能等联结科技产生巨大需求而孕育新科技产业革命；因驱使生产流程碎片化及平台联结枢纽更为集中化而重构生产关系。由此，新生产方式累积循环发展的结果，不仅颠覆了既有垄断体系，也开辟了指数级增长的、全新的社会生产分工系统，从而为百年未有之大变局提供强劲的变革原动力。从中国所面临的形势来看，第一，中国拥有变革生产方式继而影响世界经济格局的潜力及不确定性；第二，中国面临重构国际经济治理体系的挑战；第三，中国仍须应对世界经济格局转型过程中的复杂阻力。

二、基于全局的“一带一路”沿线价值链与产业变迁

“一带一路”建设经历发起倡议、形成顶层设计、转向高质量建设几个发展阶段，已经取得显著进展，与140个国家、31个国际组织达成合作意向。

从实质性建设内容来看，其主要是聚焦合作基础良好、意愿强烈的重点国家，围绕制度政策协调、软硬件开放连接、内外开放平台与机制等领

域加强建设。并且，在“一带一路”沿线国家和地区不断增加投资，亚洲成为最主要的投资区域，制造业投资所占比重最大。这对于深化“一带一路”沿线的经贸合作、变革价值链、驱动产业转型产生了积极的作用。

由于模块网络化新生产方式是驱动世界经济格局变迁的根本力量，仅孤立地考察“一带一路”沿线国家和地区，难以揭示其发展变化的实质及根源。因此本报告从全局视角，也就是从模块网络化发挥作用的整体世界经济格局出发，来考察“一带一路”沿线地区价值链及产业变迁的属性与特征。

通过对“一带一路”参与合作的国家和地区属性、数据可得性等进行分析，结合不同价值链测度方法，本报告遴选展开价值链及分工格局、产业转型分析的不同样本对象，并确定基于广义商品分类及国家出口复杂度衡量沿线国家和地区的价值链地位、分工关系与格局。

分析结果表明，“一带一路”启动建设以来，世界主要区域进一步转向联结东亚区域生产网络，后者经过适应性调整后继续发展。在此背景下，通过国家或地区出口复杂度的比较可知，第一，东亚国家和地区处于出口复杂度较高的价值链地位；第二，参与“一带一路”建设的诸多国家价值链地位偏低；第三，“一带一路”启动建设后，沿线地区一改次贷危机后价值链地位下滑局面，转而普遍攀升。可见，参与生产流程的中间产品分解、资本品总装的国家和地区，在“一带一路”沿线价值链中的地位攀升显著；而诸多参与建设方虽因参与建设获得发展，但因提供初级产品价值链地位上升发展相对有限。

从分工格局的角度分析可知，“一带一路”沿线国家和地区普遍转向强化与东亚区域生产网络的联结，主要外围国家强化与东亚展开贸易联系的特征更为突出，这进一步强化了中国作为东亚区域贸易主导国家的地位。“一带一路”启动建设后，外围国家向东亚出口的商品结构有小幅度优化。

从“一带一路”沿线区域产业转型来看，经济重心进一步向东亚转移，沿线相关国家和地区产业转型有所分化，主要是诸多国家和地区生产制造能力普遍薄弱，尚未实现工业化，而主要依循比较优势走向差异化发展。特别是部分具有能源、矿藏等初级产品优势的国家，越趋转向发展初级产品产业，因而“一带一路”建设启动期间，较多沿线国家和地区的先进产业仅表现出极其微弱的增长；并且“一带一路”沿线相关国家和地区总体有所边缘化。与此同时，中国则逐步向后工业化转型，并跻身世界制造与经济中心；就内部发展而言，表现出向以长江经济带为代表的南方聚集。

与此同时，数字服务贸易已经成为“一带一路”沿线国家新的贸易增长点。基于WIOD数据库，采用全球多区域投入产出模型和实证计量模型分析可知以下四点。①各国数字服务出口，国内和国外增加值的差异性非常显著，中国、德国和英国的出口增加值规模位列前三，印度的信息通信业和英国的金融保险业极具国际竞争优势。②商业服务的全球价值链参与度最高，信息服务最低；大多数国家出口国外增加值大于间接国内增加值，发达国家在分工中处于绝对优势，但中国和印度等部分发展中国家呈快速提升态势；中国数字服务贸易“大而不强”，特别是信息通信和视听文娱部门亟待转型。③各国电信和信息服务的分工地位呈先降后升态势；日本的电信和信息服务优势最为显著，印度次之。④垂直专业化、创新能力和互联网应用对分工地位均为正向影响，并且其对商业服务、信息通信和视听文娱的影响最大；贸易渗透率具有显著负向效应，对发展中国家的影响更大；发展程度和人均国内生产总值（GDP）的影响均为正向。

三、“双循环”新发展格局的选择与赋能“一带一路”建设

面对巨大的机遇与挑战，中国转向发展与安全并行的“以国内大循环为主体、国内国际双循环相互促进”的新发展格局成为必要选择。

所谓发展，就是既要看到驱动新生产方式发展的核心目标与根本任务，又要明确唯有中国最具引领的基础与条件，还要清醒地认识到只有依靠自身来应对重重阻力，才能立足自主驱动新型发展；所谓安全，就是在利益摩擦贯穿新旧生产方式、新旧格局转换过程始终的背景下，全方位地为驱动新生产方式发展强化安全保障。“双循环”新发展格局就是把大变局下中国所拥有的先机与潜力，以及环境和复杂形势结合起来，以提高防控能力与抗压水平为保障，依赖公共治理创新，通过扩大内需，创造新消费、新场景，以进口对等交换出口等方式，聚集最大规模的特别是驱动新科技的消费需求；而后依托“南方战略”制造群落，在治理现代化基础上驱动新科技、新模式、新生产的转型升级；通过与东亚联动扩大规模经济效应，

以及辐射带动"一带一路"与世界其他区域发展。其内涵在于：内源式驱动新生产方式发展是主旨，由内而外扩容异质消费需求是引擎，自内而外驱动产业链网升级是核心。"立足自主、联动内外"驱动现代化转型成为"双循环"新发展格局的核心要义，"内策外联"高质量建设"一带一路"成为"双循环"重要组成部分。

在"双循环"新发展格局下，"内策外联"建设"一带一路"的内容包括以下三个方面。一是建构"南北耦合支撑、陆海内外联动、东西双向互济"的空间布局以保障"发展—开放—安全"的协同并进，即依托长江经济带、华南等战略制造群落作为核心支撑平台，创新公共治理，驱动新科技产业革命；联动东西两条生产流通廊，多元化能源原材料输入和产品输出，保障能源原材料安全供应；北方安全带依托南方生产制造聚集群落提供技术与产业支撑，又为其提供基础性安全保障。二是通过产业聚集与运作、要素与商品吞吐流动，形成东西互济、内外联动的可持续发展生态，联结东亚、欧洲、北美洲等层级区域生产网络，敏捷服务于北美洲、欧洲、东亚中心市场，从而构建起与世界消费市场、生产国、能源国、通道国之间命运相关、共生共荣的协同发展、开放合作、安全保障格局。三是在改善旧治理体系下缺乏主导权的被动处境过程中，通过发展，来争取新治理体系框架下更多的话语权和影响力，为新生产方式发展、国际分工格局重构开辟路径、提供保障；由此驱动循环累积效应，以推进世界经济格局变革。由于治理体系变革有赖于生产方式和经济格局的变迁，"内策外联"建设"一带一路"以驱动现代化转型，成为"双循环"可持续建构的内在要求和支撑保障，也是重构世界格局的关键起步。

四、驱动南方基于数字经济的转型升级

数字技术虽然源于信息技术，但是数字经济截然区分于信息经济，它最终将再生产循环的主客体都作为数据来源与决策对象，在基于大数据的算法下，提供供求精准、敏捷的对接方式，从而加速再生产循环及社会经济系统的重构。

数字经济虽然带来科技创新、分工深化的指数级爆发，但是也使个人、社会、国家、人类面对前所未有的考验和挑战，数据安全及其规制成为与

数字经济共生的重要组成部分。

随着数字产业化、产业数字化、数字化治理在数字基础上的互动作用，数字经济生态将不断演化，并逐步渗透、重构社会经济系统及世界政治经济格局。

中国国内分工格局具有独特属性，南方因交通基础设施便利、要素资源充裕、经济基础良好等条件，而成为生产消费网络的主要分布区域，由此为引领中国的数字化转型奠定了重要基础。近年来，长三角、珠三角引领的南方在数字化转型方面，也不断探索、锐意创新，取得了一定进展。

五、南北耦合强化北方战略保障功能

北方诸多地区肩负多重国家安全使命。黄河流域覆盖9个省份，延伸至新疆，不少地区生态环境脆弱、水资源丰裕、发展水平低下、多民族聚居，其中陕西、山西、新疆等地还是煤炭、石油、天然气等重要能源的供应地，而“三股势力”在西北边疆仍有影响。东北曾是中国重要的工业基地，在国家转型升级过程中，老工业基地再开发责任重大；在“冰上丝绸之路”开发过程中，东北是北向开放的重要窗口；然而，其在市场条件、要素基础、规模效应等方面均呈竞争力下滑的态势；与此同时，东北又是国家重要的粮食产地，是保障粮食安全的一大承载地。因此，保障能源安全、生态安全、水安全、主权安全、民族和谐等成为这些地区承载的重要使命。

在北方发展基础薄弱、南方因生产规模效应扩大而不断吸聚工业制造的背景下，北方又面对多元化且任务艰巨的安全保障任务，这使北方地区局限于区域内寻求出路的难度大幅度上升。与此同时，南方的可持续发展依赖于北方提供可靠的安全保障，南方形成的科技、生产能力则为北方发展提供物质基础。由此，南北方形成互动支撑的耦合关系，充分利用南方产业集聚继而科创能力提升的基础与资源，加强北方与南方合作，与南方联动开发创新安全保障技术、机制等，进而提升国家安全保障功能，这对于北方可持续发展与维护国家根本利益而言甚为重要。从能源、反贫困、黄河流域生态环境保护等领域探究南北耦合支撑的路径，成为实现共赢的必经环节。

六、东西内外互济支撑亚欧陆海贸易通道

随着南方生产制造群落的巨型网络规模效应提升，其产生的“虹吸效应”更为显著。亚欧陆海贸易大通道的建设对国家发展与安全的意义重大。一是创造类似沿海的便利流通条件，有利于提高沿途区域市场潜力及发展能力，从而有助于扭转北方经济整体滑坡的局面；二是为黄河流域高质量发展这一国家重大区域战略提供关键开放平台，以有助于该资源短缺、基础薄弱的相对落后地区通过开放环境来吸聚资源、促进集聚；三是北方作为国家重要的能源、粮食、生态、民族、水等安全保障聚集区，通过“大通道”来扩大内外开放，补齐资源与技术短板，提高安全保障能力；四是以创新方式为国家现代化发展提供安全保障等。

鉴于亚欧陆路联结的复杂性、不确定性及多元风险，本报告突破以交通设施建设为核心的“大通道”建设方式，提出以集结枢纽及其集疏网络建设为驱动引领，由陆港集疏体系，到数字线上集疏体系，再到空港集疏体系的滚动升级建设方式，在并行深化亚欧生产消费体系互动联结的过程中，循序建构流通功能及大通道本身。

从集结枢纽建设来看，需要加强双向网络及联运通道建设，建构并优化全服务链运营，以及扩大多元联动效应以增强对本地经济发展的辐射力。从“数字丝路”的建设来看，需要依托陆港集疏网络多元拓展跨境商贸平台及网络，定制化布局海外仓网，以中心数字港的专业化服务链来提升数字商贸运营能力。随着亚欧经贸敏捷联动水平的提升，空港集疏体系布局的重要性大幅度提升，在空运集结枢纽及集疏体系完善建设的过程中，不断强化亚欧陆海贸易大通道的基于数字的多层次多式联运线路网建设。随着亚欧联通水平及需求的攀升，内向优化自贸试验区的全流程开发开放服务，对外依托集结枢纽建立自由贸易区网络，并与硬件设施强化开放联动，成为亚欧陆海贸易大通道建设的内在要求。由于亚欧陆海贸易大通道建设是一个与促进亚欧经贸往来深化并进的过程，这决定了建设的复杂性、长期性和艰巨性。与建设需求相匹配，有必要依据所需服务的公共性程度，创建国家与地方上下层级联动、地方间竞合式协作并行的组织机制；并通过优化顶层设计、强化定制式配套，来统筹推进建设重任。

七、层级生产网络的梯度联动

在新兴生产方式和新科技革命的深刻影响下，全球生产消费系统将展开新一轮的转移与重构，层级市场与层级区域生产网络的联动结合成为潜在走向。结合“一带一路”沿线相关区域生产消费的分布，中国在自主转型升级过程中，主要聚焦三大中心市场、亚非拉次级区域消费市场，联动占主导地位的东亚区域生产网络，包括中东欧在内的欧洲和环印度洋次级区域生产网络，强化供求对接和陆海联动，以带动“一带一路”建设及沿线区域转型升级。从中国—东盟“大网群”电力互联网建设、中欧制造业分工深化、中国与中东欧区域贸易便利化、亚非产消网络的多元对接等不同角度探究层级生产网络化联动的重要领域与政策选择。

目　录

Contents

第一章　百年未有之大变局开辟新时代

第一节　20世纪美国走向主导世界经济格局

20世纪，世界由殖民体系走向两极格局，并随着冷战结束走向“一超多强”的多极格局。美国在引领第三轮科技产业革命过程中，逐渐占据世界生产体系的主导地位，并循序建构、强化对国际经济治理体系的影响与控制力，成为国际政治格局中的“超级大国”。到20世纪后期，美国越趋主导世界经济格局。

一、世界经济与世界经济格局

世界经济是建基于各国国民经济并跨越其外，相互关联的全球范围的经济活动。钱俊瑞认为，世界经济是资本主义生产方式发展到一定阶段的产物。[①] 陶大镛认为，世界经济是在各个国民经济及其组成部分的基础上结合起来的一种全球规模的有机经济体系。徐采果指出，世界经济是以自身物质生产为基础而不断进行的再生产运动。[②] 褚葆一和张幼文则认为，世界经济是由几种不同类型的社会生产方式所构成的“复合型社会生产方式”，是由主权国家干预下的再生产过程，及各国再生产过程相互联系所构成的共同运动有机整体。[③]

作为全球规模的经济活动，世界经济并不从来就是整体，而是随着再生产运动范围不断扩大，由局部延伸到越趋广泛的区域，乃至全球，世界经济体系的有机联结程度不断提升。沃勒斯坦在其著作《现代世界体系》中开创性地研究了现代世界体系的构成部分和运行规律，揭示出资本主义中心地带与边缘或半边缘地区间相互联系所构成的不平等体系。超越国家之外，世界经济体系的有机构成及其运动变化值得关注。

陶大镛指出，世界经济格局是一个世界经济的地缘政治学概念，按一般的理解，

---

① 钱俊瑞．世界经济概论[M]．北京：人民出版社，1986.

② 徐采果．世界经济概念及世界经济学研究对象[J]．世界经济文汇，1987(3).

③ 褚葆一，张幼文．世界经济原理[M]．北京：中国财政经济出版社，1989.

是指世界经济中不同地区、不同类型的国家或国家集团间的力量对比、组合及相互间的关系。世界经济格局对世界经济体系的结构、功能、特征、运动和变化进行了综合性概括，生产与分工特征、经贸治理体系、国际货币与投资、等级属性等成为研究焦点。[①] 随着全球治理备受关注，源于地缘政治学的地缘经济学、地缘政治经济学逐步发展，产业、能源、货币等被认为是地缘政治经济关系及全球治理的核心对象；[②] 并通过地缘经济关系和地缘政治关系的互动，[③] 深刻影响世界经济格局。

可见，世界经济格局为揭示世界经济体系构成及其矛盾运行规律提供了工具与方法论。其中，占主导地位的再生产过程、国别、区域及相互间形成的政治经济关系，决定了世界经济格局的基本属性与特征。

作为空间范围不断扩张的生产力与生产关系、经济基础与上层建筑矛盾运动的产物，世界经济归根结底是由跨越国别和地区的无数再生产过程复杂联结而成的。决定再生产过程的基本因素，都将在国别、区域乃至世界层面以不同的方式表现出来。

从再生产过程的基本属性来看，生产方式从微观层面决定了生产与再生产的生产力特征及生产关系属性，也决定了价值创造和价值分配的基本方式及其利益格局。在社会再生产运动中，生产方式由历史演化而成，生产力水平无法跨越选择，而由生产技术条件决定，与再生产过程紧密相关的各个重要组成部分，均是社会主体博弈、较量的焦点，其中包括：决定生产关系的基本规则制度，其主导价值创造及其分配的方式；主要的生产要素，影响价值创造来源；生产过程的核心组成部分，影响价值初次分配的格局；交易过程中的一般等价物，影响价值及利益再分配。在社会主体力量对比所决定的生产关系属性下，再生产循环产生相应的利益分配格局，进而决定不同社会主体的博弈能力及左右生产关系属性的力量对比格局。这构成了再生产循环往复中，生产力与生产关系、经济基础与上层建筑矛盾作用的基本过程。

随着再生产过程由局部扩张联结至更广泛的国别、区域，生产方式内部、经济基础与上层建筑、国际政治经济等各层面的矛盾运动更为复杂；但人类社会的繁衍属性及再生产过程的统一性决定物质资料再生产及其基础上的价值创造、利益分配始终处于核心矛盾的地位。全球再生产过程的联结化、一体化是一个漫长的历史过程，经历工业革命前分散、局部的生产发展，到工业革命后资本主义生产体系大幅度扩张联结范围，世界经济体系的有机联结程度显著提升。与局部空间生产方式矛盾运动有所区分，跨越世界甚至全球范围，在全球一体化再生产尚未形成之前，世界经济将是多元

---

① 陶大镛．世界经济新格局研究[M]．北京：北京师范大学出版社，2001：3.

② 王铮，胡敏，王宇．新地缘政治经济结构进化与治理[M]．北京：科学出版社，2017.

③ 陆大道，杜德斌．关于加强地缘政治地缘经济研究的思考[J]．地理学报，2013(6)：723－727.

生产方式基础上的再生产矛盾运动复合体；而占据主导地位的生产方式及其基础上的再生产系统，决定了世界经济体系的主要属性及其格局特征。

由此，基于世界范围内再生产运动的属性，世界经济格局的主要组成部分及其内在作用机制包括以下四个方面。第一，占主导地位的生产方式通过微观层面再生产循环的往复运动，决定相关国家和地区分别处于不同的生产分工地位，从而形成国际分工格局。第二，生产方式所包含的生产力水平及基本生产技术条件，决定影响再生产过程的主要规则制度、主要生产要素、等价物等关键因素的具体内容，因为深刻影响价值创造与利益分配，它们成为各方国际力量竞相角逐的目标与对象，围绕此所形成的制衡结构称为“国际经济治理体系”。第三，国际经济治理体系的建构，既取决于再生产循环往复运动即国际分工格局，使各关键因素得以运作并发挥重要作用；又受制于国际力量对比即国际政治格局，其影响各关键因素的实质内容；进一步，各关键因素又反向影响再生产循环，继而影响国际分工格局。第四，国际分工格局决定了再生产循环中不同主体、地区和国家不同的利益分配，从而为国际力量对比提供物质基础，并深刻影响国际政治格局。在生产方式、国际分工格局、国际经济治理体系、国际政治格局的矛盾运动过程中，世界经济体系动态演化，并在各环节矛盾作用相对稳定的状态下形成相应世界经济格局（见图 1－1）。

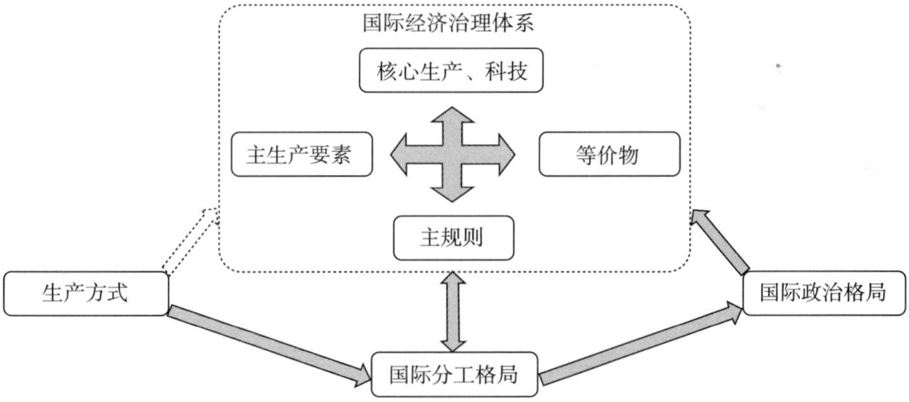

图 1－1 世界经济格局的基本构成

二、美国由引领产业革命到主导国际经济治理体系

美国独立战争以后，工业革命从北方开始兴起，并逐步席卷整个国家。19 世纪中期，南北战争爆发后，工业资本主义的主导地位得以稳固确立。生产关系的调整大幅度释放生产活力，美国迎来工业化高速发展阶段，兴起以钢铁、机器制造为主的新一轮科技产业革命。到 19 世纪末，美国已完成产业革命，由农业国转变为新兴工业国，

并超越英国成为经济最发达的国家。进入 20 世纪，美国在持续引领科技产业革命的过程中，不断加强对世界经济运行关键环节的影响和控制力。

第一，引领先进科技并占据国际垄断资本主导地位。在越趋坚实的工业基础上，美国在电气、汽车制造等领域的技术创新，使电气、石化、汽车等新兴工业快速发展，进一步推动工业化国家的升级。生产技术条件的改善使资本有机构成大幅度提升，生产方式由以中小企业自由竞争为主，转向垄断财团占主导地位，美国最早进入垄断资本主义时代，并成为世界经济发展中心。两次世界大战期间，美国因远离战场且大量供应物资而持续获得发展；大萧条虽然对整个资本主义体系产生严重冲击，但是凯恩斯主义的推行使美国率先转向国家垄断资本主义，有效需求不足矛盾的相对缓和为生产力进一步发展创造了条件。两次世界大战后，美国再次引领电子计算机、生物、航天、新材料等新领域的科技产业革命，20 世纪后期，美国继续引领信息、网络、生物等领域的科技革命，经济实力不断上升；而随着殖民体系瓦解，资本主义一体化市场得以扩张，以跨国公司为主导的国际垄断资本主义迅猛发展。美国在掌握先进科技的基础上，成为拥有跨国公司最多的国家。到 2001 年，美国拥有世界 500 强上榜企业的数量达到历史最高峰，有 197 家企业上榜，上榜企业收入占到 500 强企业总收入的 42%。[①] 而 1995 年，日本在达到最高纪录的时候，有 149 家企业上榜，只比同时期的美国少 2 家；但随着《广场协议》的签订日本经济陷入衰退，日本企业的影响力相应减弱，美国跨国公司的主导地位越趋强化。

第二，扩张资本主义自由市场经济规则体系。20 世纪前半期，美国等主要资本主义国家已经由自由竞争转向垄断继而转向国家垄断，但在国际范围内，发达工业国仍然着力推行自由资本主义。随着殖民体系的瓦解，世界分为资本主义国家和社会主义国家两个阵营，世界经济呈现“两个平行市场”。战争冲击及国家干预的影响，使资本主义市场陷入分割。1947 年，美国等发达工业国主导的关税及贸易总协定在日内瓦签署，其宗旨就是通过削减关税和其他贸易壁垒，促进国际贸易自由化。此后，关贸总协定作为资本主义世界的多边贸易机制，先后经过八轮谈判，成员国工业品平均关税税率大幅度下降，非关税壁垒得以减少；到 20 世纪七八十年代，国际贸易规则还被扩大至农产品、服务业，知识产权和投资问题等也逐步被纳入谈判议题。在苏联主导的社会主义阵营，参与方主要实行计划经济，经济体之间相对封闭；但集中国内资源驱动工业化，使苏联、东欧等社会主义国家同样发展迅猛。对于相对独立的苏联及社会主义阵营，美国主要采取总体遏制、和平演变、经济封锁等战略。直到 20 世纪

① 2002 年世界 500 强排行榜[EB/OL]. 财富,2002－10－01. http://www.fortunechina.com/fortune.

80年代后半期，苏联戈尔巴乔夫上任，推行了人道的民主社会主义新思维、新改革，致使社会主义方向发生偏转，社会主义阵营趋于瓦解。很快，苏东政治、经济、社会矛盾迅速激化，并最终导致苏东剧变、苏联解体。对于转型国家，美国联合国际货币基金组织，着力推销以新自由主义为指导的“华盛顿共识”，推动其实施以“私有化、自由化、市场化、稳定化”为核心的“休克疗法”，加速其向自由资本主义市场经济转变。对于拉美、东亚等发展中国家，美国也在债务谈判、经贸协议中输入新自由主义变革内容，从而使资本主义市场一体化的范围大幅度扩张、自由化强度显著提升。与此同时，凭借领先的国际竞争力，美国等发达工业国在自由世界市场中快速转向国际垄断资本主义。在社会主义阵营、发展中国家纷纷放弃、降低国有经济比重，放任自由贸易，减少政府干预的过程中，资本主义自由市场经济一体化空前高涨。1995年，世界贸易组织（WTO）取代关贸总协定，正式运行，这在一定程度上标志着美国主导的资本主义自由市场规则体系达到了前所未有的历史高度。

第三，确立并巩固美元国际货币地位。战前，资本主义国家普遍实行金本位制，并在此基础上形成国际金本位制。两次世界大战彻底摧毁了英国等老牌工业国在世界经济中的统治地位，而1945年，美国GDP占到了世界的56%，工业产值占到世界的40%以上，黄金储备更是占到75%。在强大工业和经贸实力基础上，美国开始主导国际货币体系的重建。1944年，布雷顿森林会议最终抛弃英国凯恩斯提出的方案，而选择了以美元为中心建立国际货币体系的怀特方案。布雷顿森林体系确立了美元与黄金相挂钩、其他国家货币与美元相挂钩的固定汇率制；成立国际货币基金组织和世界银行，前者负责调节国际收支、维持汇率稳定，后者则促进国际投资，由此建立起以美元为中心的保障外汇自由化、资本自由化的国际货币金融制度。20世纪60年代至70年代初，美国深陷越战泥潭，导致经济实力有所削弱、国际收支出现逆差，大量黄金储备外流，影响到美元国际信用，美元危机频频爆发。1971年，美国停止向国外中央银行出售黄金。1973年，主要西方货币对美元实行浮动汇率，布雷顿森林体系瓦解。中东战争爆发后，石油输出国组织（OPEC）减产保价，石油价格飞涨，西方国家陷入滞胀。1974年，美国与沙特签署“石油美元”协议，石油销售以美元计价。美元与黄金解绑，转为锚定石油这一世界工业血液，实际上进一步巩固了美元信用货币在国际货币及经贸体系中的主导地位。

第四，强化对国际能源石油的干预与影响力。19世纪中后期，工业革命的迅猛发展催生能源革命，近代石油工业在美国诞生。不到20年，标准石油公司即成为世界第一个石油“巨头”，在美国石油产量占到世界总产量70%～80%的时期，洛克菲勒的标准石油公司几乎控制了美国90%的石油市场。由于反垄断，标准石油被美国最高法院分拆；随后，由埃克森、美孚、BP、壳牌等美英巨头重组成的石油“七姐妹”，进一步开启世界石油业的“寡头垄断时代”，它们全面掌握中东油气资源，几乎控制了除北美以外90%以上的原油生产、油气输送、炼油和销售。1960年，石油输出国组织成立，以协调成员国石油政策、维护自身利益。从提高利润分成，到利比亚、沙特、伊朗等国纷纷收回本国油气所有权，以及1973年后，OPEC采取减产、禁运、提价等方式联合抬价，“七姐妹”巨头体系瓦解。为了应对石油危机，美国主导的西方主要能源消费国于1974年成立国际能源署，以协调能源政策，减少对进口石油的依赖；此外，美国还建立石油期货市场，推出石油美元，以及利用海外军事基地，控制石油运输通道等。从此，美国由以往对国际石油资源的直接垄断，转为运用经济、贸易、金融、军事等多种手段影响、控制国际石油市场及其定价权。

世界核心生产与技术、国际经贸规则、国际货币、主要资源，是影响世界经济运行的关键环节，美国在强大工业和经贸实力基础上，分别建构起维护自身利益的组织架构和权力机制，从而确立以美国为主导的国际经济治理体系。

三、美国主导世界经济格局的机制

顺应、驱动、巩固资本主义垄断生产方式的变革，使美国在20世纪成为世界经济体系运行的主导者，世界经济格局呈现相应特征。

第一，资本主义由竞争走向垄断的生产方式是“美国时代”兴起的根源。资本主义由竞争走向垄断的生产方式主要取决于生产的技术条件，即通过规模扩张实现收益递增效应。19世纪末，重工业的兴起大幅度提升了资本的有机构成，基于规模基础上的垄断生产方式占据主导地位，美国率先在钢铁、汽车、化工等重工业领域取得技术突破及规模优势，从而奠定其越趋稳固的竞争地位。20世纪后半期，规模经济进一步提升，由国内垄断延伸到国际垄断，由上下游垂直一体化，到多元化经营的水平一体化，规模扩张所带来的国际竞争力提升。到20世纪末，跨国公司总产值已经占到资本主义世界总产值的1/3，它们控制了国际贸易的50%以上、工艺研制的80%、生产技术的90%、国际技术贸易的75%左右。而美国一直是拥有跨国公司数量最多的国家，其所拥有的生产与技术垄断不断强化美国在世界经济体系中的领先国家地位（见图1－2）。

第二，国际自由经贸规则保障垄断的竞争优势及其利益。虽然垄断或规模经济高度已经成为竞争力的决定因素，并且，20世纪二三十年代的资本主义大危机暴露出自由市场体系的弊端，国家垄断资本主义登上历史舞台；但是美国在国内垄断企业竞争力显著的基础上，主导构建以“自由贸易、自由市场”为主旨的国际经贸规则体系。

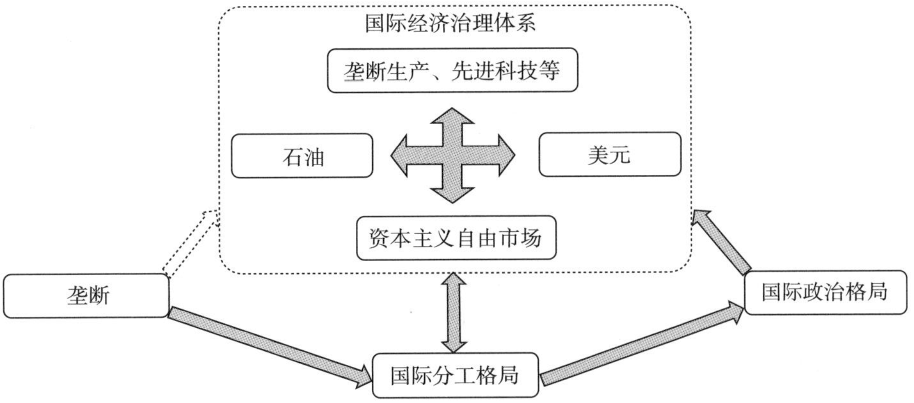

图 1－2　美国主导的世界经济格局

特别是在20世纪八九十年代，美国即使在国内摒弃供给学派等新自由主义执政方案，但仍系统化地将新自由主义政策体系向发展中国家、转型国家输出；并在苏联解体后，大力推动资本主义自由市场经济基础上的全球化。国际自由经贸规则以过程公平竞争的假象，掩盖了各方参与竞争实力悬殊的现实，从而使垄断资本得以在全球范围内不断扩张，实现并强化竞争优势，成长为国际垄断资本，扩大垄断收益。

第三，在生产和科技领域分别掌握和占据垄断权与引领地位、决定价值分配的优势地位。20世纪上半期，在欧洲老牌工业国忙于战争期间，美国完成了垄断生产方式基础上的生产技术和产业体系变革，并占到世界工业生产的40%。资本主义制度的运行，保障了垄断资本在价值分配中的稳固利益。战后，日本和欧洲主要工业国在加快重工业等产业升级过程中，不断缩小与美国之间的差距；甚至在20世纪80年代，日本汽车制造业一度对美国工业造成冲击。然而，美国在跨国公司全球化布局过程中，始终处在科技创新的引领地位，掌握着全球核心前沿技术，并保持着世界第一大工业国的地位。这决定了美国在世界生产体系的价值分配中始终处于优势地位。

第四，石油市场的剧烈变化对世界主要关联经济体运行造成冲击。在美国通过垄断财团控制世界石油供应的时期，石油名义价格一直处于低位运行，这也最大限度地符合工业化进程中的石油消费国的最大化利益。石油输出国组织联合提价，并收归油气所有权之后，美元与黄金解绑而与石油挂钩，世界石油价格进入了大幅度波动的阶段。20世纪七八十年代，信息技术革命的爆发使美国走上后工业化道路，虽然其工业生产仍然占据世界最大比重，但是对石油的依赖程度趋于下降；而像日本等工业国既面临国内资源匮乏，又面临工业体系对石油需求强劲的双重制约；及至苏联、中东等产油国，国家利益更是与石油价格波动紧密关联。20世纪70年代，石油价格攀升，使西方工业国陷入成本推动型通货膨胀与经济停滞并行的局面，而产油国收益快速增加，除中东外，苏联、拉美等石油资源丰富的国家亦转向石油生产与销售，到 1979 年，苏联已经成为世界第一大产油国。20 世纪 70 年代末到 80 年代初，美元进入升值通道，石油价格开始下跌。1981 年，世界石油价格暴跌，由峰值的 39 美元/桶，降至 1986 年的接近 10 美元/桶。油价暴跌给产油国带来直接的利益损失，苏联 1981 年国民生产总值出现负增长，并在 1983 年达到历史峰值后持续下降，为其政治经济社会领域矛盾集中爆发并最终解体埋下伏笔；阿根廷、巴西、墨西哥等拉美国家因在石油价格暴涨阶段借入高额外债，而在石油价格暴跌时陷入债务危机，最终被迫接受债权国的新自由主义改革方案，并陷入"中等收入陷阱"。石油价格下跌虽然有利于工业生产国降低生产成本，但是也带来输入型通货紧缩，从而给经济运行造成冲击。与美元汇率密切相关的国际石油价格波动，对世界实体经济运行产生深远影响，因此也成为地缘政治博弈的重要目标（见图 1－3）。

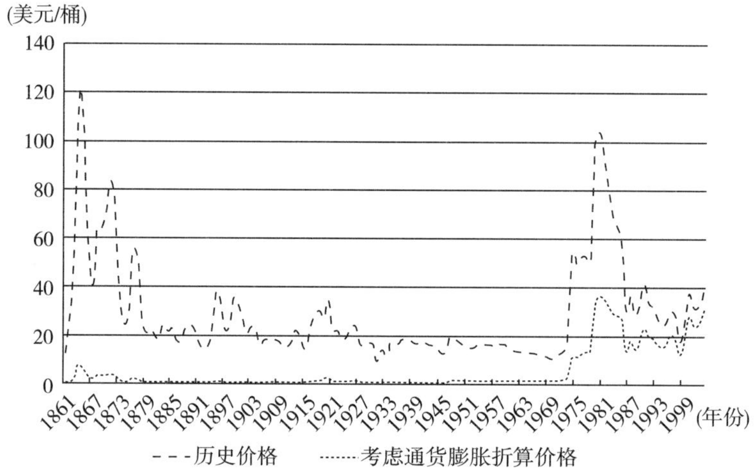

图 1－3　1861—2000 年世界石油价格

资料来源：WTI 原油价格走负背后的玄机［N］. 期货日报，2020－04－24。

第五，美元国际货币的周期运行深刻影响国际利益的再分配。美元作为国际货币，是世界市场交易的媒介，影响着世界市场的利益分配格局。由于美元发行与黄金解绑，而各国又需要美元支付工具，因此决定了各国经济运行与美国国内经济之间的密切联系。当美国处于经济萧条阶段时，宽松的货币政策增加货币发行，美元充裕刺激其他生产国产出产品并向美国出口以获得美元收入；生产国通过扩大外向型生产累积美元财富，并形成外汇储备或购买美元资产，以应对支付需求和实现财富保值。产品充裕、生产发展带来经济繁荣，当出现过热情况时，美国减少货币供应，美元币值上升；美元稀缺致使生产国交易成本攀升、经济面临下滑压力，美元币值上升则引致生产国资本外逃；特别是当生产国国内形势或国际局势出现动荡时，美元的避险功能凸显，金融市场高度开放的生产国多年累积的财富加速外逃，因此在美国与生产国之间出现利益再分配。20 世纪 90 年代上半期，在美元币值下降的过程中，东亚等国扩大贸易和资本市场对外开放，加工制造业快速发展，游资大量涌入；90 年代中期，美元币值上升，紧随其后，石油价格下跌，引致东亚外向型经济遭遇困境，固定汇率制失守导致金融动荡，资金大量外逃；其间（1998 年）俄罗斯爆发金融危机。在美元持续升值过程中，全球大量资金涌入美国市场，引发网络泡沫破灭，生产国外逃的诸多财富相应蒸发。随后，“9·11”事件爆发，美元进入新一轮贬值周期。美元币值变动引发资金在全球大规模流动，对各国实体经济造成影响或冲击，导致国际范围内剧烈的财富再分配效应。

第六，美国占据并巩固国际分工主导地位。由于美国在世界经济运行各关键环节都强化治理与扩大自身优势，到了第二次世界大战结束后，美国更是进入“黄金时代”，整个 20 世纪 60 年代，美国经济占世界的比例都在 40% 左右。70 年代陷入“滞胀”，随着德国、日本、苏联的崛起，美国占世界经济的比重有所下滑，1980 年降至最低点 23.2%。但紧接着石油价格下跌、美元升值，拉美债务危机爆发，苏东国家陷入动荡，签署《广场协议》后日本房地产市场泡沫破灭，经济陷入长期衰退，以及 90 年代初苏联解体，美国在 90 年代实现“新经济”的“长期繁荣”，占世界经济的比重于 2000 年回到 30.6%。从美国的货物贸易额占世界比重来看，两次世界大战后除 1980 年降至 11.7% 的比重之外，其余年份均在 12% ~15%，1999 年达到 15.2%，超过两次世界大战后 1951 年 15.1% 的水平。美国在世界经贸体系中占据稳固引领地位（见图 1 -4）。

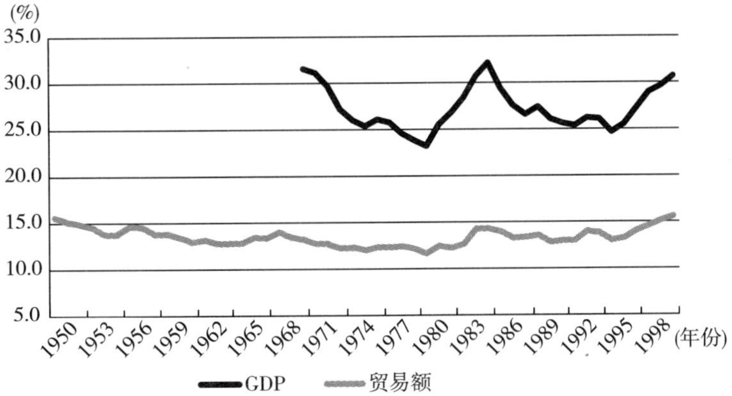

图 1 -4　1950—2000 年美国 GDP 和货物贸易额占世界比重

资料来源：根据 UNCTAD 数据库计算所得。

第七，跻身国际政治格局“超级大国”并强力维护治理体系与自身利益。在强大经济基础支撑下，美国拥有充足的资源，在国际经济、政治治理体系中掌握话语权与控制权，通过经济、政治、军事、价值输出等各种方式，甚至发动战争、策动“颜色革命”等，抢夺地缘空间，维护并巩固美国利益。两次世界大战后，欧洲老牌资本主义国家实力锐减，奠定了美国在资本主义世界的领导地位。20 世纪后半期的美苏争霸中，苏联最终在 90 年代初解体，俄罗斯经济大幅度衰落；20 世纪八九十年代日本资本市场泡沫破灭，陷入长达 30 年的经济衰退，美国的领先地位在资本主义全球化背景下更趋稳固，确立了“一超多强”的国际政治格局。90 年代初，苏联解体，美国发动海湾战争，强化对中东能源供应国、石油市场的影响力；与此同时，美国网络经济繁荣，对全球资本形成吸引力；整个 90 年代，欧洲、墨西哥、东亚、俄罗斯、巴西等国或地区相继爆发金融危机，其间美元币值在前半期下滑，1995 年开始回升，1996 年石油价格暴跌，大量国际资金回流美国与美元币值强力回升形成循环累积效应，最终引发 2000 年美国股市的网络泡沫破灭，诸多流入资本损失殆尽，全球范围历经规模庞大的财富再分配过程。美国通过各种影响力与干预方式来实现自身利益的最大化，使其由国际政治体系中的“超级大国”演化为霸权国家。

第二节　百年未有之大变局的内涵

21世纪初，中国加入WTO，生产流程不断分解的崭新生产方式，将深刻重构国际分工格局、国际经济治理体系以及国际政治格局，并直击美国主导的世界经济格局，世界呈现百年未有之大变局。

一、生产方式变革是百年未有之大变局的原动力

垄断生产方式是美国走上世界经济格局主导地位的根基，随着信息技术的兴起，生产与消费循环模式被彻底重构，生产流程不断分解的模块网络化生产方式兴起。作为一种循环往复的新型发展机制，模块网络化生产方式变革为百年未有之大变局提供了强劲的原动力。

1. 垄断生产方式的特点

垄断生产方式主要适用于生产标准化或差异度较小的同质产品，且对生产时间要求不高。由此，生产者通过扩大规模，优化生产组织，实现规模经济效应，提高产品竞争力，并淘汰缺乏足够规模效应的厂商及其产品。

随着生产技术水平及组织管理复杂程度的提高，资本有机构成不断提升，在大规模生产基础上使垄断资本所具有的竞争优势越趋显著，从国内垄断到国际垄断，跨国公司不断扩大生产经营规模，同时为获得足够大规模的消费需求而对全球自由化、一体化市场的要求不断提高，并在淘汰规模效应低的厂商过程中强化国际竞争地位。

所以，垄断生产方式一方面要求基于规模效应基础上的生产有组织化程度得以提高；另一方面要求自由开放的市场规则。再生产过程循环往复的结果，便是资本垄断程度不断提高，垄断成为具有相对稳定性的累积强化发展的生产方式。

2. 模块网络化生产方式的产生

模块网络化生产方式是垄断生产方式发展到一定阶段的产物，其最初源自垄断资本为应对市场需求变化而做出的生产组织方式优化调整。

首先，垄断资本为了实现市场生存，选择差异化竞争路线，即生产与其他垄断竞争者有所差异的产品。由此，市场上充斥着越趋差异化的消费需求。其次，为了满足

消费者日趋多元化、差异化以及对时间要求有所提高的需求，垄断厂商在企业内部采用模块生产技术，即将差异产品分解，将共同或相似模块进行规模化生产，模块组合形成差异产品，模块并行运作还能压缩生产时间。由此，率先采用模块生产技术的厂商在充分利用规模经济效应、范围经济效应和时间经济效应基础上，扩大了竞争优势、强化了市场地位。最后，随着消费需求日趋差异化和快速变化，垄断厂商陷入选择困境，一是生产流程涉及诸多模块，各模块的专业化方向不同，越大型的厂商需要生产的模块越多，研发投入成本越高；二是需求变化快，决定了厂商需要采用延迟战略，即等待订单下达后再组织生产，以避免无效生产，越大型的厂商，等待成本越高；三是订单一旦下达，垄断厂商就需要做出敏捷响应，越大型的厂商，组织管理成本越高。因此，在需求差异化及快速变化的市场特征下，强化规模优势的垄断厂商陷入“大还是快”的两难选择，并因市场竞争压力攀升，迫使垄断厂商选择外包生产环节，自身则专注于核心环节的生产组织方式，即放弃规模基础上的垄断，而选择专业化发展。由此，不同厂商专业化生产不同模块，并因产出同一产品而内在联结的生产组织方式，即为模块网络化生产方式。

可见，模块网络化脱胎于垄断生产方式，是大规模生产组织在面对市场变化加快挑战下的适应性选择，其中，信息技术的迅猛发展奠定了重要的物质基础。另外，流程分解、模块外包之后，核心模块厂商仍然对于整个产业链有着很强的影响和控制力，在一定程度上体现为由直接控制各生产环节，转变为间接控制的方式。但生产流程被打开，一是核心环节的间接控制能力远弱于直接控制方式；二是为各模块厂商间的优化组合提供了可能。

3. 模块网络化生产方式的发展属性

模块网络化生产方式虽然源自垄断资本的生产组织方式调整，但是生产流程分工一旦外化为社会分工，就转变为难以逆转的新型发展机制（见图1-5）。

生产流程通过模块分解、网络联结的方式组织生产之后，专业化模块厂商为保持自身敏捷反应能力，在订单下达之前倾向于减少备货、库存；在订单下达之后则需要快速响应。因此，为完成订单，缺乏备货的模块厂商对上游供应商提出定制化、要求快速响应的需求。厂商需求的循环往复，决定市场消费体系中的需求差异化、定制化、快速变化的程度不断提高。模块并非穷尽的分工环节，而是还可以继续流程分解的子系统，当需求压力不断向模块厂商及其供应商传导时，则促使模块层级式的流程分解、分工深化，并循环累积为市场需求体系的异质化程度日趋提高。由此，模块网络化生产方式的运行，与垄断生产方式有着本质区别，即生产组织不是越趋集中，而是生产流程越趋分散；并且在碎片化生产与异质消费需求的循环往复作用中，变成累

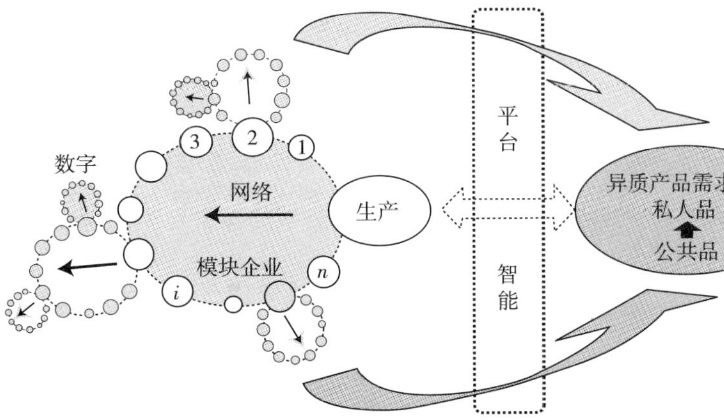

图1－5　模块网络化发展机制

积强化的发展机制。

4. 百年未有之大变局的微观基础

模块网络化作为新兴的生产方式，在循环累积强化的发展过程中，深刻改变了再生产循环的基本属性，为社会经济系统重构奠定了坚实基础。

第一，重构市场关系。垄断生产方式下，资本主义自由市场经济有利于垄断资本发挥竞争优势、巩固市场竞争地位。模块网络化生产方式下，仅靠自由市场作用不能满足再生产发展需要。一是因模块厂商提高专业化程度的要求，对公共服务产生定制化要求，特别是迫于创新压力，而对心智开发及其载体——创新型人才产生强劲需求；而创新型人才具有一定公共性，且其培养过程有赖于大量公共服务的投入，这成为模块厂商专业化发展日趋重要的公共服务需求。二是模块厂商为了保持敏捷反应，难以自我供应公共产品，而需要从外部获得供给。三是生产流程分解后，本属于流程内部共同使用的服务或产品，因模块外包，而成为模块厂商共同需要并有赖于外部供给的准公共产品。因此，在模块网络化生产方式下，异质公共品需求大幅度攀升，这就要求公共品也像私人品一样，以模块网络化的生产组织方式来供给；并且，公共品供给网络成为私人品产业链的延伸组成部分，两者只有紧密联结，才能共同对异质产品需求做出敏捷响应。由于公共品依据公共性高低可由政府、社会组织、企业等多元组织联结成模块化网络来提供供给，其中，协调公共性程度高的产品供给更有赖于政府发挥作用，因此模块网络化生产方式的运行，要求政府与市场有机联结、协同发展，这成为生产力发展所依赖的新型交换关系，而与垄断生产方式下要求减少政府干预的自由市场原则有着实质性差别。

第二，孕育新科技产业革命。模块网络化生产方式下，分散存在的差异化需求，以及碎片化的生产环节，使生产与消费相联结、生产环节紧密联结的需求更为迫切，这就对数字、网络、平台、智能等联结科技提出要求，也为其发展开辟道路、创造空间。而联结科技的突破，进一步为模块网络化发展创造物质基础与技术条件。因此，在科技创新促进网络联结与流程层级式分解的循环往复作用过程中，新一轮以数字、网络、平台、智能等技术为核心的新科技产业革命不断孕育，并在全面爆发的同时重构整个社会生产、经济、政治等体系。

第三，重构生产关系。模块网络化的发展，改变垄断生产方式长期累积而成的垄断资本内部分工细化、一体化程度提高的组织方式，而转变为模块厂商的专业化生产，以及联合生产全流程的产业链结构。生产体系的社会化分工日趋细化，产业链整体规模扩张，产业链组织的复杂程度提高，模块厂商展开分布式生产；与此同时，核心环节在产业链体系中占据更为重要的地位，垄断资本由控制一体化的生产过程转向控制核心环节是资本主义生产关系做出的适应性调整。由此，核心环节垄断资本与中小资本、劳动者之间的分化成为发展趋势。虽然就核心环节垄断资本的影响和控制范围而言，是用有限的资本驱动更大规模的中小模块厂商资本来完成产业链运作；但是从整体产业链分布来看，掌握核心环节的垄断资本所占比重相对有所下降；特别是当核心环节被替代或控制力下滑时，既往直接控制整个生产流程的垄断资本在产业链中的重要性降低。然而，更为重要的是，生产与消费的分散化，使联结科技及其载体在社会再生产循环中日趋占据主导地位，数字、网络、平台、智能科技基础上的新型平台垄断关系出现，并随着所联结消费需求类别、产业链网、空间区域的扩张，平台垄断程度及范围走向极化。平台、核心环节、数字智能科技等的归属，决定了新型生产关系及其价值分配的属性与特征。

可见，模块网络化是在信息科技基础上、生产与消费循环发生质变的前提下，脱胎于但解构垄断生产方式的新型生产方式；其循环往复运行的结果，也将颠覆既有垄断体系，并开辟指数级增长、全新的社会生产分工系统。模块网络化生产方式兴起，为百年未有之大变局提供了累积强化的变革原动力，由此为开辟新时代奠定根基。

二、世界经济格局重构决定21世纪进入百年未有之大变局

2001年中国加入WTO，庞大的廉价劳动力资源涌入世界市场，开启了承接加工制造模块、分解生产流程的过程，模块网络化生产方式兴起，并从21世纪初开始在不到10年时间里就对世界经济体系产生了巨大冲击。作为具有循环累积效应的发展机制，模块网络化将深刻重构美国主导的国际分工格局、国际经济治理体系、国际政治格局，从而使世界经济格局呈现百年未有之大变局。

1. 重构国际分工格局

生产流程从跨国公司内部分解，外化为所有权独立、空间分散的不同模块厂商之间的社会分工；特别是中间环节趋于分工细化，深刻重构跨国公司主导的国际分工体系及格局。

第一，全球产业链、价值链兴起。随着垄断走向国际垄断，跨国公司垂直、水平一体化的同时，也带来全球布局各生产环节及相互间内部贸易的攀升。根据 OECD 的报告，20 世纪 70 年代，跨国公司的内部贸易占全球贸易的 1/5；而到 90 年代，这一比例已上升到 1/3。由于模块网络化将跨国公司的内部分工外化为社会分工，及流程专业化与敏捷响应的要求，驱使生产流程层级递进式分解，从而使产业链不断拉长、复杂程度大幅提升，中间品贸易相应增加，跨国公司内部价值链转化为全球产业链与价值链。根据 WTO 统计，1995 年，全球价值链贸易约占世界贸易的 44.5%，直到 2000 年仍在 46.0% 以下；之后随着中国加入 WTO，大量承接加工制造模块，驱使生产流程分解速度加快，到 2008 年自由化到达鼎盛阶段并引发次贷危机时，全球价值链贸易已占到世界贸易的 52.0%（见图 1－6）。由于东亚国家和地区劳动资源丰富、要素禀赋度有所差异、距离接近、开放程度相对较高，成为不同模块布局的主要地区，东亚主要国家和地区对外出口的中间产品比重显著上升，1998 年，中国（不含港澳台）、中国香港、日本、韩国、新加坡、印度尼西亚、马来西亚、菲律宾、泰国的中间品出口占总出口比重为 48.5%，2008 年升至 54.4%①。

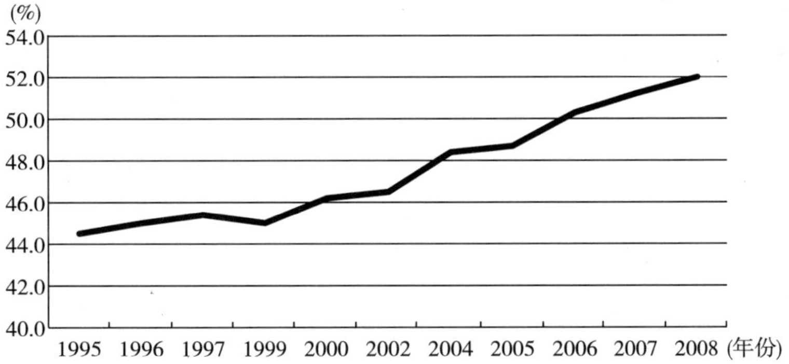

图 1－6　1995—2008 年全球价值链贸易占世界贸易的比重

资料来源：2019 年全球价值链发展报告［R］. WTO，2019－04－13。

第二，美国在世界生产与贸易中的比重显著下滑。作为全球垄断资本最为集中的国家，美国通过跨国公司的全球布局，占据世界生产和贸易体系主导地位。外包非核

① 数据来源：根据 UNCOMTRADE 数据计算所得。

心环节、自身转向核心环节的组织方式变革，使美国的垄断资本日趋集中于产业链的核心环节，而大量非核心环节分散于垄断资本组织之外；再加上诸多子模块的层级式流程分解，核心环节垄断资本虽然对产业链具有较强的影响和控制力，但是其在整个产业链体系的比重相对下降。21 世纪初，美国的制造业比重在 2001 年为 29.0%、货物贸易占世界比重在 2000 年为 15.6%；就在次贷危机爆发前，美国放任模块网络化生产方式初步发展的过程中，到 2008 年，美国制造业占世界比重下滑至 18.3%，货物贸易比重降至 10.6%，均降至 20 世纪以来最低水平，美国在世界生产与贸易体系的主导地位受到严重冲击（见图 1－7）。由于模块网络化具有生产流程层级式分解，并衍生出复杂中间环节网链的特征，只有充足的要素资源保障，才可能承载新型发展机制所带来的累积分工深化及庞大规模产业链体系，这就决定了美国在不能保障要素聚集与生产聚集的前提下，将难以再占据世界生产与贸易体系的主导地位，既有国际分工格局面临重构。

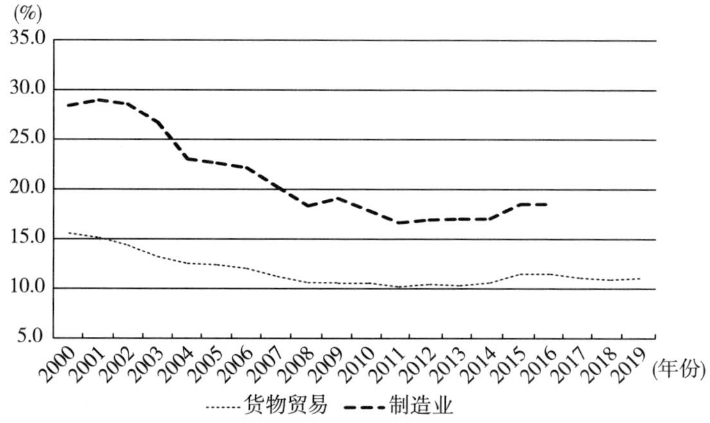

图 1－7　2000—2019 年美国货物贸易与制造业占世界比重

资料来源：根据 UNCTAD 数据库计算所得。

第三，联结枢纽的分工地位不断上升。生产流程被分解以后，面临着高效联结分布式生产及与消费需求相联结的强劲动力与压力。加工制造作为将分散模块组装成成品的联结方式，在模块网络化初步发展中，成为产业链得以持续运行的重要保障。并且，不同产业链的加工组装需求，使组装环节成为碎片化生产系统的联结枢纽，决定其在全球再生产体系中的地位快速攀升。中国作为廉价劳动力资源丰富的加工制造基地，在不断承接劳动密集型产品、劳动密集型生产环节的过程中，联结日趋多元化的产业链体系；并且，分布式生产网络敏捷响应的要求，又使生产流程空间日趋靠近，中国及周边生产网络分别成为世界生产贸易体系的联结枢纽与制造基地。将一国最主要的货物贸易国作为中心国，而后中心国首尾相连，从合计占世界贸易比重超过 80%

的主要国家和地区的中心国关联图谱来看，1995 年，改革开放不久的中国相对处于世界贸易体系的边缘地带，没有任何国家和地区以中国为最主要贸易伙伴。到 2012 年，直接或间接以中国为最主要贸易伙伴的国家和地区涵盖东亚、拉美、大洋洲、西亚、非洲，中国占世界货物贸易的比重也于 2013 年以 11.0% 的份额超过美国的 10.4%，中国作为加工制造联结枢纽在国际分工格局中的地位显著攀升。由于模块网络化在驱使生产流程分工细化、碎片化的同时，也对联结枢纽产生强大需求，加工制造作为物理联结方式，率先表现出对模块网络化的适应性及积极作用；但随着数字、网络、平台、智能等新型联结科技及其载体的发展，基于新科技革命基础上的联结枢纽将占据国际分工体系主导地位（见图 1－8）。

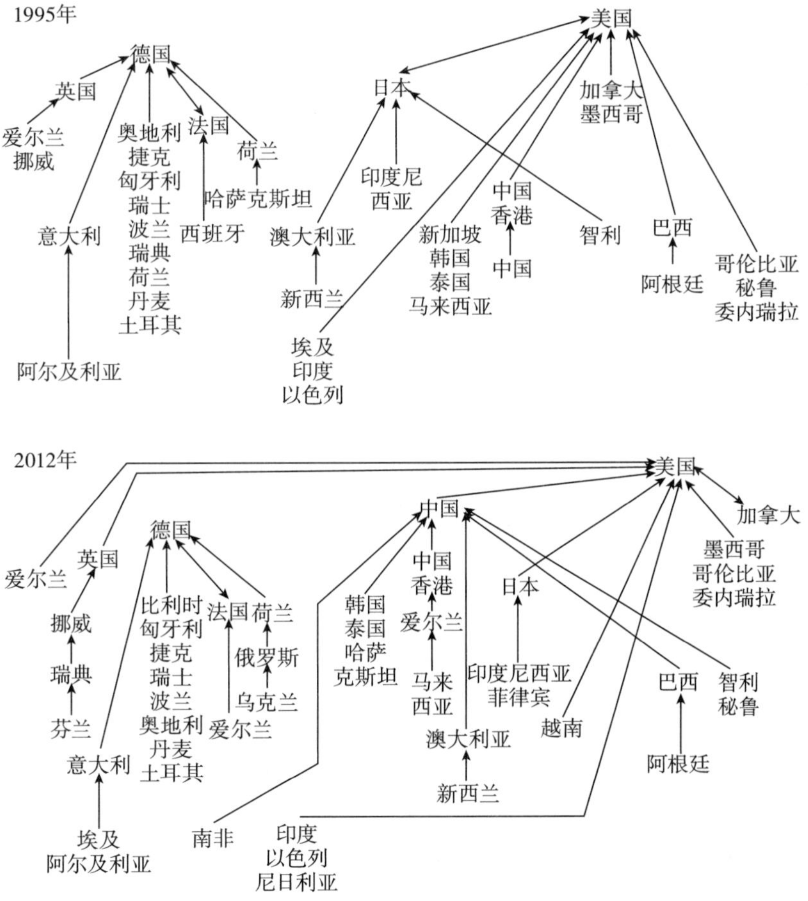

图 1－8　世界主要国家和地区中心国关联图谱

资料来源：UNCOMTRADE 数据库。

2. 重构国际经济治理体系

20 世纪，美国在驱动垄断生产方式发展过程中，围绕技术条件所决定的再生产关键环节，建构起服务于自身利益最大化的国际经济治理体系。模块网络化生产方式的兴起，彻底重构再生产循环的组织方式与关键环节，因此也决定了国际经济治理体系面临重构。

第一，核心生产及科技的变革。在新生产方式下，占主导地位的生产环节不再是垄断生产，而是具有更广泛辐射影响力的平台、各产业链的核心环节等；并且，随着技术进步，新一轮科技产业革命将围绕数字、智能等科技展开。由此，为了保障在价值分配中占据主导地位，围绕主导生产环节、领先科技展开的博弈与经济治理将上升为主要矛盾（见图 1－9）。

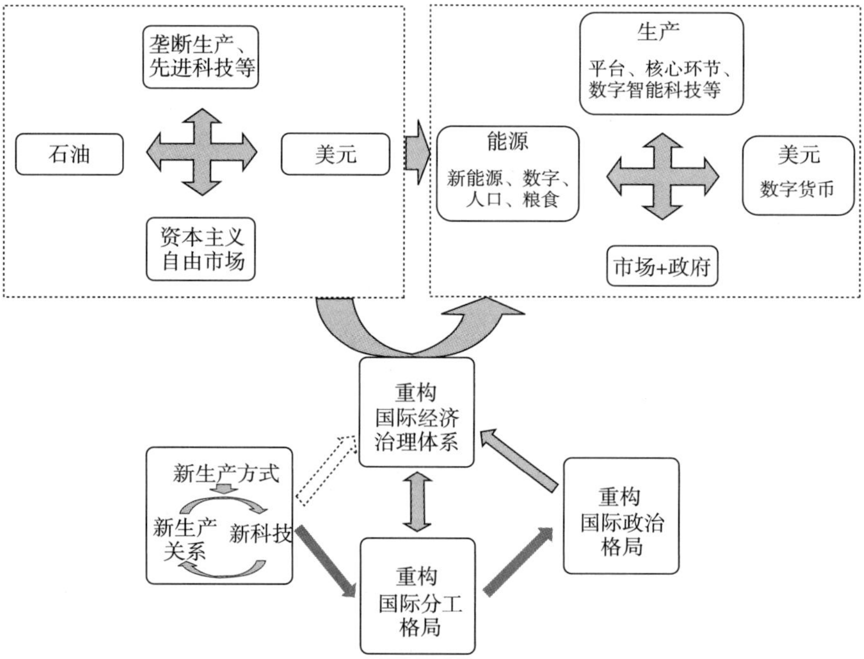

图 1－9　百年未有之大变局

第二，国际经贸基本规则的变革。垄断生产方式下，自由市场经济成为适应垄断资本发展的国际经贸规则。随着模块网络化的发展，政府与市场协同，是新型生产方式的内在要求。由此，突破纯粹自由市场原则，将有序的政府行为纳入国际经贸规则体系，是国际经济治理的重要发展方向。

第三，国际货币体系的变革。20 世纪后半期，美国不断强化美元国际货币地位。为了获得国际交换工具，世界主要国家形成以美国为中心的分工格局；世界经济发展很大程度上受制于美元信用货币的供给，并存在两难困境；美元周期运行所带来的国际利益再分配有利于维护美国的利益。随着模块网络化生产方式兴起，生产流程多元化的层级递进式分解与分工深化，给再生产体系向更广泛的空间范围扩张提供了驱动力；规模经济效应、范围经济效应的扩大与充分利用，使复杂生产系统得以对分散的异质需求做出响应，但也对集聚更大规模需求提出要求，更高程度的全球化成为必然趋势。突破受制于国家信用的国际货币制约，成为国际货币体系变革的重要方向。随着数字科技的兴起，数字货币成为去中心化、快捷、经济和安全的支付结算工具，从而为国际货币体系变革指出一定的探索方向。

第四，主要生产要素治理体系的变革。新生产方式带来了生产技术条件的巨大变革，由此深刻重构再生产流程最主要因素。其一，转向使用新能源。20 世纪，石油是工业化最主要的能源。但是，随着全球气候问题日趋严峻，减少碳基能源的耗费，成为人类社会可持续发展的重大现实考验。随着模块网络化生产方式的发展，社会化大生产分工将进一步细化、深化、广化，给人类繁衍与自然环境和谐共生带来严峻挑战，减少碳基能源使用，转向使用非碳基新能源成为人类社会必须做出的选择。其二，数字成为重要生产要素。碎片化的生产与消费需要基于数字、网络技术来实现精准、敏捷对接，数字要素是新生产方式下提高生产效率的新型要素。其三，模块网络化发展机制下，生产系统社会化程度大幅提高，有赖于集聚足够大规模的消费需求，因此人口及其赖以存续的粮食供应，成为影响社会再生产可持续发展的关键因素。由于主要生产因素深刻影响再生产循环的价值创造与分配，因此基于新生产要素的国际经济治理势必重构既有要素治理结构。

可见，新生产方式重构了生产技术条件及在此基础上的再生产结构，继而决定了围绕生产关系展开的国际经济治理体系深刻变革的必然性及方向。

3. 重构国际政治格局

新生产方式的驱动，使世界生产体系的构成及空间分布发生改变，由此决定价值创造的空间格局，继而影响价值分配格局、不同国家间的力量对比，甚至最终变革国际政治格局。

生产流程的外包，使各环节价值增值即使量小，也并不在跨国公司内部，而在外部产生。特别是中国作为加工制造联结枢纽，自身及周边聚集越来越多不同产业链的生产流程，使对比于各个产业链占比很小的价值增值，在大规模生产环节聚集的累加效应下，成为日趋重要的价值增值地。而与此同时，20 世纪在国际分工格局中占据主导地位、拥有最大规模国际垄断资本的美国，在生产环节外包、价值增值环节外移的过程中，本土所创造的价值规模趋于下降。2001 年，美国 GDP 占世界比重为 31.8%，是自70年代以来仅次于1985年32.1%的第二次高峰；随着中国加入WTO并开始大规模承接加工制造，美国占世界经济的比重不断下滑，到2011年跌落至70年代以来的最低点21.2%。同期，中国作为加工制造中心所累积的外汇储备从2000年的1656亿美元增长至2008年的19460亿美元，到2014年峰值时为39932亿美元；经济总量占世界比重由2000年的3.6%持续升至2011年的10.3%，以及2019年的16.2%。其他老牌工业国如英国、德国、日本，在模块网络化生产方式兴起、垄断资本外包、外移生产流程的过程中，本国国内生产总值占世界比重也是缓慢下滑，德国由2000年的5.8%降至2019年的4.4%，同期，英国由3.6%降至3.2%，日本则由14.5%降至5.8%（见图1－10）。

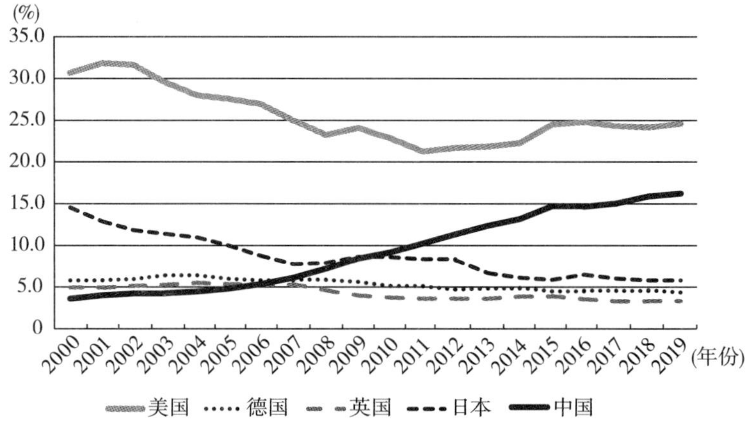

图1－10　2000—2019年世界主要国家GDP占世界比重

资料来源：根据UNCTAD数据库计算所得。

财富分布的变化给占据世界经济格局主导地位的美国带来冲击，2008年国际金融危机后，美国通过各种政策来扭转模块网络化生产方式的进一步发展。第一，美国国内实行“再工业化”、减税等政策，吸引制造业回流。第二，强化石油领域的控制权。通过发动反恐战争、“颜色革命”等分化石油输出国合力，在本国页岩气革命基础上，加大原油生产与出口，21世纪初，美国原油出口占比不到进出口总额的10%，到2018年，美国石油出口占比已经超过进出口总量的40%，从而成为世界第一大产油国；在国际原油市场，美国由在需求方施加影响转变为在供给方发力。第三，通过量化宽松政策的发放美元与回拢货币，引导全球财富再分配。2008年后美国通过三轮量化宽松释放大量美元，2014年中期退出，其间石油价格暴跌，俄罗斯GDP腰斩1/3；中国从2014年中期到2016年底进行资本管制，外逃1万亿美元。第四，重返亚洲，多方位挑战中国并影响产业链分布。2008年后，中国的新疆、南海、东海、香港、台湾先后出现不稳定因素，对国内经济、政治安全构成威胁；奥巴马时期，美国即提出跨太平洋伙伴关系协定（TPP），力图抢占国际经贸规则新的制高点；希拉里亦提出绕开中国的“丝绸之路”计划；中日钓鱼岛问题、中韩萨德问题成为恶化中日韩合作的导火索；2017 年中国实行资本管制后，美国发动“贸易摩擦”，其间发布针对华为、中兴等的制裁，指控中国为汇率操纵国等；在 2020 年初中美达成第一阶段经贸协议时，新冠肺炎疫情暴发，全球要素、人员、物资等流动趋于停滞，对以中国为加工制造枢纽的全球产业链造成严重冲击。

美国综合利用各种权力维护自身利益的举措取得一定进展，自 2012 年开始，美国 GDP 占世界比重止跌回升，到 2019 年为 24.6%。同时，以中间贸易为特征的全球价值链开始下滑，由 2012 年占世界贸易的 51% 降至 2015 年的 48%。①

在新冠肺炎疫情冲击下，中国以“封城”的严厉措施率先控制住疫情，并通过复工复产、逐步放开市场等方式促进经济复苏。2020 年，中国 GDP 总量突破 100 万亿元，全年增速达 2.3%；外汇储备于年底回升至 32165 万亿美元，为中美贸易摩擦以来最高水平。而美国在国内疫情暴发背景下政治与社会矛盾不断激化，特朗普政府未获得连任，国内政治波动对美国的内政外交产生冲击。

可见，模块网络化的初步兴起，已经造成大国间深刻的利益调整及力量对比变化；而美国 2008 年以来推进的内外政策，也是基于既往治理与权力体系，扭转生产方式的变革方向。随着新型生产方式的进一步发展，利益格局变迁所带来的能力、权力变化，必将由生产力到生产关系、由经济基础到上层建筑，最终实质性地变革国际政治格局。

三、百年未有之大变局的变革路径

百年未有之大变局是脱胎于垄断生产方式的新生产方式的兴起与发展，所带来的微观层面从发展机制到生产力与生产关系，宏观层面从国际分工格局、国际经济治理体系到国际政治格局的系统性重构。由于新旧格局变迁，牵涉的是全球范围内重大利益关系、力量对比等的深刻变化，由此决定变革路径的艰难与复杂性。

第一，模块网络化生产方式发展决定变局的走向。模块网络化生产方式通过加速深化生产分工，从而引起社会经济系统的颠覆性变革。虽然对于联结方式、科技及其载体的需求，将使社会经济系统在分散化、碎片化的同时，产生更高水平、更大范围、更为集中的联结枢纽，但是其从生产领域切入，能够实现对传统垄断权及其利益格局的解构。也只有基于新生产方式所形成的累积强化的发展机制，世界经济系统从

① 资料来源：2019 年全球价值链发展报告[R]. WTO，2019。

经济基础到上层建筑的变革才能得以实现。

第二，微观基础变革是驱动大变局的根本。在新生产方式中，新生产力与新生产交换关系是相互作用的矛盾体，生产交换关系的调整优化能够给新科技革命开辟道路，而新科技革命爆发最终提供变革社会生产系统的决定性推动力。缺乏微观基础层面的变革，使处于宏观层面的世界经济格局变动将难以有实质性支撑。由于新科技革命爆发往往需要生产、消费等各方面条件相对成熟，而其短期内难以实现；因此从调整市场关系、生产关系入手，促使新科技从局部开始孕育，并逐步累积微观基础，成为驱动大变局重要的开端。

第三，模块网络化初步发展已经表现到国际分工格局变迁层面。由于垄断资本在信息科技兴起和竞争加剧背景下的适应性选择，模块网络化得以通过跨国公司外包生产流程开始孕育，并在 2001 年中国加入 WTO，到 2008 年次贷危机爆发之间，美国及国际垄断资本放任流程外包的过程中，得以悄然兴起。垄断资本的放任在很大程度上源于新生产组织方式潜在的利益吸引，即仅通过垄断核心环节，就能对整个产业链的运作及利益分配形成干预能力；而模块网络化的兴起，源于中间环节的层级式流程分解而开拓崭新的产业链，以及不同产业链间基于共有模块的联结创造出新的经济价值，由此，模块网络化生产方式得以在垄断资本逐利而相对放任的过程中迅速发展，并深刻重构国际分工格局。新分工格局产生新利益格局，这就为世界经济格局的变革方累积起初步力量。

第四，驱动国际经济治理体系变革成为主要竞争领域。利益流失将使世界经济格局的既有主导方清晰地认识到挑战与危机，利用各方面权力机制维护既有生产方式、扼杀新兴生产方式及其变革力量，成为既有主导方的必然选择。自 2008 年以来，美国在国内及国际政治、经济、外交、军事等各领域的积极行动，都表明既有主导者的立场、态度和意志，这给大变局带来更多动荡与变数。然而，模块网络化生产方式指明了生产力发展方向，垄断生产方式难以再符合时代要求，这就为新变革力量崛起提供了可能与空间。由于新生产方式重构了再生产循环的技术条件和组合方式，并且新要素、新规则、新科技等，只有在融入新生产方式过程中才得以累积，因此变革方需要在自我发展的过程中，基于新再生产循环的关键因素重构国际经济治理体系，为驱动生产方式变革创造外部环境和条件，以加速国际分工格局、国际利益格局重构，进而加速时代变局。

第五，在保障安全过程中通过重构利益格局来实现国际政治格局的变革。21 世纪以来，时代变局的根本是新旧生产方式的交替，新生产方式只有在发展中才得以成熟，旧生产方式已经难以在新科技不断创新过程中长久维系。激烈的权力更迭，特别是变革方陷入冲突泥潭，不仅不能培育新生产方式，而且无法跳跃发展过程；全球市场的萎缩，将扼杀新生产方式发展所高度依赖的需求规模。因此，保障以和平方式推动变局，是相关参与方的职责与使命所在。对于适应变革方，需要在把握新生产方式发展机遇过程中，通过变革国际分工格局、利益格局来改变力量对比状况，遏制冲突源泉，并最终重构国际政治格局。

第三节　百年未有之大变局下中国所面临的形势

21 世纪初，中国成为新生产方式的源发地具有一定偶然性，但随着流程分解越趋广化、深化，并聚集成以中国为中心的东亚区域生产网络，中国便逐步累积起驱动新生产方式变革的潜力，但也面临大变局带来的复杂而又严峻的形势。

一、成为生产方式变革的源发地

自 20 世纪 90 年代初邓小平视察南方，中国才明确社会主义市场经济的改革方向，并全力推进计划经济向市场经济的并轨。21 世纪初国内外形势的变化，使中国成为生产方式变革的源发地。

第一，亚洲金融危机为中国积极参与国际分工提供时间窗口。进入 20 世纪 90 年代，中国对外开放的形势才更为明朗，吸引外资规模有所上升，从 1990 年不到 35 亿美元，跃升至 1992 年的 110 亿美元，到 1996 年超过 400 亿美元。而此时期中国参与国际分工的程度仍然较低，占世界贸易比重平均在 2.5%。1997 年亚洲金融危机爆发，韩国、泰国、印度尼西亚、马来西亚等跨国公司分支机构主要布局的国家纷纷陷入经济衰退，部分国家还出现政治动荡，严重影响到外国投资者的经营安全。与此同时，中国宣布人民币不贬值，竭力保持改革开放政策和宏观经济的稳定，中国成为跨国公司分支机构的替代流入地，中国廉价劳动力资源丰富、投资环境不断改善的优势也日趋凸显，并开始参与跨国公司主导的加工制造分工环节。1986 年中国就已经正式提出恢复在关贸总协定缔约方地位的申请，然而，从“复关”到“入世”，中国所经历的谈判历程曲折而漫长。以亚洲金融危机为时间窗口，中国向世界展示了廉价劳动资源禀赋的潜在价值；之后，中国“入世”谈判的进程显著加快。2001 年，“9・11”事件爆发不久，中国完成全部“入世”文件签署。

第二，中国加入 WTO 的动因源自发挥廉价劳动力资源丰富的比较优势。20 世纪八九十年代，中国内部面临着艰巨的改革压力，依靠外循环来倒逼、带动改革及内循环，成为必要选择。而当时对外能够奠定国际分工地位的优势资源相对有限，可资利用的便是庞大的人口规模，其在 2000 年仍然有 63.8% 的人口滞留于农村。通过“农民工”进城发展劳动密集型产业成为中国抓住“入世”机遇、驱动改革与发展、摆脱贫穷落后处境的现实路径。对于占据主导地位的垄断资本而言，加工制造是生产流程中附加值最低、竞争最激烈、利润最微薄的环节，从在中国布局加工制造分支机构，到外包给中国加工制造企业，跨国公司相应地可以从利用中国的廉价劳动力资源，到利用中国的中小资本共同开发当地资源禀赋，这成为国际垄断资本适应信息技术变革、进一步提升竞争力和产业链影响力的理性选择。正是由于共同利益驱动，中国“入世”不仅得到以美国为首的西方世界认可，而且迅速开启了深化合作的进程。到2008年，中国吸引外资已经升至1083亿美元的规模，是2000年的2.7倍；中国占世界贸易比重也由2000年的3.6%跃升至2008年的7.9%。①

第三，加工制造环节的独立化为生产流程分解奠定物质基础。加工制造是将各实物组件、部件联结为完整产品的劳动过程。20世纪90年代初，引领信息技术革命的美国在对信息科技对世界市场的影响进行深入研究后，提出跨国公司外包生产流程转向分布式生产的“21世纪制造企业战略”，这使分解生产流程成为跨国公司可接受甚至不得不选择的竞争战略。然而，流程的分解在缺乏联结技术及能力的时候，联结成完整产品得不到有效保障，大规模模块分解势必难以推行。而中国在承接加工制造环节时，事实上创造了将分散的流程或模块联结起来的物质条件，这就为生产流程及模块的持续分解提供了可靠保障。在具备联结技术与能力的前提下，生产流程得以更顺利地展开分解。

第四，中国承载加工制造的专业能力与规模水平决定模块网络化开始主导日趋广泛的再生产过程。中国承接加工制造的能力在农民工源源不断进城的过程中持续增强，由此吸引越来越多的生产流程开启模块分解与外包过程。直到2008年，中国仍有54.3%的人口留在农村；而中国所从事的半成品与零部件中间产品出口已经由1998年占总出口的33.1%，提升到2008年的42.8%，2018年该比重继续提升至45.3%。正是基于中国等东亚地区庞大的劳动资源规模，使外包得以从微观层面跨国公司组织结构的调整，不断外在化、延伸扩张至越来越多的再生产过程，由此发展成为日趋占据主导地位的生产方式；并随着模块厂商对上游供应商提出日趋差异化、定制化需求，市场整体需求特征加速变迁，从而给生产体系施加日趋强劲的层级式分解压力，由此使模块网络化累积强化为新型发展机制。

第五，以中国为联结枢纽的东亚因独特的软硬件条件而成为模块网络化新生产方式的现实承载区域。东亚地区整体人口规模庞大，地域邻近。在战后日本引领“雁形”分工格局发展过程中，不同国家要素禀赋形成梯度性差异化。20世纪八九十年

① 资料来源：根据UNCTAD数据库计算所得。

代，在新自由主义兴起过程中，东亚主要国家纷纷采取外向型政策，放宽经贸限制，提高开放化、自由化水平。在中国加入 WTO、开始大规模承接加工制造过程中，日本、韩国、新加坡等国相应承接技术或资本密集度更高的模块，并与中国紧密联动，形成具有专业化水平、敏捷反应能力的生产制造网络。模块网络化由跨国公司的组织形态，演化为东亚地区典型的国际分工模式，东亚也成为新型生产方式发展的核心承载区。

可见，中国加入 WTO 以一种偶然的方式，基于规模庞大的廉价劳动力资源，驱动起生产流程分解的新型生产方式，而跨国公司为提升竞争力而选择外包、东亚地区所拥有的差异化资源等，为模块网络化初步发展创造了有利条件。

二、拥有变革生产方式继而世界经济格局的潜力及其不确定性

中国在意外驱动模块网络化兴起的同时，也不断累积起变革生产方式及整个世界经济格局的潜力。

第一，依托加工制造枢纽联结大规模生产制造，为模块网络化新生产方式发展提供土壤。中国在通过发挥廉价劳动力禀赋优势承接加工制造过程中，因低附加值加工劳动从物理属性而言就是负责联结组合各流程、各模块，中国相对便利地成为分散生产流程的联结枢纽；再加上产业链需要敏捷响应消费需求，各模块靠近加工环节成为现实选择。因此，以中国为加工制造基地、国内及东亚周边国家和地区为关联区域，形成规模庞大的生产制造网络。2016 年，东亚 11 个国家和地区制造业规模占到世界的 42.3%，其中中国占比为 25.5%。[①] 由于模块网络化层级式分工深化的母体在于生产制造系统，聚集大规模生产制造，为流程分解、科技创新、分工深化提供了土壤，也为生产方式变革奠定了重要基础。

第二，可观的联结场景为数字、网络、平台、智能等新兴科技发展创造条件。中国人口规模庞大，但消费水平总体偏低，构成可观的长尾消费市场，即数量众多、消费力低、差异化、要求苛刻的规模化异质需求；再加上中国及东亚所聚集的碎片化生产制造网络，共同创造出联结碎片化消费、碎片化生产的巨大市场需求，这是孕育现代数字、网络、平台、智能等新兴科技的前提。中国信息科技起步较晚，但在新一轮数字、人工智能技术发展浪潮中，中国发展迅猛。目前，在人工智能领域，2019 年，从处理器、芯片等基础层企业数量来看，中国拥有企业 14 家，美国拥有企业 33 家；

---

① 东亚 11 国和地区包括：中国、中国香港、中国台湾、日本、韩国、新加坡、印度尼西亚、马来西亚、泰国、菲律宾、越南。资料来源：根据 UNCTAD 数据库计算所得。

从自然语言处理、计算机视觉与图像等技术层方面来看，中国拥有企业273家，美国拥有企业586家；从涉及机器学习应用、智能无人机、自动驾驶、语音识别等应用层面来看，中国拥有304家，美国拥有企业488家，中国与美国的差距在应用层面相对较小。[①] 在2020年世界500强企业中，上榜的互联网相关公司共7家，其中中国企业4家，分别是京东、阿里巴巴、腾讯和小米。此外，华为已经成长为世界领先ICT基础设施和智能终端提供商，也成为美国对华科技制裁的主要对象。丰富的应用场景为中国孕育新一轮科技产业革命提供温床。

第三，中国特色社会主义制度建设为政府与市场协同的公共治理创新奠定基础。中国是在坚持社会主义道路的基础上，从计划经济转向市场经济，在共产党领导下，改革的循序推进保障了社会秩序的稳定，也不断调整优化不适应生产力发展要求的生产关系。中国的市场经济是在党和政府循序推进的改革过程中逐步孕育、发展起来的，政府与市场并非对立，而是存在着紧密的合作关系。党的十八大以来，中国明确提出建设新时代中国特色社会主义；党的十九大进一步指出，全面深化改革总目标是完善和发展中国特色社会主义制度、推进国家治理体系和治理能力现代化。按照新生产力发展要求，有序地推进治理现代化，有利于构建新型的政府与市场关系，并通过协同合力，促进新生产方式发展。

第四，日益累积的市场容量，为驱动新生产方式运转提供主权范围内的支撑条件。随着经济规模的扩张，中国GDP规模占世界的比重已接近17%，成为全球最大的单一国家市场。在复杂的大变局形势下，主权范围内的规模化市场需求，成为保障经济运行重要的条件和基础。

第五，模块网络化发展机制一旦自我累积强化，其所创造的规模效应将彻底重构国际分工及利益格局，继而变革世界经济格局。模块网络化生产方式代表了生产力发展方向，新科技的出现、新型生产关系的变革，将不断产生累积强化效应，并增大变革方的利益比重及力量占比，由此为变革国际经济治理体系、国际政治格局，以及整个世界经济格局提供有生力量。自2008年以来，美国动用各种权力机制维护自身利益及维系既有格局，但是中国仍然抓住时代机遇，不断深化改革与扩大开放，虽然全球产业链贸易规模有所萎缩，但中国及东亚占世界生产制造的比重仍然逐步上升，中国占世界GDP比重也从2008年的7.2%持续攀升至2019年的16.2%。在2020年世界500强排行榜中，中国大陆企业有124家，历史上第一次超过美国的121家；加上中国台湾地区企业，中国共有133家，上榜企业数量位列第一。虽然中国跨国公司的

① 人工智能领域，中美两国差了多少年？［EB/OL］. http://www.sohu.com. 2019.6.18.

科技水平、专业化能力、盈利状况等仍与美国企业存在显著差距，但是总体数量和规模的上升，给中国推进大变局创造了有利条件。

然而，可能性并不等于必然性，中国虽然在驱动新生产方式发展方面具有不小潜力，但复杂供求系统能否构建，科技与治理创新能否实现，经济变革带来的社会结构变迁是否为各层次民众所接受等，都给潜力转变为现实带来不确定性。

三、面对重构国际经济治理体系的挑战

虽然中国日趋累积驱动大变局的内部潜力，但是在重构国际经济治理体系方面，仍然存在严峻的现实挑战。

第一，中国仍在既有国际经济治理体系下运行，且缺乏主导权，致使维护自身利益存在难度。中国主要以发展外向型加工制造业来带动城市化、工业化，进而实现高经济增长；然而，由于生产技术水平低下，经济快速增长的同时伴随着高投入、高消耗、高排放等问题。因此，国民经济循环主要基于碳基能源投入、美元国际货币的使用，依赖于国际自由经贸规则；也就是说，中国快速的经济增长依赖于既有国际经济治理体系，且在涉及再生产过程关键环节的国际治理中，缺乏主导权。虽然中国通过使用煤炭来保障能源安全，但是2018年4月，中国已经成为世界第一大石油进口国，2019年石油的进口依赖度达到72.5%，国际原油市场的波动深刻影响国内经济运行的稳定性。中国所积累的3万多亿美元外汇储备，虽然为应对经济波动提供了保障，但是大量外汇占款给国内带来流动性风险，以及被动持有美元资产造成资金占压，成为使用美元不得不支付的交易成本。国民经济在既有国际经济治理体系下运行，很大程度上受制于拥有主导权一方的政策选择，要想维护自身利益特别是按照自主意志寻求发展存在难度。

第二，新国际经济治理体系建构的方向和方式仍待探索。模块网络化生产方式将驱动再生产循环在新的技术条件、要素组合方式、规则体系上运行，使国际经济治理体系面临重构。而在新生产方式还未充分发展的初始阶段，对于其发展方向、路径等仍然存在诸多未知。这就决定了，中国要想推动建构新国际经济治理体系，仍然存在着方向不明确、方式不清晰等问题，这也将给推进工作带来复杂性。

第三，新国际经济治理体系下的治理能力尚须建构。国际经济治理体系的重构并非仅仅设置原则，而是国际市场供求格局的结构性转变，也就是市场力量是否已经强大到构建起新的供求格局。在既有生产方式、生产技术条件仍然存续的过程中，既有国际市场供求格局得到维系与巩固；而新生产方式下，新的再生产循环不强化到一定程度，新的市场治理能力不能形成，新的国际市场供求结构难以建立，

继而新的国际经济治理体系无法有效建构。中国处在模块网络化初步发展阶段，新生产方式下的主要环节市场力量均未形成，也就缺乏构建新国际经济治理体系的治理能力。

第四，新国际经济治理体系的主导权归属存在不确定性。新国际经济治理体系的构建，也是新市场力量形成的过程；主导权归属取决于各方力量对比。在新生产方式发展过程中，各国均有参与、适应并形成各自市场竞争力的机会与权力；并在力量对比中，确定权力格局，继而国际经济治理体系的新秩序。中国虽然具有驱动新生产方式发展的潜力，但是核心科技薄弱、推动社会经济转型困难、内外形势复杂等不利因素也制约着中国提升国际竞争力，阻碍中国拥有新国际经济治理体系的主导权。

四、应对世界经济格局转型过程中的复杂阻力

中国因承接加工制造而驱动起新型生产方式具有偶然性，因此经历了“入世”后到2008年之间相对宽松的国际环境，就在短短几年时间内国际分工格局、利益格局出现重大变革，占据既有世界经济格局主导地位的美国转变内外战略，2011年，奥巴马政府高调亮出“转向亚洲”战略，中国所面临的外部环境急转直下，推进新生产方式发展面对重重阻力。

第一，利益流失使美国不惜动用各种权力遏制变革方崛起。作为20世纪占据世界经济格局主导地位的国家，美国在推动垄断资本主义更大范围、更深层次向全球扩张过程中，具有一定偶然性地驱动起模块网络化新型生产方式，并导致自身在国际分工格局、利益格局中的地位快速下降。2008年后，美国全面加强了对世界经济运行体系的干预，以扭转力量对比的分化；中国作为发展最快的国家，成为主要针对对象。一是在能源领域，美国加快转向世界第一大产油国，在对产油国的分化打压与联合作用下，加剧国际石油价格波动，对以中国为代表的世界主要生产体系造成直接冲击；二是美元流动性的充斥泛滥与强力回拢，引发国际资金的大规模流动，大幅度增加世界财富的再分配效应；三是利用掌握产业链核心环节领先科技的优势，打压竞争者，直接干预产业链体系及其空间布局；四是发动贸易摩擦、金融制裁等，改变产业链分布的市场环境和条件，以间接影响产业链走向；五是重新谈判经贸规则，主导经贸规则走向，改变国别或区域经济关系；六是挑动内部矛盾或地缘争端，造成内外社会经济运行的风险或动荡，配合国际资产再配置；七是直接施加政治、军事、外交、舆论等外部压力，以引导国际市场走向。这些主要措施的配合使用，无疑给变革方的发展带来风险与威胁。

第二，美国在驱动新生产方式变革中所处地位存在不利方面。美国作为全球产业链核心环节及高端产业聚集地，在驱动模块网络化生产方式发展时，并不具有显著优势。一是生产外包使总体生产规模缩小，对于驱动层级式模块分解并不有利；缺乏规模化的碎片化生产与异质消费需求，不利于培育数字、网络、智能等新科技革命。二是美国倡导自由市场原则，虽然联邦政府具有很强的内外公共治理能力，但是州政府以有限提供地方公共产品的小政府为主，在创新公共治理、为模块厂商提供定制化公共服务方面，能力相对有限，从而不利于提升模块厂商网络整体性竞争力。三是美国在以往科技产业革命中，通过教育培训等多种措施，将夕阳产业劳动力转移进朝阳产业，培育出大规模本土熟练劳动力以支撑科技产业革命；但在此轮生产流程外包过程中，美国并未培育本土劳动者进入高新产业，而是通过吸引全球人才解决人力资源缺口问题，由此导致国内的贫富分化日趋加剧，并且，新生产方式发展所需庞大的人力资源储备也相对薄弱。这些因素共同作用，使美国较难继续引领下一轮新科技产业革命。

第三，量化宽松政策的实施使美国行为激化的风险攀升。2008 年以后，美国通过实施量化宽松政策来注入流动性、避免陷入衰退、刺激经济复苏。这种通过政府发行债务、美联储买债来发行货币的方式，给世界经济注入了庞大流动性。但政府发行债务相当于向未来借取资金，即透支未来景气，以供当前使用。这虽然有助于缓解当前资金缺口，但偿债来源最终取决于国内税收收入提升，或者外部资金流入，债务规模攀升给未来埋下偿债风险；另外，通过借新债还旧债的方式，可以将债务风险不断后延，但当长短债务周期重叠的集中偿债期到来时，就使资金来源矛盾凸显，并导致美国政府不得不采用激烈手段来抵补资金缺口，从而加大对世界经济的冲击与风险。2014 年中期，美元在退出量化宽松政策时，汇率大幅度回升，同时伴随着国际油价暴跌，产油国俄罗斯在与 OPEC 达成减产协议时让渡出部分国际市场份额，但出口量不断攀升的美国不受 OPEC 限产协议限制，反而通过增产打压油价，再加上乌克兰危机雪上加霜，俄罗斯 2014 年 GDP 由上年的 2. 3 万亿美元减至 2. 1 万亿美元，2015 年更是滑落至 1. 4 万亿美元。同期，中国资本大量外流，2014 年中期至 2016 年底共出逃 1 万亿美元；由于中国实行资本管制，财富的国际再配置受阻。此后，2017 年至 2020 年的中美贸易摩擦、2020 年新冠肺炎疫情暴发，即使在 2020 年 3 月国际油价再度暴跌至不到 10 美元/桶的超低价后，全球财富与资金仍未大规模回流美国。为应对经济下滑和疫情冲击，美国再次出台无底线量化宽松政策和 2. 2 万亿美元财政补贴，国债总额超过 27 万亿美元；2020 财年，美国国债总量已经超过国内生产总值。拜登政府上任，亦提出 1. 9 万亿美元财政刺激方案，以控制新冠肺炎疫情和救助经济。巨额的债务和庞大的美元流动性，以及美国政府的应对措施，都给世界经济运行增添了诸多不确定性；特别对于以生产制造和实体经济为主的国家和地区而言，国际价格体系的巨幅波动，都将对其造成严重冲击。

可见，中国作为新型生产方式孕育地及其发展最有潜力的承载国，同时面临着能力不足与阻力攀升的现实考验；抓住新时代机遇，推进百年未有之大变局，是中国不得不做出的必要选择。

第二章　基于全局的“一带一路”沿线价值链与产业变迁

第一节　基于全局的研究方法选择

21 世纪以来，模块网络化新生产方式已成为驱动世界经济格局变迁的根本力量，2013 年 9 月和 10 月，中国发起的“一带一路”共建倡议就在此背景下展开。若仅仅孤立地考察“一带一路”沿线国家和地区，将难以揭示其发展变化面貌的实质及根源，只有基于全局，即从模块网络化发挥作用的世界经济格局整体出发，才有助于探究沿线地区价值链及产业变迁的属性与特征。

一、“一带一路”是模块网络化运作的空间延伸

从签署合作协议的 140 个国家来看，“一带一路”建设已覆盖广阔的地域范围。然而，就参与国际分工而言，这些国家和地区尚处于起步阶段。并且，正是模块网络化生产方式在世界主要国家和地区的兴起与发展，特别是东亚区域生产网络作为主体分工网络的规模扩张，将“一带一路”沿线地区纳入全球化（见表 2－1）。

表 2－1　“一带一路”沿线合作国家

单位：个

洲别	数量	国家
非洲	46	苏丹、南非、塞内加尔、塞拉利昂、科特迪瓦、索马里、喀麦隆、南苏丹、塞舌尔、几内亚、加纳、赞比亚、莫桑比克、加蓬、纳米比亚、毛里塔尼亚、安哥拉、吉布提、埃塞俄比亚、肯尼亚、尼日利亚、乍得、刚果（布）、津巴布韦、阿尔及利亚、坦桑尼亚、布隆迪、佛得角、乌干达、冈比亚、多哥、卢旺达、摩洛哥、马达加斯加、突尼斯、利比亚、埃及、赤道几内亚、利比里亚、莱索托、科摩罗、贝宁、马里、尼日尔、刚果（金）、博茨瓦纳
亚洲	37	韩国、蒙古、新加坡、东帝汶、马来西亚、缅甸、柬埔寨、越南、老挝、文莱、巴基斯坦、斯里兰卡、孟加拉国、尼泊尔、马尔代夫、阿联酋、科威特、土耳其、卡塔尔、阿曼、黎巴嫩、沙特阿拉伯、巴林、伊朗、伊拉克、阿富汗、阿塞拜疆、格鲁吉亚、亚美尼亚、哈萨克斯坦、吉尔吉斯斯坦、塔吉克斯坦、乌兹别克斯坦、泰国、印度尼西亚、菲律宾、也门

续表

洲别	数量	国家
欧洲	27	塞浦路斯、俄罗斯、奥地利、希腊、波兰、塞尔维亚、捷克、保加利亚、斯洛伐克、阿尔巴尼亚、克罗地亚、波黑、黑山、爱沙尼亚、立陶宛、斯洛文尼亚、匈牙利、北马其顿（原马其顿）、罗马尼亚、拉脱维亚、乌克兰、白俄罗斯、摩尔多瓦、马耳他、葡萄牙、意大利、卢森堡
大洋洲	11	新西兰、巴布亚新几内亚、萨摩亚、纽埃、斐济、密克罗尼西亚联邦、库克群岛、汤加、瓦努阿图、所罗门群岛、基里巴斯
南美洲	8	智利、圭亚那、玻利维亚、乌拉圭、委内瑞拉、苏里南、厄瓜多尔、秘鲁
北美洲	11	哥斯达黎加、巴拿马、萨尔瓦多、多米尼加、特立尼达和多巴哥、安提瓜和巴布达、多米尼克、格林纳达、巴巴多斯、古巴、牙买加
总计	140	—

资料来源：中国一带一路网，2021.8.15。

第一，“一带一路”建设主要覆盖欠发达国家和地区。“一带一路”建设作为国际倡议，已经有140个国家与中国签署谅解备忘录或合作协议，日本、法国等发达地区也以第三方市场合作的方式有所参与。在不考虑诸多签署谅解备忘录的国家尚未实质性参与共建情况下，仅从总体而言，这些国家主要分布在欠发达甚至极度贫困的地区。从除纽埃之外的139个国家来看，其GDP占到世界的比重由1998年的16.9%升至2020年的22.3%，国际地位有所攀升。但其中，2020年GDP超过1万亿美元的仅为意大利、韩国、俄罗斯和印度尼西亚4个国家，占世界经济总量的7.1%；超过1000亿美元的共39个国家，占世界经济总量的19.2%；剩余不足1000亿美元的国家100个、不足100亿美元的33个、不足10亿美元的7个，它们合计约占世界经济总量的3.1%，占139国GDP总量的14.1%[①]（见表2-2）。

表2-2　2020年签署“一带一路”合作协议国家GDP分布

类别	国家数（个）	占世界GDP比重（%）	国家数（个）	占139国GDP比重（%）
1万亿美元以上	4	7.100	39	85.9
1000亿~1万亿美元	35	12.100		
100亿~1000亿美元	67	3.000	100	14.1
10亿~100亿美元	26	0.120		
0~10亿美元	7	0.004		
合计	139	22.300	139	100

注：纽埃数据缺失。

资料来源：UNCTAD数据库。

① 资料来源：根据UNCTAD数据库计算所得。

第二，便利经贸往来构成“一带一路”建设的主旨，这使模块网络化机制延伸至沿线地区。从“一带一路”的建设内容来看，包括合作协议和机制的构建、互联互通基础设施的建设、要素与商品流动的促进等，它们都紧紧地围绕便利经贸往来展开，“一带一路”沿线地区的市场联通程度得到提升。在模块网络化机制兴起的背景下，在中国发起倡议并竭力推进的过程中，“一带一路”沿线地区相应更为便利、更高程度地对接或者融入国际市场，模块网络化运作的空间范围延伸至“一带一路”沿线地区。

第三，沿线国家和地区难以深度融入模块网络化运作的主体生产网络。“一带一路”沿线国家和地区绝大多数处于低发展水平，其经济基础薄弱，市场机制与设施残缺，所拥有的要素、资源有限，比较优势相对匮乏，而且空间分散，这就使诸多国家和地区难以因经济活动集聚而形成比较或竞争优势。模块网络化机制要求模块参与方具备专业化优势、并行运作且敏捷联结，这使广袤的“一带一路”沿线国家和地区较难参与模块网络化主体生产网络，也就不易获得因分工深化而带来的利益攀升。

第四，基于规模基础上的生产链条内部分解，驱使主体生产网络产生日趋强劲的竞争力。模块网络化运行的特点是，越来越多生产流程内部分解，一方面，要求足够规模的资源、要素供应，以支撑大规模分工细化；另一方面，大量的流程分解与联结，使生产流程弹性组合效率更为攀升，由此产生累积强化的网络规模效应。随着联结技术改进与能力提升，网络规模效应更趋强化，这就使模块网络化的承载空间或主体产生越来越显著的竞争优势，并使其他规模效应不足的生产体系处于不利的竞争地位。

第五，“一带一路”沿线地区主要基于既有资源禀赋，以产业间分工的方式，对接主体生产网络。模块网络化给参与方提供了广阔的发展空间，也就是基于各自优势，通过承接专业化模块，参与流程分解，而获得分工地位和利益；但与此同时，在缺乏专业化模块承接能力的前提下，势必难以参与模块网络化的分工深化。“一带一路”沿线诸多国家和地区，部分因毗邻东亚得以深刻融入区域生产网络；而大多远离东亚的欠发达地区，难以直接融入主体生产网络；但主体生产网络强劲的要素与资源需求为欠发达地区创造了发展空间与机遇，即主要基于自身资源禀赋，并非参与生产流程分解，而以产业间分工的方式对接。

因此，对于研判“一带一路”沿线的国际分工关系，不能孤立看待，只有结合模块网络化机制的运作及其延伸，才有可能把握其根本属性与发展规律。

二、分工格局与产业发展提供内在关联的观测维度

为了考察“一带一路”整体建设进展与成效，分工格局与产业发展提供了综合性的评价视角及工具；集聚与分工的互动关系决定，对外经贸联系与产业集聚分别从流量和存量维度揭示了同一个过程，具有不可分割的内在关联性。

第一，分工格局与产业发展内在关联。群体生产、生活的聚集，即形成城市。城市群体生产活动所依赖的但本地无法保障的要素或商品成为进口，向外部空间提供产品或服务，构成出口。因此，城市对外经济联系与本地产业活动是同一流程在不同环节的表现。随着相对落后产业被挤出中心地，但对本地新兴产业保留分工支撑关系，城市在对外经贸联系及分工网络中成为动态演化的聚集节点；随着城市群体生产活动的分工深化与产业演进，集聚规模不断扩张并累积强化，其所产生的对外联系越趋广泛与复杂；随着直接或间接关联的分工体系向国际范围不断扩张，城市节点演进为世界城市。同样原理，就一国范围而言，经济活动聚集及其相应的要素和商品流动，是同一再生产循环的产物，进而决定不同经济体之间的分工关系，它们不可分割、内在关联，提供了经济体本身及相互间关系变化的测评角度与工具（见图 2－1）。

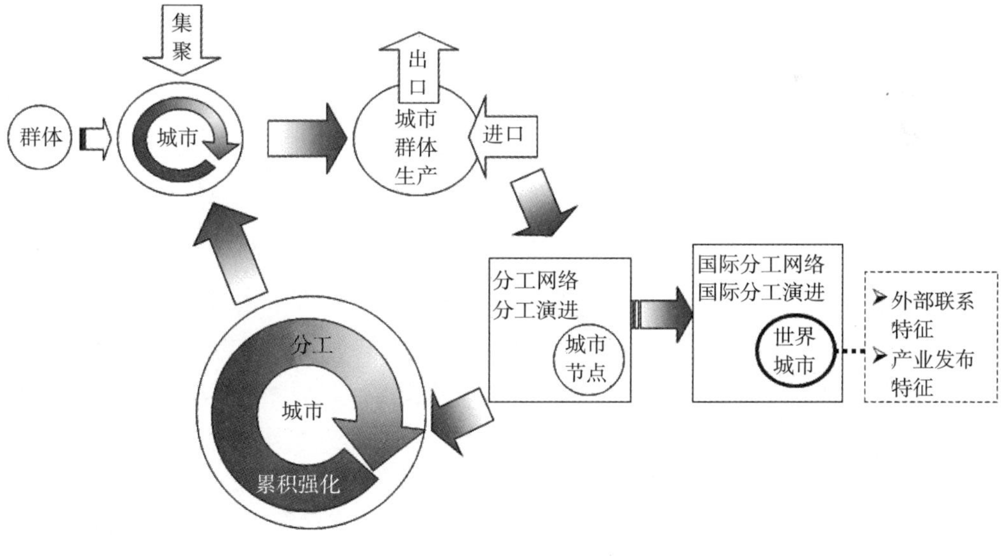

图 2－1　分工联系与产业发展的内在关联性

第二，经济体对外联系既是内部经济活动聚集的产物，也是其累积强化的原因。经济体内部再生产循环有赖于要素的投入与产品的输出，特别是可触及市场范围的大

小，决定了产量的潜在规模，进而决定了再生产规模及其分工深化的潜力。因此，经济体对外联系与内部经济活动聚集之间形成了流量与存量的相互关系，流量是存量运行的时点表现与产物，而持续的流量使存量得以累积。

第三，有必要将分工格局和产业集聚综合起来研判“一带一路”建设进展与得失。经济体间外部联系提供了针对相关主体及其关系的测度工具，其变迁虽受相互间影响，但归根结底取决于各经济体内部产业集聚及其变迁，并不仅仅是经济体间的要素或商品流动所致；并且，持续的经济体间分工联系的流量变化，最终累积为经济体产业聚集的结果。不管是价值链还是分工格局，都提供了不同经济体间相互关系的表征工具，但其都有必要与产业聚集存量相结合，以更为全面、深入地考察国际合作的实质性影响。“一带一路”建设带来了沿线地区经济关系的变迁，从相互间经贸关系和经济体产业发展两个维度展开研判，具有一定必要性。

三、测度方法的选择

为了表明“一带一路”建设与经贸合作所取得的成效，本研究选取部分代表性国家和地区展开统计分析，以把握“一带一路”沿线价值链、分工格局和产业变迁的特征。

1. 分析样本的遴选

为了从全局视角展开对“一带一路”沿线地区的分析，同时结合数据可得性和可操性等因素，本研究从四个层面确定样本国家和地区。

首先，即使未签署“一带一路”合作协议，仍将模块网络化运行的主要地区纳入价值链与分工格局分析。“一带一路”沿线参与国际分工的方式只有纳入模块网络化机制的运行，才能更清晰地加以描绘。截至 2021 年 9 月，签署“一带一路”合作协议的有 140 个国家，诸多沿线发达国家和地区并未纳入。为了把握模块网络化运作全局，将美国、日本等 23 个中心国家和地区纳入“一带一路”沿线价值链及分工格局分析。其次，选取“一带一路”合作方中最为主要的国家进行价值链及分工格局分析。目前，“一带一路”合作方涉及 140 个国家，且绝大多数国家经济和贸易发展水平较低，研究价值有限。因此，将包括中国在内的韩国、意大利、印度尼西亚等 27 个经贸总量相对较高的国家纳入整体分析，以揭示“一带一路”合作方的国际分工格局。再次，选择经济总量占绝大部分的 77 个国家作为样本国，以提高对“一带一路”沿线地区产业转型分析的全面性。最后，与中国签署合作协议的其他 64 个国家，经济与贸易总量占世界比重极小，因此不展开样本分析（见表 2 – 3）。

表 2－3 经济分析样本国和地区的遴选

类别	数量	分析内容	国别或地区名
未签署"一带一路"协议方	23 国和地区	价值链及分工格局分析	美国、加拿大、墨西哥、日本、中国香港、比利时、丹麦、芬兰、法国、德国、爱尔兰、荷兰、挪威、西班牙、瑞典、瑞士、英国、澳大利亚、印度、以色列、阿根廷、巴西、哥伦比亚
中国与139个签署"一带一路"协议方	27 国	价值链及分工格局分析	中国、韩国、印度尼西亚、越南、马来西亚、新加坡、菲律宾、泰国、奥地利、意大利、匈牙利、捷克、波兰、俄罗斯、乌克兰、哈萨克斯坦、新西兰、阿尔及利亚、埃及、南非、尼日利亚、土耳其、伊朗、阿联酋、沙特阿拉伯、智利、秘鲁
	77 国	产业分析	含 27 国，委内瑞拉、塔吉克斯坦、斯里兰卡、阿富汗、阿尔巴尼亚、亚美尼亚、阿塞拜疆、巴林、孟加拉国、白俄罗斯、波黑、文莱、保加利亚、柬埔寨、克罗地亚、塞浦路斯、吉布提、爱沙尼亚、埃塞俄比亚、格鲁吉亚、希腊、伊拉克、肯尼亚、科威特、吉尔吉斯斯坦、老挝、拉脱维亚、黎巴嫩、立陶宛、利比亚、马尔代夫、毛里塔尼亚、蒙古、摩洛哥、黑山、缅甸、尼泊尔、阿曼、巴基斯坦、卡塔尔、罗马尼亚、塞尔维亚、斯洛伐克、斯洛文尼亚、索马里、苏丹、叙利亚、突尼斯、乌兹别克斯坦、也门
	63 国	—	剩余签署协议国家（未展开分析）

从所遴选样本国或地区的代表性来看，27 国 GDP 总量 2020 年占到世界的 33.87%，77 国比重占到 37.67%；27 国总贸易额 2019 年占到世界的 34.24%，77 国占比为 39.75%。而能够获取数据的 63 国 GDP 占比 2020 年仅为 1.98%，2019 年贸易总额占比为 2.68%（见图 2－2）。

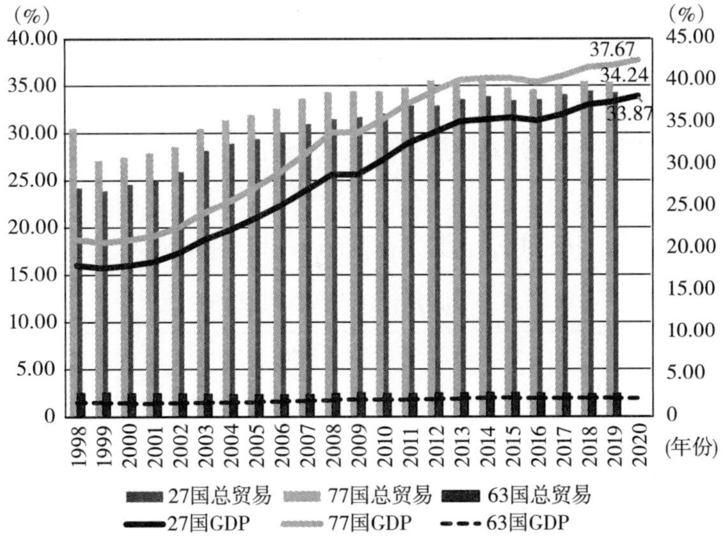

图 2－2 1998—2020 年"一带一路"相关国家 GDP 和贸易总量占世界比重

资料来源：UNCTAD 数据库。

2. 价值链与分工格局的测度

随着生产流程的分解越趋普遍，围绕垂直专业化分工、产品内分工、价值链等测度的方法不断增多，其中，利用WIOD数据库、TiVA数据库等国际投入产出数据库，基于价值增值法、投入产出法、技术指标替代法、网络分析法等展开的测度分析被较多使用。然而现有研究存在以下问题：一是“一带一路”沿线地区交织了多种分工形式，单一生产流程内部价值分析方法无法适用所有情形；二是计量方法虽然有助于统一地测度所有研究对象，但国别、区域及其相互间经济关系的特殊性不易揭示；三是WIOD、TiVA等数据库的最新更新年份是2014年，且“一带一路”沿线欠发达地区的数据有不少缺失，由此，为了表征模块网络化运作所产生的影响，以及兼顾所有国家和地区分析的统一性，本研究采用产品内分工结合技术指标替代法，来探究“一带一路”沿线价值链属性及其关联关系。

第一，依据分工联结的紧密程度及中心地原理进行空间划分。“一带一路”是中国展开国际合作的新理念、新方案，根据中国政府官方“一带一路”网公布的签署各类协议状况，除了达成合作共识的国家外，在欧亚乃至全球经贸联结中，还有诸多中心国和地区，是共同驱动模块网络化不可分割的组成部分，将之纳入研究有助于从全局角度解析“一带一路”沿线地区的国际分工地位。由此，结合中心地与分工网络共生演化原理，基于分工联系的紧密程度，在展开更为深入的价值链与分工格局分析时，将北美3国、欧洲17国、东亚10国和地区、外围20国作为样本对象。在展开产业发展研究时，将“一带一路”沿线主要的经济体纳入其中，并划分为北美3、西北欧14、东亚11、中东欧15、其他欧5、其他东亚8、南亚7、西亚18、中亚5、非洲14、大洋洲2、拉美6等12个类别一共108个样本对象；基于合作的紧密程度以及经济属性的差异，北美3、西北欧14、东亚11作为模块网络化主要影响区域进行分析，剩余80个经济体则作为“一带一路”沿线相关国家和地区，包括签署合作协议的69个经济体；由于中国香港、中国澳门、中国台湾属于中国主权范围，在此纳入中国一体统计（见表2－4）。

表2－4　经济分析样本国和地区的遴选

分工格局分析的50国和地区划分	
北美3	未签署协议：加拿大、墨西哥、美国
欧洲17	签署协议：奥地利、意大利、波兰、捷克、匈牙利 未签署协议：比利时、丹麦、芬兰、法国、德国、爱尔兰、荷兰、挪威、西班牙、瑞典、瑞士、英国
东亚10	签署协议：中国、中国香港、印度尼西亚、韩国、马来西亚、菲律宾、新加坡、泰国、越南 未签署协议：日本

续表

分工格局分析的 50 国和地区划分	
外围 20	签署协议：新西兰、哈萨克斯坦、俄罗斯、乌克兰、土耳其、伊朗、沙特阿拉伯、阿联酋、智利、秘鲁、阿尔及利亚、埃及、尼日利亚、南非 未签署协议：澳大利亚、印度、以色列、巴西、阿根廷、哥伦比亚
产业分析的 108 国和地区划分（除北美 3、西北欧 14、东亚 11 外，其余为“一带一路”沿线相关国家和地区）	
北美 3	未签署协议：加拿大、墨西哥、美国
西北欧 14	签署协议：奥地利、意大利 未签署协议：比利时、丹麦、芬兰、法国、德国、爱尔兰、荷兰、挪威、西班牙、瑞典、瑞士、英国
东亚 11	签署协议：中国、中国香港、中国台湾、印度尼西亚、韩国、马来西亚、菲律宾、新加坡、泰国、越南 未签署协议：日本
中东欧 15	签署协议：阿尔巴尼亚、波黑、保加利亚、克罗地亚、捷克、爱沙尼亚、匈牙利、拉脱维亚、立陶宛、黑山、波兰、罗马尼亚、塞尔维亚、斯洛伐克、斯洛文尼亚
其他欧 5	签署协议：希腊、塞浦路斯、白俄罗斯、俄罗斯、乌克兰
其他东亚 8	签署协议：文莱、柬埔寨、老挝、蒙古、缅甸、尼泊尔、中国澳门 未签署协议：朝鲜
南亚 7	签署协议：阿富汗、孟加拉国、不丹、印度、马尔代夫、巴基斯坦、斯里兰卡
西亚 18	签署协议：亚美尼亚、阿塞拜疆、巴林、格鲁吉亚、伊朗、伊拉克、科威特、黎巴嫩、阿曼、卡塔尔、沙特阿拉伯、土耳其、阿联酋、也门 未签署协议：以色列、约旦、巴勒斯坦、叙利亚
中亚 5	签署协议：哈萨克斯坦、吉尔吉斯斯坦、塔吉克斯坦、乌兹别克斯坦 未签署协议：土库曼斯坦
非洲 14	签署协议：阿尔及利亚、吉布提、埃及、埃塞俄比亚、肯尼亚、毛里塔尼亚、摩洛哥、尼日利亚、索马里、南非、苏丹、突尼斯、利比亚 未签署协议：厄立特里亚
大洋洲 2	签署协议：新西兰 未签署协议：澳大利亚
拉美 6	签署协议：智利、秘鲁、委内瑞拉 未签署协议：阿根廷、巴西、哥伦比亚

第二，基于 UNCOMTRADE 数据库的广义商品分类（BEC）展开分析。UNCOMTRADE BEC 数据库提供了按商品加工程度差异分类的综合性数据，结合 Françoise Lemoine 和 Deniz Ünal – Kesenci（2002）提供的五阶段 BEC 分类，贸易商品分为：初级产品（111 + 21 + 31），含半成品（121 + 22 + 32）和零部件（42 + 53）的中间产品，含资本品（41 + 521）和消费品（112 + 122 + 51 + 522 + 61 + 62 + 63）的最终产品。该数据分类方法虽然不如投入产出表、增加值统计等精确，但是有助于在统

一的数据体系中表征产品内分工、产业间分工等多种分工形式，能够达到在复杂多样、数据残缺严重情况下展开“一带一路”沿线地区研究的基本要求。其中，初级产品特别是初级燃料等贸易比重高，更典型的体现为产业间分工；中间产品特别是零部件贸易比重高，更典型的体现为参与产品内分工（见表2－5）。

表2－5　广义商品分类及阶段划分

三阶段	五阶段	BEC代码	BEC商品种类
初级产品		111	工业用的初级食品和饮料
		21	初级工业供给品
		31	初级燃料和润滑油
中间产品	半成品	121	主要为工业用的加工过的食品和饮料
		22	加工过的工业供给品
		32	加工过的燃料和润滑油
	零部件	42	除了运输设备外的资本品的零附件
		53	运输设备零部件
最终产品	资本品	41	除了运输设备外的资本品
		521	其他工业用运输设备
	消费品	112	主要为家庭消费用的初级食品和饮料
		122	主要为家庭消费用的加工过的食品和饮料
		51	运输设备，客车
		522	其他非工业用的运输设备
		61	耐用消费品
		62	半耐用消费品
		63	非耐用消费品

注：此种分类方法包括除BEC Code 7（其他商品）外的所有贸易商品。

第三，结合国家出口复杂度衡量“一带一路”沿线国家和地区的价值链地位。Michaely（1984）、Lall（2000）和Hausman等（2003）学者提出，用出口产品技术复杂度来反映一国的全球价值链分工地位，主要是构建出口产品技术复杂度指数（PRODY），再合成为国家出口复杂度指数（TSI）。该方法虽然难以表征国家间经贸关系，但是有助于基于新近数据，将不同类型国家的价值链及分工地位进行整体性区分。

第四，结合BEC分类基础上的贸易往来考察“一带一路”沿线国家和地区的分工关系及格局。在对“一带一路”沿线地区价值链地位进行整体性考察基础上，本研究基于BEC分类基础上的贸易流量及商品结构分析，以更为深入地探究国家、区域间经贸关系、分工格局的属性与特征。

第二节　“一带一路”沿线价值链与分工格局变迁

“一带一路”建设将全球化，特别是模块网络化机制延伸至更为广泛的国家和地区。以中国为加工制造中心的东亚，越趋成为世界分工体系的联结枢纽；“一带一路”沿线地区有所分化地参与国际分工，并呈现价值链及分工地位小幅度上升的特征。

一、模块网络化进一步发展

次贷危机爆发以后，全球化受到冲击；特别是以美国为代表的发达国家倡导“美国优先”“新保护主义”“再工业化”，以及2017年特朗普总统上任后挑起中美经贸摩擦等，给全球供应链与生产网络带来巨大不确定性。然而，这并没有改变模块网络化发展的方向与趋势，东亚区域生产网络更为强劲地主导着全球分工格局。

1. 世界主要区域进一步转向联结东亚区域生产网络

北美、东亚和欧洲是世界三大贸易区域，商品和服务贸易总额占到世界的78%。“一带一路”建设，使北美和欧洲更趋通过东亚联结世界市场。

第一，区域内贸易仍然占据主导地位，但发达地区降幅显著。21世纪以来，三大区域均显示出区域内贸易为主导的特征，2020年，北美区域内出口占比49.2%、区域内进口占比31.4%，东亚占比分别为45.1%和44.8%，欧洲占比更是高达59.0%和57.6%。从其变化来看，北美和欧洲均经历了21世纪初的小幅度上升，而后不断下降的过程，北美在2004年区域内出口达到56.1%的高点后，与区域内进口一同下降，降幅分别达到近6个和10个百分点；欧洲在2003年区域内出口和进口分别达到66.6%和64.5%的高点后持续下降，至2020年分别下降7.6个和6.9个百分点。而东亚的区域内出口持续攀升至2013年48.5%，此后小幅度回落至45.0%的水平；区域内进口则由2003年49.2%的高点小幅度降至44.8%左右（见表2－6）。

表 2 - 6　2000—2020 年世界三大区域对外贸易的空间分布

%

年份	北美 3 向各区域贸易占总贸易比重							
	区域内出口	区域内进口	出口东亚 10	从东亚 10 进口	出口欧洲 17	从欧洲 17 进口	出口三大区域	从三大区域进口
2000	55.8	40.5	15.1	26.4	16.0	17.3	86.8	84.2
2004	56.1	35.4	14.9	28.6	15.4	18.1	86.4	82.1
2008	49.5	32.9	14.6	28.3	16.9	17.0	80.9	78.2
2012	48.6	33.5	16.4	30.6	14.8	16.1	79.8	80.2
2016	50.2	33.1	17.1	34.9	15.5	17.8	82.8	85.8
2020	49.2	31.4	17.6	35.0	16.0	19.7	82.8	86.1
年份	东亚 10 向各区域贸易占总贸易比重							
	出口北美 3	从北美 3 进口	区域内出口	区域内进口	出口欧洲 17	从欧洲 17 进口	出口三大区域	从三大区域进口
2000	25.6	15.8	42.0	47.5	15.8	12.5	83.5	75.8
2004	20.9	11.7	46.1	48.9	15.4	12.4	82.4	73.0
2008	16.9	9.6	44.2	44.7	15.3	10.9	76.5	65.2
2012	15.9	9.0	47.8	43.1	12.0	11.3	75.7	63.4
2016	17.9	10.0	45.9	46.9	12.8	13.0	76.6	69.9
2020	18.3	9.8	45.1	44.8	13.7	12.6	77.2	67.2
年份	欧洲 17 向各区域贸易占总贸易比重							
	出口北美 3	从北美 3 进口	出口东亚 10	从东亚 10 进口	区域内出口	区域内进口	出口三大区域	从三大区域进口
2000	10.8	9.5	6.0	11.5	66.7	62.2	83.5	83.3
2004	9.5	6.9	6.1	12.0	66.4	63.8	81.9	82.7
2008	7.9	6.5	6.0	12.4	64.7	60.6	78.6	79.6
2012	8.4	7.1	8.7	12.9	60.2	57.5	77.2	77.5
2016	9.6	7.5	9.4	14.6	60.2	58.8	79.2	81.0
2020	10.7	7.2	9.5	16.2	59.0	57.6	79.2	81.0

资料来源：根据 UNCOMTRADE BEC Database 数据计算所得。

第二，随着模块网络化率先在东亚转变为现实，强大的要素需求与产品供给能力，使北美和欧洲都不断强化与东亚展开经贸往来，次贷危机特别是“一带一路”启动建设后表现更甚。北美向东亚出口比重由 2000 年的 15.1% 降至 2008 年的 14.6%，随后不断攀升，2020 年达到 17.6%；从东亚进口比重则由 2000 年的 26.4% 升至 2008 年的 28.3%，并进一步升至 2020 年的 35.0%。欧洲向东亚出口比重则由 2000 年的 6.0% 持续升至 2020 年的 9.5%，进口比重由 2000 年的 11.5%

升至2020年的16.2%。

第三，“一带一路”建设后北美与欧洲强化了对三大主导市场的依赖性。21世纪以来，三大区域经济的快速增长，使其对多元化市场产生需求，各区域均不同程度地降低了对主导区域的依赖性。然而，2012年后，北美和欧洲均不同程度地提高对主导市场的依赖性，北美对三大区域的出口和进口比重分别由79.8%和80.2%升至2020年的82.8%和86.1%，欧洲则从77.2%和77.5%升至79.2%和81.0%。东亚在2012年后的三大区域内出口也有小幅度上升，从75.7%升至2020年的77.2%；但自三大区域内进口仍有下降，自2016年的69.9%降至2019年66.1%的低点。东亚取代北美和欧洲，联结其他区域进入全球市场的枢纽作用越趋显著。

第四，东亚作为加工制造枢纽联结三大区域。北美和欧洲的区域内贸易都表现出中间产品和最终产品出口并进的特点，这是发达国家间开展水平贸易、产业内贸易的结果。而东亚的区域内贸易显著地以中间产品为主导，2019年占到65%，最终产品贸易仅为31.8%。从区域间贸易来看，北美主要向东亚和欧洲提供半成品，欧洲主要向北美和东亚提供半成品和消费品，而东亚主要向北美提供消费品和资本品，2019年占比分别为31.9%和28.5%，向欧洲提供资本品和消费品，占比分别为29.4%和26.6%。通过输入中间产品再向发达地区输出最终产品，成为东亚加工制造枢纽的显著特征（见表2－7）。

表2－7　2019年世界三大区域出口商品结构

%

品类	北美3对不同区域出口商品结构			
	世界	区域内	东亚10	欧洲17
初级产品	12.2	9.6	17.8	10.9
半成品	28.7	25.8	31.1	32.6
零部件	14.6	18.9	10.9	9.9
资本品	17.2	20.1	14.3	13.4
消费品	18.1	20.5	15.9	17.7
品类	东亚10对不同区域出口商品结构			
	世界	北美3	区域内	欧洲17
初级产品	1.8	0.4	2.6	1.0
半成品	35.6	18.7	44.5	24.6
零部件	17.8	19.0	19.5	16.8
资本品	22.7	28.5	18.7	29.4
消费品	20.3	31.9	13.1	26.6

续表

品类	欧洲 17 对不同区域出口商品结构			
	世界	北美 3	东亚 10	区域内
初级产品	4. 2	1. 2	3. 4	4. 5
半成品	33. 7	30. 8	27. 0	33. 3
零部件	15. 6	17. 9	17. 7	13. 9
资本品	18. 3	18. 1	21. 0	15. 9
消费品	30. 4	30. 3	28. 9	29. 9

资料来源：根据 UNCOMTRADE BEC Database 数据计算所得。

2. 东亚区域生产网络经过适应性调整后继续发展

东亚区域的货物总出口 1998 年占到世界的 21. 8%、总进口占比为 17. 3%；“一带一路”建设启动前的 2012 年，两项占比分别升至 27. 6% 和 26. 6%；此后，东亚区域贸易额继续攀升，2020 年分别占到世界的 31. 7% 和 27. 2%。虽然中美经贸摩擦、地缘关系复杂等因素对东亚合作造成一定影响，但是模块网络化驱使流程分解和网络联结在此区域不断深化发展。

第一，中国进一步强化东亚区域生产网络贸易中心地位。自 20 世纪末以来，中国占世界贸易比重大幅度上升，次贷危机后特别是中美经贸摩擦期间，受到一定冲击，但其作为东亚贸易中心的地位越趋强化。2013 年，中国出口占东亚区域总出口的比重为 42. 0%，2020 年升至 46. 4%，进口比重由 38. 0% 升至 2020 年的 42. 5%。从东亚区域内贸易来看，中国的区域内出口占比由 2013 年的 33. 5% 升至 2020 年的 35. 3%，区域内进口占比由 26. 1% 升至 29. 7%（见图 2 - 3）。

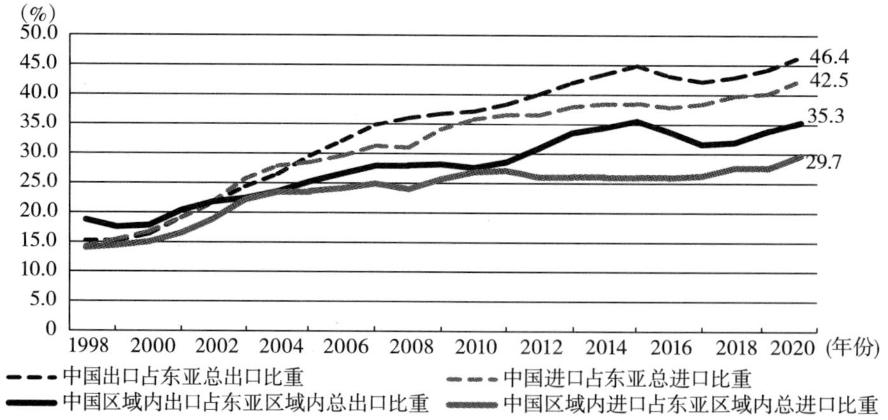

图 2 - 3　1998—2020 年中国向世界与区域内进出口贸易占东亚地区比重

资料来源：UNCOMTRADE Database BEC 数据库。

第二，中国仍然是东亚联结外部世界的枢纽。自20世纪末以来，模块网络化的兴起，使东亚聚集差异化模块，并相互间展开产品内贸易，区域内贸易比重显著上升。中国香港、印度尼西亚、马来西亚、菲律宾等一半以上的进出口在东亚区域内进行，中国则主要承担与区域外地区展开贸易往来的功能。"一带一路"启动建设以后，2012—2020年，中国向区域外出口的比重继续上升，从区域外进口比重小幅度下降0.7个百分点。中国香港、印度尼西亚、菲律宾、新加坡等区域内出口超过50%的地区小幅度转向区域外出口，日本、马来西亚、韩国则进一步增加区域内出口，除中国香港和马来西亚略微降低区域内进口之外，其他东亚国家继续增加区域内进口比重（见表2－8）。

表2－8　1998—2020年东亚各国和地区区域内进出口占总出口比重

%

年份	东亚10区域内出口占总出口比重									
	中国	中国香港	印度尼西亚	日本	马来西亚	菲律宾	韩国	新加坡	泰国	越南
1998	46.3	45.9	50.1	26.9	43.7	34.7	34.0	43.7	40.1	24.0
2000	45.8	47.7	54.4	32.6	50.0	40.2	40.3	49.3	43.2	49.6
2004	41.0	57.6	55.3	40.0	50.8	54.7	44.6	56.9	48.4	41.6
2008	34.4	60.7	56.2	41.9	53.7	56.5	44.6	59.4	47.7	39.2
2012	36.9	69.3	58.2	46.9	58.5	64.3	51.6	61.0	49.8	42.9
2016	35.9	67.2	51.3	44.6	56.7	62.0	51.4	62.2	47.1	38.7
2020	34.3	66.5	54.4	48.2	60.0	62.2*	53.8	59.1	47.7	41.0
2000—2012变化	-8.9	21.6	3.8	14.3	8.5	24.1	11.3	11.8	6.6	-6.7
2012—2020变化	-2.6	-2.8	-3.8	1.3	1.5	-2.1*	2.2	-1.9	-2.1	-1.9
年份	东亚10区域内进口占总进口比重									
	中国	中国香港	印度尼西亚	日本	马来西亚	菲律宾	韩国	新加坡	泰国	越南
1998	44.5	67.7	42.0	31.9	54.2	45.6	33.7	50.3	48.6	28.6
2000	42.7	70.2	48.6	35.5	56.2	48.6	39.6	53.1	50.4	66.2
2004	41.1	72.5	50.7	40.3	57.4	52.7	44.8	53.6	52.4	63.0
2008	34.6	73.5	60.5	36.2	56.6	53.2	41.2	48.6	49.3	65.8
2012	30.7	69.6	62.2	39.8	59.4	53.9	37.9	44.9	53.3	67.0
2016	32.2	70.7	63.9	44.8	59.9	66.0	44.1	49.5	57.8	69.5
2020	31.3	66.5	63.1	45.1	58.1	68.9*	45.0	49.0	57.5	69.2
2000—2012变化	-12.0	-0.6	13.6	4.3	3.2	5.3	-1.7	-8.2	2.9	0.8
2012—2020变化	0.6	-3.1	0.9	5.3	-1.3	15.0*	7.1	4.2	4.2	2.2

注：* 为2019年数据或据此计算所得。

资料来源：根据UNCOMTRADE BEC Database数据计算所得。

第三，在经贸摩擦导致零部件贸易受到冲击的背景下，转向半成品贸易成为东亚深化区域内贸易的重要方式。在 2013 年，中国香港、菲律宾、新加坡等向区域内出口的最主要商品是零部件。在中美经贸摩擦大幅度加征关税过程中，东亚供应链运作受到较大压力，零部件贸易深受影响。由此，大幅度转向半成品贸易成为东亚展开生产流程合作的替代方式。到 2019 年，所有的东亚国家和地区均大幅度增加半成品出口，马来西亚、韩国的半成品出口占比超过 60%（见表 2－9）。

表 2－9　2013 年、2019 年东亚各国和地区向区域内出口商品构成

%

品类	2013 年东亚各国和地区向区域内出口商品构成									
	中国	中国香港	印度尼西亚	日本	马来西亚	菲律宾	韩国	新加坡	泰国	越南
初级产品	1. 0	1. 1	38. 8	2. 4	6. 0	10. 8	0. 6	0. 6	8. 0	19. 2
半成品	21. 6	32. 5	39. 9	40. 1	47. 4	26. 0	42. 2	36. 6	38. 9	22. 9
零部件	26. 5	46. 2	6. 9	31. 6	28. 6	40. 3	33. 4	43. 6	20. 2	14. 9
资本品	28. 4	13. 0	4. 3	19. 1	9. 5	14. 4	19. 2	10. 2	13. 5	13. 8
消费品	22. 5	7. 2	10. 1	6. 8	8. 5	8. 5	4. 7	8. 9	19. 4	29. 2
品类	2019 年东亚各国和地区向区域内出口商品构成									
	中国	中国香港	印度尼西亚	日本	马来西亚	菲律宾	韩国	新加坡	泰国	越南
初级产品	1. 1	0. 8	27. 4	1. 6	5. 0	5. 5	0. 5	0. 5	5. 0	5. 1
半成品	35. 5	49. 4	44. 1	38. 0	60. 7	49. 2	60. 9	57. 2	38. 8	31. 1
零部件	17. 7	27. 6	6. 7	22. 6	14. 5	18. 1	19. 5	16. 8	17. 1	23. 0
资本品	26. 7	15. 0	4. 1	21. 0	11. 1	17. 4	13. 4	13. 6	14. 6	13. 0
消费品	18. 3	7. 0	16. 7	9. 0	8. 2	9. 5	5. 5	9. 4	23. 7	26. 1

资料来源：根据 UNCOMTRADE BEC Database 数据计算所得。

第四，东亚进一步深化生产流程内部分工。从东亚历年区域内出口的商品结构来看，中间产品贸易始终占据主导地位。2008 年达到 65. 4% 的峰值，之后虽有小幅度下降，但 2010 年后再次表现出上升趋势。特别是经贸摩擦导致零部件贸易萎缩之后，各国和地区采用加大半成品贸易、零部件生产内部化等方式，减少地缘、关税等风险。2019 年，东亚区域内出口的零部件比重已降至 20 世纪后期以来的最低水平，仅为 19. 5%；但半成品出口达到 44. 5%，为历史最高水平，这使中间产品出口比重占到东亚区域内出口的 64. 0%（见表 2－10）。

表 2－10　1995—2019 年东亚 10 国和地区区域内出口商品结构

%

年份	国家/地区	初级产品	半成品	零部件	中间产品	资本品	消费品	最终产品
1995	东亚 8	4.4	34.7	24.5	59.3	17.6	18.8	36.4
2002	东亚 9	3.7	30.2	32.3	62.5	16.7	17.1	33.8
2006	东亚 9	4.0	30.8	33.2	64.0	19.2	12.8	32.0
2008	东亚 10	4.4	33.8	31.6	65.4	18.6	11.7	30.3
2010	东亚 10	4.1	30.8	32.8	63.6	20.0	12.3	32.2
2013	东亚 10	3.8	32.4	31.5	63.9	18.9	13.4	32.3
2019	东亚 10	2.6	44.5	19.5	64.0	18.7	13.1	31.8

注：东亚 8 指缺失菲律宾和越南；东亚 9 指缺失越南。2002 年、2006 年数据引自：王峰．东亚区域内贸易扩张研究［M］．北京：经济科学出版社，2009，91。

资料来源：UNCOMTRADE Database BEC 数据库。

可见，“一带一路”建设启动以后，模块网络化机制仍然主导着全球分工体系的发展，并且在各种风险冲击下调整适应，深刻影响各区域分工地位和关系。

二、“一带一路”沿线地区价值链地位分化

模块网络化在“一带一路”建设中向更多国家和地区延伸，带来其国际分工地位的变化。这里借鉴 Hausmann 等，（2003）基于 RCA 指数和比较优势理论而提出的 PRODY 及其加权合成为 *TSI*，来考察样本国家及地区的价值链地位。

具体公式为：

$$TSI_k = \sum_j \frac{x_{jk/X_j}}{\sum_j (x_{jk}/X_j)} Y_j \qquad (2-1)$$

$$ES = \sum_k \frac{x_k}{X} TSI_k \qquad (2-2)$$

其中，式（2－1）中 TSI_k 是商品 k 的技术复杂度指数，x_{jk} 是国家 j 出口商品 k 的出口额，X_j 是国家 j 的商品出口总值，Y_j 是按购买力平价计算的人均 GDP。式（2－2）是计算的一国商品出口技术复杂度。①

在对出口商品进行分类时，划分为包括（111＋21＋31）的初级产品、（121＋22＋32）的半成品、（42＋53）的零部件、（41＋521）的资本品、（112＋122＋51＋522＋61＋62＋63）的消费品，按 17 个小类来计算国家出口复杂度，样本对象选择包含“一带一路”沿线地区及模块网络化发展主导地区的 108 个国家和地区，时间样本为 2000 年、2008 年、2012 年和 2019 年，人均 GDP 数据来源于世界银行的按购买力

① 戴翔．中国服务贸易出口技术复杂度变迁及国际比较[J]．中国软科学，2012(2)：52－59.

平价计算值。为了区分不同出口特征的国家间的差异，最终分别按照初级产品或半成品出口占比超过 50%、零部件或资本品出口占比超过 15%、消费品出口占比超过 30% 来划分不同的国家类群。计算结果如表 2－11 所示。

通过国家或地区出口复杂度的比较可知，第一，东亚国家和地区处于出口复杂度较高的价值链地位。在所有国家和地区出口复杂度排序中，2000 年，东亚的日本、韩国、新加坡、马来西亚、菲律宾位居前 10，中国仅为第 18 位；2008 年，中国跻身第 5 位，位居前 10 的东亚国家和地区有 7 个；2012 年，中国地位小幅度降至第 6 位；2019 年，中国回升至第 5 位，中国香港、韩国、新加坡、马来西亚、泰国位列前 10。由于 BEC 五阶段商品分类中，零部件和资本品的技术复杂度更高，从全球分工来看，零部件、资本品贸易占有较高比重的东亚国家和地区，价值链地位相对较高（见表 2－11）。

第二，参与“一带一路”建设的诸多国家价值链地位偏低。从五阶段商品的技术复杂度而言，初级产品属于最低类别，其次是消费品。在按五阶段商品类别划分的国家群中，初级产品出口占比超过 50% 的国家共 23 个，其中参与“一带一路”建设的有 17 个，占比为 73.9%；消费品出口占比超过 30% 的国家有 22 个，参与“一带一路”建设的有 19 个，占比为 86.4%。以零部件出口为特长的“一带一路”参与国和地区较多，主要位于东亚和中东欧。而技术复杂度较高、价值链地位较高的偏重资本品出口国，参与“一带一路”建设国家的占比仅为 42.9%。总体而言，除了东亚和中东欧少数国家和地区外，参与“一带一路”建设的大多数国家价值链地位相对较低。

表 2－11　2000—2019 年“一带一路”沿线相关国家和地区的出口复杂度

初级产品出口占比 >50% 的国家和地区					半成品出口占比 >50% 的国家和地区				
	2000 年	2008 年	2012 年	2019 年		2000 年	2008 年	2012 年	2019 年
也门	—	23914	22647	32179	以色列	19401	26462	27073	31906
阿联酋	20172	19483	19379	29212	巴林	—	26635	26585	30972
巴西	21183	25168	24274	28471	波黑	—	26021	25073	30664
伊朗	18735	—	—	27621	瑞士	21895	25652	25979	30311
哥伦比亚	19281	24431	23143	27111	比利时	20398	25234	25707	30244
哈萨克斯坦	10206	24435	23146	26618	印度	19753	25536	25594	30077
科威特	—	24602	—	26553	卡塔尔	19833	23941	26240	30072
挪威	18942	23832	22770	26548	立陶宛	20580	25764	25448	30061
尼日利亚	18672	23572	22665	25997	老挝	—	—	25504	29688
毛里塔尼亚	2821	22121	22504	25766	埃及	—	25604	25100	29660
蒙古	18926	24443	23338	25494	吉尔吉斯斯坦	20327	18258	25120	29650
阿塞拜疆	19305	23573	22017	25277	黑山	—	25923	25752	29609

续表

初级产品出口占比＞50％的国家和地区					半成品出口占比＞50％的国家和地区				
	2000 年	2008 年	2012 年	2019 年		2000 年	2008 年	2012 年	2019 年
俄罗斯	17615	22999	23608	25024	保加利亚	18655	24858	24681	29601
利比亚	—	24103	—	24880	白俄罗斯	20991	26687	25934	29528
澳大利亚	19062	23630	22679	22032	南非	18112	26123	25503	29497
沙特阿拉伯	19070	24069	22706	6187	希腊	19542	24863	25339	29375
阿尔及利亚	19562	24410	23410	—	文莱	—	25064	24575	29246
委内瑞拉	19518	24320	23142	—	乌克兰	20399	25132	24681	29174
埃塞俄比亚	19032	24012	22675	—	黎巴嫩	20126	25466	25529	29092
阿曼	19018	21954	21615	—	印度尼西亚	20875	25677	24968	29054
伊拉克	18313	23375	21529	—	智利	19354	25216	24811	28109
土库曼斯坦	18967	—	—	—	加拿大	20603	24888	24404	27697
叙利亚	16412	23611	—	—	亚美尼亚	20671	25297	24567	27544
零部件出口占比＞15％的国家和地区					秘鲁	20127	25109	24647	27478
	2000 年	2008 年	2012 年	2019 年	乌兹别克斯坦	—	—	—	26966
中国香港	21943	28093	28530	33134	阿根廷	20065	24979	24469	23173
捷克	22381	27122	27552	32347	不丹	—	24254	26591	—
马来西亚	23926	24571	27669	32109	塔吉克斯坦	19735	—	—	—
匈牙利	22987	25777	26192	31406	厄立特里亚	19521	—	—	—
罗马尼亚	20584	26475	26049	31366	消费品出口占比＞30％的国家和地区				
泰国	21804	26993	26946	31052		2000 年	2008 年	2012 年	2019 年
新加坡	24251	26843	26602	31017	爱尔兰	22238	25577	25099	30892
波兰	21425	26024	26448	30957	突尼斯	19648	25144	25285	30491
斯洛文尼亚	21389	26330	26478	30684	塞尔维亚	—	25746	25378	30465
斯洛伐克	21277	25507	26411	30585	越南	18594	23739	24997	30413
墨西哥	22716	26552	26406	30237	土耳其	19986	25694	25532	29700
菲律宾	25098	29405	28734	28395	丹麦	20274	24479	23391	29335
缅甸	23354	26271	26505	26822	拉脱维亚	20311	24675	22387	29225
资本品出口占比＞15％的国家和地区					约旦	20349	25215	24552	29072
	2000 年	2008 年	2012 年	2019 年	摩洛哥	19568	24873	25033	28780
韩国	23526	28815	28654	32830	西班牙	21103	25399	24797	28446
中国	21463	27459	27432	32100	巴基斯坦	19226	23883	23693	27750
德国	21299	26013	26179	30832	斯里兰卡	18689	22722	23532	27695
法国	22110	26214	26185	30768	肯尼亚	18783	23596	22116	27623
日本	23394	26862	27101	30597	格鲁吉亚	19905	24880	23684	27294

续表

初级产品出口占比 >50%的国家和地区					半成品出口占比 >50%的国家和地区				
	2000 年	2008 年	2012 年	2019 年		2000 年	2008 年	2012 年	2019 年
克罗地亚	21753	26655	26197	30447	柬埔寨	18729	22768	22347	26765
奥地利	20804	26579	26489	30426	新西兰	19691	23503	22990	26413
爱沙尼亚	22325	25432	25965	30397	马尔代夫	18009	21445	21584	25812
芬兰	23547	28082	27264	30252	阿富汗	—	19852	7466	25459
意大利	21910	26248	26245	30224	塞浦路斯	19094	24833	21288	25176
荷兰	18949	22676	24691	29832	阿尔巴尼亚	18695	23594	23192	15060
瑞典	22022	25841	26127	29796	尼泊尔	14169	—	24604	—
英国	20953	24116	23714	29717	孟加拉国	—	22063	21971	—
美国	23046	26874	24831	28079	—	—	—	—	—

注：因老挝、吉布提、苏丹等“一带一路”国家缺乏数据，本表计算结果涵盖 101 个国家和地区。

资料来源：UNCOMTRADE Database BEC 数据库。

第三，“一带一路”启动建设后，沿线地区改变次贷危机后价值链地位下滑局面，转而普遍攀升。2008 年次贷危机后直至“一带一路”建设启动前，以初级产品和消费品为出口特长的国家出口复杂度，即价值链地位下滑显著；随着“一带一路”建设的推进，“一带一路”沿线相关国家和地区都有显著的价值链地位回升的表现。相对而言，初级产品出口国回升的幅度较小，而零部件贸易因受国际经贸摩擦冲击较大，相关国家平均的出口复杂度回升幅度也略低于半成品及最终产品出口国（见表 2 - 12）。

表 2 - 12　2000—2019 年“一带一路”沿线相关国家和地区出口复杂度的变化

品类	2019 年均值	2000—2008 年平均变动	2008—2012 年平均变动	2012—2019 年平均变动
初级产品	25311	5831	-771	2357
半成品	29171	4918	1262	3928
零部件	30778	4064	351	3815
资本品	30450	4268	-49	4235
消费品	27593	4618	-1164	4676

资料来源：UNCOMTRADE Database BEC 数据库。

可见，参与生产流程的中间产品分解、资本品总装的国家和地区，在“一带一路”沿线价值链中的地位攀升显著；而诸多参与建设方虽因参与建设获得发展，但因提供初级产品价值链地位上升相对有限。

三、“一带一路”沿线地区强化与东亚联结且分工地位小幅度上升

“一带一路”签署合作协议的成员方虽然数量较多，但是占世界贸易比重很小。依据中心地与分工网络共生演化的原理，挑选“一带一路”沿线地区经贸总量最大的20个中心国家作为外围国代表性样本，其中，除澳大利亚、印度、以色列、阿根廷、巴西、哥伦比亚未与中国签署“一带一路”合作协议之外，其他14国均不同程度地参与共建。随着“一带一路”的推进，沿线地区逐步强化与东亚区域生产网络的联结，虽然其主要提供初级产品、半成品，但是分工地位有小幅度上升。

第一，转向强化与东亚区域生产网络的联结。外围国家占世界贸易比重相对较小，2000年进出口贸易总额占世界的8.81%，此后不断攀升，2011年达到历史高位15.55%。由于北美、欧洲及其他区域贸易量的下滑，2012年后，外围国家占世界贸易比重逐年下降，2018年降至11.77%，2019年回升至12.11%。在21世纪的第一个十年，外围国家首要与欧洲地区展开贸易往来，但次贷危机、欧债危机后逐年下降。与此同时，21世纪以来，外围国家自东亚地区的进口比重逐年攀升；“一带一路”建设启动以后，其与东亚之间的进出口贸易均显著上升，东亚已超越欧洲成为外围国家最主要的贸易伙伴（见图2-4）。

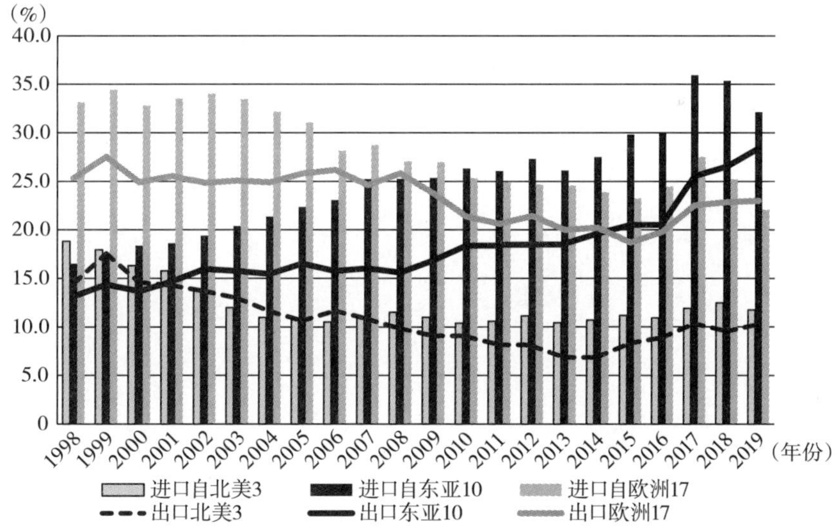

图2-4 1998—2019年外围20国与世界主要区域的进出口贸易分布

资料来源：UNCOMTRADE Database BEC数据库。

第二，主要外围国家强化与东亚展开贸易联系。随着东亚区域生产网络的兴起，外围国家普遍加大与东亚的进出口比重。地域邻近或交通便利的澳大利亚、智利对外出口的50%以上面向东亚；2014年后澳大利亚总进口的50%以上均来自东亚，与东

亚区域一体化的程度已显著提升。就外围国家平均水平而言，2013 年其向东亚出口占总出口的 18.6%，此后继续攀升至 2019 年的 23.4%，升幅虽小于 1998—2013 年的水平，但仍达到 4.8%。从平均进口比重来看，2013 年外围国家平均从东亚进口为 26.1%，此后，不同于出口占比有部分国家减少了向东亚出口，几乎所有外围国家进一步加大从东亚进口，2018 年平均进口占比达到 35.4% 的高点，2019 年回落至 32.1%，相较 2013 年仍上升 6 个百分点（见表 2－13）。

表 2－13　1998—2019 年“一带一路”沿线相关国家与东亚 10 的进出口比重

%

地区	向东亚 10 出口占总出口比重							
	1998 年	2000 年	2008 年	2013 年	2018 年	2019 年	1998—2013 年变化	2013—2019 年变化
澳大利亚	39.1	50.3	57.3	63.7	72.1	72.4	24.6	8.7
智利	22.5	25.1	30.0	41.9	50.1	50.1	19.4	8.2
新西兰	28.6	32.4	30.0	41.5	45.2	48.6	12.9	7.1
巴西	9.4	10.0	17.3	29.4	36.5	39.1	19.9	9.7
秘鲁	10.9	16.6	20.5	27.5	14.1	15.3	16.7	-12.3
南非	—	12.7	22.4	24.4	20.6	21.8	11.7*	-2.6
印度	17.6	19.7	23.9	23.4	22.9	22.0	5.8	-1.4
以色列	10.9	15.0	13.8	19.8	19.9	17.6	8.8	-2.2
哈萨克斯坦	9.2	9.1	12.6	18.2	19.5	22.1	9.0	3.9
阿根廷	7.8	7.6	14.1	17.5	17.0	22.5	9.7	5.0
俄罗斯	9.1	9.9	9.4	15.5	21.3	21.7	6.4	6.2
哥伦比亚	3.1	2.6	3.8	10.3	14.1	15.3	7.2	5.0
伊朗	3.1	18.9	—	9.4	14.7	—	6.3	5.3**
乌克兰	8.1	8.0	8.5	7.7	12.0	18.9	-0.4	11.1
埃及	6.9	—	8.7	7.1	6.5	4.2	0.2	-2.9
阿尔及利亚	0.9	0.7	4.1	6.6	—	—	5.7	1.6***
尼日利亚	3.5	4.1	1.8	6.1	9.8	9.3	2.5	3.3
沙特阿拉伯	2.9	1.7	1.9	4.2	6.8	7.0	1.3	2.8
土耳其	2.1	2.6	2.8	4.1	4.2	3.9	2.0	-0.2
阿联酋	—	2.3	18.3	2.9	4.7	6.5	0.7*	3.6
外围 20	13.1	13.7	15.6	18.6	26.5	23.4	5.5	4.8
澳大利亚	36.9	39.9	48.7	49.5	53.2	52.3	12.6	2.8
智利	15.4	15.0	25.3	28.5	32.8	32.4	13.1	3.9
新西兰	26.2	27.4	39.1	42.7	45.7	44.4	16.5	1.7

续表

地区	自东亚10进口占总进口比重							
	1998年	2000年	2008年	2013年	2018年	2019年	1998—2013年变化	2013—2019年变化
巴西	12.1	13.2	22.9	26.5	29.3	29.7	14.4	3.2
秘鲁	14.5	15.0	22.9	29.4	31.4	32.7	14.9	3.3
南非	—	18.5	24.2	28.9	29.7	29.6	10.4*	0.7
印度	22.5	18.0	24.8	26.2	34.5	34.5	3.7	8.2
以色列	9.7	11.2	17.1	16.4	25.0	23.6	6.7	7.2
哈萨克斯坦	5.5	7.1	16.5	23.8	22.3	29.9	18.3	6.1
阿根廷	12.7	13.2	18.6	22.0	25.4	27.1	9.2	5.2
俄罗斯	7.9	6.6	26.1	27.3	32.7	33.0	19.4	5.7
哥伦比亚	11.4	11.4	18.8	24.3	27.5	27.5	12.9	3.2
伊朗	19.2	19.9	—	31.9	35.3	—	12.7	3.4**
乌克兰	3.6	3.7	10.0	13.8	19.7	20.8	10.2	7.0
埃及	11.9	—	18.4	19.1	22.5	24.3	7.2	5.1
阿尔及利亚	8.0	8.7	18.7	18.4	—	—	10.4	6.6***
尼日利亚	16.6	17.1	24.8	29.3	34.7	32.7	12.6	3.5
沙特阿拉伯	19.1	22.4	28.8	31.0	29.6	32.9	11.8	1.9
土耳其	10.7	9.5	14.5	16.3	17.4	16.7	5.6	0.4
阿联酋	—	29.7	24.9	15.3	32.3	31.4	-14.4*	16.1
外围20	16.5	18.4	25.3	26.1	35.4	32.1	9.6	6.0

注：*按2000年数据，**按2018年数据，***按2017年数据。

数据来源：UNCOMTRADE Database BEC 数据库。

第三，强化中国作为东亚区域贸易的主导国家。随着模块网络化兴起，中国作为加工制造枢纽，形成强劲的进出口吞吐能力，外围国家普遍强化与中国的双边贸易。2000年，外围20国平均向中国出口占到向东亚出口的21.0%，2013年提升至50.9%；“一带一路”启动建设后，向中国出口占比进一步提升至53.8%。外围20国自中国进口比重的平均水平则从2000年的26.2%升至2013年的58.2%，2019年继续增至62.0%。中国是外围国家联结东亚的枢纽，“一带一路”建设后，这一联结关系更为强化（见表2-14）。

表 2-14　2000—2019 年“一带一路”沿线相关国家与中国贸易占东亚比重

%

地区	向中国出口占向东亚出口比重				从中国进口占从东亚进口比重			
	2000 年	2008 年	2013 年	2019 年	2000 年	2008 年	2013 年	2019 年
澳大利亚	10.8	25.4	54.4	53.4	19.5	32.4	39.0	49.1
新西兰	9.8	19.7	49.9	57.5	22.9	34.0	40.0	45.5
哈萨克斯坦	85.3	85.4	93.3	61.3	42.9	73.0	72.1	57.3
俄罗斯	51.3	48.0	43.7	62.0	42.8	49.9	61.8	66.4
乌克兰	37.1	42.4	64.1	76.7	33.1	60.1	72.1	73.9
印度	8.8	23.3	20.8	24.3	15.5	40.4	42.2	42.1
伊朗	2.7	—	86.1	64.8*	23.4	—	63.3	70.4*
以色列	5.6	15.3	21.9	43.0	15.0	38.2	47.9	56.6
沙特阿拉伯	8.9	35.4	46.9	52.7	17.5	38.4	41.2	57.0
土耳其	12.9	38.3	57.9	38.6	25.6	53.6	60.1	54.4
阿联酋	5.8	3.0	16.2	37.0	25.5	39.7	38.7	52.2
阿根廷	40.1	64.3	41.4	46.5	34.7	66.5	69.2	69.5
巴西	19.6	48.3	64.8	73.3	16.6	50.5	58.8	65.3
智利	19.8	44.1	59.3	64.7	38.2	51.6	69.7	73.3
哥伦比亚	8.6	30.6	84.2	75.8	26.4	60.9	71.7	75.6
秘鲁	42.2	58.3	62.7	75.8	26.0	59.4	66.0	74.1
阿尔及利亚	7.6	15.6	50.1	24.0**	26.6	55.0	67.5	72.1**
埃及	3.9***	15.1	27.5	43.1	21.3***	45.6	54.9	63.1
尼日利亚	12.7	18.0	20.3	33.2	25.4	61.5	74.2	77.8
南非	10.0	26.0	51.9	49.3	20.1	46.7	53.5	62.4
平均占比	21.0	34.5	50.9	53.8	26.2	50.4	58.2	62.0

注：* 为 2018 年数据；** 为 2017 年数据；*** 为 1998 年数据。

数据来源：UNCOMTRADE Database BEC 数据库。

第四，“一带一路”启动建设后，外围国家向东亚出口商品结构有小幅度优化。在 BEC 商品分类中，技术复杂度最高的是零部件和资本品，初级产品、消费品、半成品的加工程度较低、技术含量相对较低。“一带一路”沿线相关国家在加强与东亚地区经贸往来过程中，主要提供初级产品和半成品，2019 年，这两类产品出口比重超过 90% 的国家有 8 个，样本国平均达到 78.8%。特别是面向中国出口，样本国初级产品出口的平均比重达到 46.5%，高于向东亚初级产品出口平均比重 4.2 个百分点。从外围国家向中国或东亚出口的零部件、资本品等加工程度更高商品的比重来看，除了以色列、阿联酋占比较高之外，其他国家出口比重极低。虽然外围国家主要以低加工程度商品出口对接东亚区域生产网络，但是自“一带一路”启动建设以来，外围国家的分工地位有小幅度提升。2013 年，外围 20 国向东亚出口初级产品和半成品比重超过 90% 的国家有 16 个，占到 80%；2019 年降至 8 个，占到 40%。在 19 个数据可得的外围国家中，除俄罗斯、沙特阿拉伯、巴西、智利、秘鲁之外，其他国家都降低了初级产品出口比重，并转向更多出口技术含量更高的商品类别，从而呈现向东亚出口结构优化的特征。但是，从技术含量最高的零部件和资本品出口来看，除了印度、土耳其、阿联酋、埃及之外，外围国家的出口比重普遍继续下降，由此，外围国家出口结构的优化相对有限。（见表 2－15）

表 2－15　2013 年、2019 年“一带一路”沿线相关国家向东亚及中国出口商品结构

%

国家	2013 年各国向东亚 10 国出口的商品构成				
	初级产品	半成品	零部件	资本品	消费品
澳大利亚	75.4	15.4	1.2	1.2	6.8
新西兰	19.9	25.8	0.9	1.8	51.5
哈萨克斯坦	67.7	31.6	0	0.7	0
俄罗斯	61.0	31.9	1.8	2.1	3.2
乌克兰	61.8	30.5	4.2	2.5	1.1
印度	12.5	63.2	5.0	5.4	13.9
伊朗	21.9	71.5	0.3	0	6.3
以色列	5.0	48.5	32.0	11.2	3.3
沙特阿拉伯	3.1	94.3	1.3	0.7	0.6
土耳其	48.4	25.7	4.6	4.8	16.5
阿联酋	21.9	71.5	0.3	0	6.3
阿根廷	48.4	43.7	0.3	0.2	7.4
巴西	71.4	19.1	1.1	1.7	6.7
智利	46.1	44.0	0	0.1	9.8
哥伦比亚	86.2	10.5	0.1	0.3	2.9
秘鲁	65.4	30.1	0	0.1	4.4
阿尔及利亚	52.3	47.6	0	0	0
埃及	24.0	68.2	0	0.1	7.8
尼日利亚	85.8	10.1	0.1	0.5	3.5
南非	54.9	36.4	1.5	1.1	6.0
国家	2019 年各国向东亚 10 国出口商品构成				
	初级产品	半成品	零部件	资本品	消费品
澳大利亚	60.8	8.8	0.8	1.2	8.0
新西兰	15.2	18.1	0.6	1.7	58.9

续表

国家	2019年各国向东亚10国出口商品构成				
	初级产品	半成品	零部件	资本品	消费品
哈萨克斯坦	64.5	35.1	0	0.1	0.3
俄罗斯	61.8	28.1	2.1	1.6	3.1
乌克兰	57.2	33.7	2.9	1.1	5.1
印度	7.6	58.8	7.4	9.6	13.7
以色列	4.2	49.3	10.2	30.6	5.6
沙特阿拉伯	3.3	95.5	0	0.4	0.7
土耳其	22.3	34.8	6.1	8.9	21.3
阿联酋	3.8	42.2	9.2	20.0	24.7
阿根廷	42.5	27.7	0	0	18.5
巴西	72.7	15.6	0.8	0.7	10.2
智利	48.6	35.0	0	0.1	15.7
哥伦比亚	83.8	13.1	0.1	0.1	2.8
秘鲁	74.1	19.6	0	0	4.1
阿尔及利亚	35.6	64.1	0	0	0.3
埃及	18.6	55.7	1.3	0.6	23.7
尼日利亚	77.0	20.9	0	0.5	1.6
南非	49.6	38.6	1.1	1.3	8.8
国家	2019年各国向中国出口商品构成				
	初级产品	半成品	零部件	资本品	消费品
澳大利亚	73.1	4.8	0.2	0.6	6.8
新西兰	20.1	10.7	0.2	1.0	60.4
哈萨克斯坦	52.5	47.0	0	0.1	0.3
俄罗斯	68.4	20.2	3.1	2.0	3.2
乌克兰	57.1	35.1	4.4	1.2	2.1
印度	19.1	56.5	5.0	6.0	7.1
以色列	1.3	41.3	8.6	46.2	2.6
沙特阿拉伯	2.1	96.4	0	0.6	0.9
土耳其	49.2	16.9	4.2	7.3	11.6
阿联酋	3.0	28.2	7.8	34.8	26.3
阿根廷	46.0	6.6	0	0	34.8
巴西	81.9	10.1	0.3	0.2	7.4
智利	46.8	39.0	0	0.1	13.7
哥伦比亚	89.7	9.8	0	0	0.5

续表

国家	2019 年各国向中国出口商品构成				
	初级产品	半成品	零部件	资本品	消费品
秘鲁	78.7	17.8	0	0	2.2
阿尔及利亚	26.7	73.2	0	0	0
埃及	26.0	47.9	0.3	0.7	25.1
尼日利亚	64.6	33.9	0	1.4	0.1
南非	76.1	18.8	0.5	0.3	4.0
国家	2013—2019 年各国向东亚出口商品构成的比重变化				
	初级产品	半成品	零部件 + 资本品	消费品	
澳大利亚	-14.6	-6.6	-0.4	1.2	
新西兰	-4.8	-7.7	-0.5	7.4	
哈萨克斯坦	-3.2	3.5	-0.6	0.2	
俄罗斯	0.8	-3.8	-0.1	0	
乌克兰	-4.6	3.2	-2.7	4.0	
印度	-4.9	-4.4	6.6	-0.2	
以色列	-0.8	0.8	-2.4	2.3	
沙特阿拉伯	0.3	1.2	-1.6	0.2	
土耳其	-26.2	9.1	5.6	4.8	
阿联酋	-18.1	-29.3	28.9	18.4	
阿根廷	-5.9	-15.9	-0.5	11.1	
巴西	1.2	-3.5	-1.3	3.5	
智利	2.5	-9.0	0	5.9	
哥伦比亚	-2.4	2.6	-0.2	-0.1	
秘鲁	8.7	-10.5	-0.1	-0.3	
阿尔及利亚	-16.7	16.4	0	0.2	
埃及	-5.4	-12.5	1.8	16.0	
尼日利亚	-8.8	10.8	-0.1	-1.8	
南非	-5.3	2.2	-0.3	2.7	

资料来源：UNCOMTRADE Database BEC 数据库。

第三节 “一带一路”沿线区域产业转型

在模块网络化机制兴起并不断发展过程中，有必要将“一带一路”国家的产业转型置于全球分工体系变迁中，以全面地揭示其变化。在东亚越趋发挥制造网络规模效应的过程中，全球经济重心不断向东亚转移；东亚在驱动工业化基础上逐步走向后工业化；“一带一路”沿线相关国家产业转型有所分化，更紧密联结东亚区域生产网络的地区工业化转型相对显著。

一、经济重心向东亚转移

随着东亚区域生产网络的兴起，制造模块向加工制造环节靠近，使以中国为中心的东亚聚集规模越趋庞大的生产制造体系；同时，北美、西北欧等发达国家和区域，进一步转向后工业化及服务经济社会。新兴市场的迅猛发展，也使发达国家和区域占世界经济比重不断下滑。

第一，世界三大经济区域不断转向以服务经济为主导。在生产制造环节向东亚转移以完成供应链的过程中，早已完成工业化的发达国家进一步向服务经济转型。2013—2019 年，北美 3 国的制造业占比在 2000—2008 年降低 0.81% 的基础上继续下降 0.48%，2019 年制造业占 GDP 比重为 11.9%；服务经济比重则持续上升，2019 年占比为 79.02%。由于页岩油气的开发，北美采掘和公用事业占比持续上升，2019 年占到 3.69%，成为支撑经济增长的正向推力。西北欧 14 国则在自 2000 年以来制造业比重持续降低的背景下，于 2013 年至 2019 年期间转化为强化制造业发展，制造业比重由 15.14% 升至 15.51%；在农业占比小幅度下降的同时，服务业比重由 2000 年的 70.72% 升至 2013 年的 74.44%，之后有所下降，到 2019 年下降 0.07 个百分点。东亚 11 国的农业经济虽仍然占到一定比重，但 2000 年以来表现持续下降态势，到 2019 年占到 GDP 的 6.07%；工业和制造业在 2000—2013 年有所上升，2013 年之后小幅度下降，工业比重由 2013 年的 36.88% 降至 2019 年的 36.73%，制造业比重由 26.20% 降至 26.15%。与此同时，东亚的后工业化过程有所推进，2013—2019 年服务业占比由 56.42% 升至 57.20%（见表 2－16）。

表 2-16　2000—2019 年世界三大区域产业结构

%

区域	产业结构	2000 年	2008 年	2013 年	2019 年	2000—2013 年变化	2013—2019 年变化
北美 3 国	农业	1.12	1.08	1.18	1.18	0.07	0
	工业	23.05	21.49	20.28	19.80	-2.77	-0.48
	采掘、公用事业	3.43	3.25	3.60	3.69	0.17	0.08
	制造业	13.19	13.19	12.38	11.90	-0.81	-0.48
	服务业	75.84	77.43	78.54	79.02	2.70	0.48
西北欧 14 国	农业	1.52	1.40	1.38	1.31	-0.14	-0.08
	工业	27.76	26.16	24.18	24.32	-3.58	0.14
	采掘、公用事业	4.75	4.04	3.75	3.40	-1.00	-0.35
	制造业	16.35	15.85	15.14	15.51	-1.21	0.36
	服务业	70.72	72.44	74.44	74.37	3.72	-0.07
东亚 11 国	农业	8.56	7.41	6.70	6.07	-1.86	-0.64
	工业	33.37	35.37	36.88	36.73	3.51	-0.15
	采掘、公用事业	5.04	4.91	4.51	4.32	-0.53	-0.19
	制造业	21.69	24.92	26.20	26.15	4.51	-0.06
	服务业	58.07	57.22	56.42	57.20	-1.65	0.78

数据来源：UNCTAD Database 数据库。

第二，东亚成为世界制造基地。就在东亚聚集生产链条的过程中，东亚从 2000 年仅占世界制造的 26.91%，落后于北美的 28.95%，到 2013 年攀升至 41.43%。“一带一路”启动建设后，特别在中美经贸摩擦背景下，庞大的网络规模效应不断强化，东亚继续吸聚生产制造，2019 年占据世界制造业的 45.37%，而北美则下滑至 2019 年的 19.61%，西北欧在 2000 年之后制造业占比持续下降，到 2019 年仅为 17.03%。此外，农业与服务业呈现同样的空间分布重构特征，北美和西北欧的农业与服务业占世界比重自 2000 年以后均逐步下降，东亚则持续上升。唯独采掘、公用事业，北美所占比重由 2000 年占世界的 19.84% 上升至 2013 年的 19.86%，2019 年继续升至 20.21%，北美已经越趋在能源等采掘业领域扮演世界重要角色。2019 年，东亚的农业占比已经升至世界总量的 41.57%，服务业占比升至 25.31%，虽不及北美 33.18% 的比重，但已经超过西北欧 20.83% 的水平（见表 2-17）。

表 2-17　2000—2019 年世界产业和 GDP 在三大区域的分布

%

产业结构	区域	2000 年	2008 年	2013 年	2019 年	2000—2013 年变化	2013—2019 年变化
农业	北美 3	8.85	7.88	7.79	7.74	-1.06	-0.05
	西北欧 14	8.84	7.38	6.30	5.67	-2.54	-0.64
	东亚 11	38.41	39.89	40.21	41.57	1.80	1.36
工业	北美 3	28.39	23.99	21.37	20.06	-7.01	-1.31
	西北欧 14	25.04	21.12	17.62	16.43	-7.42	-1.19
	东亚 11	23.24	29.16	35.37	39.21	12.13	3.84
采掘、公用事业	北美 3	19.84	18.23	19.86	20.21	0.02	0.35
	西北欧 14	20.12	16.41	14.29	12.44	-5.83	-1.85
	东亚 11	16.47	20.39	22.62	24.96	6.15	2.34
制造业	北美 3	28.95	24.79	21.51	19.61	-7.44	-1.90
	西北欧 14	26.27	21.56	18.19	17.03	-8.08	-1.16
	东亚 11	26.91	34.60	41.43	45.37	14.52	3.94
服务业	北美 3	39.15	36.12	34.19	33.18	-4.96	-1.01
	西北欧 14	26.73	24.44	22.41	20.83	-4.32	-1.58
	东亚 11	16.95	19.71	22.35	25.31	5.40	2.95
GDP	北美 3	34.98	27.38	25.85	28.06	-9.13	2.21
	西北欧 14	23.55	25.15	20.28	17.88	-3.27	-2.40
	东亚 11	22.61	20.13	24.93	28.67	2.31	3.74

数据来源：UNCTAD Database 数据库。

第三，东亚成为新兴的世界经济重心。2000 年，北美、东亚、西北欧占到世界经济总量的 81.1%，2013 年降至 71.06%；此后重新向三大主导区域聚集，2019 年为 74.61%，2020 年为 75.54%。在生产制造基础上，东亚聚集越来越高比重的农业和服务业，2018 年世界经济活动的聚集重心由 21 世纪初的北美，转移至东亚，所占世界 GDP 的比重为 28.33%，超过美国 27.47% 的水平；2019 年，东亚比北美高出 0.61 个百分点，2020 年领先 1.73 个百分点，差距逐步拉大。西北欧占世界 GDP 的比重则持续下降，自 2013 年以来，由 20.28% 逐步降至 2019 年的 17.88%。

二、"一带一路"沿线相关国家和地区产业转型有所分化

不同于北美、欧洲和东亚，"一带一路"沿线相关国家和地区相对有限或并未深入参与模块网络化的流程分解，随着新兴生产方式的发展以及"一带一路"建设的启动，沿线相关国家和地区的产业转型呈现分化趋势。

第一，“一带一路”沿线相关国家和地区生产制造能力普遍薄弱，诸多国家尚未实现工业化。有限连接市场也就难以驱动规模化的产业集聚。“一带一路”沿线国家和地区虽然加强了与东亚区域生产网络的对接，但是除了澳大利亚、智利等国融入东亚程度较高之外，大部分国家与东亚及国际市场的经贸水平都相对较低，这在很大程度上制约了“一带一路”沿线地区的产业转型与发展，使其停留在农产品、能源、矿产品等初级产品生产供应，工业化程度低，生产制造能力薄弱，成为“一带一路”沿线相关区域产业聚集的主要特征。2013 年，“一带一路”沿线区域有 17 个国家农业占 GDP 比重仍然超过 20%，到 2019 年减少为 15 个。随着世界生产体系对能源、原材料需求量的攀升，能源和矿产品富集的国家强化了采掘业和公用事业的发展，该类产业占 GDP 比重超过 15% 的国家 2013 年为 17 个，2019 年增加至 18 个。与此同时，代表工业化水平的制造业在“一带一路”沿线诸多国家发展程度较低。在 80 个“一带一路”沿线相关经济体中，制造业占经济总量比重超过 20% 的国家 2013 年仅为 9 个，2019 年增加至 10 个，其主要分布在中东欧和亚洲地区；而制造业比重不足 10% 的经济体 2013 年、2019 年则各有 29 个（见表 2－18）。

表 2－18　2013 年、2019 年“一带一路”沿线相关国家和地区不同产业特征情况

单位：个

产业特征	2013 年		2019 年	
	数量	国家或地区	数量	国家或地区
农业占比超过 20%	17	亚洲：乌兹别克斯坦、柬埔寨、尼泊尔、缅甸、阿富汗、巴基斯坦、塔吉克斯坦、老挝、朝鲜、印度 非洲：索马里、埃塞俄比亚、苏丹、肯尼亚、毛里塔尼亚、阿尔巴尼亚、尼日利亚	15	亚洲：阿富汗、乌兹别克斯坦、尼泊尔、塔吉克斯坦、朝鲜、巴基斯坦、柬埔寨、叙利亚、缅甸 非洲：索马里、埃塞俄比亚、苏丹、肯尼亚、毛里塔尼亚、阿尔巴尼亚
采掘业、公用事业占比超过 15%	17	亚洲：文莱、卡塔尔、科威特、阿曼、阿塞拜疆、沙特阿拉伯、伊拉克、阿联酋、不丹、朝鲜、哈萨克斯坦、蒙古、老挝 非洲：利比亚、阿尔及利亚、叙利亚、埃及	18	亚洲：文莱、伊拉克、科威特、阿曼、卡塔尔、阿塞拜疆、阿联酋、沙特阿拉伯、叙利亚、伊朗、老挝、蒙古、朝鲜、哈萨克斯坦、不丹 非洲：利比亚、阿尔及利亚 拉丁美洲：委内瑞拉
制造业占比超过 20%	9	亚洲：土库曼斯坦、约旦、朝鲜、缅甸 欧洲：白俄罗斯、捷克、匈牙利、斯洛文尼亚、罗马尼亚	10	亚洲：土库曼斯坦、缅甸、塔吉克斯坦、孟加拉国 欧洲：捷克、白俄罗斯、斯洛文尼亚、斯洛伐克、罗马尼亚、匈牙利

续表

产业特征	2013 年		2019 年	
	数量	国家或地区	数量	国家或地区
制造业占比不足 10%	29	亚洲：黎巴嫩、老挝、不丹、蒙古、也门、卡塔尔、阿联酋、科威特、苏丹、尼泊尔、阿塞拜疆、阿富汗、叙利亚、伊拉克、马尔代夫、中国澳门 欧洲：希腊、阿尔巴尼亚、塞浦路斯、黑山 非洲：毛里塔尼亚、尼日利亚、厄立特里亚、阿尔及利亚、埃塞俄比亚、利比亚、索马里、吉布提 大洋洲：澳大利亚	29	亚洲：格鲁吉亚、阿联酋、老挝、卡塔尔、不丹、黎巴嫩、科威特、苏丹、阿塞拜疆、尼泊尔、阿富汗、叙利亚、伊拉克、马尔代夫、中国澳门 欧洲：希腊、阿尔巴尼亚、塞浦路斯、黑山 非洲：尼日利亚、肯尼亚、毛里塔尼亚、厄立特里亚、埃塞俄比亚、阿尔及利亚、利比亚、吉布提、索马里 大洋洲：澳大利亚

数据来源：UNCTAD Database 数据库。

第二，依循比较优势走向差异化发展。由于生产制造能力相对薄弱，在参与国际分工过程中，“一带一路”沿线相关区域主要依循初级产品供给能力较强的比较优势而带动产业发展。从“一带一路”沿线相关区域占世界产业比重最高的类别来看，主要是农业和采掘、公用事业，2019 年占世界各产业比重超过 0.5% 的国家，农业类别有 18 个，采掘业与公用事业类别有 23 个，而制造业类别仅 8 个，服务业类别为 9 个。从农业产值占世界农业总产值比重的变化来看，2013—2019 年，在发达国家和地区降低农业贡献的过程中，有 19 个“一带一路”沿线国家农业产出占比实现 0.01% 的正增长；从采掘、公用事业占世界比重变化来看，有 15 个国家实现 0.01% 的正增长且涨幅超过 10%；而代表高水平工业发展的制造业占世界比重实现 0.01% 正增长的仅有 13 个国家，占“一带一路”沿线相关经济体总数的 16%。在各自实体产业支撑下，以及工业化进展有限而直接转向服务化过程中，有 16 个国家服务业占世界比重增幅超过 0.01%。从各产业占世界比重不足 0.01% 微弱增长的国家数来看，农业类和采掘、公用事业类仍分别有 42 个和 38 个；制造业和服务业国家数量显著增多，分别达到 46 个和 49 个，“一带一路”建设启动期间，较多沿线国家和地区的先进产业极其微弱地略有增长（见表 2－19）。

表 2－19　2013—2019 年占世界产业比重增长的“一带一路”沿线相关经济体

单位：个

产业结构	2019 年各产业占世界 0.5%以上		2013—2019 年各产业占世界比重实现正增长	
	数量	国家或地区	增长不小于 0.01%的国家数	不足 0.01%的正增长国家数
农业	18	印度、尼日利亚、巴西、巴基斯坦、土耳其、俄罗斯、伊朗、埃及、阿根廷、孟加拉国、突尼斯、乌兹别克斯坦、埃塞俄比亚、澳大利亚、肯尼亚、阿尔及利亚、哥伦比亚、沙特阿拉伯	19	42
采掘、公用事业	23	沙特阿拉伯、俄罗斯、印度、澳大利亚、伊朗、阿联酋、伊拉克、巴西、卡塔尔、埃及、科威特、土耳其、尼日利亚、南非、阿尔及利亚、哈萨克斯坦、波兰、智利、阿根廷、哥伦比亚、阿曼、委内瑞拉、秘鲁	15	38
制造业	8	印度、巴西、俄罗斯、土耳其、波兰、沙特阿拉伯、澳大利亚	13	46
服务业	9	印度、巴西、澳大利亚、俄罗斯、土耳其、沙特阿拉伯、阿根廷、波兰、尼日利亚	16	49

数据来源：UNCTAD Database 数据库。

第三，“一带一路”沿线各区域产业发展有所分化。“一带一路”启动建设后，沿线区域也呈现产业分化发展态势。2013—2019 年，南亚是农业、采掘与公用事业、制造与服务业聚集程度均有所上升的区域；西亚以农业、采掘与公用事业、服务业聚集程度上升为特征；中亚以农业、制造业、服务业聚集程度上升为特征；中东欧的制造业、服务业、采掘和公用事业聚集程度提升；东亚其他地区呈现制造业和服务业的发展；非洲除农业有所聚集、大洋洲除采掘和公用事业有所聚集外，这两个区域其他产业分布比重均有下滑；俄罗斯、白俄罗斯等 5 个其他欧洲国家，以及拉美区域则在各产业领域的聚集程度均呈现下降态势。由此，相对靠近东亚 11 个国家和地区的亚洲、中东欧国家在“一带一路”建设期间，产业呈现差异化的转型发展，而拉美、非洲等距离较远区域的产业则有所衰落（见表 2－20）。

表 2-20　2000—2019 年世界产业和 GDP 在“一带一路”沿线相关区域的分布

%

年份	世界农业在各区域的分布									
	中东欧 15	其他欧 5	东亚余 8	南亚 7	西亚 18	中亚 5	非洲 14	大洋洲 2	拉美 6	合计
2000	1.67	2.76	1.06	14.50	5.36	0.92	4.74	1.62	5.58	38.21
2008	1.73	2.59	1.27	14.16	4.70	1.06	6.39	1.45	5.91	39.26
2013	1.48	2.44	1.25	14.81	4.96	1.19	7.81	1.31	5.51	40.76
2019	1.36	2.27	1.16	15.04	4.84	1.27	7.98	0.99	4.87	39.78
2000—2013 变化	-0.19	-0.32	0.19	0.31	-0.40	0.27	3.07	-0.31	-0.07	2.54
2013—2019 变化	-0.12	-0.17	-0.09	0.23	-0.12	0.08	0.17	-0.32	-0.64	-0.97

年份	世界采掘、公用事业在各区域的分布									
	中东欧 15	其他欧 5	东亚余 8	南亚 7	西亚 18	中亚 5	非洲 14	大洋洲 2	拉美 6	合计
2000	2.22	4.78	0.42	2.17	15.88	0.52	8.08	2.07	4.87	41.01
2008	2.06	5.01	0.42	2.66	15.31	0.80	8.51	2.12	4.78	41.67
2013	1.94	4.95	0.47	2.85	15.29	0.91	5.78	2.70	4.99	39.88
2019	1.96	4.31	0.47	3.61	15.69	0.90	4.29	3.03	4.75	39.01
2000—2013 变化	-0.28	0.17	0.05	0.68	-0.59	0.39	-2.30	0.63	0.12	-1.14
2013—2019 变化	0.02	-0.64	0	0.76	0.40	-0.01	-1.49	0.33	-0.24	-0.89

年份	世界制造业在各区域的分布									
	中东欧 15	其他欧 5	东亚余 8	南亚 7	西亚 18	中亚 5	非洲 14	大洋洲 2	拉美 6	合计
2000	1.56	2.10	0.13	1.94	2.69	0.25	1.45	1.29	4.60	16.01
2008	2.10	2.30	0.16	2.58	3.04	0.33	1.41	1.01	4.46	17.39
2013	1.92	1.96	0.20	3.03	3.31	0.40	1.50	0.86	4.10	17.28
2019	2.10	1.64	0.24	3.95	3.22	0.44	1.41	0.70	2.73	16.43
2000—2013 变化	0.36	-0.14	0.07	1.09	0.62	0.15	0.05	-0.43	-0.50	1.27
2013—2019 变化	0.18	-0.32	0.04	0.92	-0.09	0.04	-0.09	-0.16	-1.37	-0.85

年份	世界服务业在各区域的分布									
	中东欧 15	其他欧 5	东亚余 8	南亚 7	西亚 18	中亚 5	非洲 14	大洋洲 2	拉美 6	合计
2000	1.54	1.95	0.11	1.48	2.73	0.16	1.25	1.97	4.14	15.34
2008	1.68	2.44	0.15	2.00	3.36	0.25	1.60	1.99	4.33	17.80
2013	1.59	2.22	0.20	2.49	3.77	0.31	1.87	2.00	4.62	19.07
2019	1.66	1.92	0.22	3.25	3.80	0.34	1.86	1.96	3.71	18.72
2000—2013 变化	0.05	0.27	0.09	1.01	1.04	0.15	0.62	0.03	0.48	3.73
2013—2019 变化	0.07	-0.30	0.02	0.76	0.03	0.03	-0.01	-0.04	-0.91	-0.38

续表

年份	世界GDP在各区域的分布									
	中东欧15	其他欧5	东亚余8	南亚7	西亚18	中亚5	非洲14	大洋洲2	拉美6	合计
2000	1.28	1.30	0.13	1.85	2.95	0.12	1.44	1.38	3.89	14.34
2008	2.54	3.52	0.18	2.46	4.59	0.31	1.98	1.87	4.58	22.03
2013	1.95	3.54	0.27	3.09	5.04	0.47	2.27	2.24	5.58	24.45
2019	2.02	2.37	0.29	4.07	4.43	0.35	1.99	1.81	3.73	21.06
2000—2013变化	0.67	2.24	0.14	1.24	2.09	0.35	0.83	0.86	1.69	10.13
2013—2019变化	0.07	-1.17	0.02	0.98	-0.61	-0.12	-0.28	-0.43	-1.85	-3.40

资料来源：UNCTAD Database数据库。

第四，“一带一路”沿线相关国家和地区总体有所边缘化。模块网络化机制的兴起，使生产制造越趋流向网络规模效应显著的东亚地区；其所产生对要素、能源、原材料、中间产品等的输入需求，以及对产品销售的输出需求，使与东亚对接的国家转向差异化发展。特别是在国际市场萧条、国际竞争激烈的背景下，“一带一路”建设过程中，沿线相关国家和地区呈现以初级产品产业发展为主，先进程度更高的制造业、服务业发展薄弱的走势，竞争力相对缺乏，使“一带一路”沿线区域在世界经济空间重构中有所边缘化。2019年，“一带一路”沿线相关区域的农业聚集占到世界的39.78%，采掘和公用事业占到39.01%，而制造业占比仅为16.43%，服务业比重为18.72%。虽然南亚、中东欧等地区在“一带一路”建设启动后，各产业发展较为显著，使经济总量占世界比重有小幅度上升，其中，南亚、中东欧、东亚其他地区分别提升0.98个、0.07个、0.02个百分点，但从“一带一路”沿线相关区域整体来看，占世界经济总量的比重有显著下降，由2013年占比24.45%，下降至2019年的21.06%。

三、中国跻身世界制造与经济中心

自20世纪末以来，因强大的模块联结能力，中国成为加工制造中心，并在各模块空间距离压缩以提升敏捷响应能力的过程中，以中国为联结枢纽的东亚形成区域生产网络。随着生产制造网络规模效应的攀升，中国跻身世界制造与经济中心。

第一，中国逐步向后工业化转型。在参与模块网络化的流程分解与网络联结的过程中，中国的工业化进一步推进，2013年工业比重达到20世纪末以来的最高水平，占经济总量的41.64%，制造业比重在2012年达到高点为30.08%。党的十八大以后，中国强调经济进入“新常态”，并启动自由贸易试验区、“一带一路”建设，以及

2015 年系统性提出包括“去产能、去库存、去杠杆、降成本、补短板”的供给侧结构性改革，由数量增长型经济转向提高经济发展质量，成为重大战略转向；通过促进分工深化、高附加值技术及服务的专业化发展等，提高工业发展水平及质量，成为现实路径。由此，中国开始转向后工业社会，2013—2019 年，工业和制造业占 GDP 比重持续下降，2019 年分别占比 39.53% 和 28.36%；服务业比重则在 2015 年首次超过 50.00%，中国成为服务业占据经济主导地位的国家，2019 年占到 GDP 的 52.75%（见图 2－5）。

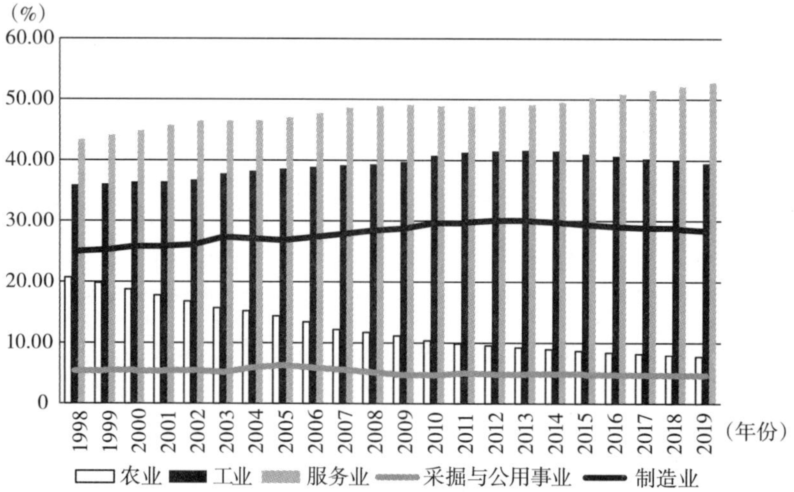

图 2－5 1998—2019 年中国产业结构变化

数据来源：UNCTAD Database 数据库。

第二，产业及经济总量向以长江经济带为代表的南方聚集。模块网络化发展驱使生产制造以集群、网络形式趋向聚集，由此，交通便利、资源条件优越、软硬件设施完善的地区，率先成为生产网络重要的承载和集聚区。在向东开放期间，中国的外向型经济主要分布在珠三角、长三角、环渤海等沿海地区。2008 年次贷危机前后，湖北、重庆、四川等交通相对便利的内陆省市加快通过扩大开放、承接生产制造转移，来深入参与国际分工，特别是长江经济带提供了沿线省市要素流动、产业与市场重新布局的有利条件。虽然黄河流域生态保护和高质量发展于 2019 年提出，但是其也表明沿线省市的一定共性。由此，将中国经济区域大致划分为北方，包括北京、天津、河北、辽宁、吉林、黑龙江 6 个省市；黄河流域经济区，包括山西、内蒙古、山东、陕西、河南、甘肃、青海、宁夏 8 个省份；长江经济带，包括上海、江苏、浙江、安徽、江西、湖北、湖南、重庆、四川、贵州、云南等 11 个省市；以及包括西藏和新疆的西北。“一带一路”启动建设后，各产业和经济总量仍然最主要分布在长江经济带，其次是黄河流域、华南地区、北方地区，西北两自治区占据国家产业和经济比重非常小。但从不同产业在中国的空间分布变化来看，北方和黄河流域是各产业的流出区，第一产业在2013—2020年占全国比重分别下降2.6%和1.9%，第二产业分别下降3.1%和1.4%，工业分别下降2.8%和1.5%，第三产业分别下降2.6%和0.3%。而以长江经济带和华南为代表的南方地区，不断强化第一二三产业及工业的聚集程度，两地区合计分别上升4.5%、4.4%、3.0%和4.4%。并且，不同于黄河流域地区的工业主要集中于能源、原材料相关工业，长江经济带和华南地区的生产制造聚集程度更高，从而在南方形成国内具有一定规模效应的生产制造网络。在产业聚集支撑下，2013—2019年，长江经济带和华南地区的GDP占比分别上升2.4%和1.2%；同期，北方和黄河流域地区GDP占全国比重分别下滑2.4%和1.2%（见表2－21）。

表2－21　中国三次产业及GDP的空间分布

%

年份	中国第一产业在不同区域的分布				
	北方	黄河	长江	华南	西北
2008	16.7	24.9	41.2	15.0	2.2
2013	17.4	24.8	40.7	14.4	2.7
2015	16.3	24.3	42.0	14.8	2.6
2017	15.1	23.2	43.4	15.6	2.7
2019	14.9	22.8	43.4	16.2	2.7
2020	14.8	22.9	43.9	15.7	2.7
2013—2020变化	－2.6	－1.9	3.2	1.3	0
年份	中国第二产业在不同区域的分布				
	北方	黄河	长江	华南	西北
2008	17.7	25.7	39.0	16.3	1.3
2013	13.8	23.0	44.8	17.0	1.4
2015	12.2	22.2	46.2	18.1	1.3
2017	11.3	22.3	46.6	18.4	1.4
2019	10.8	21.7	47.3	18.8	1.4
2020	10.7	21.6	47.5	18.7	1.4
2013—2020变化	－3.1	－1.4	2.7	1.7	0
年份	中国工业在不同区域的分布				
	北方	黄河	长江	华南	西北
2008	17.8	25.9	38.5	16.7	1.2
2013	13.9	22.8	44.5	17.4	1.3
2015	12.4	21.9	45.9	18.7	1.1

续表

年份	中国工业在不同区域的分布				
	北方	黄河	长江	华南	西北
2017	11.5	22.0	46.3	19.0	1.2
2019	11.1	21.3	46.9	19.4	1.3
2013—2019 变化	-2.8	-1.5	2.4	2.0	0
年份	中国第三产业在不同区域的分布				
	北方	黄河	长江	华南	西北
2008	20.4	19.8	40.6	18.0	1.2
2013	18.0	19.3	44.1	17.1	1.5
2015	17.2	19.5	44.7	17.1	1.5
2017	16.3	18.9	45.7	17.6	1.5
2019	15.6	19.0	46.2	17.7	1.5
2020	15.4	19.0	46.3	17.9	1.5
2013—2020 变化	-2.6	-0.3	2.2	0.8	0
年份	中国 GDP 在不同区域的分布				
	北方	黄河	长江	华南	西北
2008	18.7	23.2	39.9	16.8	1.4
2013	16.0	21.5	44.2	16.8	1.5
2015	15.0	21.1	45.1	17.3	1.5
2017	14.2	20.6	45.9	17.8	1.5
2019	13.7	20.3	46.4	18.0	1.6
2020	13.6	20.3	46.6	18.0	1.6
2013—2020 变化	-2.4	-1.2	2.4	1.2	0.1

数据来源：CEIC 数据库。

第三，中国取代美国占据世界制造中心地位。中国内部规模化生产制造网络的形成及集聚规模的扩张，使本国生产制造的国际竞争力大幅度攀升。2013—2019 年，即使世界经济形势并不乐观，中国制造业占世界比重仍然持续攀升，由 2013 年的 25.21% 升至 2019 年的 29.40%，并超越美国成为世界第一大制造业国家，2019 年，美国制造业仅占到世界的 16.89%。生产制造集聚程度的提升，带动了农业、服务业的相应发展。2020 年，中国 GDP 占到世界的 17.36%，成为仅次于美国的世界第二大经济体（见图 2-6）。

综上所述，“一带一路”建设启动后，沿线相关国家和地区呈现差异化发展态势，东亚区域生产网络的规模效应越趋显著，成为全球经济重心；而经济总量占比相对较小的外围地区，也分化为南亚、西亚、中东欧等产业转型发展取得一定进展的区域，

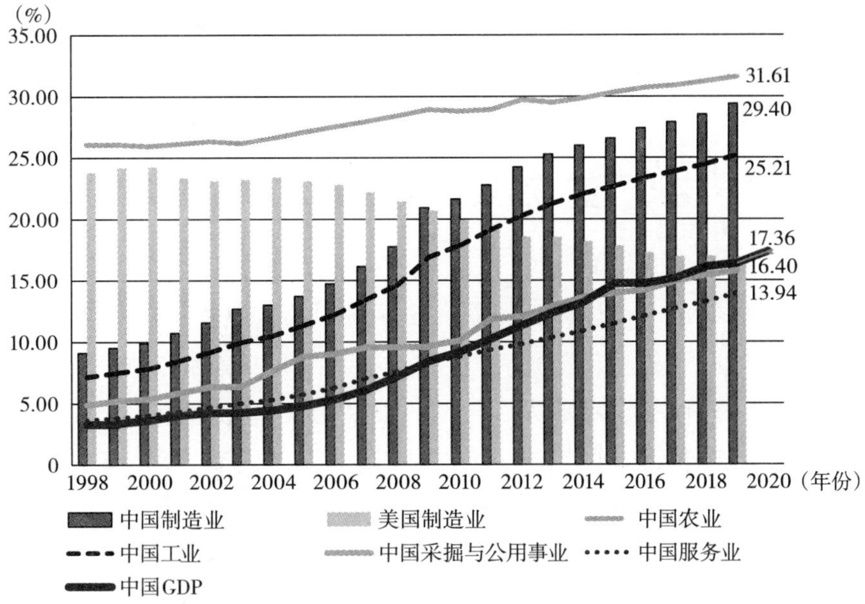

图 2-6　1998—2020 年中美制造业及中国各产业与 GDP 占世界比重

数据来源：UNCTAD Database 数据库。

以及强化初级产品生产与出口的工业化进展迟缓的区域；中国因主导东亚区域生产网络，以及内部形成南方生产制造群落聚集区，而跻身世界制造与经济中心。

第四节 “一带一路”沿线数字服务贸易结构与价值链分工格局

自进入数字经济时代以来，随着数字基础设施的不断完善，移动互联网、大数据、云计算、物联网和人工智能等数字技术不断深度创新和应用，数字经济时代的传统贸易方式正加速向数字贸易方式转型。数字化技术变革能够推动企业提高贸易效率、扩大市场规模和敏捷响应市场变化，有利于数字服务业生产环节的国际分割，驱动国际分工形式由物理分工转向数字分工，极大地提高了传统服务的可贸易性，全球服务贸易正表现出前所未有的数字化趋势，数字服务贸易渐趋成为一种新型贸易方式。与此同时，数字服务贸易已经成为“一带一路”沿线国家新的贸易增长点，各国的数字服务贸易增长十分迅猛。各国的数字服务业正加速融入全球价值链分工体系，成为数字服务业全球生产体系的有机构成部分，数字服务贸易的迅猛增长无疑将构筑全球价值链数字化分工的新版图。基于此，本节从全球价值链视角考察和研判“一带一路”沿线各国的数字服务贸易增加值和全球价值链参与程度以及分工地位，以期为中国与沿线国家数字服务贸易谈判和政策制定以及相关外资外贸企业的国际化选择提供定量依据及决策参考。

一、“一带一路”沿线相关国家数字服务贸易现状

近年来，随着“数字丝绸之路”建设的不断推进，中国已经成为“一带一路”沿线数字服务出口增长最快的国家。UNCTAD 数据显示，2005—2019 年中国数字服务出口额从 173.5 亿美元增长至 1435.5 亿美元，年均增长率为 16.3%，ICT 服务出口从 23.3 亿美元增长至 537.8 亿美元，年均增长率为 25.2%。2019 年英国、德国和印度数字服务出口规模分别达到 3073 亿美元、2001 亿美元和 1479 亿美元，英国数字服务出口占服务总出口比重达到 73.8%，印度、中国和俄罗斯等发展中国家分别为 69.0%、50.7%和 33.7%。与此同时，发达国家和发展中国家数字服务平均出口额分别从 254.3 亿美元、85.9 亿美元增长至 525.3 亿美元和 399.8 亿美元，年均增长率分别为 5.3% 和 11.6%；各自占服务总出口平均比重分别由 30.6%、27.2% 增长至

39.4%和36.1%[①]（见图2-7）。

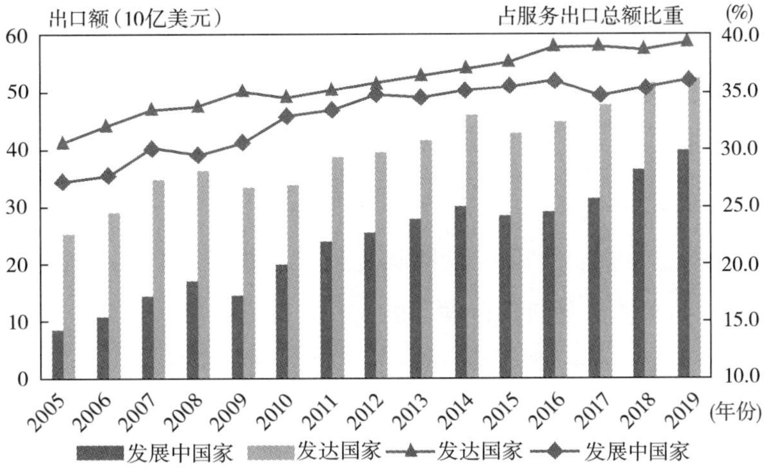

图2-7　2005—2019年“一带一路”数字服务出口额及其占服务出口总额的比重

由此可见，发展中国家与发达国家数字服务平均出口规模差距逐渐缩小，但占服务总出口比重间的差距呈先缩小后扩大的趋势，虽然传统贸易统计下中国数字服务出口规模及其占服务出口比重与美国等部分国家差距依然很大，但是增速十分迅猛。那么问题在于，“一带一路”数字服务出口规模高速增长的背后，各国部门间的出口价值规模及结构如何？增加值视角下中国的数字服务贸易规模及结构如何？各国以何种方式参与数字服务贸易的价值分配？是否实现了全球价值链的转型升级？这些无疑成为各界亟待深入研究的重要现实问题。

尽管当前全球数字服务贸易规模增长非常迅速，而且相关理论与实践问题已经成为各国经贸谈判和社会各界关注的热点，但学界直接针对数字服务贸易的研究极为少见。从增加值视角针对数字服务贸易及其国际分工的直接研究十分匮乏，考虑到未来全球数字服务贸易仍将高速增长，而且在各国共同推进“数字丝绸之路”建设的背景下，系统研究沿线国家数字服务贸易增加值及全球价值链分工具有非常重要的理论和实践意义。虽然部分文献已涉及了数字贸易领域，但是针对数字服务贸易直接的量化研究仍然较为缺乏，也尚未从增加值的角度深入研究“一带一路”沿线国家数字服务贸易的价值构成、全球价值链参与程度、分工地位的动态演进及部门异质性，相关研究亟待深化和扩展。基于此，为厘清上述现实问题和弥补既有研究的不足，本节基于WIOD提供的最新版本的世界投入产出表，通过构建全球多区域投入产出模型，对沿线各国数字服务部门层面的出口增加值进行分解，从增加值视角重新审视各国数字服

① 根据UNCTAD数据库计算整理所得，该数据库中的数字服务指的是数字化交付服务。

务部门层面贸易价值来源及去向的时序演进和区域差异，分部门刻画其全球价值链参与程度、参与方式、分工地位的时序演进，以期为中国与沿线国家数字服务贸易协定谈判、产业转型以及为相关外资外贸企业制定国际化政策提供定量依据和决策参考。

二、测算模型、指标选取与数据说明

本部分根据 WIOD 数据库提供的世界投入产出表，参考 KPWW 方法构建多区域投入产出模型，即将里昂惕夫投入产出表拓展至多国情形，实现对“一带一路”沿线国家数字服务出口价值、全球价值链参与度及分工地位的测算。

1. 基于多区域投入产出模型的贸易价值分解

假设全球经济系统由 M 个国家和 N 个产业部门构成，在全球价值链分工体系下，生产过程被层层分解，一国产品可能多次往返于国内外，既可用作中间品也可用作最终产品被本国和外国消耗。因此，一国产品市场的出清意味着其产出满足：

$$X_s = \sum_{r=1}^{M} (A_{sr}X_r + Y_{sr}) \tag{2-3}$$

式（2－3）中，列向量 X_s 中的元素 X_s（j）表示 s 国 j 部门的总产出，$A_{sr}X_r$ 表示 s 国总产出中用于 r 国的中间产品，A_{sr} 表示直接消耗系数矩阵，元素 A_{sr}（ij）表示 r 国 j 部门单位产品生产过程中对 s 国 i 部门产品的直接消耗量；Y_{sr} 表示 s 国各部门产出中用于满足 r 国最终需求的产品。因此，可以将多区域投入产出模型表示为：

$$\begin{bmatrix} X_1 \\ X_2 \\ \vdots \\ X_M \end{bmatrix} = \begin{bmatrix} A_{11} & A_{12} & \cdots & A_{1M} \\ A_{21} & A_{22} & \cdots & A_{2M} \\ \vdots & \vdots & & \vdots \\ A_{M1} & A_{M2} & \cdots & A_{MM} \end{bmatrix} \begin{bmatrix} X_1 \\ X_2 \\ \vdots \\ X_M \end{bmatrix} + \begin{bmatrix} Y_{11} + Y_{12} + \cdots + Y_{1M} \\ Y_{21} + Y_{22} + \cdots + Y_{2M} \\ \vdots \\ Y_{M1} + Y_{M2} + \cdots + Y_{MM} \end{bmatrix} \tag{2-4}$$

经整理，式（2－4）可表示为

$$\begin{bmatrix} X_1 \\ X_2 \\ \vdots \\ X_M \end{bmatrix} = \begin{bmatrix} I - A_{11} & -A_{12} & \cdots & -A_{1M} \\ -A_{21} & I - A_{22} & \cdots & -A_{2M} \\ \vdots & \vdots & & \vdots \\ -A_{M1} & -A_{M2} & \cdots & I - A_{MM} \end{bmatrix}^{-1} \begin{bmatrix} \sum_{r=1}^{M} Y_{1r} \\ \sum_{r=1}^{M} Y_{2r} \\ \vdots \\ \sum_{r=1}^{M} Y_{Mr} \end{bmatrix} = \begin{bmatrix} B_{11} & B_{12} & \cdots & B_{1M} \\ B_{21} & B_{22} & \cdots & B_{2M} \\ \vdots & \vdots & & \vdots \\ B_{M1} & B_{M2} & \cdots & B_{MM} \end{bmatrix} \begin{bmatrix} Y_1 \\ Y_2 \\ \vdots \\ Y_M \end{bmatrix} \tag{2-5}$$

令 V 表示 $MN \times MN$ 阶增加值系数对角矩阵，令 $B = (I - A)^{-1}$ 表示里昂惕夫逆矩阵或完全消耗矩阵，令 E 为 $MN \times MN$ 阶出口矩阵，由式（2－3）可知，s 国对世界的总出口可表示为 $N \times 1$ 阶列向量 E_{s*}，包括中间产品出口 $\sum_{r \neq s}^{M} A_{sr}X_r$ 和最终产品出口 $\sum_{r \neq s}^{M} Y_{sr}$，即：

$$E_{s*} = \sum_{r \neq s}^{M} E_{sr} = \sum_{r \neq s}^{M} (A_{sr}X_r + Y_{sr}) \tag{2-6}$$

采用增加值系数对角矩阵 V 与里昂惕夫逆矩阵 B 以及出口矩阵 E 相乘，可得 $MN \times MN$ 阶矩阵 VBE：

$$VBE = \begin{bmatrix} V_1B_{11}E_{1*} & V_1B_{12}E_{2*} & \cdots & V_1B_{1M}E_{M*} \\ V_2B_{21}E_{1*} & V_2B_{22}E_{2*} & \cdots & V_2B_{2M}E_{M*} \\ \vdots & \vdots & & \vdots \\ V_MB_{M1}E_{1*} & V_MB_{M2}E_{2*} & \cdots & V_MB_{MM}E_{M*} \end{bmatrix} \tag{2-7}$$

式（2－7）中，VBE 为出口中的增加值来源矩阵，$V_sB_{sr}E_{r*}$ 项的经济含义为 r 国总出口中来源于 s 国各部门的增加值。从列向来看，每列元素可将该国总出口中的增加值分解为来自国内和国外各部门的增加值。当 $r = s$ 时，$V_sB_{sr}E_{r*}$ 则表示 r 国各部门出口中包含的国内增加值（记为 DVA_{sr}）；当 $r \neq s$ 时，$\sum_{s \neq t}^{M} V_sB_{sr}E_{rt}$ 表示 s 国通过将中间产品出口给 t 国，经其加工成最终消费品再出口给 r 国而实现的间接出口增加值（记为 IVA_{sr}），$\sum_{r=1}^{M} V_rB_{rs}E_{s*}$ 表示 r 国对 s 国出口贡献的价值增值，亦即 s 国总出口中来源于 r 国各部门的增加值（记为 FVA_{rs}）。

2. 全球价值链参与程度和分工地位

基于增加值分解框架，采用 Koopman 等构建的衡量一国（或部门）全球价值链参与程度（$GVC\_\ Participation$）和分工地位（$GVC\_\ Position$）指数，[①] 测算中国数字服务各部门的贸易增加值、价值链参与度及分工地位。具体指标如下：

$$GVC\_\ Participation_{pq} = \frac{IVA_{pq}}{E_{pq}} + \frac{FVA_{pq}}{E_{pq}} \tag{2-8}$$

$$GVC\_\ Position_{pq} = \ln\left(1 + \frac{IVA_{pq}}{E_{pq}}\right) - \ln\left(1 + \frac{FVA_{pq}}{E_{pq}}\right) \tag{2-9}$$

其中，E_{pq} 表示增加值角度核算的 p 国 q 部门的出口规模。$GVC\_\ Participation_{pq}$ 衡

① KOOPMAN R, POWERS W, WANG Z. Give Credit Where Credit Is Due: Tracing Value Added in Global Production Chains[R]. NBER Working Paper, 2010: 16426.

量的是 p 国 q 部门的全球价值链参与程度，该数值越大表明全球价值链参与度越高；$GVC_Position_{pq}$表示 p 国 q 部门的全球价值链地位，该数值越大表明全球价值链分工地位越高。IVA_{pq}/E_{pq}和 FVA_{pq}/E_{pq}分别表示全球价值链的前向参与度与后向参与度，如果前向参与度大于后向参与度，则意味着 p 国 q 部门出口的中间品增加值大于进口国外中间品的增加值，表明其处于全球价值链分工更高的位置；反之则处于更低的位置。

3. 数据来源及部门说明

WIOD 是分析全球价值链的核心数据库之一，最新发布的数据库提供了 2000—2014 年 42 个经济体的 56 个部门的面板数据。需要说明的是，目前学界对数字服务贸易内涵界定尚未统一，其中美国经济分析局（2012）在《数字服务贸易发展趋势报告》中首次将数字服务贸易概念界定为“可潜在地被信息通信技术化的服务贸易”。[①] UNCTAD（2019）和 OECD 等（2019）同样将其定义为“通过信息通信网络跨境交付的服务贸易”，包括通信服务、软件服务、金融服务、数据服务、知识产权、视听传媒以及其他商业服务。[②] 中国商务部在发布的《中国数字服务贸易发展报告 2018》中，明确将数字服务贸易界定为“采用数字技术研发、设计和生产，通过现代信息技术手段为消费者交付的服务贸易”，主要涵盖信息技术服务贸易、数字内容服务贸易以及通过互联网交付的离岸服务外包三大类。因此，综合借鉴前人研究成果中的界定思路，[③] 本节认为数字服务贸易本质上体现的是“可潜在地能够进行数字化交付的服务贸易”，故将其定义为“借助数字基础设施和数字技术等手段进行数字化交付的服务贸易”。根据研究需要及数据可得性，本节选取“一带一路”沿线 38 个相关国家和 9 个数字服务部门，并将其划分为信息通信、金融保险、商业服务和视听文娱四种部门类别。虽然这种划分方法可能存在一定缺陷，但考虑到内涵界定、数据可得性及各国统计口径的差异性，其仍然是目前较为可行的一种核算方案（见表 2 - 22）。

① US Bureau of Economic Analysis. Trends in Digitally - Enabled Trade in Services [EB/OL] . https://www.bea.gov/system/files/papers/Trends%20in%20Digitally%20Enabled%20Services.pdf, 2012.

② UNCTAD. Digital Economy Report 2019：Value Creation and Capture：Implications for Developing Countries [Z]. United Nations Publications, 2019；OECD, WTO and IMF [Z]. Handbook on Measuring Digital Trade, Paris：OECD, 2019:31 - 138.

③ 王拓．数字服务贸易及相关政策比较研究[J]．国际贸易，2019(9):80 - 89；吕延方，方若楠，王冬．中国服务贸易融入数字全球价值链的测度构建及特征研究[J]．数量经济技术经济研究，2020(12):25 - 44.

表 2－22 “一带一路”沿线相关国家数字服务贸易的类别划分

数字服务分类	产业代码	NACE 代码	产业名称
信息通信	39	J61	电信业
	40	J62 – J63	计算机程序、信息技术咨询和其他信息服务业
金融保险	41	K64	金融服务业（保险和养恤金除外）
	42	K65	保险、再保险和养恤金业（强制性社会保障除外）
	43	K66	金融保险服务及其附属活动
商业服务	45	M69 – M70	法律、会计、管理咨询等活动
视听文娱	37	J58	出版业
	38	J58 – J60	视听和广播活动
	54	R – S	艺术、娱乐、文化和其他服务业

资料来源：根据 WIOD 数据库整理所得。

三、“一带一路”数字服务出口价值分解及价值链地位的测算与分析

1. “一带一路”数字服务出口的价值分解

根据前文所述测算方法，首先对 2000—2014 年“一带一路”沿线 38 个相关国家的数字服务部门出口价值进行分解，包括出口内含的国内增加值、国外增加值和间接国内增加值以及国外与国内增加值的比值。由于篇幅限制，表 2－23 只报告了各国 2012—2014 年的平均值，并按照出口价值总额从大到小进行排序。从表 2－23 中测算结果可得如下主要结论。第一，总体而言，各国数字服务出口内含的国内和国外增加值的差异十分显著。中国、德国和英国的数字服务出口增加值总额分别位列前三，爱沙尼亚、立陶宛和拉脱维亚排最后三名，这表明数字服务出口增加值规模与一国经济总量总体呈正向关系；除中国和印度外，发达国家的出口增加值规模明显大于发展中国家，大多数国家出口国内增加值大于内含的国外增加值。第二，分行业来看，虽然印度的信息通信部门出口国内增加值最大，但是国外增加值却相对很小，仅占国内增加值的 2.2%，这表明其信息通信产业极具国际竞争优势。中国和英国在金融保险部门出口规模位列前二，并且其国外与国内价值比低于大多数国家，英国金融保险的国外占国内比重最低仅为 8.8%，这表明其金融保险部门的优势非常显著，两国商业服务和视听文娱部门的出口增加值特征同样如此。与此形成鲜明对比的是，印度的商业服务出口国内和国外增加值规模非常小，而且国外与国内价值比远高于其他行业，其视听文娱的比值最低仅为 6.4%，这表明以法律、会计和管理咨询等为主的商业服务是印度在数字服务贸易领域的明显短板。第三，“一带一路”沿线大部分国家的金融保险和商业服务出口国外增加值比重均比较高，这表明各国在金融、保险、法律、会

计和管理咨询等领域对全球价值链分工体系中的高端服务依赖程度要显著高于其他数字服务；卢森堡、马耳他和立陶宛等少数发达国家对国外数字服务价值的进口依赖程度非常高，意味着这些国家高端数字服务业的发展基础薄弱，更趋向于通过“高端进口”的方式满足对数字服务的需求。

表 2－23　“一带一路”沿线相关国家数字服务业出口增加值测算结果

排序	信息通信			金融保险			商业服务			视听文娱		
	DVA（亿美元）	FVA（亿美元）	比值（%）	DVA（亿美元）	FVA（亿美元）	比值（%）	DVA（亿美元）	FVA（亿美元）	比值（%）	DVA（亿美元）	FVA（亿美元）	比值（%）
中国	232.8	63.3	27.2	1043.7	154.3	14.8	609.5	118.8	19.5	249.9	48.1	19.2
德国	416.4	116.3	27.9	380.3	171.7	45.2	478.8	220.1	46.0	212.0	60.0	28.3
英国	319.6	40.8	12.8	743.9	65.2	8.8	313.2	49.8	15.9	227.8	24.0	10.5
法国	164.3	45.8	27.9	244.4	74.0	30.3	285.0	80.5	28.3	113.2	31.8	28.1
荷兰	128.2	50.9	39.7	217.0	79.7	36.7	297.3	128.8	43.3	52.1	30.6	58.7
日本	163.9	22.7	13.9	279.2	70.3	25.2	174.9	38.3	21.9	81.7	16.5	20.1
瑞士	95.4	34.4	36.1	382.2	48.8	12.8	156.9	55.9	35.6	42.6	15.1	35.4
印度	512.0	11.5	2.2	132.6	28.2	21.2	14.3	17.0	119.6	105.5	6.8	6.4
意大利	133.9	30.5	22.8	237.8	56.9	23.9	160.7	50.4	31.4	62.6	18.3	29.2
比利时	78.6	46.6	59.3	131.4	72.2	55.0	215.9	100.4	46.5	34.9	29.6	84.9
爱尔兰	107.3	45.8	42.6	151.2	123.7	81.9	31.3	44.5	142.4	98.9	29.4	29.7
卢森堡	29.7	38.2	128.8	138.7	256.7	185.1	25.1	30.2	120.6	8.3	43.5	521.2
韩国	38.3	37.2	97.2	144.1	100.2	69.5	46.0	56.9	123.9	78.2	25.6	32.8
西班牙	121.4	20.7	17.0	108.1	41.6	38.5	66.5	32.7	49.1	52.9	12.5	23.6
澳大利亚	53.4	6.7	12.6	152.2	17.1	11.2	140.6	14.2	10.1	52.1	6.7	12.8
瑞典	96.5	20.1	20.9	56.7	22.9	40.5	73.9	30.4	41.1	44.8	10.0	22.4
奥地利	34.7	20.8	60.1	60.4	25.0	41.3	45.3	27.5	60.8	21.1	11.3	53.5
波兰	41.5	17.5	42.2	33.8	23.5	69.5	42.6	22.1	52.0	27.9	8.5	30.6
俄罗斯	52.4	6.8	13.1	64.1	12.2	19.0	44.8	8.7	19.4	18.0	3.8	20.9
丹麦	39.7	17.3	43.5	44.1	22.4	50.8	31.0	19.4	62.5	22.7	10.6	46.8
土耳其	19.4	9.5	49.1	64.0	26.6	41.5	29.9	15.6	52.2	6.2	6.4	102.9
捷克	26.9	14.2	53.0	25.6	22.6	88.1	21.0	25.5	121.4	13.7	8.9	64.6
挪威	27.8	9.0	32.3	49.4	12.0	24.3	16.6	12.9	78.1	13.6	5.3	38.8
印度尼西亚	25.9	5.7	21.9	41.9	15.4	36.7	20.2	9.0	44.6	20.9	4.5	21.6
芬兰	33.9	12.2	35.9	14.5	11.4	78.8	21.4	14.3	66.8	9.8	5.0	50.9
匈牙利	19.3	12.1	62.5	10.3	18.2	177.7	18.3	19.6	107.1	9.4	7.1	75.8
罗马尼亚	27.1	4.3	15.7	20.6	6.5	31.4	14.9	5.5	37.0	10.0	2.4	23.8

续表

排序	信息通信			金融保险			商业服务			视听文娱		
	DVA（亿美元）	FVA（亿美元）	比值（%）	DVA（亿美元）	FVA（亿美元）	比值（%）	DVA（亿美元）	FVA（亿美元）	比值（%）	DVA（亿美元）	FVA（亿美元）	比值（%）
斯洛伐克	16.5	6.9	41.8	9.2	12.1	132.2	10.4	10.1	96.3	9.8	4.2	42.4
葡萄牙	12.3	4.6	37.4	18.3	8.2	44.9	10.8	6.1	56.7	5.3	2.8	53.6
希腊	7.3	2.6	36.3	21.3	7.2	33.6	12.7	3.8	29.6	4.3	1.8	42.5
马耳他	2.6	4.2	161.9	5.6	22.1	394.2	3.2	9.7	300.1	7.5	2.4	31.5
保加利亚	9.4	2.1	22.5	12.8	3.9	30.2	2.9	2.6	91.9	2.4	1.2	51.3
塞浦路斯	3.0	1.5	49.7	14.9	3.4	22.9	7.7	1.1	14.3	1.0	0.4	44.9
斯洛文尼亚	5.3	2.6	49.2	5.2	3.9	75.5	4.8	3.4	71.8	2.6	1.5	58.9
克罗地亚	6.1	1.3	21.1	3.7	2.4	64.8	6.1	2.0	32.8	4.5	0.8	17.9
爱沙尼亚	4.7	1.9	41.2	2.5	2.4	96.3	2.8	2.8	99.7	1.2	1.0	78.1
立陶宛	2.8	1.8	62.9	2.6	3.1	121.0	3.4	2.0	57.3	1.5	1.0	63.0
拉脱维亚	4.2	1.1	25.3	6.0	1.5	25.2	2.3	1.3	55.6	0.8	0.5	59.6

注：按照出口增加值总额的计算结果从大到小进行国家排序；“比值”指的是 FVA 占 DVA 的比重。

2. “一带一路”数字服务全球价值链参与度及分工地位测算与分析

为进一步考察数字服务全球价值链分工的区域差异，根据前文所述测算指标，分别核算了沿线国家部门层面的全球价值链参与度与分工地位，并采用前向与后向参与度的比值对各国分工地位从高到低进行排序，结果如表 2－24 所示。从表 2－24 中可以发现以下三点。第一，整体来看，商业服务的全球价值链参与度最高，信息通信的参与度最低；仅有澳大利亚、俄罗斯和英国等少数国家的价值链地位指数为正，其 IVA 与 FVA 的比值均大于 1，其余多数国家分工地位指数均为负值，这表明隐含在大多数国家数字服务部门总出口中的国外增加值大于出口数字中间服务贡献的间接国内增加值。韩国、卢森堡和马耳他等发达国家的全球价值链地位指数排名靠后，这可能意味着少数发达国家对国外数字中间服务的依赖程度仍然较高，这些国家数字中间服务的出口并不具备显著比较优势。第二，分工地位较高的国家，全球价值链参与度总体来看比较小，主要原因在于价值链参与度取决于本国出口中用于国外最终需求的中间服务创造的价值与进口中间服务中包含国外创造的价值之和，而价值链地位指标衡量的是本国出口中间服务间接国内增加值与出口内含国外增加值之比，使得全球价值链参与度与分工地位可能呈现出一定的负向关系，这些现象与前文结果具有一致性，即 FVA 与 DVA 比值越小的国家，全球价值链地位指数反而越大，因此后文采用数字服务贸易渗透率，即进口增加值占总产出的比重近似替代全球价值链的后向参与度，进一步检验后向参与度与分工地位之间的关系。第三，虽然中国出口增加值的总体规模最大，但是全球价值链分工地位并不高，其中信息通信和视听文娱对国外高端数字服务进口的依赖度要高于金融保险和商业服务，这意味着目前中国的数字服务贸易“大而不强”，特别是信息通信和视听文娱部门亟待转型；印度数字服务出口增加值规模虽然低于中国，但是全球价值链地位与中国旗鼓相当，其信息通信部门国际竞争力较强，金融服务和商业服务的分工地位却低于中国。

表 2－24　“一带一路”数字服务全球价值链参与度及分工地位测算结果

排序	全球价值链参与度				全球价值链分工地位				IVA/FVA
	信息通信	金融保险	商业服务	视听文娱	信息通信	金融保险	商业服务	视听文娱	
澳大利亚	0.297	0.324	0.335	0.322	0.064	0.105	0.130	0.082	2.211
俄罗斯	0.425	0.494	0.468	0.485	0.159	0.140	0.137	0.112	2.132
英国	0.325	0.296	0.405	0.215	0.085	0.117	0.109	0.022	2.107
罗马尼亚	0.334	0.462	0.540	0.557	0.046	−0.016	−0.008	0.129	1.181
意大利	0.401	0.432	0.471	0.408	0.025	0.038	−0.003	−0.036	1.086
日本	0.301	0.363	0.344	0.369	0.048	−0.036	0.013	0.027	0.984
塞浦路斯	0.454	0.368	0.378	0.457	−0.172	−0.004	0.107	−0.159	0.977
瑞士	0.364	0.302	0.485	0.388	−0.141	0.066	−0.033	−0.113	0.966
法国	0.402	0.410	0.468	0.473	−0.028	−0.045	0.024	0.028	0.961
荷兰	0.478	0.522	0.636	0.573	−0.074	−0.014	0.016	−0.131	0.943
印度	0.082	0.298	0.628	0.104	0.037	−0.046	−0.353	−0.017	0.926
中国	0.307	0.263	0.332	0.282	−0.106	0.003	0.004	−0.037	0.901
挪威	0.418	0.459	0.648	0.517	−0.058	0.054	−0.175	−0.033	0.843
克罗地亚	0.344	0.537	0.528	0.336	−0.004	−0.197	0.027	0.025	0.824
瑞典	0.327	0.462	0.529	0.399	−0.016	−0.093	−0.042	0.027	0.820
保加利亚	0.341	0.459	0.662	0.519	−0.024	−0.002	−0.218	−0.132	0.738
拉脱维亚	0.363	0.358	0.573	0.529	−0.038	−0.038	−0.110	−0.175	0.688
波兰	0.507	0.606	0.610	0.454	−0.069	−0.165	−0.056	−0.012	0.684
德国	0.400	0.463	0.515	0.396	−0.031	−0.129	−0.088	−0.037	0.649
西班牙	0.271	0.420	0.527	0.350	−0.018	−0.112	−0.103	−0.026	0.641
比利时	0.522	0.582	0.571	0.607	−0.175	−0.098	−0.046	−0.240	0.624
印度尼西亚	0.309	0.433	0.473	0.294	−0.045	−0.085	−0.120	−0.054	0.613
希腊	0.391	0.395	0.427	0.409	−0.118	−0.090	−0.022	−0.157	0.603
奥地利	0.517	0.497	0.608	0.504	−0.186	−0.070	−0.113	−0.154	0.557
葡萄牙	0.399	0.474	0.541	0.450	−0.121	−0.118	−0.144	−0.203	0.474
斯洛文尼亚	0.499	0.592	0.641	0.528	−0.128	−0.208	−0.147	−0.169	0.462

续表

排序	全球价值链参与度				全球价值链分工地位				IVA/FVA
	信息通信	金融保险	商业服务	视听文娱	信息通信	金融保险	商业服务	视听文娱	
芬兰	0.392	0.588	0.581	0.526	-0.114	-0.228	-0.171	-0.117	0.442
捷克	0.550	0.660	0.742	0.529	-0.111	-0.208	-0.259	-0.203	0.418
丹麦	0.417	0.476	0.546	0.457	-0.158	-0.160	-0.175	-0.149	0.407
斯洛伐克	0.504	0.686	0.681	0.442	-0.068	-0.341	-0.225	-0.126	0.400
爱沙尼亚	0.455	0.655	0.685	0.590	-0.109	-0.248	-0.235	-0.231	0.398
土耳其	0.460	0.428	0.491	0.585	-0.162	-0.131	-0.209	-0.334	0.390
匈牙利	0.544	0.760	0.710	0.613	-0.178	-0.380	-0.239	-0.191	0.330
立陶宛	0.502	0.663	0.522	0.504	-0.222	-0.324	-0.161	-0.218	0.297
爱尔兰	0.425	0.538	0.670	0.359	-0.144	-0.287	-0.383	-0.085	0.272
韩国	0.579	0.522	0.649	0.389	-0.320	-0.238	-0.351	-0.089	0.265
卢森堡	0.652	0.717	0.683	0.879	-0.359	-0.432	-0.310	-0.569	0.116
马耳他	0.671	0.862	0.850	0.249	-0.430	-0.524	-0.464	-0.206	0.092

注：按照 IVA 与 FVA 比值的计算结果从大到小进行国家排序。

3. 部分国家电信和信息服务全球价值链参与度及分工地位的时序变化

为深入探讨数字服务业细分部门层面的价值链参与度及分工地位，接下来按照前文思路测算所有国家电信和信息服务部门的时序变化，据此可以更为直观地观察其可能的变化趋势。限于篇幅，仅将中国、德国、韩国、日本和印度 5 个国家的全球价值链参与度及分工地位指数报告于表 2-25 中。从表 2-25 中可得出如下结论：与前文预期结果一致，中国、印度及日本的电信业价值链参与度明显低于德国和韩国，而其价值链地位却高于德国和韩国；信息服务中印度的参与度最低，日本的价值链地位最高，中国和韩国的价值链地位指数基本为负值。上述差异的可能原因与前文解释逻辑基本一致，即一国对别国数字中间服务进口依赖度越高，价值链参与度可能就越高，而本国的价值链分工地位可能由于“进口依赖”反而变得越低。日本在电信业和信息服务领域优势最为显著，印度次之，德国在信息服务领域优势也较为明显。报告期内，各国电信业和信息服务的价值链参与度总体上呈先升后降趋势，与此形成对比的是分工地位大致呈先降后升态势；德国、韩国和日本的电信业分工地位均表现出不同程度的下滑，而印度的分工地位整体上高于中国，并呈微弱的提升态势。值得注意的是，中国的电信业和信息服务在 2002—2010 年降幅较为显著，而 2011—2014 年又表现出快速提升态势。其原因可能在于中国加入 WTO 后，数字服务全球价值链参与度明显提升，原来不具备国际竞争力的数字服务部门受到了国外先进数字服务业的冲击，使得中国在很长一段时间里更多趋向于进口国外高端数字服务，导致中国出口创造的间接国内增加值比重降低，分工地位下滑明显，因此2011年可能成为中国数字服务走向转型升级的转折点。

表2－25 “一带一路”部分国家电信业和信息服务全球价值链参与度及分工地位

年份	电信业					信息服务				
	中国	德国	韩国	日本	印度	中国	德国	韩国	日本	印度
	全球价值链参与度									
2000	0.232	0.414	0.564	0.233	0.198	0.459	0.343	0.423	0.222	0.095
2001	0.228	0.408	0.528	0.240	0.211	0.468	0.336	0.380	0.236	0.097
2002	0.234	0.386	0.521	0.240	0.234	0.487	0.312	0.367	0.235	0.095
2003	0.267	0.427	0.541	0.248	0.222	0.538	0.326	0.379	0.234	0.092
2004	0.288	0.423	0.582	0.278	0.238	0.568	0.338	0.418	0.256	0.108
2005	0.305	0.531	0.653	0.291	0.216	0.396	0.358	0.602	0.298	0.076
2006	0.297	0.454	0.578	0.325	0.239	0.563	0.351	0.451	0.286	0.107
2007	0.299	0.470	0.606	0.349	0.218	0.548	0.362	0.499	0.310	0.108
2008	0.297	0.471	0.645	0.319	0.193	0.518	0.362	0.565	0.297	0.099
2009	0.272	0.454	0.610	0.280	0.184	0.457	0.331	0.550	0.272	0.090
2010	0.309	0.508	0.616	0.282	0.216	0.456	0.355	0.583	0.284	0.097
2011	0.305	0.531	0.653	0.291	0.216	0.396	0.358	0.602	0.298	0.076
2012	0.279	0.533	0.634	0.280	0.203	0.360	0.360	0.575	0.292	0.064
2013	0.275	0.558	0.621	0.299	0.209	0.352	0.367	0.549	0.309	0.076
2014	0.263	0.551	0.602	0.304	0.202	0.357	0.354	0.519	0.319	0.070
年份	全球价值链分工地位									
2000	－0.023	－0.070	－0.303	0.065	0.002	－0.288	－0.010	－0.106	0.086	0.034
2001	－0.023	－0.071	－0.280	0.058	0.002	－0.294	－0.009	－0.088	0.095	0.041
2002	－0.033	－0.042	－0.272	0.051	－0.026	－0.311	0.010	－0.076	0.089	0.038
2003	－0.057	－0.063	－0.284	0.046	－0.007	－0.350	0.007	－0.079	0.081	0.039
2004	－0.056	－0.038	－0.305	0.032	－0.010	－0.370	0.009	－0.090	0.082	0.044
2005	－0.063	－0.118	－0.372	0.058	－0.008	－0.233	0.003	－0.329	0.082	0.039
2006	－0.049	－0.064	－0.288	－0.006	－0.018	－0.361	0.004	－0.110	0.069	0.051
2007	－0.050	－0.088	－0.298	－0.011	－0.012	－0.355	0.008	－0.142	0.067	0.057
2008	－0.044	－0.093	－0.352	0.006	－0.003	－0.338	0.010	－0.235	0.078	0.056
2009	－0.056	－0.085	－0.345	0.045	－0.007	－0.301	0.013	－0.260	0.090	0.054
2010	－0.077	－0.104	－0.339	0.045	－0.024	－0.291	0.003	－0.293	0.086	0.055
2011	－0.063	－0.118	－0.372	0.058	－0.008	－0.233	0.003	－0.329	0.082	0.039

续表

年份	电信业					信息服务				
	中国	德国	韩国	日本	印度	中国	德国	韩国	日本	印度
	全球价值链分工地位									
2012	-0.054	-0.117	-0.363	0.050	-0.016	-0.212	0.000	-0.326	0.072	0.033
2013	-0.044	-0.143	-0.339	0.039	0.008	-0.200	-0.004	-0.304	0.067	0.046
2014	-0.017	-0.139	-0.316	0.018	0.015	-0.192	-0.002	-0.282	0.039	0.043

四、中国数字服务贸易的价值分解与分工演进

如前文所述，为了更加细致地研究中国数字服务部门的贸易增加值及价值链分工地位，并相应选取中国与其他41个经济体的电信、信息、金融、保险、商服、研发和文娱七大数字服务贸易部门作为研究对象（见表2-26）。

表2-26 中国数字服务贸易部门的类别划分

部门简称	产业代码	NACE代码	产业名称
电信	39	J61	电信业
信息	40	J62-J63	计算机程序、信息技术咨询和其他信息服务业
金融	41	K64	金融服务业（保险和养恤金除外）
保险	42	K65	保险、再保险和养恤金业（强制性社会保障除外）
商服	45	M69-M70	法律、会计、管理咨询等活动
研发	47	M72	科学研究与发展
文娱	54	R-S	艺术、娱乐、文化和其他服务业

资料来源：根据WIOD数据库整理所得。

1. 中国数字服务贸易价值构成的时序演进

通过对中国数字服务贸易价值分解，得到各部门的出口国内增加值、进口国外中间服务增加值以及用于国外最终消费的中间服务间接国内增加值，同时为考察其与分工地位之间的关系，分别采用国外增加值和间接国内增加值占国内增加值的比重进行对比分析。由于篇幅限制，本部分仅报告了偶数年份的结果，具体见表2-27。从表2-27中可以发现，中国数字服务贸易增加值规模及增速的差异性非常显著，主要表现在以下方面：就间接国内增加值而言，金融和商服的出口规模相对较大，其年均增速分别达到24.54%和21.42%；虽然信息和保险的出口规模相对较小，但年均增速分别达到22.34%和15.86%；电信、研发、文娱的出口规模均处于中间水平，研发的年均增速高达42.41%。就国内增加值而言，2014年金融和商服分别达到1112亿美元和665亿美元的出口规模，年均增速分别为21.86%和19.37%；信息、保险和研发的

出口规模相对较小，研发虽然起步较晚，但是以年均39.90%的增速从0.87亿美元迅速增长至95亿美元。就进口国外增加值而言，金融和商服的进口规模仍然较大，而且两者增速也相对较高，其他部门的进口规模和增速较小且较为稳定。就国外与国内增加值的比值而言，除研发部门一直保持下降态势外，其余部门的比值均呈现出了明显的先上升后迅速下降的时序演进特征，即在2004年至2010年阶段达到峰值后迅速下降；研发和信息部门的比值较高，2000年分别达到了2.74和0.68，但两者的年均增速分别为－18.38%和－3.55%。就出口间接增加值与国内增加值比值而言，所有部门均表现出先下降后上升的态势，即2000—2003年处于下降阶段，2004年以后逐渐有所回升；其中商服、研发和金融的比值相对较大，年均增速分别为1.72%、1.80%和2.20%。由此可见，中国数字服务在加入WTO后经受住了“高端依赖”的外部冲击，此后由于产业结构升级和竞争优势不断强化，出口国内增加值和间接国内增加值的规模及比重正处于快速提升阶段，对国外高端服务的进口依赖度处于不断下降的整体态势中，中国数字服务的全球价值链分工地位得以快速提升。

表2－27　2000—2014年中国数字服务贸易价值构成的时序演进

项目		2000年	2002年	2004年	2006年	2008年	2010年	2012年	2014年	年均增速（%）
电信	IVA（亿美元）	3.28	4.59	9.60	15.99	20.68	15.57	17.71	22.90	14.89
	DVA（亿美元）	27.82	40.22	70.54	109.39	138.63	113.32	134.95	161.60	13.39
	FVA（亿美元）	4.11	6.31	15.06	23.46	29.21	28.10	27.72	26.48	14.23
	FVA/DVA	0.148	0.157	0.213	0.214	0.211	0.248	0.205	0.164	0.74
	IVA/DVA	0.118	0.114	0.136	0.146	0.149	0.137	0.131	0.142	1.32
信息	IVA（亿美元）	0.48	0.69	1.35	2.56	3.71	4.51	6.15	8.15	22.34
	DVA（亿美元）	5.33	7.53	13.14	23.68	40.64	53.05	77.38	87.47	22.12
	FVA（亿美元）	3.64	5.80	14.18	24.65	36.00	36.25	33.95	35.96	17.78
	FVA/DVA	0.683	0.770	1.079	1.041	0.886	0.683	0.439	0.411	－3.55
	IVA/DVA	0.090	0.092	0.103	0.108	0.091	0.085	0.079	0.093	0.18
金融	IVA（亿美元）	8.27	9.90	17.65	35.70	74.92	93.52	126.78	178.48	24.54
	DVA（亿美元）	69.88	86.16	131.95	250.66	486.40	620.79	859.43	1112.17	21.86
	FVA（亿美元）	12.28	18.45	42.07	70.07	92.73	104.95	125.86	127.92	18.22
	FVA/DVA	0.176	0.214	0.319	0.280	0.191	0.169	0.146	0.115	－2.98
	IVA/DVA	0.118	0.115	0.134	0.142	0.154	0.151	0.148	0.160	2.20

续表

项目		2000 年	2002 年	2004 年	2006 年	2008 年	2010 年	2012 年	2014 年	年均增速（%）
保险	IVA（亿美元）	1.17	1.37	1.66	2.73	4.96	5.17	6.77	9.20	15.86
	DVA（亿美元）	9.77	11.95	12.76	19.71	35.10	40.49	55.50	70.68	15.18
	FVA（亿美元）	2.75	3.97	6.58	8.90	11.13	11.29	13.21	13.94	12.30
	FVA/DVA	0.281	0.332	0.516	0.452	0.317	0.279	0.238	0.197	-2.50
	IVA/DVA	0.120	0.115	0.130	0.139	0.141	0.128	0.122	0.130	0.59
商服	IVA（亿美元）	9.26	11.87	19.55	31.49	63.71	85.49	107.73	140.20	21.42
	DVA（亿美元）	55.78	80.80	132.25	204.86	358.94	433.69	568.69	665.18	19.37
	FVA（亿美元）	11.11	16.46	37.07	61.35	98.00	97.67	111.59	122.36	18.69
	FVA/DVA	0.199	0.204	0.280	0.299	0.273	0.225	0.196	0.184	-0.57
	IVA/DVA	0.166	0.147	0.148	0.154	0.177	0.197	0.189	0.211	1.72
研发	IVA（亿美元）	0.11	0.19	1.61	3.83	7.36	8.92	11.37	16.09	42.41
	DVA（亿美元）	0.87	1.47	11.34	25.23	45.11	56.59	74.70	95.43	39.90
	FVA（亿美元）	2.38	3.26	10.34	15.17	24.54	13.71	15.27	15.25	14.18
	FVA/DVA	2.736	2.218	0.912	0.601	0.566	0.242	0.204	0.160	-18.38
	IVA/DVA	0.126	0.129	0.142	0.152	0.163	0.158	0.152	0.169	1.80
文娱	IVA（亿美元）	5.96	9.12	15.85	19.87	25.09	24.47	31.03	40.75	14.72
	DVA（亿美元）	47.54	81.94	80.80	117.84	158.82	175.12	228.33	273.32	13.31
	FVA（亿美元）	6.51	9.71	13.35	15.94	23.56	24.33	29.93	32.08	12.07
	FVA/DVA	0.137	0.119	0.165	0.135	0.148	0.139	0.131	0.117	-1.09
	IVA/DVA	0.125	0.111	0.196	0.169	0.158	0.139	0.136	0.149	1.25

2. 中国数字服务贸易价值构成的区域差异

从部门层面对中国数字服务贸易价值进行区域分解，得到进口自不同经济体的数字中间服务增加值和出口间接国内增加值，按照 2014 年所有部门两者总额由大到小的顺序排列，可以更为直观地判断中国数字服务部门贸易价值的区域差异，结果见表 2-28。① 将两种指标的测算结果加总可知，德国（79.1 亿美元）、美国（69.3 亿美元）和韩国（67.3 亿美元）与中国数字服务贸易额分别位列前三，日本（59.1 亿美元）、荷兰（41.8 亿美元）和中国台湾（36.2 亿美元）紧随其后。在中国对国外数字中间服务增加值的进口来源中，日本的电信（17.47%）和金融（14.18%）服务，美国的信息（13.90%）、保险（27.52%）、商服（19.37%）和研发（18.96%）

① 限于篇幅，表 2-28 中报告了前 30 个经济体的部分测算结果，后 11 个经济体依次为罗马尼亚、葡萄牙、希腊、爱沙尼亚、斯洛文尼亚、保加利亚、立陶宛、马耳他、克罗地亚、拉脱维亚和塞浦路斯。

服务，澳大利亚的文娱（16.99%）服务分别在所有经济体中规模最大；在中国数字中间服务出口间接增加值的去向中，韩国的电信（12.66%）、信息（12.19%）、金融（13.40%）、保险（11.82%）、研发（14.46%）和文娱（11.56%），以及德国的商服（18.58%）分别在所有经济体中规模最大。从中国对各经济体贸易价值的“顺差”（IV－FV）和“逆差”（FV－IV）来看，中国与各经济体的信息服务贸易大致表现为“逆差”，而其他部门整体上表现为“顺差”，其中对韩国的电信、金融和文娱，对墨西哥的信息，对中国台湾的保险和研发，以及对荷兰的商服均为所有经济体中的“顺差”最大值；而对澳大利亚的电信、金融、研发和文娱，对美国的信息、保险和商服均为所有经济体中的“逆差”最大值。整体而言，这些区域差异的显著特征表明，中国数字服务贸易的主要对象为发达经济体，中国数字中间服务出口间接国内增加值大于进口自其他经济体的数字服务增加值，但信息服务正好相反，其仍然高度依赖于美国、德国、日本和印度等国外高端服务进口，这意味着相比于其他数字服务，中国的信息服务在全球价值链分工中处于显著的相对劣势。

表2－28　中国数字服务贸易价值构成的区域差异　　单位：千万美元

区域	电信		信息		金融		保险		商服		研发		文娱	
	FVA	IVA	FVA	IVA	FVA	IVA	FVA	IVA	FVA	IVA	FVA	IVA	FVA	IVA
德国	7.33	22.78	39.43	8.33	28.84	176.32	7.17	9.59	160.73	**260.45**	6.64	14.49	11.82	37.43
美国	23.22	18.34	**40.45**	6.62	74.74	149.60	**30.59**	7.30	**189.72**	72.23	**19.42**	14.24	14.13	32.21
韩国	10.64	**28.99**	13.26	**9.93**	70.30	**239.18**	11.03	**10.87**	39.44	129.97	18.32	**23.26**	20.25	**47.09**
日本	**27.80**	20.12	35.68	6.12	**92.08**	157.43	10.48	7.44	104.72	62.30	6.87	14.34	12.81	32.29
荷兰	3.30	12.84	13.15	4.58	19.74	98.40	2.29	5.57	55.87	169.11	1.43	8.10	2.51	20.88
中国台湾	5.95	17.45	3.64	7.16	50.82	145.94	2.62	6.29	7.58	59.69	5.14	15.83	5.88	28.10
法国	5.12	9.67	9.94	3.31	20.03	70.71	1.96	3.91	51.39	65.43	2.58	6.05	4.68	24.40
澳大利亚	11.94	3.86	14.15	1.13	60.89	27.00	3.93	1.48	93.97	17.33	9.79	2.03	**24.88**	8.46
英国	7.19	6.86	19.74	2.67	39.49	51.59	11.03	2.53	36.12	32.02	1.44	4.84	6.42	14.09
比利时	2.12	6.25	4.50	2.20	9.08	43.06	1.25	2.80	38.04	71.73	0.42	2.81	1.19	9.30
墨西哥	0.80	10.62	0.03	4.02	1.44	86.62	0.36	3.90	1.71	34.59	0.79	9.91	0.09	17.58
加拿大	4.02	6.91	6.30	2.11	13.33	55.90	5.05	2.75	8.14	23.53	2.52	4.75	4.55	26.28
意大利	4.29	7.15	5.60	2.15	12.81	52.29	1.47	2.75	15.93	35.81	1.46	4.10	2.45	11.17
瑞典	1.37	3.76	8.48	1.07	4.16	26.50	0.67	1.80	13.07	75.49	1.42	1.73	1.54	5.70
巴西	3.09	2.25	4.21	0.77	26.71	18.82	2.90	0.94	60.01	9.57	4.93	1.43	1.86	3.81
印度	5.63	4.74	23.28	1.67	16.12	38.80	4.33	2.09	5.88	17.19	9.09	2.92	5.66	7.74
印度尼西亚	6.12	4.14	1.27	1.17	10.24	32.62	3.53	1.63	17.62	18.83	2.79	2.52	5.21	7.92
瑞士	1.68	2.60	6.14	1.36	19.73	18.00	2.86	1.17	17.56	23.48	0.40	1.42	2.04	3.86

续表

区域	电信		信息		金融		保险		商服		研发		文娱	
	FVA	IVA	FVA	IVA	FVA	IVA	FVA	IVA	FVA	IVA	FVA	IVA	FVA	IVA
西班牙	2.62	4.42	7.44	1.60	7.69	34.32	0.99	1.91	5.47	20.11	0.12	2.54	4.27	7.88
捷克	0.44	4.00	1.50	1.62	2.03	31.72	0.25	1.45	7.23	21.06	0.38	3.61	0.27	6.45
爱尔兰	2.42	2.56	10.15	1.77	10.31	16.99	2.19	1.92	7.87	15.14	2.48	1.61	1.41	4.05
土耳其	1.61	3.96	0.24	1.21	5.50	33.93	0.44	1.66	2.78	15.01	0.01	2.55	0.49	6.77
波兰	0.70	3.55	2.12	1.31	2.13	27.90	0.19	1.32	3.91	18.33	0.21	2.69	0.92	6.02
芬兰	0.55	1.89	3.78	0.61	1.20	14.36	0.33	0.83	4.36	30.57	0.66	1.26	0.45	3.11
匈牙利	0.23	3.26	1.70	1.40	0.63	25.62	0.04	1.14	2.00	16.77	0.19	3.05	0.20	5.65
奥地利	0.70	1.99	2.59	0.75	4.81	14.57	0.67	0.84	10.34	17.62	0.33	1.16	0.72	3.12
丹麦	0.77	2.49	2.72	0.90	3.69	16.40	0.49	1.58	4.91	15.67	0.42	1.11	0.80	4.89
挪威	1.55	1.03	2.41	0.39	4.77	7.23	0.72	0.50	3.09	7.95	0.05	0.55	0.69	1.69
斯洛伐克	0.24	1.62	0.51	0.69	0.62	12.80	0.03	0.61	0.79	7.35	0.02	1.35	0.82	2.89
卢森堡	0.74	0.88	0.66	0.56	6.80	5.95	0.31	0.41	2.35	5.71	0.19	0.40	0.31	4.67

注：加粗的数值表示每列中的最大值。

3. 中国数字服务全球价值链参与度的时序演进

根据全球价值链参与度测算方法，从时序演进层面测算出中国数字服务各部门全球价值链分工的前向参与度、后向参与度和整体参与度，进一步考察前向参与度与后向参与度之比，能够在很大程度上衡量全球价值链分工地位的演进特征，结果如表2－29所示。报告期内，除文娱服务外，中国其他数字服务部门的前向参与度整体上显著低于同期的后向参与度，表明中国数字服务主要是以后向参与的方式融入全球价值链分工体系，这与中国数字服务业长期处于全球价值链分工的相对下游环节，依赖国外高端数字服务进口的现实基础密切相关。从时序演进来看，各数字服务部门的前向参与度大致经历了先降后升的发展态势，后向参与度与此形成鲜明对比，呈明显的先升后降演进趋势，研发服务的两项指标分别表现为稳步上升和下降的发展趋势；由于全球价值链参与度是前向参与度与后向参与度的和，因此除研发服务一直降低外，其他部门参与度的时序演进也总体上呈先升高后波动下降的趋势。期初研发服务的前向参与度在各部门中还处于最低水平（0.035），但此后迅速攀升至期末的次高水平（0.145），后向参与度则由期初的最高水平（0.733）快速下降至期末的较低水平（0.138），这意味着中国的研发服务在全球分工体系中正从低起点大步转向高水平发展阶段。总体而言，近年来中国的金融、商服、研发和文娱等部分数字服务业全球价值链参与方式基本实现了阶段性转型，即由后向参与转型升级为前向参与，但电信、信息和保险等部门的发展基础仍相对薄弱，特别是信息部门在报告期末的出口国内间接增加值仅占国外增加值的22.7%，出口中仍内含大量的国外增加值，这意味着其参与方式的转型依然“任重道远”，但也在一定程度上体现出这些部门未来将“大有可为”。

表2-29　2000—2014年中国数字服务全球价值链参与度的时序演进

年份		2000	2002	2004	2006	2008	2010	2012	2014
电信	前向参与度	0.103	0.099	0.112	0.120	0.123	0.110	0.109	0.122
	后向参与度	0.129	0.136	0.176	0.177	0.174	0.199	0.170	0.141
	整体参与度	0.232	0.234	0.288	0.297	0.297	0.309	0.279	0.263
	IVA/FVA	0.797	0.727	0.637	0.682	0.708	0.554	0.639	0.865
信息	前向参与度	0.054	0.052	0.049	0.053	0.048	0.051	0.055	0.066
	后向参与度	0.405	0.435	0.519	0.510	0.470	0.406	0.305	0.291
	整体参与度	0.459	0.487	0.568	0.563	0.518	0.456	0.360	0.357
	IVA/FVA	0.133	0.119	0.095	0.104	0.103	0.124	0.181	0.227
金融	前向参与度	0.101	0.095	0.101	0.111	0.129	0.129	0.129	0.144
	后向参与度	0.149	0.176	0.242	0.218	0.160	0.145	0.128	0.103
	整体参与度	0.250	0.271	0.343	0.330	0.289	0.273	0.256	0.247
	IVA/FVA	0.674	0.536	0.419	0.510	0.808	0.891	1.007	1.395
保险	前向参与度	0.094	0.086	0.086	0.095	0.107	0.100	0.098	0.109
	后向参与度	0.219	0.249	0.340	0.311	0.241	0.218	0.192	0.165
	整体参与度	0.313	0.336	0.426	0.406	0.348	0.318	0.291	0.273
	IVA/FVA	0.426	0.346	0.253	0.306	0.445	0.458	0.512	0.660
商服	前向参与度	0.138	0.122	0.115	0.118	0.139	0.161	0.158	0.178
	后向参与度	0.166	0.169	0.219	0.230	0.214	0.184	0.164	0.155
	整体参与度	0.305	0.291	0.334	0.349	0.354	0.345	0.322	0.333
	IVA/FVA	0.834	0.721	0.527	0.513	0.650	0.875	0.965	1.146
研发	前向参与度	0.035	0.040	0.074	0.095	0.106	0.127	0.126	0.145
	后向参与度	0.733	0.689	0.477	0.376	0.352	0.195	0.170	0.138
	整体参与度	0.768	0.729	0.551	0.470	0.458	0.322	0.296	0.283
	IVA/FVA	0.048	0.058	0.155	0.252	0.300	0.651	0.745	1.055
文娱	前向参与度	0.110	0.100	0.168	0.149	0.138	0.123	0.120	0.133
	后向参与度	0.120	0.106	0.142	0.119	0.129	0.122	0.116	0.105
	整体参与度	0.231	0.205	0.310	0.268	0.267	0.245	0.236	0.238
	IVA/FVA	0.915	0.939	1.188	1.246	1.065	1.006	1.037	1.270

4. 中国数字服务全球价值链分工地位时序演进的国际比较

从部门层面测算各国数字服务全球价值链地位，同时为厘清中国与数字服务贸易强国间的相对差异，重点比较中国与德国、日本、韩国和美国的数字服务分工地位动态演进，结果见表2－30。具体而言，报告期内中国数字服务部门的全球价值链地位指数基本上持续表现为负值，表明内含于数字服务贸易中的进口国外增加值大于出口间接国内增加值；但在时序演进中呈逐年升高的态势，文娱服务已于2004年率先转正，其他如金融、商服和研发也在报告期末相继转正，表明这些部门出口内含的间接国内增加值大于国外增加值，分工地位显著提升，但电信、信息和保险部门在报告期末尚未转正，其中信息服务部门相对劣势最为显著，这与前文分析结果基本一致，具体不再赘述。从国际比较来看，德国和韩国电信服务的价值链地位指数始终为负并低于中国，同期日本和美国基本为正并高于中国，不同的是美国表现出先下降后波动上升的趋势，日本则表现为波动中下降的趋势。中国的信息服务在上述国家中处于最低水平，2010年后超过韩国并且呈现出上升趋势，但相对于美国、日本和德国仍有很大差距；除美国的领先优势不断巩固并加强外，德国、日本和韩国的优势均表现出不同程度的弱化，韩国下降趋势最为明显。中国金融服务进步较为显著，报告期内指数不断上升并转为正值，而其他国家均表现为不同程度的下降趋势；中国保险与金融服务类似，但指数在期末仍未转正。中国商服经历了先降低后升高并在期末转正的演进过程，德国和日本则由期初高于中国演变为期末低于中国，美国商服在分工中始终处于绝对领先地位，这表明中国商服虽有较大进步，但与美国相比还有很大差距。研发和文娱是中国价值链地位提升较快的部门，研发和文娱均已经超过德国、日本和韩国，这得益于近年来中国企业在研发和文娱服务领域经费投入的大幅度增加，使得该部门的分工地位迅速提升；此外，韩国文娱服务的分工地位有所改善，德国、日本和美国均表现出了不同程度的下降趋势。

表2－30　2000—2014年中国、德国、日本、韩国、美国数字服务部门全球价值链分工地位的时序演进

年份		2000	2002	2004	2006	2008	2010	2012	2014
电信	中国	－0.023	－0.033	－0.056	－0.049	－0.044	－0.077	－0.054	－0.017
	德国	－0.070	－0.042	－0.038	－0.064	－0.093	－0.104	－0.117	－0.139
	日本	0.065	0.051	0.032	－0.006	0.006	0.045	0.050	0.018
	韩国	－0.303	－0.272	－0.305	－0.288	－0.352	－0.339	－0.363	－0.316
	美国	0.141	0.142	0.140	0.130	0.138	0.151	0.139	0.159

续表

年份		2000	2002	2004	2006	2008	2010	2012	2014
信息	中国	-0.288	-0.311	-0.370	-0.361	-0.338	-0.291	-0.212	-0.192
	德国	-0.010	0.010	0.009	0.004	0.010	0.003	0.000	-0.002
	日本	0.086	0.089	0.082	0.069	0.078	0.086	0.072	0.039
	韩国	-0.106	-0.076	-0.090	-0.110	-0.235	-0.293	-0.326	-0.282
	美国	0.085	0.104	0.109	0.107	0.106	0.109	0.111	0.135
金融	中国	-0.043	-0.072	-0.120	-0.092	-0.027	-0.014	0.001	0.036
	德国	-0.067	-0.042	-0.013	-0.041	-0.085	-0.094	-0.135	-0.164
	日本	0.097	0.081	0.096	0.083	0.056	0.045	0.016	-0.058
	韩国	-0.245	-0.203	-0.210	-0.186	-0.224	-0.226	-0.273	-0.257
	美国	0.096	0.112	0.106	0.097	0.076	0.076	0.079	0.075
保险	中国	-0.109	-0.140	-0.210	-0.180	-0.114	-0.102	-0.082	-0.049
	德国	-0.026	-0.007	-0.035	-0.018	-0.054	-0.020	-0.031	-0.036
	日本	0.053	0.029	0.044	0.016	-0.017	-0.007	-0.027	-0.067
	韩国	-0.127	-0.073	-0.068	-0.069	-0.115	-0.133	-0.160	-0.133
	美国	0.132	0.129	0.140	0.130	0.078	0.084	0.083	0.089
商服	中国	-0.024	-0.041	-0.089	-0.096	-0.064	-0.020	-0.005	0.019
	德国	0.003	0.011	0.015	0.010	0.004	-0.033	-0.049	-0.109
	日本	0.061	0.045	0.037	0.007	0.005	0.027	0.010	-0.046
	韩国	-0.373	-0.377	-0.353	-0.302	-0.344	-0.340	-0.370	-0.323
	美国	0.199	0.202	0.207	0.196	0.188	0.193	0.185	0.200
研发	中国	-0.515	-0.485	-0.319	-0.228	-0.201	-0.059	-0.038	0.007
	德国	0.016	0.013	0.025	0.024	0.031	-0.070	-0.074	-0.073
	日本	0.020	-0.032	-0.067	-0.103	-0.089	-0.008	-0.036	-0.106
	韩国	0.023	0.041	0.047	-0.008	-0.017	-0.075	-0.106	-0.076
	美国	0.172	0.194	0.196	0.179	0.185	0.173	0.165	0.177
文娱	中国	-0.009	-0.006	0.023	0.026	0.007	0.001	0.004	0.025
	德国	0.006	0.013	0.025	0.014	0.012	-0.008	-0.031	-0.044
	日本	0.043	0.049	0.035	-0.019	-0.007	0.004	-0.012	-0.100
	韩国	-0.350	-0.318	-0.312	-0.221	-0.195	-0.169	-0.200	-0.161
	美国	0.132	0.131	0.120	0.093	0.077	0.092	0.084	0.094

注：由于日本的商业服务数据缺失，故采用其他部门全球价值链地位测算结果的平均值近似替代。

五、主要结论与政策启示

本节基于全球多区域投入产出模型对“一带一路”数字服务部门层面的出口价值进行分解，考察了各国的出口增加值、价值链参与度及分工地位。总结出以下三点结论。第一，各国数字服务出口国内和国外增加值的差异性非常显著，中国、德国和英国的出口增加值规模位列前三；与其他部门相比，大多数国家金融保险和商业服务的出口国外增加值比重更高；印度的信息通信和英国的金融保险极具国际竞争优势。第二，总体上商业服务的全球价值链参与度最高，信息服务的参与度最低；多数国家出口国外增加值大于间接国内增加值，发达国家价值链分工处于绝对优势，但中国和印度等部分发展中国家呈现出快速提升态势；中国的数字服务贸易“大而不强”，特别是信息通信和视听文娱部门亟须转型。第三，各国电信和信息服务的分工地位大致呈现先降后升态势；中国、印度和日本电信业的分工地位高于德国和韩国，日本的电信和信息服务优势最为显著，印度次之。

与此同时，通过对中国的数字服务贸易价值进行时序、部门和区域维度的分解，系统考察了部门层面贸易价值的时序演进、区域差异、全球价值链参与方式及分工地位。总结出以下四点结论。第一，中国数字服务出口国内增加值和间接国内增加值规模快速增长，占出口比重迅速攀升；金融的规模最大，研发的增速最快；对国外增加值的进口规模及比重处于不断下降的态势。第二，中国数字服务贸易的主要对象为发达经济体，德国、美国和韩国分别位列前三；数字中间服务出口间接增加值规模总体上大于进口国外数字中间服务增加值，信息服务仍高度依赖国外高端进口。第三，中国数字服务主要以后向参与方式融入全球价值链，前向参与度在报告期内呈先降后升的态势，金融、商服、研发和文娱等已实现由后向参与转型升级为前向参与方式，而电信、信息和保险等转型相对滞后。第四，报告期内中国的全球价值链地位指数基本上持续为负值，但表现为逐年升高的趋势；美国在多数部门仍然保持着绝对领先地位，而德国、日本和韩国部分数字服务价值链地位已经被中国超越。

针对以上研究结论，本节提出如下政策启示。

首先，中国应积极参与数字服务规则制定和全球价值链治理。中国应加强与德国、日本、法国、印度、韩国等数字服务贸易核心国家的规则谈判与协调，探索和构建基于全球价值链分工体系的协同转型机制，发挥中国等沿线数字服务贸易核心国家的重要带动作用，提升数字服务贸易规则的兼容性和包容性，着力提高发展中国家的公共服务供给和数字发展能力。如通过积极倡导与推动沿线国家加快移动互联网和普及智能连接终端等新型数字基础设施建设，推进大数据、云计算、区块链、人工智能等数字技术深度应用，提高各国消费者隐私保护、数据跨境安全流动、扩大市场准入和强化知识产权保护等数字贸易便利化政策协调，共同推进沿线国家数字服务贸易的包容性增长。

其次，中国应注重数字服务贸易促进政策的异质性。通过实施异质性的金融、财政、税收等数字服务贸易促进政策和手段，统筹协调“引进来”与“走出去”的关系，既要遵循“有序开放”又要注重“扶植培育”；既要“引进高端”和提升“进口质量”，又要注重“消化吸收”和鼓励“自主创新”。例如，针对中国在全球价值链分工中相对弱势但未来发展潜力巨大的信息通信和视听文娱等数字服务产业，通过降低数字服务贸易壁垒，有序引进国外高端数字服务企业提升市场竞争效应，同时实施金融支持核心企业创新孵化、产业资金配套和税收优惠等差异化引导与激励策略，鼓励一批先进企业积极进行海外产业布局，着力提高国内企业自主创新动力，持续优化数字服务贸易营商环境。

最后，中国应尽快实施数字服务贸易创新驱动发展战略。国外相对于国内出口增加值比重的提升，意味着中国在一定程度上损失了“贸易利益”，但是通过持续加强国内数字化人力资本培育，提高国民整体数字素养，注重知识产权保护，有效引导国内企业通过“技术溢出”“干中学”“市场竞争”“产业关联”等多重创新促进效应，如引导和支持中国中高端制造业企业提升国内数字服务的中间投入比重，促进数字服务贸易与中国先进制造业的深度融合，同时加强在国外高端数字中间服务进口学习效应，消化吸收国外先进数字服务的发展经验，实施创新驱动战略和发挥规模经济优势，推动中国数字服务贸易在全球价值链分工体系中提升竞争优势和实现转型升级。

第三章　“双循环”与“内策外联”建设“一带一路”

第一节　发展与安全并进诉求

在百年未有之大变局下，中国面临着巨大的机遇与挑战，转向发展与安全并行的“以国内大循环为主体、国内国际双循环相互促进”的新发展格局成为必要选择。

一、立足自主驱动新型发展

面对百年未有之大变局，中国唯有立足自主，在驱动新生产方式的基础上进行现代化发展，才能实现新世纪的繁荣稳定与长治久安。

1. 驱动新生产方式发展构成核心目标与根本任务

在大变局悄然兴起但远未成型阶段，中国所面对的环境和形势甚为复杂，驱动新生产方式发展是中国顺应时代变局、紧握时代机遇、实现民族复兴的可行路径。

第一，新生产方式是驱动时局变革的动力源。垄断生产方式是发展到国际乃至全球垄断阶段，面对信息技术兴起带来生产对消费需求响应的时间压力越趋攀升时，选择通过生产流程分解、外包来提高适应力；虽然垄断企业仍然通过掌控核心环节来影响、干预产业链运作及维护有利的利益分配地位，但是给生产流程在垄断企业外部分工细化创造了可能与空间，由此带来模块网络化新生产方式的兴起。新生产方式循环往复发展的结果，驱使生产流程不断展开中间环节的分解与分工深化，带来市场与政府、生产者之间经济关系及治理方式的变革，引致数字、网络、平台、智能等新科技革命爆发等；并从宏观层面改变分工格局、利益格局继而力量对比，最终重构世界格局，由此决定世界进入百年未有之大变局。其中，生产方式变革给生产力到生产关系、经济基础到上层建筑的重构提供不竭原动力。只有抓住新生产方式本身，才能充分利用社会经济系统新型的自组织机制来化潜力为动力、应对环境阻力，最终推动并融入时代变局。

第二，中国已具备驱动新生产方式发展的一定基础。在模块网络化生产方式下，生产流程分解的同时要求高效联结，以完成最终产品生产。中国作为廉价劳动力丰富的国家，因承接加工制造环节而发挥联结碎片化生产流程的作用，并因敏捷运作要求，而吸引更多生产环节物理靠近，从而成为生产制造聚集地。中国所具有的生产流程大规模联结能力，驱使更多产业链采用分布式生产，并引致模块网络化成为新型生产方式以及累积强化的发展机制。经过近20年发展，中国已经成为全球规模最大的生产制造国之一，具备驱动模块网络化生产方式进一步发展、生产流程层级式分解的制造基础及情境；中国的劳动力资源丰富，质素越趋多样化，为承接要素禀赋多元的不同产业链环节提供要素保障。2020年，中国经济总量达到14.7万亿美元，约占世界经济总量的17%，市场容量的攀升为新生产方式发展提供更为强劲的内部需求拉动力；21世纪以来，为适应新环境与新形势变化，中国不断深化改革与扩大开放，特别是党的十八大以后，新时代中国特色社会主义建设方向和思路越趋清晰、政策体系不断完善，生产关系层面的循序调整优化为生产力发展开辟道路。由此，中国已经具备一定基础以进一步驱动新生产方式发展。

第三，中国唯有驱动新生产方式发展才能在大变局中获得可靠生存空间。模块网络化生产方式的兴起，解构了垄断生产方式的基础作用，但垄断资本仍因占据产业链核心环节而发挥主导作用、获得更具竞争力的利益分配。而且，20世纪美国在垄断生产方式兴起与发展过程中，不断奠定国际分工、国际经济治理体系、国际政治格局的主导地位。由此，中国如果不通过驱使生产流程的碎片化、分散化来拉伸产业链，以提高非核心生产环节的比重，继而利益分配格局，就难以摆脱受控于掌握核心环节垄断资本的处境；中国如果不通过驱动新生产方式发展，创新数字、网络、平台、智能等新兴科技，进而重构产业链，改变及掌握新型核心模块，就难以获得在产业链体系中的主动权；大规模的生产制造聚集，使中国对能源、国际货币、国际经贸规则等需求大幅度攀升，如果不能驱动新生产方式，继而重构国际经济治理体系的内容和格局，就难以摆脱对国际经济治理旧体系、国际政治旧格局的依赖及受控地位。

第四，两个百年奋斗目标要求中国以创新方式推进现代化。党的十九大报告指出，在2020年全面建成小康社会后，中国将分两个阶段来实现两个百年奋斗目标，分别是前15年基本实现社会主义现代化，之后2035年至21世纪中叶，建成“富强民主文明和谐美丽的社会主义现代化强国”，现代化成为下一个阶段中国发展的核心主题。现代化的关键在于生产力水平的提升。随着模块网络化生产方式兴起，数字、网络、平台、智能等引领的新一轮科技产业革命的方向和路径越趋清晰，中国只有抓住新生产方式变革契机，深度融入并驱动其发展，才能为现代化创造有利基础、环境和条件。

2. 立足自主是客观必要

模块网络化作为一种新生产方式，中国能且只能立足自主来加以驱动。

第一，生产方式变革不可能自发实现，其需要持续不断地向新目标推进。模块网络化是新型生产方式，其产生具有一定偶然性；但持续发展牵涉社会经济系统的颠覆性变革，新科技革命爆发、生产交换关系变迁、国民经济体系重构等，充满了不确定性与风险。特别是在模块网络化机制重构全球产业链系统过程中，不同的国家和地区因处于不同分工环节，所获得的发展机遇和空间存在显著差别，价值分配地位更是差异巨大。因此，作为以驱动模块网络化为发展目标的国家，一方面，要组织各种资源、协调各方关系，持续不断地朝新方向探索和推进；另一方面，更需要循序调整优化，驱动模块网络化在本国走向良性循环并累积强化，使之与现代化发展目标协同一致。而如此复杂的变革过程，仅依靠市场机制难以自发实现，而需要以国家利益为标准，有组织、有步骤地持续推进。

第二，中国最具有驱动模块网络化的基础与条件。在跨国公司外包生产流程时，中国因承接加工制造成为孕育模块网络化生产方式的原发地，这有一定的偶然性。但经过近20年发展，中国及周边国家和地区已经累积起规模庞大的生产制造体系，并为进一步驱动模块网络化奠定基础、创造条件。就全球范围而言，北美、欧洲等区域，因加工制造难以大规模独立化，其区域内生产流程内部分解相对有限，垄断生产方式仍然占据主导地位；而其他欠发达国家，工业化水平不高，甚至有些非洲国家尚未开始工业化，其参与国际分工也主要受制于传统生产方式。由此，要想驱动生产方式变革，中国只有充分利用既有基础和条件，引领更多国家和地区参与推进，而难以寄托于外部推动。

第三，美国致力于维护以自身为主导的世界经济格局决定了其不得不自主应对重重阻力。自中国“入世”至2008年，发达国家跨国公司在外包低附加值生产环节过程中，模块网络化得以初步兴起，并快速重构东亚及世界分工格局。2008年之后，美国通过挑起地缘矛盾、科技限制及制裁、贸易摩擦、极限施压等方式，全方位阻止以中国为中心展开生产流程层级式分解，继而建构全球产业链体系；并动用在石油、美元、核心科技、国际经贸规则等领域的影响力，不断推动全球利益再分配，这都给中国的生产制造体系及国民经济运行带来严重冲击。由于模块网络化具有解构垄断生产方式的潜力，且美国在驱动新生产方式运行并继续掌控主导权方面存在诸多不确定性，这势必导致既有世界经济格局主导方通过各种权力阻碍新生产方式、新生力量兴起，以遏制其对既有主导权的侵蚀与挑战。由此，这决定了中国作为依靠新生产方式谋求“换道发展”的国家，必须要清醒地认识到百年未有之大变局的复杂性与严峻性，只能立足自主来实现和维护自身利益。

3. 推进高水平开放为重要组成部分

在立足自主驱动新生产方式发展过程中，中国有必要不断提高开放水平，由此创造所需外部环境与条件。

第一，创造最大规模异质消费需求。模块网络化是更高效率的生产方式，其发展的前提是聚集大规模异质消费需求。任何有限市场范围内，消费需求总量受到制约，且需求的差异化程度不足，都不利于驱动模块分解、网络联结生产组织方式的建立与运行；继而降低对数字、网络、平台、智能等新兴科技的需求。除了充分利用国内消费需求，进一步扩大开放外，将敏捷响应的范围扩张至更大区域乃至全球异质消费需求，也就最大限度地为基于规模经济、范围经济和时间经济的科技及生产组织方式创新提供了驱动力。

第二，保障要素与资源供应。在聚集庞大生产能力过程中，也就产生对要素及资源的相应需求。只有不断提高开放水平，降低贸易投资壁垒，才更有利于弥补国内供给不足，并以较低成本获得所需要素与资源。特别在稀缺资源、促进高新技术产业发展的投资、生产性服务流入等领域，需要通过国内制度环境的优化，来提高对要素、资源及产业流入的吸引力，由此助推新型生产方式发展。

第三，延伸产业链分布以夯建人类命运共同体的经济基础。模块网络化生产方式的历史价值与先进意义，源于庞大产业链体系在流程专业化基础上展开复杂联结所产生的外部整体规模经济效应；而且，产业链体系的参与模块因无法离开其他生产环节独立存在，而为合作奠定坚实基础。只有提高开放水平，突破有限范围的模块网络化发展，才能获得更高水平的基于专业化分工的外部整体规模经济效应；以及通过产业链网的延伸扩展，将更多国家和地区纳入命运共同体，进而构建更趋合作与安全的世界经济体系。

第四，持续推进国际经济治理体系的重构。模块网络化生产方式发展的意义并非仅局限于有限空间提高经济发展水平，它将对世界经济体系及格局产生重构效应。一是只有适合新生产方式发展的国际经济治理体系重构，才能为模块网络化进一步兴起及在世界范围传播创造有利条件；二是国际经济治理体系的重构并非简单的条文改变，而是不同国家和地区基于发展条件、行为、能力、取向等展开力量对比下的产物，也就是共同作用的建构过程。由此，中国只有在高水平开放环境下，吸引更多国家和地区进入新生产方式发展轨道，才能强化自组织的循环累积效应。

二、构建服务于发展的安全保障

驱动生产方式变革是中国面对百年未有之大变局的核心任务，在新旧格局转变带来摩擦加剧的过程中，只有切实维护安全，才能为发展提供可靠保障。

1. 和平与安全为发展保驾护航

在新生产方式初具雏形的当前阶段，作为具备变革基础和条件的一方，促进新生产方式发展，继而重构经济基础到上层建筑是主要矛盾。但是，大变局所带来的深刻利益调整，使摩擦甚至冲突的风险大幅度攀升，保障和平与安全，又成为新型发展得以推进的重要前提。

第一，生产方式变革对既有世界经济格局造成冲击，和平存在的风险大幅度攀升。自21世纪以来，模块网络化生产方式初步兴起，就表现出强劲的重构能力，东亚形成区域生产网络，国际分工格局快速改变。中美两大国在贸易和经济总量比重等方面的此消彼长，给占据既有世界经济格局主导地位的美国带去冲击和挑战。国际分工变迁导致利益格局继而力量对比发生相应变化，在领先国不能巩固竞争优势地位，并继续获得超额利益的前提下，不仅越来越难以负担、维系国际经济治理旧体系的高昂成本，而且不易加大投入以取得新生产系统及其治理体系中的主导权，打压遏制成为领先国应对新兴力量崛起的必然选择。次贷危机后，美国大幅度调整了产业链、国际能源、美元、经贸规则等国际战略，“重返亚太”、挑起地缘冲突、发动贸易摩擦等，对中国展开全方位施压，中东、南海、南亚、委内瑞拉等热点地区的军事冲突风险加剧。2008年后，美国通过实行量化宽松政策注入美元流动性以刺激经济复苏，这种以透支未来来抵补当前收支缺口的债务经济，在一度缓解矛盾激化的同时，也给远期埋下更多风险与隐患。特别是在债务矛盾激化前，美国如果不能巩固竞争地位以实现利益回流，其迫于债务危机压力而采取的行为或更激进。由此给世界和平带来的挑战和不确定性攀升。

第二，新生产方式代表生产力发展方向，保持定力维护其顺利推进构成中国的主要矛盾。初具雏形的模块网络化已经表明其具有解构垄断生产方式、驱动新科技革命、重构世界经济格局的属性与潜力，从而代表了新时代生产力发展方向。在时代变局的转折时期，首先，任何冲突与动荡并不会改变时代走向，垄断生产方式终究被模块网络化所取代的发展趋势并不以任何群体或国家的意志为转移；其次，新生产方式仍处于初期发展阶段，科技创新、生产关系及治理体系变革等远未取得实质性突破，复杂动荡的局势无疑会延缓时代变局，增添不确定性，甚至葬送既有成果；最后，中国目前已累积起驱动新生产方式发展的一定基础与条件，深陷冲突与动荡势必使既有基础面临被侵蚀甚至被瓦解的风险，从而错失适应时代变局、建成社会主义现代化强国的机遇。由此，作为大变局中具有发展潜力的变革方，中国虽然已经面对不利的地缘政治经济形势；但是从时代与国家大局来看，需要保持战略定力，积极稳妥地应对内外挑战，坚定维护和平环境，为促进新生产方式发展把握住时间窗口、创造有利条件。

第三，利益摩擦贯穿新旧生产方式、新旧格局转换过程始终，全方位强化安全保障势在必行。新生产方式的发展，特别是从生产力到生产关系、从经济基础到上层建筑、从局部地区到世界整体产生系统性变革，将是漫长而复杂的过程；与此同时，还是不同国家和地区累积各自新竞争优势、占据有利地位的竞争过程，其中不免贯穿着新旧秩序转换带来的利益纠葛继而冲突较量；并且在再生产系统运转的各个环节或领域都有可能激化矛盾，从而给整体发展大局带来风险。由此，不仅维护和平确有必要，更进一步，围绕新生产方式培育、旧再生产系统转型等各关键环节，都有必要建构安全保障机制，从而为复杂发展过程提供全方位、系统性的安全防护。

2. 变革生产方式所需主要安全保障

作为生产制造大国，中国庞大生产体系的技术组合方式尚未发生实质性变化，这决定了其运行发展仍主要依赖于国际经济治理旧体系；在转向新生产方式过程中，再生产循环的技术组合方式相应变革，新关键环节的国际治理状况又会产生重要影响。因而，驱动生产方式变革所需要的安全保障，取决于新旧再生产体系分别所依赖的关键因素，并随再生产体系的变革而导致重要性相应变化。其中，主要安全保障包括以下六个方面。

第一，产业链网体系安全。新生产方式驱动的是越来越多的生产流程展开模块分解、网络联结，由此构成规模庞大的产业链网体系。其经济价值不仅取决于单个产业链体系的专业化分工效应，更取决于复杂产业链共生运作所具有的外部规模经济效应，整体规模与复杂程度决定了新生产方式孕育的进展。由此，建构大规模产业链网体系并保障其持续运转及不断扩张，是生产方式变革的首要安全保障。

第二，市场安全。生产规模的扩张及生产效率的提高，有赖于消费市场的扩容；特别是缺乏足够规模的异质需求，难以引致再生产体系的层级式模块分解。由此，应通过以下方式为新生产方式发展提供重要的市场安全保障：一是提高总体消费量；二是开发长尾市场、聚集更大规模异质消费需求。

第三，要素安全。要素安全主要涉及社会生产体系在转型前后，所需要的关键要素的保障供应。其主要包括石油等传统能源保障以提高自给能力及多元化外部供应为主；通过从需求端加快推进碳达峰、碳中和战略倒逼能源消费转型，从供给端积极开发新能源，提高国际治理能力，从而使生产体系转向依赖于新能源；随着新科技革命爆发，数字成为新兴要素，在开发与利用数字资源过程中，需要建构软硬件设施以保障数字安全；以及随着新生产方式驱动规模越趋庞大的生产消费体系，人口在其中扮演重要角色，与之相关联的粮食安全，对于保障社会生产体系的稳定运行越趋重要，以提高自给能力为主、兼顾多元化供应成为现实选择。

第四，金融安全。美元作为国际货币的地位仍然较为稳固，这就决定了新生产方式在发展过程中，一方面较长时间需要依赖美元金融体系；另一方面在对外经贸往来联系越趋广泛的基础上，可以结合数字科技循序推进数字人民币的开发与使用。由此，保障金融安全，其一，要通过健全金融市场体制机制、保持适度外汇储备、建立美元流动的应对机制等减少美元冲击带来的经济风险；其二，须推进人民币国际化，特别是加快开发数字人民币，以积极参与新国际货币治理体系的竞争。

第五，科技安全。其主要是在产业链流程分解过程中，由既往的低附加值环节聚集，通过科技创新、营商环境优化等，一是激励模块厂商转而向高附加值环节演进，掌握核心技术，突破“卡脖子”环节；二是促进高附加值环节聚集，从而提高本土模块厂商及国内所聚集环节在全球产业链中的主动权及价值分配地位。

第六，规则安全。其主要是适应新生产方式兴起，在国际交往越趋广泛而深入的基础上，主动参与国际经贸规则的制定及国际经济治理新体系的构建，积极维护国家重大的发展利益和安全，为驱动新生产方式发展创造有利的内外制度环境。

3. 安全保障的基本构建方式

系统性安全保障主要服务于驱动新生产方式以重构社会经济系统及世界经济格局，不同的安全保障有赖于定制化构建，即随着各领域发展的推进及其需求变化，以提高抗击内外风险的韧性为标准，持续不断地提高专业化的保障能力与水平。其基本方式包括以下五点。

第一，以发展支撑安全保障水平的提升。诸多安全保障机制的构建，本身有赖于技术水平提升、加强专业化分工及其协作等，由此，安全应对亦给发展提出需求场景，需要通过技术、产品、服务及组织方式等的创新与支撑来建构安全防护服务链，进而提高定制化的安全保障水平。

第二，提升自我保障能力。对于新旧生产体系运行各自所需要的关键要素与资源，有必要通过改进技术、增加供给、建立战略储备等方式，保持一定程度的自给自足，或不断提高自我保障的能力，由此为生产体系稳健运行提供基本安全保障。

第三，多元化外部供给以分散风险。对于本国供给不足、对外部市场具有一定依赖性的要素与资源，需要通过扩大开放、加强合作、分散市场等方式，提高供给来源的多元化程度，以分散地缘关系变化带来的风险。

第四，变革再生产循环，系统性降低对高风险资源的依赖。对于石油等难以构建安全保障能力的资源要素，通过实施碳达峰、碳中和战略等，促使再生产循环转变消费结构，开发新能源，降低对石油等碳基能源的消费依赖性，从而系统性地提高安全保障的能力。

第五，推进国际经济治理新体系的建构。在国际经济治理旧体系下，中国的话语权相对匮乏；由此，在驱动新生产方式兴起过程中，中国有必要积极布局与新再生产循环密切相关的关键要素和环节的国际经济治理体系，以创造有利的生产关系与上层建筑，切实维护生产力与经济基础的有序发展。

总之，社会经济体系发展的复杂性决定了安全保障建构的难度，以发展支撑安全、以发展与安全互促来维护和平成为可持续安全继而发展的重要路径。

第二节　“双循环”的战略选择及其赋能“一带一路”建设

2020年4月，习近平总书记在中央财经委员会第七次会议上发表重要讲话，首次提到构建“以国内大循环为主体、国内国际双循环相互促进的新发展格局”；于党的十九届五中全会时，正式写入《中共中央关于制定国民经济和社会发展第十四个五年规划和二〇三五年远景目标的建议》。“双循环”新发展格局是面对世界百年未有之大变局，中国在发展阶段、环境、条件变化情况下，统筹发展与安全，在危机中育先机、于变局中开新局，而做出的重大战略决策。

一、“双循环”的内涵

“双循环”新发展格局的提出，表明中国将立足自主、内外互促、可控可防地率先驱动并引领新生产方式发展，以持续推进社会主义现代化建设。

1. 内源式驱动新生产方式发展是主旨

“双循环”新发展格局就是把大变局下中国所拥有的先机与潜力，及环境和复杂形势结合起来，以提高防控能力与抗压水平为保障，自主驱动模块网络化新生产方式率先发展，最终融入、推进并引领时代变局。内源式驱动新生产方式发展构成“双循环”主旨（见图3－1）。

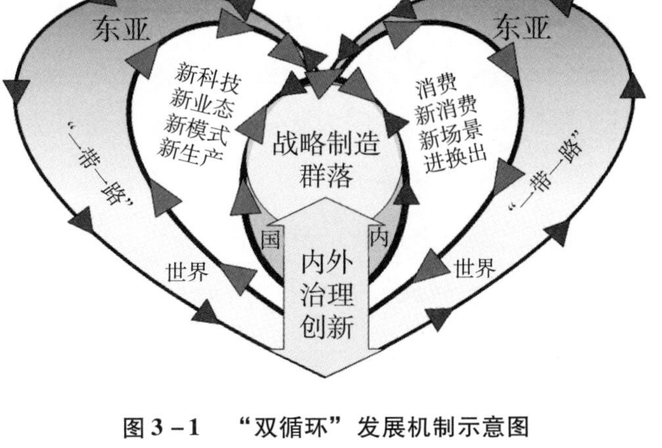

图3－1　“双循环”发展机制示意图

第一，创新公共治理，建构新型发展的自主驱动机制。模块网络化生产方式的发展，要求公共服务供给纳入全产业链，即通过定制化提供公共服务，支撑模块厂商提高市场竞争力，以促进生产流程层级式分解。由此，公共治理需要通过转向模块网络化供给方式创新，提高定制化、专业化及敏捷化服务能力与水平，实现政府与市场协同，促进新生产方式发展。“内源式驱动”首先在于创新内外公共治理，依据新生产方式发展需要提供定制化服务与系统性支撑，建构与完善相应体制机制，以提高新型发展的自主驱动能力。

第二，联动内外供求，以内为先驱动新生产方式发展。模块网络化再生产循环是大规模异质消费需求与碎片化生产环节有机联结的复杂系统，中国从加工制造枢纽切入，吸引诸多生产环节相对聚集，由此奠定驱动生产流程层级式分解继而爆发数字等新科技革命的基础。“双循环”的目标就在于充分利用并发掘生产制造规模化聚集的优势与潜力，驱动新生产方式以中国为基地，进一步分工深化，以孕育新一轮科技产业革命。而这一过程较难自发实现，特别是在大变局背景下地缘关系越趋复杂多变，“内源式驱动”就在于基于公共治理创新，充分联动内外供求与资源，促进模块网络化再生产循环以中国为基地和枢纽进一步规模化联结，最终实现其自组织的累积强化发展。

第三，强化安全保障，提高风险防控能力与抗压水平。其主要是在推进发展的同时，全方位、层级性地建构安全保障机制与体系，特别是在中国主权可控制范围内保有基础性供求资源或储备；或推动再生产循环转型升级，转而消耗使用自主供给能力强的要素资源，从而形成一定程度的自主防控、自我抗压能力，提高生产系统持续运行的韧性，以有效应对内外矛盾或冲突激化，避免给模块网络化再生产循环体系造成实质性破坏，从而妨碍整体发展大局。

由此，“内源式驱动新型发展”就是中国充分掌握主动权和发挥主观能动性，通过创新定制化的公共治理，联动内外资源、强化安全保障，驱使新生产方式具备一定自主循环及抗风险能力的、进一步以中国为源发地和联结枢纽的深化发展。

2. 由内而外扩容异质消费需求是引擎

新生产方式的驱动依赖于聚集规模化的异质消费需求。在“双循环”新发展格局下，以国内消费市场开发为主导，加强外部市场联结，成为驱动新型发展的必要需求引擎。

第一，优化社会分配，提高消费规模与水平。消费占国民收入的比重受制于诸多社会经济及制度条件，难以任意调整；其中，分配制度发挥决定性作用，主导分配方式及各参与方的分配比重。在按要素分配制度下，资本与劳动之间的分配趋于分化，资本收益用于消费的部分受制于所有者个体消费的自然约束相对有限，而将收入主要用于消费的劳动者获得的报酬远低于资本收益，由此不利于提高整体消费规模。所以，在社会主义国家，更需要发挥制度优势，坚持并巩固按劳分配的主体地位，提高简单或复杂劳动的分配比重，继而提高总体消费水平。此外，在初次分配基础上，还有必要通过财税的再分配机制，以及社会资助、慈善等三次分配方式，提高国民收入中用于消费的组成部分，进而提升消费规模与水平。

第二，发展新消费，集聚异质消费需求。模块网络化发展依赖的是异质消费需求，也就是种类多、差异大、批量小、变化快的长尾市场需求。这对于依靠规模经济来提高竞争力的垄断厂商来说构成冲击，但对于促进生产流程分解、数字等新兴科技应用来说，具有重大的价值与意义。中国仍有40%多人口分布于广大的农村，6亿人口月收入不足1000元，这构成分散、多元化、规模庞大的长尾市场，为数字、网络、平台、智能等新科技应用，提供了市场开发价值和广阔发展空间。再加上随着经济转型与升级，中等收入市场规模相应扩大，促进其与新科技相结合，而产生新消费需求。集聚多元化的异质消费需求，有助于驱动新生产方式基于数字等新科技而逐步发展。

第三，开发新场景，扩容多元应用市场。需求约束特别是驱动新科技应用的需求规模不足，是新生产方式发展的重要制约因素。除了开发最终消费市场之外，更重要的是多元新科技应用场景的联合开发，包括分布式生产制造体系、智慧城市建设、生态环境保护、粮食安全保障、农产品生产供应等。这种多场景联合开发，有助于化解单个场景应用新科技因成本高昂而难以推进的困境，特别是生态环境保护、粮食生产流通等，盈利能力弱甚至以大量投入为主，就单场景难以抵补数字等新科技应用的成本负担，但其价值在于提出了可观的新科技应用需求。由此，将各场景应用需求整合为规模化异质需求，就能够为驱动模块网络化发展、新科技开发和应用创造有利条件。

第四，以对内开放交换对外开放。在保护主义回潮、新冠肺炎疫情蔓延导致全球一体化放缓过程中，中国所集聚的异质消费需求，不仅为本国新生产方式发展提供驱动力，也对其他国家产生吸引力。高水平地开放国内市场，加大商品与服务进口，不仅有助于丰富国内市场供应；更重要的是，通过商贸谈判，寻求对等开放，以进口交换出口，广泛联结外部市场，还有助于扩大异质消费需求总体规模。

3. 自内向外驱动产业链网升级是核心

“双循环”最根本的任务在于，将中国作为加工制造联结枢纽所集聚起来的产业链网，进一步升级到基于数字、网络、平台、智能等新科技而构建，由此使中国从模块网络化的源发地，进化为新科技革命的孕育地、爆发地与引领地。

第一，发展主权范围内的战略制造群落，作为驱动新生产方式的承载空间。在发挥加工制造联结枢纽的作用过程中，中国已经聚集较大规模的生产制造产业链网，这为新生产方式发展提供重要根基。然而，从加工制造主导的生产网络演化到新科技革命爆发，靠自发力量作用将是漫长而艰难的过程；特别是面对地缘关系复杂的大变局形势，给予中国的时间并不宽裕。由此，中国需要从产业链网生态的系统角度，在可防可控的主权范围内，进一步开发、聚合能够形成庞大规模效应的战略制造群落，作为生产流程进一步层级式分解的承载空间与平台，通过促进内外供求等多方因素形成合力，来加快新生产方式的孕育发展。

第二，以中心城市及城市群的公共治理创新为主支撑，定制化驱动异质产业集聚。战略制造群落是由差异化产业相互联动所形成的庞大规模产业链网，各要素、资源、企业、产业等的集聚中心及其网络，从空间形态上即表现为中心城市及城市群。为促进异质产业的专业化聚集，使中心城市及城市群的公共治理创新发挥关键作用，需要依据异质产业发展的生态属性，从产前、产中、产后全流程切入，提供定制化公共服务。异质产业的差异性，决定了各集聚中心不同的公共治理创新方向；提升产业链网整体规模经济效应，要求从地方到中央各级政府间依据所提供公共服务的公共性差异，既展开专业化分工，又强化协同合作，以形成整合效应。

第三，以发展数字、网络、平台、智能等新科技基础上的产业链网为核心目标。模块网络化深化发展的走向是基于数字等新科技来联结碎片化的生产体系与分散的异质消费需求，由此使社会生产的总体技术构成发生实质性变化，并催生下一轮新科技产业革命。中国以发展与安全并重建立战略制造群落的目的，就在于把握时间窗口，推进社会生产体系的技术转型、变革与升级。由此，需要明晰目标导向，并非市场自发作用下的发展产业链网，而是从需求端、供给端、机制层、规制层、理念层等多方面入手，促进新消费、新生产、新能源、新材料、新技术、新业态、新模式等孕育发展，推动社会生产技术体系从局部到整体的系统性变革，以实现国民经济的“换道可持续发展”。

第四，以东亚为首要联动区域，并向“一带一路”及世界范围延伸。仅局限于中国主权范围内的战略制造群落，可以承担发展与安全并重的驱动新生产方式的使命，但规模效应也因空间区域范围有限而受到制约。自 21 世纪以来，东亚形成规模庞大的区域生产网络，其所拥有的大规模、多层次劳动力资源使世界上任何国家和地区在发展产业链网方面都难以与之相比拟，由此，中国不仅可能而且必须充分协同东亚区域生产网络，通过国内战略制造群落的自主转型，引领带动东亚周边区域生产网络升级，进而扩大产业链网的整体规模效应，以加快新生产方式发展。此外，为进一步扩张东亚产业链网的供需市场，以及重构世界生产体系，中国可以从合作基础良好的国家和地区入手，不断推进产业链网的对接并延伸范围，切实夯建基于社会化大生产的人类命运共同体。

二、“双循环”驱动“内策外联”建设“一带一路”

“一带一路”建设迄今已经八年有余，在国家、地方、各类企事业机构等的共同推动下，取得显著进展。在百年未有之大变局时代背景下，“双循环”驱动“一带一路”转向“内策外联”的方式推进高质量建设。

1. 建构“南北耦合支撑、陆海内外联动、东西双向互济”的空间布局保障“发展—开放—安全”的协同并进

在内外经贸格局基础上，“双循环”驱动大变局的主要布局如图 3－2 所示。

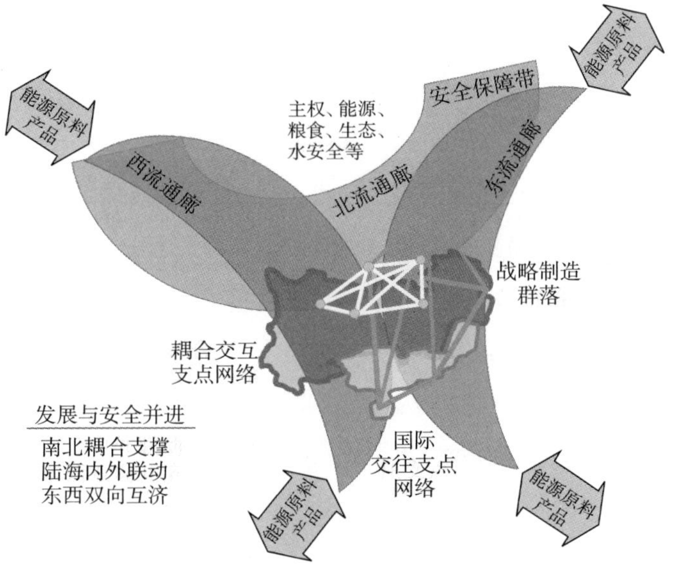

图 3－2 “双循环”内部空间布局

其一，从国内经济布局来看，长江经济带因广阔的腹地、相对便利的联通设施，成为中国发展与开放的主力；以广东为核心的华南地区，在新兴产业发展、转型升级方面又位居前列。由此，包括长江经济带、广东等在内的南方因可观的生产制造聚集规模，有条件也有职责成为战略制造核心区域，承载起驱动新生产方式发展、新科技革命爆发的艰巨使命。其二，庞大产能的形成对资源输入和产品输出都产生强大需求，由此需要通过各个方向和渠道提高与外部市场的联通程度，以加强要素与市场保

障。其三，随着产业南移，中国北部地区的生产制造及经济比重相对有所下滑，但独特的地理区位、资源禀赋等决定其承载诸多维护国家战略安全的使命。如北京作为全国政治、经济、文化和国际交往中心，肩负着维护国家主权和执政安全的重大职责。东北是国家重要的粮食产地；黄河流域再延伸至新疆，不少地区生态环境脆弱、发展水平低下、多民族聚居，陕西、山西、新疆等还是煤炭、石油、天然气等重要能源的供应地，由此，保障能源安全、生态安全、水安全、主权安全、民族和谐等成为这些地区承载的重要使命。在北方发展基础薄弱、南方因生产规模效应扩大而不断吸聚工业制造的背景下，北方又面对多元化且任务艰巨的安全保障任务，这使北方地区局限于从区域内来寻求出路的难度大幅上升。由此，充分利用南方产业聚集继而科创能力提升的基础与资源，北方加强同南方合作，与南方联动开发创新安全保障技术、机制等，进而提升国家安全保障功能，同时对于北方可持续发展与维护国家根本利益而言亦甚为重要。

总体来看，“双循环”的国内空间布局主要包括：依托长江经济带、华南地区等战略制造群落作为核心支撑平台，创新公共治理，驱动新科技产业革命；联动东西两条生产流通廊，多元化能源原材料输入和产品输出，保障能源原材料安全供应；北方安全带依托南方生产制造聚集群落提供技术与产业支撑，又为其提供基础性安全保障。

2. 驱动东亚区域生产网络并联结更广泛市场

新生产方式的运行仅仅依靠中国国内生产制造群落势必难以形成足够大的规模效应，而东亚已经聚集全球近 50% 的生产制造，且与中国形成生产流程内部的紧密分工。由此，在中国通过公共治理创新驱动新科技孕育、新生产方式运转时，也为东亚区域生产网络转型升级赋予强劲动能。另外，生产效率的提高离不开市场需求的支撑，由此，最大限度地联结世界市场，是生产方式变革、新科技革命爆发的必要前提。由于生产流程的分解使各环节趋向于在各自要素禀赋聚集区集中，因而呈现一定程度的空间分化的特征。不同生产与服务环节所获得报酬的差异，使消费市场也呈现空间分化。聚集高端生产或服务环节的区域，往往具有较强的消费与购买力而成为中心市场；中低端生产或服务环节的聚集地消费能力较弱，易于形成区域市场。区域生产网络规模效应的提升带来层级分化，主导性区域生产网络成为全球生产系统的核心构成，在与从属性区域生产网络形成分工联系的基础上，对其运作起到支撑作用。由于中心市场消费能力较强，同时响应敏捷化的要求，使近中心市场的快速响应的区域生产网络有发展的潜力与必要；在缺乏大规模生产聚集条件的情况下，近中心市场的区域生产网络有必要依托于主导性区域生产网络所提供的规模化生产支撑，从而提高生产效率。由此，中心市场、区域市场、主导性区域生产网络、从属性区域生产网络共同构成需求扩张、生产效率提高、敏捷响应程度提高的联动协作系统。

“双循环”的外部空间布局在于：在中国内循环的驱动下，通过产业聚集与运作、要素和商品吞吐流动，形成东西互济、内外联动的可持续发展生态，联结东亚、欧洲、北美等层级区域生产网络，敏捷服务于北美、欧洲、东亚中心市场，从而构建起世界消费市场、生产国、能源国、通道国之间命运相关、共生共荣的协同发展、开放合作、安全保障格局（见图 3－3）。

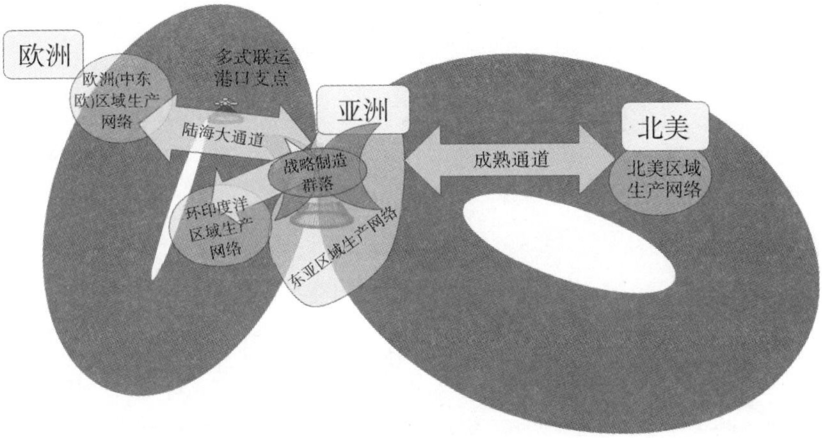

图 3－3 “双循环”外部空间布局

面对“一带一路”沿线形成三大中心消费市场，亚洲、拉丁美洲、非洲等形成次级区域消费市场，东亚为主导生产网络，欧洲和环印度洋为两大次级区域生产网络的层级生产消费网络格局，陆海大通道建设主要就是依托国内外集结支点间的高效流通联结，来打通、构建一体化的大市场，由此为沿线区域创造产业集聚的开放环境和条件。针对“一带一路”层级生产消费网络的空间分布，中国所需要推动的，就是在西部陆海新通道基础上，进一步建设联结东亚生产网络与欧洲生产网络，辐射中亚、西亚、南亚，服务欧洲中心消费市场的亚欧陆海大通道，以及联结东亚生产网络与环印度洋区域生产网络、辐射南亚和东南亚、服务亚非区域消费市场的中国—环印度洋陆海大通道，从而构建不同于东部沿海联结欧亚非的海运通道，形成途经广袤内陆地区、陆海联动的新型流通大动脉。

3. 推进国际经济治理体系重构

生产方式变革将改变影响全球生产消费循环的关键因素，进而改变国际经济治理体系的基本框架。“双循环”新发展格局所要驱动的是生产方式变革，这能为国际分工格局变迁、世界经济治理格局重构提供原动力。在培育新生产方式发展的前提下，中国需要不断改造经济基础，由此一定程度上改善旧治理体系下缺乏主导权的被动处境，更重要的是通过争取新治理体系框架下更多的话语权和影响力，为新生产方式发展、国际分工格局重构开辟路径、提供保障；由此形成循环累积效应，以推进世界经济格局的变革（见图3－4）。

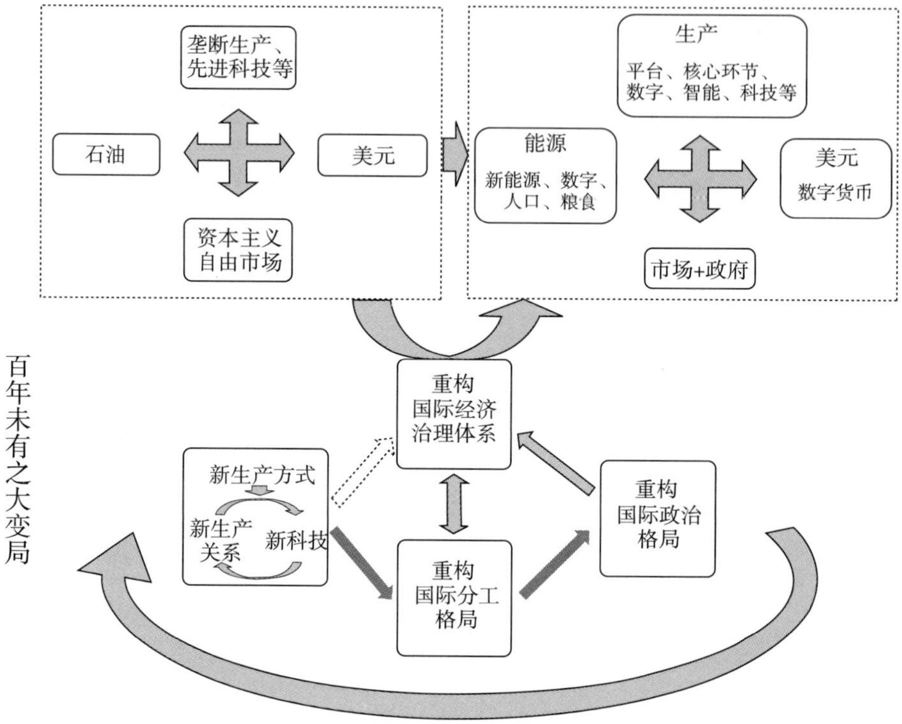

图3－4 “双循环”驱动百年未有之大变局

中国的“双循环”新发展格局就是要充分利用国内外资源，立足自主创新，在建构一定自我安全保障能力的过程中，驱动新生产方式发展，从而重构国际分工格局、国际经济治理体系乃至国际政治秩序。相对而言，治理体系变革仍有较为漫长的路程要走，且需要孕育新的生产方式，以奠定必要的经济基础。由此，“内策外联”建设“一带一路”以驱动现代化转型，成为“双循环”可持续建构的内在要求和支撑保障，也是重构世界格局的关键起步。

第四章　驱动南方基于数字经济的转型升级

第一节　数字经济的属性及南方的引领潜力

生产消费循环构成人类繁衍的物质基础，数字技术的应用，彻底颠覆了生产消费循环的联结模式，并开启加速重构社会经济系统的进程。在新兴科技衍生、公共服务支撑等的共同作用下，数字经济从数字产业化、产业数字化、数字化治理等多途径孕育累积、互动作用、不断发展。

一、数字主导社会经济系统重构的根源

生产与消费系统复杂化程度的大幅提高，使供求敏捷精准对接超越相关主体的决策能力范围而越趋难以完成，应对这一矛盾，数字、网络、平台、智能等技术相应产生，数字经济开始兴起。

数字经济截然不同于信息经济。数字技术源于信息技术，很多领域难以将其严格区分；而数字一旦被应用于生产消费循环，就使数字经济截然区分于信息经济。

（1）场景差异。信息经济存在于生产与消费可能对接的场景；数字经济存在于生产与消费难以对接的场景。

（2）范围差异。信息是服务于生产、消费循环中相关主体选择决策的资讯；数字则是包括生产、消费循环各环节数据的总和。

（3）生效差异。信息服务结束于生产消费完成对接；数字服务贯穿生产消费对接前、中、后全过程，特别是生产消费完成对接后形成最为完整的供求数据，更有助于开发应用。

（4）对接方式差异。信息方式下，生产、消费方基于各自信息范围做出决策，通过博弈均衡完成供求对接；数字方式下，生产、消费方对接取决于大数据计算的结果。

（5）决策权差异。信息方式下，生产、消费方拥有依据信息做出决策的权利；数

字方式下，生产、消费方不具有完全的自主决策权。

（6）发展结果差异。信息是“消除随机不定性的东西”①，生产与消费方对接后，信息的使命宣告完成；而数字则是“制造不确定性”，基于数字联结生产与消费后，同时产生新的数据用以后续开发计算；随着生产消费系统复杂化程度提升，数据更是加速累积，并越趋专业化的相对独立运动（见图4－1）。

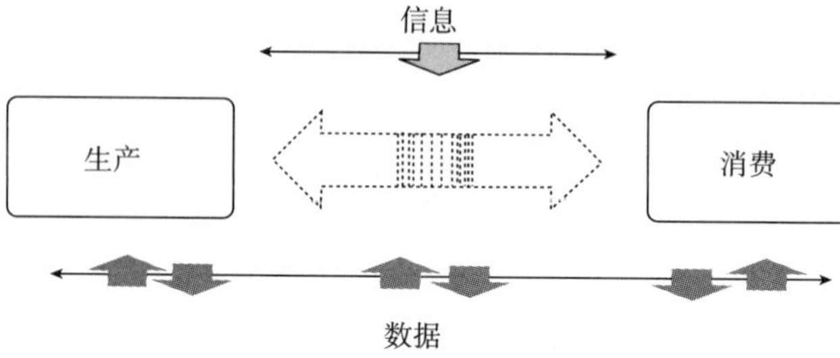

图4－1　数字经济与信息经济的差别

由此，数字经济一旦将生产消费循环作为数据源，就形成全新的运动方式，并加速重构社会经济系统。其一，不管是人、物体、行为或过程等，均成为客体，通过感知技术产生感知数据。其二，不同客体间交互作用，产生交互数据。其三，经过专业化创作，内容数据被应用于客体，影响其运动。其四，感知数据、交互数据、内容数据，是数字与客体互动的主要方式，它们被应用于促使生产与消费对接，在对接完成后，有效性才得以验证；生产、消费完成对接的整合数据统称为“交易数据”。数字经济的发展，不仅服务于模块网络化生产方式基础上复杂生产消费系统运作，使空间分离、时间分离的生产与消费得以精准敏捷对接，加快社会经济系统的专业化与分工深化；还因数字以虚拟方式相对独立地运动，而有助于探究未知世界，由此大幅度提高科创效率，并推动社会经济发展。另外，基于大数据分析做出的生产、消费对接选择，打断了参与主体基于有限信息互动演化的缓慢进程，生产消费系统的重构趋于频繁与加速（见图4－2）。

① 香农．通信的数学理论[J]．贝尔系统技术，1948.

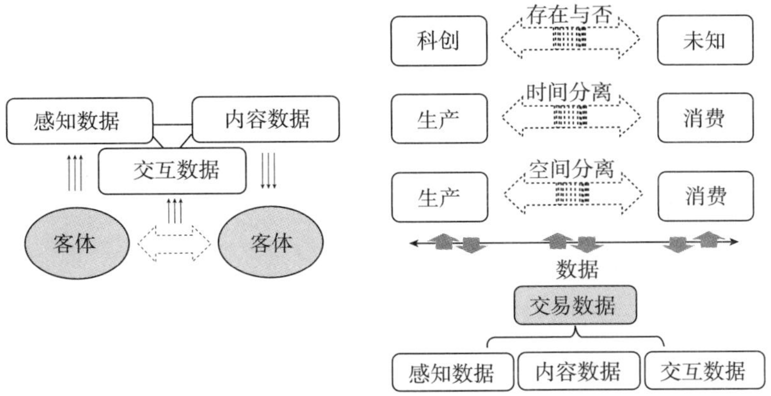

图 4－2　数字经济的数据类型及对社会经济系统的影响

二、数字经济及贸易的规制将不断建构

数字经济作为迅猛发展的崭新经济形态，亦带来不容忽视的安全风险，数据有序流动与健全规制成为其可持续发展的客观要求（见图 4－3）。

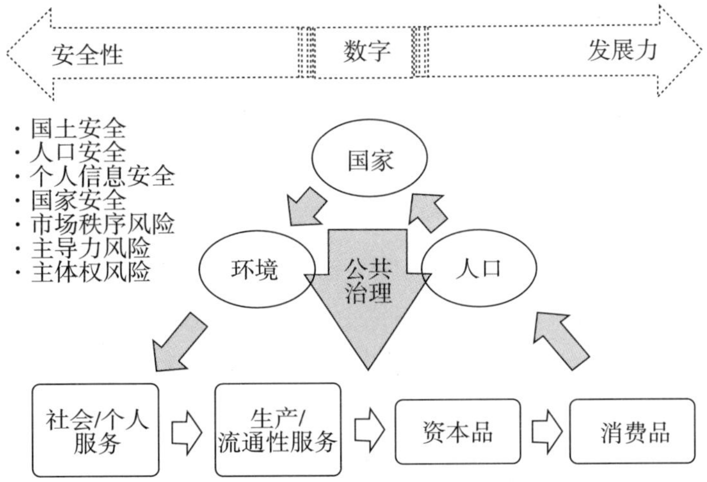

图 4－3　数字经济发展对社会经济系统的影响

第一，数字经济发展带来不容忽视的安全风险。生活消费品、资本品、生产与流通性服务、社会及个人服务，是随人类社会分工深化历史演化而来的专业化、独立化产业，在人口规模扩大过程中，共同构成越趋复杂的产业生态系统，从自然环境获取资源，满足人口绵延的需要；国家，作为公共利益的代表，通过公共治理协调复杂关系。数字技术的兴起，给各领域、各环节生产与消费循环的精准敏捷对接提供了可能，也给数字技术应用创造了广阔空间与前景。然而，数字经济全方位、大规模获取

数据，并基于强大超算能力提供对接方案，亦带来诸多风险。其主要包括，其一，对环境、资源、空间等的感知数据搜集，存在国土安全风险；其二，对大规模消费主体的数据搜集，带来人口安全风险及个人隐私保护问题；其三，非国家主导的数字运营能力对社会生产消费系统的干预和影响程度攀升，给公平竞争和国家治理带来安全风险；其四，数字经济运行虽然从服务于人的需要和发展出发，但是人反成为客体并被数据化，从而引发更为深远的人类主体权的安全风险。

第二，各国加强数字经济及贸易规制并存在显著差异。随着数字企业的兴起及其业务拓展，数据安全问题越趋受到关注，围绕个人信息安全、各类数据保护、数据搜集行为、数据存储、通信与网络安全、数据使用、算法管理、安全审查、反垄断、跨境流动等，主要国家分别出台法律和判例，如美国出台《云法案》，欧盟出台《数据法》《数字市场法》《数字服务法》《通用数据保护条例》《电子隐私条例》等，英国出台《数据共享行为守则》，德国联邦反垄断局对 Facebook 数据收集和融合行为提出严格限制等；2021 年 6 月，中国出台《数据安全法》；8 月出台《个人信息保护法》。在数字贸易领域，主要围绕数据本地化存储、数据跨境流动限制、数据流量限制、公开源代码和加密密钥、数据税、市场准入、知识产权保护、边境后措施等展开规管，其中，数据保护和流动成为关注的焦点。由于出发点和竞争力的差异，美国在维护国家安全的前提下，更为保障数字企业的权力，主张促进跨境数据流动，TPP/CPTPP 中电子商务章节的条款就体现出数字自由化的特征；而欧洲更为强调个人的数据权力，主张区域内数据自由流动，区域间则采取一定限制措施。中国作为数字经济后发国家，强调国家对数据的治理权力，并实施了较为广泛的数据跨境流动限制。数字企业竞争力差异，成为各国政策分化的重要原因；随着数字经济对社会经济系统及相关主体影响力的攀升，完善内外数字规制将成为各方的现实选择。

第三，开放与规制有机结合是数字经济及贸易治理的发展走向。当前，数字经济仍然处在初期发展阶段，在信息、数据保护意识、机制等方面较为薄弱的国家，数字企业采用分散、过程中搜集数据等方式，使用户不自觉地交付了数据权力；而数字企业则利用数据要素及相关技术联结再生产循环，并获得超额利润。随着数字经济的发展，其广泛的数据搜集及累积强化的超算能力，将被更为清晰地认知。特别是其越趋表现出对国土、人口、国家、主体权等的安全冲击，相应的规管势必不断建构。特别在数字贸易中，不同国家间悬殊的数字竞争力，将严重冲击数据经营能力薄弱方的社会经济发展与国家安全，强化必要的规制成为现实选择。由此，一方面，数字经济作为新科技革命的先锋与主力，数据要素的流动构成发展基础，保障数据自由、有序流动必不可少；另一方面，数字经济发展切实存在的安全隐患特别是跨境流动的潜在风险，客观上要求完善数字治理与规制。在不同范围、针对不同对象，将保障自由与强化规管有机结合，成为数字经济及贸易治理的重要内容，这就给不同地区差异化地发展数字经济及贸易创造了广阔空间。

三、数字经济生态及其演化路径

数字经济是分工大规模深化到生产流程内部而产生的崭新经济形态，其主要利用数据、网络、人工智能、区块链等数字技术来联结再生产循环，它源自信息科技的发展，但专业化后，又形成不同于信息经济的独特属性，并反向促进社会经济系统的数字化重构。

1. 数字经济生态

数字经济突破了再生产循环主要依靠微观主体决策，促成供求联结的传统模式；而通过大量再生产各环节所提供大数据的计算，来决定供求对接。围绕数据的集疏，衍生出庞大复杂的数字经济生态。

数字经济生态以数据要素及数字技术为核心，主要包括围绕数据采集、传输、存储、计算、交易、输出、供能、安全等各环节，形成硬件制造、软件设计、服务供给等庞大产业链体系，并应用于农业、工业、服务业、政府政务、智慧城市等广泛场景，以及在要素、商品、服务等各层面展开国际贸易、投资与治理等所构成的复杂系统。与数据采集、加工、计算、交易等相关环节的专业化为数字产业化，数字在各领域应用并重构其运作为产业数字化，围绕数字运行设立的规管制度等为数字化治理。在数字经济生态中，由于数据交易的敏感性、复杂性、风险性，居于核心地位的数据要素市场不仅在国际范围不易推进，在国内市场也尚处于起步阶段，控制风险、完善规制、建构秩序，成为发展数据交易的前提。中国信息通信研究院将数字经济核算区分为两大类，数字产业化包括数字技术创新和数字产品生产，主要包括电子信息制造业、信息通信业、互联网行业和软件服务业等；产业数字化主要指国民经济其他非数字产业部门使用数字技术和数字产品的产出增加与效率提高①（见图 4 - 4）。

2. 数字经济演化路径

数字经济是分工细化导致社会再生产循环越趋复杂，并基于大数据及其计算来实现供求精准、敏捷对接而衍生出来的新型经济形态；其脱胎于信息科技的发展，但又越趋区别于信息经济，从而构成数字经济独特的演化路径。

① 资料来源：中国数字经济发展白皮书 2020[R]. 中国信息通信研究院，2020。

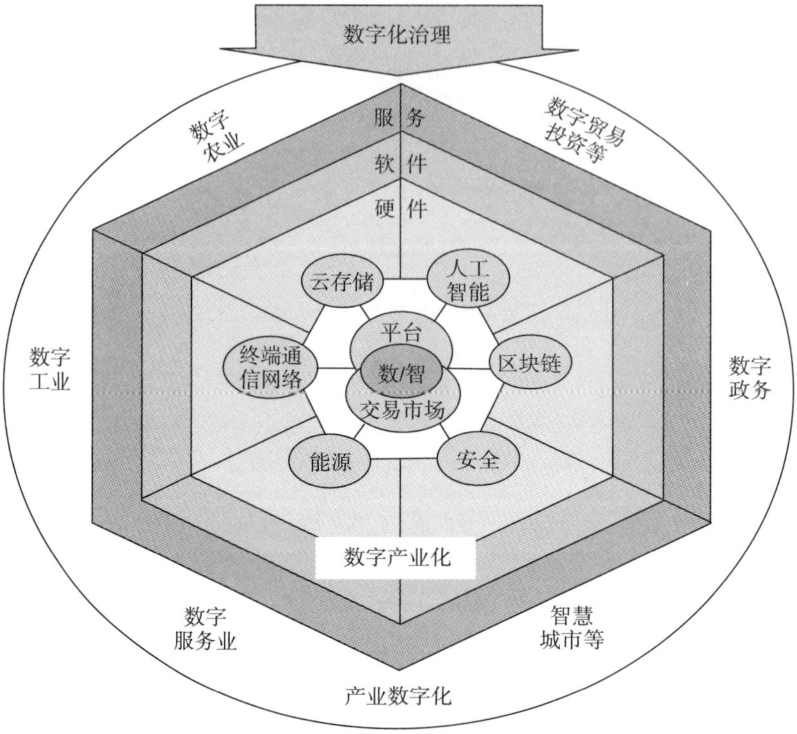

图4-4　数字经济生态

第一，生产与消费联结的大规模复杂性为数字科技兴起创造空间。信息科技的发展，使消费范围和规模急剧扩大；在市场响应的时间要求攀升的过程中，生产流程通过模块分解、网络联结、并行运作来积极应对，同时产生快速、精准联结复杂生产与消费的强劲需求，数字科技应运而生。大规模和复杂性，是数字科技不同于信息科技而产生独特属性与价值的重要前提，这也决定了，只有当再生产循环规模和复杂性足够大时，数字科技才可能被充分运用，并转化为现实的生产力（见图4-5）。

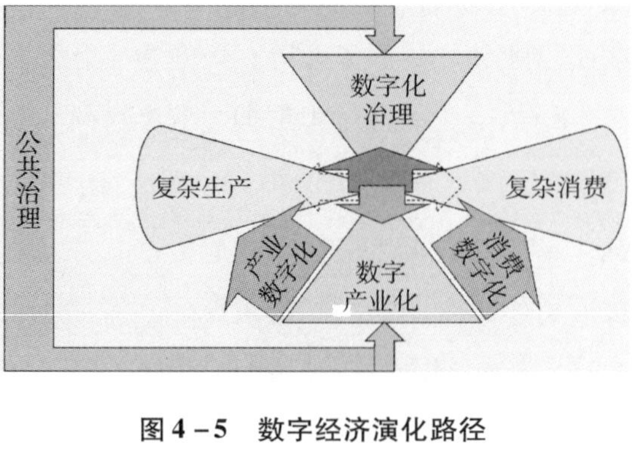

图4-5　数字经济演化路径

第二，数字科技的开发及其产业化奠定了数字经济发展的重要基础。在需求和应用场景拉动的前提下，围绕数据采集、传输、存储、计算、交易、输出、供能、安全等各环节技术取得突破，并在分工环节规模不断扩大的过程中，逐步专业化、独立化为分支产业，并内在联结为数字产业链，所具有的供给及重构生产消费循环的特质，为数字经济发展提供坚实动力。

第三，数字规制的设立与健全扫除数字经济发展障碍。数字经济不同于信息经济，其具有重构生产消费整体循环的能力，从而将决策主体转变为客体，并对从微观到宏观的既有体制形成巨大冲击，并引发多层面安全风险。由此，安全技术是数字科技发展的必要组成部分；与之相应，将数字经济纳入有序的发展轨道，成为数字规制的重要使命。数字化治理的并进，也为数字经济良性、可持续发展奠定制度基础和必要保障。

第四，数字技术的应用提升生产、消费的数字化水平，并进一步提供数字经济发展驱动力。随着数字技术的成熟与商用水平提升，从商品到服务，再到科创等各领域的复杂生产与消费得以引入更高程度的数字技术，由此创造规模和复杂程度更为庞大的数字应用场景，并为数字科技产业化及数字经济发展提供更为强劲的驱动力。数字供给与应用需求形成循环往复的累积强化效应，并加速重构社会生产消费系统及人们的生活方式。

第五，依循数字生态属性提供多元化的公共服务及治理，加速社会经济系统的数字化转型。数字经济演化是一个复杂而漫长的过程，特别是需求及场景规模有限、科技研发成本高昂、规制缺位导致无序等，都致使其进展缓慢。由此，依据数字经济发展的生态规律，有重点、定制化地促进资源聚集、难点突破等，有助于加快数字科技衍生及其产业孕育成长，从而使社会经济系统的数字化转型得以提速。

四、南方具有引领数字化转型的潜力

模块网络化发展使生产流程内部的分解不断深化，与此同时，并行运作的要求驱使生产网络的空间聚集度加强，或者通过软硬件联通程度提升，以扩大生产网络规模及提高敏捷联动水平。在中国越趋聚集生产制造环节的过程中，南方因交通基础设施便利、要素资源充裕、经济基础良好等条件，而成为生产消费网络主要分布区域，由此为引领中国的数字化转型奠定重要基础。

第一，南方地理区位及软硬件联通优势相对显著。以长江经济带和华南15个省市为主的南方毗邻东南沿海，位居东亚区域中心地带；虽然西南地区分布着云贵高原、大巴山脉，东南地区亦分布不少丘陵地带，但是广袤平原提供了重要的宜居环境，2020年统计显示，全国59%的人口在此聚集。南方约占全国国土面积的27%，而其2020年铁路营业里程占到全国的40.7%、公路里程占比为54.8%、内河航道里程占比为88%；其中长江经济带的各类交通设施分别占全国比重为30.5%、45.1%和71.1%。空间集中、联结东亚及全球市场便利、多种运输方式并进，特别是内河航道集中，有利于发挥内陆水运的规模运输优势，继而扩张内陆腹地，这些相对于北方空间辽阔、联通设施有限而言，以长江经济带和华南为主的南方在进一步促进生产、消费聚集以形成更大规模效应方面，具有显著优势。

第二，长江经济带引领的南方具有越趋显著的生产消费系统网络规模效应。中国入世前后，珠三角作为改革开放的前沿，率先成为外向型经济聚集地；但长三角在腹地经济相对雄厚的基础上，逐步超越珠三角，成为外资、民营企业生产制造聚集地。2008年次贷危机后，长三角腹地纵深优势进一步显现，长江经济带中上游不断承接加工制造，而长三角则趋向转型升级，长江经济带的整体聚集规模不断扩大。广东在“腾笼换鸟”后也走上创新驱动和产业升级道路。从南方的整体发展来看，其工业占全国的比重由2008年的55.2%提升到2019年的66.3%，第三产业占比由58.6%升至64.2%，GDP比重则由56.7%提升至64.6%（见图4-6）。相对于北方而言，南方形成了规模越趋庞大的生产与消费系统，再加上软硬件联通能力较强，这就为南方以复杂社会生产消费系统为依托，驱动数字科技研发与应用，并进一步深化分工和网络联结，走向累积强化的数字经济道路创造必要的应用场景。

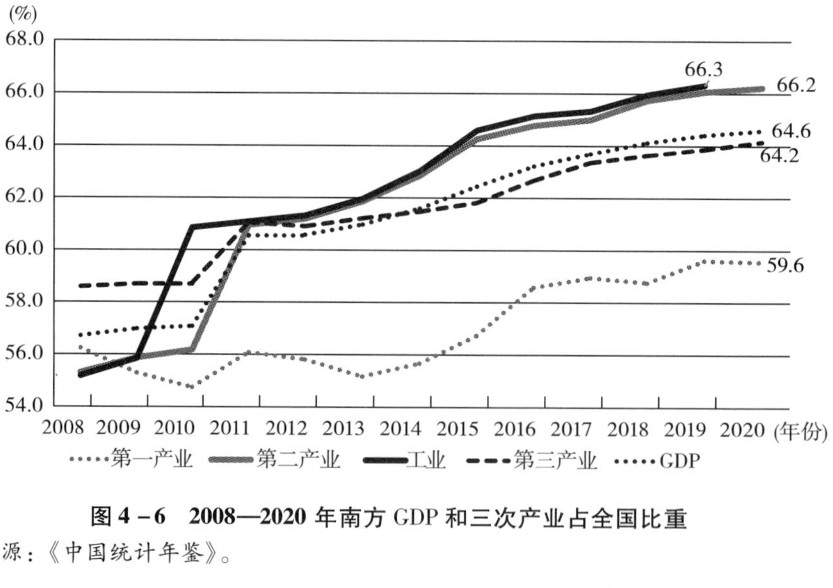

图4-6　2008—2020年南方GDP和三次产业占全国比重

资料来源：《中国统计年鉴》。

第三，南方引领中国数字经济起步发展。在信息科技革命兴起过程中，中国起步较晚，1986年才发出第一封邮件。但面对重大的历史机遇，中国独特的经济体制发挥出集中力量办大事的显著优势，国家通过推进信息化、两化融合直至数字经济发展，持续不断地推动新科技产业发展。1996 年国务院信息化工作领导小组及其办公室成立，1998 年成立信息产业部；党的十七大明确提出两化融合后，2008 年改组为工业和信息化部，3G 牌照、IPv6 路线图、物联网、云科技规划等相继推出。党的十八大后，中央网络安全和信息化领导小组进一步从系统层面推动数字经济兴起与发展，“宽带中国”、智能制造、“互联网＋”行动计划、大数据行动纲要等公布实施。与此同时，珠三角、长三角等外向型地区，在融入全球化时，着力嵌入信息等先进制造和服务产业链，从而累积信息经济乃至数字经济发展的重要基础。随着加工制造网络在中国及东亚的聚集与分布，创造出数字科技发展的需求与应用场景，从而使中国从信息经济向数字经济转型的脚步得以加快。2005 年，中国数字经济规模为 2. 6 万亿元，占 GDP 比重为 13. 9%；2020 年攀升至 39. 2 万亿元，占比升至 38. 6%。在代表性省市发展中，广东和江苏分别占据数字产业化的龙头地位，2020 年分别占到中国数字产业化规模的 22. 8% 和 22. 0%；前十位省市合计占到全国的 88. 1%，长江经济带省市占比 42. 8%，华南省市占比 26. 4%。在产业数字化发展方面，2020 年广东和江苏仍居于前两位，分别占到全国的 10. 9% 和 9. 1%，前十位省市中，长江经济带省市合计占比 30. 6%，广东和福建占比 16. 3%。南方已经成为中国数字经济发展的首要引领力量（见表 4－1）。

表 4－1　2020 年中国数字经济发展前十大省市所占比重

省市	数字产业化（%）	产业数字化（%）
广东	22. 8	10. 9
江苏	22. 0	9. 1
北京	8. 9	4. 1
浙江	7. 7	7. 6
山东	7. 1	8. 2
上海	5. 2	5. 4
四川	4. 4	3. 9
福建	3. 5	5. 4
湖北	3. 4	4. 6
河南	3. 1	4. 0
合计占比（%）	88. 1	63. 2
全国规模（亿元）	74872	317128

资料来源：中国数字经济发展白皮书 2021，中国信通院网站。

第四，南方的数字经济分工生态初步显现。2001 年最先提出“数字经济”发展的福建在数字政务、“数字丝路”、“智慧海洋”建设方面取得进展；广州和深圳通过“双城联动”，成为全国数字产业增长极，电子及通信设备制造、软件和信息技术服务、跨境电商发展迅猛。杭州在电子商务、互联网金融、共享经济领域不断涌现新业态新模式，成为全国服务业数字化的增长极；上海“一网通办”、城市运行“一网统管”的两网建设牵引城市治理现代化；苏州、宁波等着力发展工业互联网；无锡以物联网和国家超算中心发展见长。武汉以芯片研发制造、数据中心和 AI 算力中心集群为主导；成渝依托重工业基础，推动数字经济与实体经济融合，建设人工智能、区块链、车联网基地等。贵州以绿能优势提供大数据存储、云计算等服务；云南在绿能供给方面具有可观潜力；海南不断推进区块链产业聚集。可见，南方各省市市场容量较大，产业基础与资源禀赋存在差异，这为数字经济生态构建创造了有利条件和广阔空间，各地区在数字科技各环节走差异化、专业化发展道路，为形成数字生态整合力提供原动力。

第五，南方省市推动数字经济发展力度越趋强化。党的十九大提出国家治理现代化的战略目标后，各省市不断创新，并结合自贸试验区体制机制先行先试，致力于提升治理能力与水平。随着数字经济发展方向的明晰化，南方省市不懈推进数字化治理。2021 年 6 月，深圳率先推出《数据条例》；上海也于 11 月发布《数据条例》；浙江则在 2022 年 1 月率先出台全国首部《公共数据条例》。就在国家完善数字立法、强化规划引领、创新体制机制，以促进数字科技及产业发展过程中，以长江经济带为代表的南方省市依循发展大局，依托既有基础和优势，通过发挥有为政府的积极作用，聚焦新经济的重点突破。如长三角的浙江把数字经济作为“一号工程”，构建起从顶层设计到企业培育的较为完备的数字经济政策体系；安徽出台《信息化促进条例》“宽带安徽”、云计算、制造业与互联网融合发展等一系列政策措施，以加快数字经济发展（见表 4 -2）。

表 4 -2 长江经济带各省市数字经济发展相关政策

地区	时间	政策
浙江	2021 年 6 月	《浙江省数字政府建设“十四五”规划》
	2021 年 6 月	《浙江省数字经济发展“十四五”规划》
	2020 年 8 月	《深入实施数字经济“一号工程”的若干意见》
	2020 年 7 月	《浙江省国家数字经济创新发展试验区建设工作方案》
	2019 年 9 月	《浙江省超高清视频产业发展行动计划（2019—2022 年）》
	2019 年 3 月	《浙江省数字经济发展综合评价办法（试行）》
	2018 年 10 月	《杭州市全面推进“三化融合”打造全国数字经济第一城行动计划（2018—2022 年）》
	2018 年 9 月	《浙江省数字经济五年倍增计划》
	2018 年 8 月	《浙江省软件产业创新能力提升三年行动计划》
	2018 年 1 月	《关于进一步加快软件和信息服务业发展的实施意见》
	2017 年 3 月	《关于深化制造业与互联网融合发展的实施意见》
	2016 年 11 月	《浙江省信息化发展“十三五”规划（“数字浙江 2.0”发展规划）》

续表

地区	时间	政策
上海	2022 年 1 月	《2022 年上海市全面深化“一网通办”改革工作要点》
	2021 年 12 月	《新时期促进上海市集成电路产业和软件产业高质量发展若干政策》
	2021 年 10 月	《上海市全面推进城市数字化转型“十四五”规划》
	2019 年 10 月	《上海加快发展数字经济推动实体经济高质量发展的实施意见》
	2017 年 1 月	《关于本市加快制造业与互联网融合创新发展的实施意见》
	2017 年 4 月	《关于本市进一步鼓励软件产业和集成电路产业发展的若干政策》
	2017 年 1 月	《上海市工业互联网创新发展应用三年行动计划（2017—2019 年）》
江苏	2021 年 12 月	《江苏省制造业智能化改造和数字化转型三年行动计划（2022—2024 年）》
	2021 年 8 月	《江苏省“十四五”数字政府建设规划》 《江苏省“十四五”数字经济发展规划》
	2020 年 10 月	《关于深入推进数字经济发展的意见》
	2018 年 12 月	《关于本市加快制造业与互联网融合创新发展的实施意见》
	2018 年 5 月	《江苏省新一代人工智能产业发展实施意见》 《支持数字经济发展若干政策》
安徽	2020 年 10 月	《安徽省“数字政府”建设规划（2020—2025 年）》
	2020 年 3 月	《安徽省人民政府关于印发支持 5G 发展若干政策的通知》 《关于支持人工智能产业创新发展若干政策》
	2018 年 10 月	《支持数字经济发展若干政策》
	2018 年 9 月	《关于加快建设“数字江淮”的指导意见》
江西	2021 年 6 月	《江西省推进北斗产业发展若干措施》
	2021 年 5 月	《“智联江西”建设三年行动方案（2021—2023 年）》
	2019 年 8 月	《加快推进 5G 发展的若干措施》
	2019 年 2 月	《江西省实施数字经济发展战略的意见》
四川	2021 年 9 月	《四川省“十四五”数字政府建设规划》
	2020 年 9 月	《四川省支持新能源与智能汽车产业发展若干政策措施》
	2019 年 8 月	《关于加快推进数字经济发展的指导意见》 《关于深化“互联网＋先进制造业”发展工业互联网的实施意见》
	2018 年 11 月	《关于加快推进四川省数字经济与实体经济深度融合发展的实施意见》 《加快推进四川省一体化政务服务平台建设进一步深化“互联网＋政务服务”工作实施方案》
	2018 年 3 月	《成都市推进数字经济发展实施方案》

续表

地区	时间	政策
贵州	2022 年 1 月	《贵州省“十四五”数字经济发展规划》
	2020 年 5 月	《关于加快区块链技术应用和产业发展的意见》
	2019 年 9 月	《关于加快推进全省 5G 建设发展的通知》
	2018 年 8 月	《贵州省推动大数据与工业深度融合发展工业互联网实施方案》
	2018 年 6 月	《关于促进数据云计算人工智能创新发展加快建设数字贵州的意见》
	2018 年 2 月	《贵州省实施“万企融合”大行动打好“数字经济”攻坚战方案》
	2017 年 3 月	《关于推动数字经济加快发展的意见》
	2017 年 2 月	《贵州省数字经济发展规划（2017 —2020 年)》
云南	2021 年 12 月	《云南省“十四五”数字林业规划》 《云南省“十四五”工业和信息化技术进步规划》
	2020 年 7 月	《云南省推进新型基础设施建设实施方案（2020—2022 年)》
	2019 年 11 月	《云南省新一代人工智能发展规划》 《“数字云南”信息通信基础设施建设三年行动计划（2019—2021 年)》
	2019 年 5 月	《云南省数字经济发展规划》《云南省区块链产业发展规划》
	2019 年 2 月	《关于成立建设“数字云南”领导小组的通知》
重庆	2020 年 6 月	《重庆建设国家数字经济创新发展试验区工作方案》
	2019 年 12 月	《重庆市加快推动 5G 发展行动计划（2019—2022 年)》
	2019 年 6 月	《重庆市关于加快电子商务产业发展的意见》
	2018 年 12 月	《重庆市加快“互联网 + 医疗健康”发展行动计划（2018—2020 年)》 《重庆市发展智能制造实施方案（2019—2022 年)》
	2018 年 11 月	《重庆市进一步加强跨境电子商务发展工作方案》
	2018 年 5 月	《重庆市深化“互联网 + 先进制造业”发展工业互联网实施方案》
湖北	2021 年 11 月	《湖北省关于全面推进数字湖北建设的意见》
	2020 年 6 月	《加快发展数字经济培育新的经济增长点的若干措施》
	2017 年 5 月	《关于深化制造业与互联网融合发展的实施意见》
	2017 年 2 月	《湖北省云计算大数据发展“十三五”规划》 《湖北省软件和信息技术服务业“十三五”发展规划》
湖南	2021 年 9 月	《湖南省“十四五”信息化发展规划》
	2020 年 2 月	《湖南省数字经济发展规划（2020—2025 年)》
	2016 年 11 月	《湖南省软件和信息服务业发展规划（2016 —2020 年)》

资料来源：根据各省市政府网站资料整理所得。

南方具有可观的网络规模效应潜力，统筹各方力量，联动形成合力，以驱使数字化转型，成为“内策外联”建设“一带一路”的重要突破口。

第二节　江苏产业集聚对区域技术创新的影响力

我国要在2035年达成第十九届五中全会公报提出的“关键核心技术实现重大突破，进入创新型国家前列”远景目标，就必须坚持创新，把科技自立自强作为国家发展的战略支撑。近年来，由于我国创新驱动发展战略的贯彻实施，核心的生产要素如资本、劳动力和高新技术等陆续向城市汇聚，推动创新驱动经济转型的核心问题转化为如何充分发挥城市在技术创新方面的带头作用。

近年来，作为我国经济第二大省，江苏始终贯彻执行创新驱动发展战略，加快推进创新型省份的建立进程，并将营造生命力旺盛、竞争力强大的科技创新系统作为全省工作目标。《2020中国区域创新能力评价报告》数据显示，2020年江苏省区域创新综合效用值位居全国第三，2019年江苏省投入研发经费2779.5亿元，与上年相比增长11.0%，创历史新高，位居全国第四。而江苏省13个地级市之间产业集群不同，技术创新能力也有较大差异。系统性分析江苏省内各地级市产业集聚对技术创新空间溢出效应，据此提供建议以推动各地级市的经济转型具有研究的价值与意义。

一、文献综述

近年来，作为经济发展的普遍形态，产业集聚不仅推动了区域经济发展，而且成为提高区域创新能力、竞争力的重要来源。因此，研究产业集聚和区域创新能力的关系日渐成为产业经济学的研究热点之一。①② Marshall（1920）首次提出产业集聚对技术创新存在正向效应，他认为小型企业的集聚，可以带来规模效应，通过基础设施和生产技术的共享，提高企业生产力，进而使其创新能力得到提升，并因此对企业竞争力的提高产生促进作用。③ 而后Perroux（1955）在Marshall观点的基础上，提出“增长极”理论，其通过研究得出如下结论：部分企业在区域与城市内所发生的集聚现

① LUNDVALL B A. National systems of innovation: Toward a theory of innovation and interactive learning[M]. Anthem press, 2010.

② 沈能，赵增耀．集聚动态外部性与企业创新能力[J]．科研管理，2014，35(4)：1-9.

③ Marshall, A.（1920）Principles of Economics[M]. 8th Edition, Macmillan & Co Ltd, London, reprint 1961.

象，不仅可以极大地促进当地的经济发展水平，还可以带动周边地域的经济发展。[①]纵观已有研究，我们发现：

第一，关于从不同类型的产业集聚视角研究产业集聚对技术创新的影响大体上可以分为两种。一种是马歇尔外部经济，即专业化集聚。这种观点指出企业在某一指定区域内的集聚化程度与其技术创新活动存在正向关系。另一种是雅各布外部经济，也就是多样化集聚。这种观点认为，知识的溢出效应主要来源于不同产业间的企业，多样化的产业集聚更能促进不同企业间的互补性技术扩散，进而提高企业技术创新能力。陶文玲（2011）从专业化和多样化两个角度检验了产业集聚对区域技术创新的影响，结果显示两种类型产业结构均能促进技术创新能力的提升，但多样化的效果更为显著。[②]

第二，关于产业集聚对技术创新溢出效应的研究，国内外研究者的观点主要集中在产业层面与区域层面。在产业层面，研究者大多把焦点聚集在制造业和高新技术产业上。Mukkala（2004）、张萃（2010）、杜爽等（2018）研究发现制造业的区域集聚对技术创新的促进效果十分显著，[③④⑤] 而梁俊启（2008）发现我国高新技术产业的集聚和技术创新之间有着明显的互动机制。[⑥] 在区域层面，大部分学者是利用面板数据，探究到产业集群与区域创新体系两者表现出相互促进、相互依存的关系，同时政府在促进产业集聚发展方面也发挥了重要作用。[⑦⑧]

第三，关于产业集聚不同方向特征的相关研究，Wacziarg（2003）指出，某个国家的产业结构与其人均收入水平间有着 U 形关系，他们提出在工业化初期，经济发展水平的提升会导致产业集聚程度的降低，但随着经济发展水平的进一步提升，产业集聚程度会在某个时点以后增加。[⑨] 张建华和程文（2012）以我国 30 个省份为研究对象，同样发现我国的产业集聚水平与人均地区生产总值也有 U 形规律。这就表明了产业集聚和技术创新间关系是动态变化的，它是随着一个国家或地区经济发展水平的变

---

① PERROUX, F. Note sur la notion de pole de croissance? [M]. Economic Appliqee, 1955:307 -320.

② 陶文玲. 产业集聚对区域技术创新活动的影响[D]. 杭州:浙江大学, 2011.

③ MUKKALA K. Agglomeration economies in the Finnish manufacturing sector[J]. Applied Economics, 2004, 36(21): 2419 -2427.

④ 张萃. 产业集聚与创新: 命题梳理与微观机制分析[J]. 科学管理研究, 2010, 28(3): 1 -4.

⑤ 杜爽, 冯晶, 杜传忠. 产业集聚、市场集中对区域创新能力的作用:基于京津冀、长三角两大经济圈制造业的比较[J]. 经济与管理研究, 2018, 39(7): 48 -57.

⑥ 梁俊启. 中国高技术产业集聚与技术创新互动研究[D]. 淄博:山东理工大学, 2008.

⑦ 徐胜. 产业集群与区域创新体系的融合研究[J]. 当代财经, 2007(1): 77 -81 +124.

⑧ 陆伟. 产业集聚发展与区域制度创新能力关系研究[D]. 上海:复旦大学, 2008.

⑨ WACZIARG I R. Stages of Diversification[J]. The American Economic Review, 2003, 93(1): 63 -86.

化而不断改变的。①

第四，已有的关于产业集聚对区域创新能力影响的研究大多没有考虑空间因素的作用，而近来学者逐渐开始把研究的关注点转移到地理距离对技术创新的空间溢出影响上。程中华和刘军（2015）、杜江等（2017）基于中国省级面板数据，利用空间面板模型和空间杜宾模型，发现了产业集聚对区域技术创新有着非线性的影响。②③

综上所述，本文认为，第一，大部分研究将区域看作独立个体，缺乏对区域间空间联系的考虑，没有考虑到被解释变量和解释变量这两者间空间上存在的依赖性；第二，目前产业集聚对区域技术创新空间效应的研究对象主要集中在省级或企业层面，缺乏以城市为载体研究创新空间溢出效应的文章；第三，从矩阵选取来看，已有研究大多直接将空间权重矩阵定义为 0－1 空间邻接权重矩阵，忽视了在其他空间权重矩阵下的影响。因此，针对现有研究的不足，这里在产业集聚对技术创新作用机制分析的基础上，以江苏省 13 个地级市作为研究对象，首先进行固定效应模型回归，其次利用 0－1、反距离和经济地理 3 种不同矩阵，建立 SDM 空间杜宾计量模型，从城市层面实证分析产业集聚对区域技术创新存在空间溢出效应。

二、产业集聚对区域技术创新的作用机制

技术创新是一个国家或地区经济增长的重要源泉。近年来，由于全球经济一体化进程的加速，高新技术的发展速度也有质的提高，产业的区域集聚效应表现得更加明显。这里借鉴 Marshall 在 1920 年提出的区域集群的三个优势，一是由于在区域内部知识传播力度的加强而造成的邻近的企业或机构间的知识溢出；二是利用更低的成本价格来取得包括原材料等在内的其他投入要素；三是由相同产业或密切关联产业存在所带来企业的地理位置集中性而形成的竞争效应，从这三个方面来给出产业集聚对技术创新的作用机制分析。

1. 知识溢出效应

产业集聚，不论是相同行业的相对集中还是不同行业的地理集中，它们互相之间发展都有所关联，从而可以相互学习对方在技术创新中所用到的新知识和不同技术。不同行业在相同地区的地理集中可以使不同行业能够相互学习，互相补充，激发不同产业创新。不难发现，如果一个行业内某一企业的技术能够外溢到另一个知识互补型

① 张建华，程文．中国地区产业专业化演变的 U 型规律[J]．中国社会科学，2012(1)：76－97＋207－208.

② 程中华，刘军．产业集聚、空间溢出与制造业创新：基于中国城市数据的空间计量分析[J]．山西财经大学学报，2015，37(4)：34－44.

③ 杜江，张伟科，葛尧．产业集聚对区域技术创新影响的双重特征分析[J]．软科学，2017，31(11)：1－5.

行业内的某一企业，这样的外溢一方面不会造成两个企业间的直接竞争；另一方面可能会推动该行业继续向前发展。同时，企业增加创新投入一方面可以提高自身获取其他行业知识的能力；另一方面可以学习到其他企业的互补性知识，从而提高企业自身的技术水平和创新能力。这也表明某些产业如果能和其他产业有比较多相同的学科基础，那么多样的知识溢出效应对技术创新的促进效果会更明显。

2. 成本效应

在各类创新要素中，人力资本是关键要素之一。产业的集聚不仅可以带来相同类型企业技术和管理人才的集中，从而将较充足的劳动力补给到市场，与此同时，劳动力在集群企业间的流动，也推动知识和技术的传播，提高劳动力的素质。因此，产业集聚还带来有效的高素质劳动力供给。一方面，在劳动力充足的情况下，企业可以根据自身生产的需要调整劳动力的数量，这样做可以在一定程度上减少工资成本。另一方面，产业集聚能推动区域内企业间的人才流动，降低企业在人力资源上的寻找和交易成本。最后，产业集群还能有效减少区域内企业获得所需生产要素投入的成本，这在减少企业创新成本的同时减少了其生产成本。

3. 竞争效应

Porter（1990）研究发现，产业集聚影响技术创新的途径之一是影响竞争。① 他认为产业集聚不仅可以使每个企业保持自身的灵活性，而且使它们均能获得收益。能够保持这些经济效益的重要原因是企业地理位置的相对集中所带来的信息的逐步完全对称，这种状况下使企业只能通过提高自身的生产力和技术创新在竞争中获取利润。但是由于企业地理位置的邻近和技术的相似，集群内的企业竞争也更容易导致知识外溢的发生，其他竞争对手可能会比较容易获得企业的高新技术和创新成果，这会直接导致企业损失因技术创新而带来的超额利润，但同时会激励企业为了能够进一步获得超额利润而开展新的创新活动。因此，产业集聚能在一定程度上促使企业进行持续不断的创新。

三、模型、变量和数据说明

1. 模型建立

（1）固定效应模型：

$$Inn_{it} = \beta_0 + \beta_1 LQ_{it} + Z_{it} + \delta_{it} + \varepsilon_{it} \tag{4-1}$$

① POETER, M E. The Competitive Advantage of Nations[M]. New York: Free Press,1990.

Inn_{it} 表示 i 城市第 t 年度的创新产出；LQ_{it} 表示 i 城市第 t 年度某产业的专业化指数；Z_{it} 为除专业化指数外其他控制变量，δ_{it} 表示固定效应的随机参数，ε_{it} 表示随机误差项。

（2）SDM 空间杜宾模型。

这里在 Wald 检验和 Lratio 检验的基础上，借鉴杜江等（2017）的方法，建立 SDM 空间杜宾模型，再经过 Hausman 检验，确定最优选择的 SDM 空间杜宾模型的空间和时间双固定进行空间计量分析：

$$Inn_{it} = \alpha + \rho Inn_{it} + \beta_1 LQ_{it} + \beta_2 OPEN_{it} + \beta_2 GDP_{it} + \theta W X_{kit} + \mu_{it}\#(2) \quad (4-2)$$

$$\mu_{it} = \lambda W u_{it} + \varepsilon_{it}, \varepsilon \sim N(0, \sigma^2 I_n) \quad (4-3)$$

在该模型中，Inn_{it} 是解释变量，代表的是区域创新产出，LQ_{it} 是解释变量，代表的是产业集聚的程度；$OPEN_{it}$ 和 GDP_{it} 是控制变量，分别代表的是对外开放的水平和地区的经济发展能力，i 和 t 分别表示不同城市和年份；上述解释变量和控制变量使用 X_{kit} 代表；W 是 $n \times n$ 阶空间的权重矩阵，ρ 和 θ 是空间相关系数，λ 是误差系数，ε_{it} 和 μ_{it} 是随机性误差向量。当 $\rho \neq 0$、$\theta \neq 0$ 且 $\lambda = 0$ 时，选择的就是 SDM 空间杜宾模型。

（3）空间权重矩阵的设定。

为了研究结果更加准确，先构建了 0－1 矩阵（w_1）来验证空间相关性，0－1 矩阵如下所示：

$$W^G = \begin{cases} 1, \text{城市 } i \text{ 和城市 } j \text{ 相邻接} \\ 0, \text{城市 } i \text{ 和城市 } j \text{ 不邻接} \end{cases} \quad (4-4)$$

其中，$i = 1, 2, \cdots, n$；，$j = 1, 2, \cdots, n$。鉴于该权重矩阵构建较简单，对空间相关性的描述能力不高，不能很好地反映各城市产业集聚对技术创新的空间关系，因此还建立了反距离矩阵（w_2）和经济地理距离矩阵（w_3）。

反距离矩阵的创建灵感来自地理学的第一定律，“随着地理的距离变长，其空间单元的相关性会降低”，这里用 d_{ij} 来表示城市 i 和城市 j 之间的地理距离。

$$W^G = \begin{cases} \dfrac{1}{d_{ij}}, i \neq j \\ 0, i = j \end{cases} \quad (4-5)$$

经济地理矩阵用不同地区的人均地区生产总值的差来衡量“经济距离”的大小，接着创建经济空间矩阵 $W^* = W \times E$，E 主对角线的元素都是0，不是主对角线的（i，j）元素是 $E_{ij} = \dfrac{1}{|Y_i - Y_j|}$，$Y_i$ 代表地区 i 在样本期间的人均实际地区生产总值的平均数值。

2. 变量说明与数据来源

考虑到数据资料的可获得性，将江苏省13个城市作为研究对象，相关数据资料整理自《江苏省统计年鉴（2012—2019）》《中国科技统计年鉴（2012—2019）》。其中，地区生产总值以2011年为基期进行了平减处理，以减少价格波动的影响。

相关变量的具体说明如下。

（1）技术创新（*Lnn*），被解释变量。技术创新的衡量方法随着人们对创新过程的认知，大体上可分为两种类型，一种是投入法，主要用各地区研究与试验发展经费（R&D）投入来衡量创新，研发投入经费越多，区域技术创新水平越高；另一种是产出法，用创新产出，比如用专利申请数或者专利授权数作为衡量指标。考虑到数据的可获得性和可实行性，这里采用各城市的专利授权数作为该城市的技术创新水平的衡量尺度。

（2）集聚指数（*LQ*），核心解释变量。本研究采用“区位熵”来表示某一地区产业集聚的程度。考虑到数据资料的获取难易，这里用某一地区制造业从业人员的占比/该地区全行业从业人员的占比来度量。*LQ*的值越大，表明产业集聚的程度越高，表示该城市在江苏省能更专业化地从事制造业，制造业行业越是相对集中于该城市。

（3）其他控制变量。主要选取经济发展能力、科技投入大小、产业结构比例、对外开放水平四个变量。其中，用i城市第t年度地区生产总值代表该地区的经济发展能力（*GDP*）；用各地区从事科技人员数代表该地区的科技投入大小（*RD*）；用各地区第三产业总产值与第二产业总产值的占比代表该地区的产业结构比例（*PC*）；用各地区的实际利用外资额代表对外开放程度（*OPEN*）。

表4-3　变量的描述性统计特征

变量名称	符号	观测值	均值	标准差	最小值	最大值
技术创新	*Lnn*	104	9.43	0.89	6.78	11.48
集聚指数	*LQ*	104	0.09	0.06	0.02	0.32
经济发展能力	*GDP*	104	5440.87	3649.57	1320.83	18597.47
科技投入	*RD*	104	51.18	29.42	1.00	102.00
产业结构	*PC*	104	0.96	0.18	0.71	1.66
对外开放程度	*OPEN*	104	22.18	17.83	1.89	91.65

3. 面板回归结果及分析

（1）变量的描述性统计分析。

江苏省作为我国第二经济大省，这里聚集了许多创新要素，同时带来很高的创新产出。2011—2015 年，江苏省专利授权量总体呈上升趋势，占全国专利授权量的比重在 2014—2015 年迅速上升，并在 2015 年达到峰值（14%）。这也就表明了江苏省的创新能力在不断提升，但其增速在 2015 年以后有所减慢。随着我国整体创新能力的不断提高，江苏省的创新优势在慢慢弱化，当务之急是探寻新的创新增长点，激发新一轮创新活力，再创高峰（见图 4－7）。

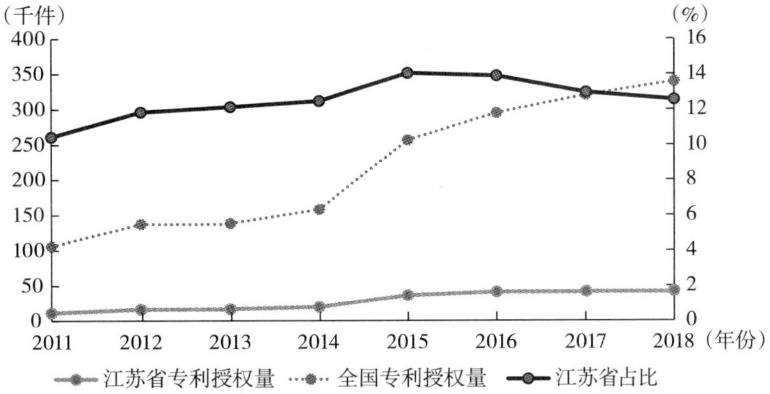

图 4－7　2011—2018 年全国与江苏省专利授权量比较

资料来源：《中国统计年鉴》。

（2）模型估计结果与分析。

首先根据 Hausman 检验来确定选择固定效应还是随机效应，检验显示 P 值在 1% 的显著性水平上拒绝了原假设，所以选择固定效应模型。为消除由于异方差等的存在所带来的影响，对数据做相关修正，修正后的回归结果为：模型一到模型四为依次加入变量的情况，模型五表示所有控制变量对技术创新的回归结果。从各模型中核心解释变量产业集聚程度（*LQ*）的估计系数显著性水平可以看出，该计量始终保持基本稳健。模型一的估计结果表明，当模型中仅包含产业集聚指数 1 个解释变量的情况下，产业集聚化程度每提高 1%，会带来技术创新水平约 11% 以上的增长。随着控制变量个数的增加，产业集聚化程度对技术创新水平的平均偏效应逐渐减少。最终模型五在考虑了所有控制变量后的估计结果显示，集聚程度（*LQ*）在 1% 的水平上显著为正，证实了产业集聚对区域技术创新呈现出明显的正向关联。

同时，该研究还发现在选择的其他控制变量中，经济发展能力（*GDP*）与对外开放水平（*OPEN*）对技术创新的正向效应结果十分显著。而相比较而言，科技投入（*PD*）对技术创新虽然也能够产生显著的积极影响，但是每增加 1 单位的科技人员的投入，对技术创新产出水平提升的增加只有 0. 645。这也说明由于近年来江苏大城市发展的人才流失严重所带来的负面影响见效很快，虽然近年来包括江苏在内的国内大多数地区均出台大量 R&D 人才引进政策，但是依旧不足以对技术创新水平产生正向影响。所以，高水平的科技人才必然会提高江苏的区域创新产出水平，只是目前来讲影响程度相对较弱（见表 4－4）。

表 4－4　面板固定效应模型估计结果

解释变量	模型一	模型二	模型三	模型四	模型五
LQ	11.140***	2.379*	2.817***	2.250***	2.598***
GDP		1.736***	1.623***	0.182***	1.133***
RD			0.739***	0.718***	0.645***
PC				－0.528*	－0.086
OPEN					0.014**
常数	8.410***	8.279***	7.957***	8.396***	8.005***
N	104	104	104	104	104
F	124.94	125.42	104.71	80.97	73.31
R^2	0.511	0.713	0.786	0.798	0.916

注：***，**和*依次表示在 1%，5%和 10%水平下显著。

对比模型一到模型五的结果，研究发现仅考虑固定效应回归，估计结果可能会对核心解释变量产业集聚程度（*LQ*）的系数造成系统性高估；进一步地，如果江苏省各地级市间因技术创新要素的流动而存在空间相关性，那么固定效应回归则会因为忽略了空间溢出效应而导致对产业集聚程度（*LQ*）系数的低估。因此，还需要继续检验江苏省各地级市间是否存在空间相关性。

四、产业集聚与技术创新的空间溢出效应

1. 空间相关性检验

这里采取全局莫兰指数（Moran's I）作为度量区域内不同变量空间相关性的标准，具体表示如下：n 表示城市个数，x_i 和 x_j 分别表示城市 i 和城市 j 的技术创新能力观测值，$w_{ij}(i,j=1,2,\cdots,n)$ 是城市 i 和城市 j 间的空间权重矩阵，其中，$\bar{x}=\frac{1}{n}\sum_{i=1}^{n}x_i$，$s^2=\frac{1}{n}\sum_{i=1}^{n}(x_i-\bar{x})^2$。全局 Moran's I 指数值的范围是［－1，1］，全局 Moran's I 指数值如果大于 0 并且接近 1，则说明空间正相关；如果小于 0 并且接近 －1 则说明空间负相关；接近 0 表示城市间是随机的，不存在空间相关性。

对江苏省全局 Moran's I 指数逐年计算可知，江苏省在 2011—2018 年的全局 Moran's I 指数都是大于 0 的，表明江苏省各地级市的创新能力存在显著的正向空间相

关性，即呈现出一定的空间聚集现象。但是，我们也不难看出在3种不同的空间权重矩阵下，Moran's I 指数的显著性和演变趋势有所不同，其中地理反距离权重矩阵下的江苏省各地级市创新能力空间相关性最强，这也说明了地级市间的密切距离和经济联系在创新合作中扮演着重要的角色（见表4－5）。

表4－5　2011—2018年江苏省创新能力的全局 Moran's I 指数

年份	0－1矩阵（w_1）		反距离矩阵（w_2）		经济地理矩阵（w_3）	
	Moran's I	P	Moran's I	P	Moran's I	P
2011	0.489	0.001	0.212	0.000	0.078	0.054
2012	0.485	0.001	0.215	0.000	0.075	0.043
2013	0.448	0.002	0.209	0.000	0.125	0.019
2014	0.440	0.002	0.181	0.000	0.218	0.003
2015	0.566	0.000	0.224	0.000	0.171	0.015
2016	0.505	0.001	0.195	0.000	0.164	0.018
2017	0.437	0.002	0.173	0.000	0.169	0.015
2018	0.472	0.001	0.164	0.000	0.149	0.025

2. 创新能力的空间溢出效应

通过全局 Moran's I 指数确定江苏省创新能力总体上存在正向空间相关性后，为进一步研究创新能力是否存在空间溢出效应，以及产业集聚在空间上是否能够促进区域技术创新，本研究分别引入0－1、反距离和经济地理3种不同的空间权重矩阵来建立空间计量模型。在 Wald 检验和 Lratio 检验的基础上，参照 Baltagi（2005）和杜江等（2017）的方法，使用 SDM 空间杜宾模型，随后通过 Hausman 检验，确定选择最优的 SDM 空间杜宾模型的空间和时间双固定进行空间计量分析。

“空间溢出效应”代表单独一个空间单元中某一变量的改变所带来的空间影响，它区别于传统意义上的“空间效应”，一方面，包含一个空间单元中解释变量对被解释变量的直接影响；另一方面，包含了对其他空间单元中被解释变量的间接影响，这种间接影响效应被称为“空间溢出效应”。因此，本研究将模型进行偏微分处理，分离出直接效应和间接效应，从而估计出产业集聚对技术创新能力的空间溢出效应。

从 SDM 模型的分解效应估计结果来看，在0－1矩阵下，产业集聚对技术创新的溢出效应在1%的显著性水平下表示为正，一方面说明模型的拟合度较高；另一方面说明产业集聚会对各周边城市技术创新产生积极影响。产业集聚在中心城市会对周边城市产生竞争压力，使周边城市的人才、创新要素向中心城市聚集，从而给城市技术创新能力带来正向的溢出效应。而在反距离矩阵和经济地理矩阵下的估计结果与0－1

矩阵一致，也在一定程度上说明了模型估计的稳健性。但是，不难发现，在经济地理矩阵下，产业集聚对技术创新的溢出效应虽然为正但不显著，也说明江苏省中心城市存在“虹吸效应”，拥有产业集聚水平较高的大城市很难对周边小城市的技术创新水平产生显著的正向溢出效应。这也符合现实，处于优势地位的中心城市，如南京、无锡等这样的城市，由于拥有更完善的社会公共服务体系以及更多的就业和发展机会，从而导致周边小城市的创新要素向这些中心城市转移，直接弱化了小城市的技术创新水平（见表4-6）。

表4-6 SDM模型估计结果的效应分解

解释变量	0-1矩阵（w_1）			反距离矩阵（w_2）			经济地理矩阵（w_3）		
	直接效应	间接效应	总效应	直接效应	间接效应	总效应	直接效应	间接效应	总效应
LQ	-0.017***	1.712*	1.695**	0.025***	1.342**	1.367**	-1.045*	5.854*	4.809
GDP	-0.614**	0.100**	-0.394***	-0.637***	0.113***	-0.487**	0.917***	-0.874**	0.043***
OPEN	0.025**	0.064**	0.090***	0.028***	0.134*	0.162*	0.019**	0.053**	0.073***

注：***，**和*依次表示在1%，5%和10%水平下显著。

五、结论与政策建议

1. 主要结论

本研究在固定面板回归的基础上，构造了0-1、反距离和经济地理3种不同矩阵，运用Moran's I指数描述江苏省各地级市技术创新水平的空间相关性，并运用双固定效应的空间杜宾模型检验各地级市产业集聚水平对技术创新能力的空间影响，得到如下结论。第一，江苏省13个地级市间的产业集聚程度对技术创新水平存在显著的正向影响，无论是固定效应回归，还是考虑空间依赖性的空间杜宾模型回归，都显著地支持该结论。第二，虽然从整体上来看江苏省产业集聚对区域技术创新的正向效应十分显著，但是其内部存在明显的发展不均衡问题。处于优势地位的中心城市，由于拥有更完善的社会公共服务体系以及更多的就业和发展机会，更能吸引高素质劳动力等创新要素的集聚，进一步提高了其经济发展水平。第三，高产业集聚水平的中心城市如南京、无锡等，由于“虹吸效应”的存在，使得周边小城市的技术创新水平难以提高。

2. 政策建议

我国经济进入“新常态”后，通过技术创新来刺激驱动产业转型，从而实现经济的高质量发展是当务之急。作为我国经济第二大省，江苏聚集了许多优质的创新要素，充分发挥省内的创新优势和区域协同力量，对于增强我国的国际竞争力有着重要的现实意义。

（1）强化区域技术创新的空间联系。

积极创建信息创新通信平台，打破因为技术创新的范围局限性所带来的空间障碍，积极利用移动互联网和云端共享等新技术。一方面，政府应构建各企业、高校和科研机构的共享创新化信息平台，借助信息传播速度快的互联网，增强技术创新的知识外溢扩散效果，并增大其辐射范围。另一方面，积极促成国内外高校与企业间的合作，促进创新成果的传播和转化。

由于江苏各城市基础设施的不断完善，知识的流动与传播已经不局限在邻近或者是地理距离很小的地方，而且本研究实证结果也证明了溢出的主体基本是处于核心区域的中心城市，因此可以加大核心区大城市对周围小城市的辐射力度，促进共同发展。

（2）引进并培育创新型人才。

本研究证明了科技人才是创新产出的关键投入要素，因此，政府在加强国内科研人才培养建设的同时，更要积极引进国外优秀人才。第一，政府可以建立学习和研究平台，鼓励产学研相结合，鼓励大学生积极参加社会实践，提高他们的创新能力。第二，政府可以利用独特的地理优势，加大对高端技术人才的引流，可以通过落户、补贴等一系列政策，鼓励优秀的科研人才回省发展，给江苏省注入新鲜的血液。第三，要加强国际上的技术交流与合作，政府、企业和高校可以通过合作，经常性地举办国际间相关技术合作的交流会，推进和国际先进技术的接轨。同时，企业也可以利用合作的机会，第一时间了解最前沿的技术。

（3）协调产业集聚和区域技术创新。

首先，江苏省政府应结合各城市的实际情况，积极出台相应的产业集聚政策，引导当地优势和特色产业集聚，用集聚推动创新，充分发挥创新空间溢出效应。其次，江苏省不仅应当集中优势资源增强区域中心城市（南京、无锡）的经济实力和国际竞争力，同时要强化次级中心的辐射带动作用，加强区域创新网络体系建设，提升城市群对虹吸过度的城市实施必要的功能疏解，促使大城市对周边城市产生正向的溢出效应，带动周边小城市的经济创新发展。同时，小城市也应该积极投入自身建设，依据各地实际情况和产业集聚水平，继续完善当地的公共服务体系，创办当地特色产业技术创新平台，实现本地的转型发展。

第三节　智慧湾区的协同转型

粤港澳大湾区包括香港特别行政区、澳门特别行政区和广东省广州、深圳、珠海、佛山、惠州、东莞、中山、江门及肇庆珠三角9市，总面积达5.6万平方公里，2017年末总人口约7000万人，是中国改革步伐最快、开放程度最高、经济活力最强的区域之一。作为全国电子信息制造及服务业率先发展的地区，在数字科技产业革命浪潮兴起的背景下，智慧湾区通过协同转型，有力赋能国家数字经济发展。

一、粤港澳的差异分工基础

改革开放后，粤港在“前店后厂”模式下，由香港作为资金、商品贸易中转港，广东作为加工制造基地开始启动工业化和城市化。中国“入世”后，香港的国际贸易、金融中心功能不断强化；广东在嵌入全球产业链、供应链过程中累积工业基础，并逐步转向“腾笼换鸟”以推动转型升级；随着主权回归及博彩牌照放宽，澳门的工业基础大幅度萎缩，并成为以博彩为特色的国际旅游消费中心。粤港澳不同的资源禀赋、发展基础与历程，决定大湾区呈现差异化的分工格局。

第一，香港转为国际金融、贸易中心。21世纪以来，内地与港澳不断深化紧密合作，香港逐步由国际贸易中心向国际金融中心转型，并成为内地驱动新生产方式的助推器。2008年次贷危机后，香港货物贸易额、服务贸易额和贸易依赖度继续保持增长，但内地开放市场使香港贸易中转港功能有所下降，且越趋融入以内地为中心的生产制造网络。而资金中转功能进一步强化，在2019年内地吸引的外资中，来自香港的资金占比达到69.7%，远高于2008年的44.4%，香港成为内地越趋重要的资金来源地。从香港吸引跨国公司地区总部而言，21世纪以来一直保持了增长，地区办事处的增长则有小幅度回落。其中，美资、日资的总部和地区办事处所占比重均有所下降；中资总部和地区办事处所占比重在2011年后持续攀升，中资总部数已经超越日资，但仍少于美资总部数。从香港资本市场的中资股份表现来看，2008年后仍保持较高规模，2014年达到历史最高水平，集资5583亿港元，之后趋于下降，2019年降至1019亿港元。但从中资股份占主板总市值来看，由2008年的54.6%持续下降至2020年的23.7%；成交额也相应由占主板交易额的66.6%下降至2020年的34.4%。从香港地区生产总值结构来看，生产性服务于2014年超越流通性服务，金融及保险产值于2016年超越进出口贸易，成为香港主导产业，香港全面转向国际金融与贸易中心。2019年，香港的生产性服务已经领先流通性服务比重近10个百分点、金融及保险产值超越进出口贸易近5个百分点（见图4－8）。

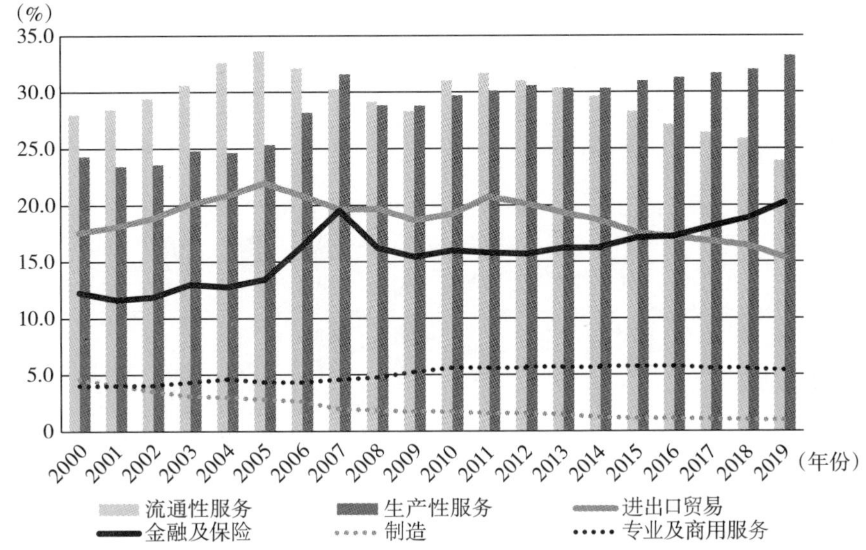

图4－8　2000—2019年香港地区生产总值及其构成

资料来源：根据香港特区政府统计处数据计算所得。

第二，澳门越趋转向博彩“一业独大”。在20世纪80年代，澳门利用背靠内地的优势，不断推进外向型工业化，制造业占比在1990年达到历史最高水平为14.5%，1980—1989年外贸依赖度平均达到126%。随着内地开放市场，对澳门加工业造成冲击，进入21世纪，澳门出口贸易趋于放缓，并在CEPA签署后持续下降。2002年，澳门制造及采矿业占到GDP的6.9%，到2008年仅为1.5%；外贸依赖度由2001年的75.2%降至2008年的37.7%。2002年，澳门特区政府开放赌牌，吸引内外资金聚集博彩业；特别是CEPA签署开通自由行，到访澳门的游客显著增多，尤其是内地游客于2004年居于主导地位，占到游客总量的57.2%。在内地客源的支撑下，澳门的博彩业投资很快显现出收益增长，博彩增加值总额2005年相当于地区生产总值的30.0%，2008年升至40.1%；博彩业占GDP比重由1999年的22.3%升至2008年的30.0%，博彩业已主导澳门经济发展。次贷危机后，随着内外资本在博彩、酒店、餐饮等领域建设完成并完善设施，澳门作为重要旅游目的地的功能日趋强化。2008年，澳门入境旅客2293万人；2014年增至3153万人。在澳门收紧持内地护照旅客过境的规管措施，以及内地实行“八项规定”、打击腐败过程中，2015年、2016年澳门入境游客量有所下降。在延伸旅游休闲产业链过程中，澳门入境游客开始回升，2019 年达到 3941 万人。在到访澳门的游客中，内地游客比重由 2009 年的 50.5% 升至 2019 年的 70.9%，除 2015 年、2016 年有小幅度回落外，其余年份不断攀升。在完善设施、吸引游客的循环作用下，澳门博彩旅游业迅速扩张。自 2010 年起，博彩业占澳门 GDP 比重保持在 50.0% 左右，2013 年高达 63.1%，博彩“一业独大”成为典型特征。而且，从博彩业所带动的酒店餐饮等非博彩业务来看，虽然各方致力于促进其发展，近年非博彩业务增速持续高于博彩业务，但是澳门的非博彩业务占比在 10% 以下，远低于拉斯维加斯超 60% 的占比（见图 4－9）。

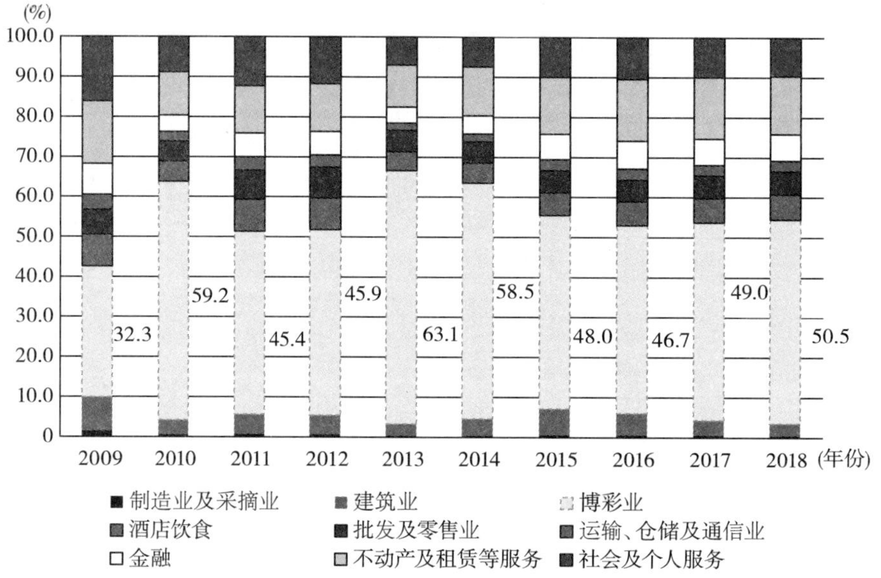

图 4－9　2009—2018 年澳门产业结构

资料来源：根据澳门统计暨普查局数据计算所得。

第三，广东转向后工业化。广东是中国改革开放前沿，依托毗邻港澳的优势，广东加大外资引进力度，吸聚廉价劳动力，通过发展加工制造业开启工业化、城市化进程。随着信息科技革命的爆发，自 20 世纪末以来，广东着力强化信息、计算机等相关制造和服务业的起步发展。特别是 2008 年底《珠江三角洲地区改革发展规划纲要》的出台，明确以构建现代服务业、先进制造业、高技术产业等为主的现代产业体系为目标，率先基本实现现代化。2006 年第二产业达到 GDP 的 50.7%、2008 年工业占比达到 47.3% 的历史最高点后，广东开始由工业省份转向以服务业发展为主导。2020 年，广东第三产业占比达到 56.5% 的最高水平，工业占比降至 35.1%。在工业结构内部，制造业占比由 2008 年的 86.7% 进一步提升至 2020 年的 91.2%；制造业产品出口更是占到工业品出口的 99.5%。2008 年，通信设备、计算机及其他电子设备制造业增加值占到工业总增加值的 18.4%；2020 年，该比重提升至 26.1%。从出口交货值来看，2020 年，计算机、通信和其他电子设备制造业占到工业总交货值的 50.8%。广东成为依托信息制造及贸易而发展的省份（见图 4－10、表 4－7）。

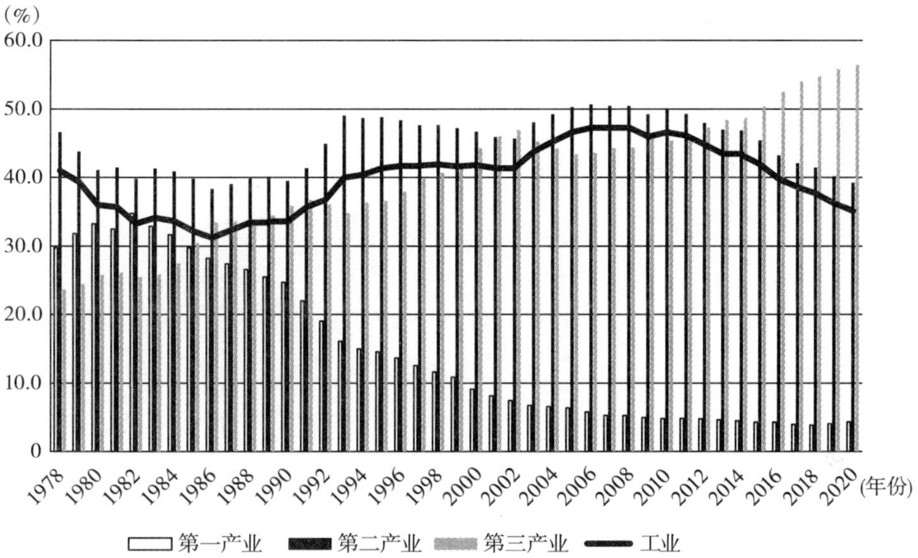

图 4－10　1978—2020 年广东产业结构

资料来源：根据广东省统计局网站数据计算所得。

表 4－7　2008 年、2020 年广东十大制造业占工业增加值比重

%

排序	类别	2008 年	类别	2020 年
1	通信设备、计算机及其他电子设备制造业	18.4	计算机、通信和其他电子设备制造业	26.1
2	电气机械及器材制造业	10.3	电气机械和器材制造业	10.8
3	化学原料及化学制品制造业	6.1	汽车制造业	5.8
4	交通运输设备制造业	5.6	金属制品业	4.7
5	金属制品业	4.7	非金属矿物制品业	4.6
6	非金属矿物制品业	3.7	通用设备制造业	3.8
7	塑料制品业	3.6	橡胶和塑料制品业	3.7
8	纺织服装、鞋、帽制造业	2.9	专用设备制造业	3.5
9	纺织业	2.7	化学原料和化学制品制造业	3.4
10	有色金属冶炼及压延加工业	2.4	食品制造业	2.2
	合计占工业增加值比重	60.4	合计占工业增加值比重	68.6

资料来源：根据广东省统计局网站数据计算所得。

虽处于同一湾区，但粤港澳截然不同的发展特征与属性，决定其需要强化分工与协作，以实现协同转型。

二、粤港澳大湾区数字经济发展动因与现状

在抓住信息技术革命而打造相关加工制造业基地基础上，广东通过政策引导、企业培育、市场开拓、制度完善等多种方式，推动信息经济向数字经济的转型，并在数字产业化方面领跑全国。

1. 广东推动数字化转型的历程

2000年，中共十五届五中全会通过“十五计划”建议，明确提出“大力推进国民经济和社会信息化”“以信息化带动工业化”等重大决策。相对于福建2000年率先将“数字福建”纳入“十五计划”、浙江2003年出台《数字浙江建设规划纲要(2003—2007年)》，广东虽然专项政策发布略晚，但是在国家推进信息化战略中，作为以外向型加工制造业聚集为特征的省份，广东把握自身特征与优势，全方位推进信息经济发展与转型升级，从而为大湾区数字经济兴起提供重要动力。

第一，从电子政务、企业信息化应用场景入手推进信息化建设。自20世纪80年代末开始，中国就开始推进电子政务建设，分别经历办公自动化、“三金”工程、政府上网工程、“两网一站四库十二金”等发展阶段。2002年，《国家信息化领导小组关于我国电子政务建设指导意见》中，把电子政务作为我国信息化工作的重点。2004年，广东出台《广东省“一站式”电子政务建设指导意见》，作为政府信息化建设的重要内容。虽然电子政务以提高政府公共服务能力和优化业务流程为目标，但是对“一站式”网络平台和业务应用系统提出需求。2006年，《广东省电子政务“十一五”规划》出台，成为规范和指导电子政务建设的纲领性文件；该规划除了提出政务效率提高方式外，还明确了信息软硬件设施、省数据中心建设等目标。除了电子政务应用场景，广东还从20世纪80年代起步、90年代逐步扩大来推进企业信息化建设。进入21世纪，广东的企业信息化应用从简单的数据处理，过渡到形成管理信息系统进而企业资源计划管理的信息化等。2006年，《广东省企业信息化总体规划》出台，明确了电子信息业、电器机械业等12个重点产业的企业信息化路径。信息技术的应用，也创造出相应的市场需求，成为拉动本地信息产业聚集的力量之一。

第二，推动信息相关制造和服务业发展。次贷危机爆发前，高消耗、高污染、低附加值加工制造业聚集，已经带来各种社会成本的攀升，广东启动“腾笼换鸟”转型升级战略。随着信息科技革命的兴起，广东进一步明确以信息技术相关产业为主导，并制定专项规划来统筹推进。2008年初，广东出台电子专业设备和仪器、集成电路、软件、以信息技术改造提升传统产业、电子商务、电子基础材料和关键元器件等“十

一五”专项规划。在珠三角改革规划纲要出台后，广东强调以先进制造和现代服务业为主发展现代产业体系，《珠江三角洲地区现代信息服务业发展规划（2010—2020年）》（2010）、《广东省无线城市发展“十二五”规划》（2011）、《广东省电子商务“十二五”发展规划》（2012）、《广东省先进制造业重点产业发展“十二五”规划》（2012）、《广东省生产服务业“十二五”规划》（2012）相继出台，信息服务、电子商务、智能制造等被列为重点发展产业。

第三，供求发力驱动数字化转型。党的十八大以后，国家进一步明确信息化和工业化两化融合的目标在于数字经济的发展，广东在既有信息经济的基础上，从产业支持、场景创造两端发力，促进数字化转型。在场景应用方面，广东2014年出台《推进珠江三角洲地区智慧城市群建设和信息化一体化行动计划（2014—2020年）》；2016年发布《广东省促进农村电子商务发展实施方案》《广东省大力发展电子商务加快培育新动力的实施方案》《关于在全省推广一门式一网式政府服务模式改革的实施方案》《广东省加快推进“互联网+政务服务”工作方案》《关于运用大数据加强对市场主体服务和监管的实施意见》《广东省超高速无线局域网推广应用总体方案》；2018年出台《广东省深化“互联网+先进制造业”发展工业互联网的实施方案》《广东省支持企业“上云上平台”加快发展工业互联网的若干扶持政策》《广东省扩大和升级信息消费实施方案（2018—2020年）》等，这些措施从智慧城市、消费流通、网络政务、工业应用等领域为数字科技发展创造重要需求。更为重要的是，广东针对数字技术的产业化提供有力支持；2014年，广东发布《云计算发展规划（2014—2020年）》《宽带广东发展规划（2014—2020年）》；2015年出台《关于促进地理信息产业发展的实施意见》《广东省智能制造发展规划（2015—2025年）》《广东省信息基础设施建设三年行动计划（2015—2017年）》；2016年实施《广东省促进大数据发展行动计划（2016—2020年）》《关于推动卫星导航应用产业发展的指导意见》《广东省自主时空信息服务“十三五”规划》《广东省工业优势传统产业转型升级“十三五规划”（2016—2020年）》《广东省工业和信息化领域生产性服务业发展“十三五”规划》；2017年出台《广东省先进制造业发展“十三五”规划》《珠江三角洲国家大数据综合试验室建设实施方案》；2018年实施《广东省信息基础设施建设三年行动计划（2018—2020年）》《广东省超高清视频产业发展计划（2019—2022年）》《广东省加快5G产业发展行动计划（2019—2022年）》。这些规划、计划、方案等的实施，配合具体的落地项目，为广东在数字制造和服务业领域的累积创造了有利条件。

第四，推动数字产业集群生态的发展。2020年新冠肺炎疫情暴发，线下活动受到大量限制，同时，信息、数字服务需求大幅度攀升。在国家提出“双循环”新发展格局背景下，广东出台一系列数字产业集群发展的行动计划，表现出广东在数字产业化方向的差异化定位。2020 年，广东在 3 月应对疫情过程中，出台《关于应对疫情影响进一步促进信息服务和消费的若干政策措施》，随后 6 月出台《广东省 5G 基站和数据中心总体布局规划（2021—2025 年）》，7 月发布《关于加快推动 5G 网络建设的若干政策措施》。9 月，在出台的一系列促进产业集群五年行动计划中，新一代电子信息产业、软件与信息服务业、智能家电等被列入战略性支柱产业；半导体及集成电路、激光与增材制造、区块链与量子信息、数字创意、智能机器人等数字相关产业被列入战略性新兴产业。2021 年《广东省制造业数字化转型实施方案（2021—2025 年）》出台。这一系列数字相关产业的集群化发展，为培育数字产业化竞争力，进而确立全国数字生态中的差异化分工地位奠定重要基础。

2. 粤港澳的协作机制

在广东推动经济转型过程中，港澳发挥各自优势，助推地区新兴产业发展。

第一，港澳台商投资工业比重持续下滑，但仍占一定比重。在广东规模以上工业的经济类型分布中，2000 年，港澳台商工业曾经占比为 38%；21 世纪以来，呈现持续下降趋势，到 2020 年，仅占比 16.6%。与此同时，以内地私营经济为主的股份制工业占比从 2000 年的 14.3%，攀升至 2020 年的 65.1%。虽然港澳台资工业占比下降显著，但是仍占到广东规模以上工业的近 1/5，对广东制造业转型升级发挥了一定作用（见图 4－11）。

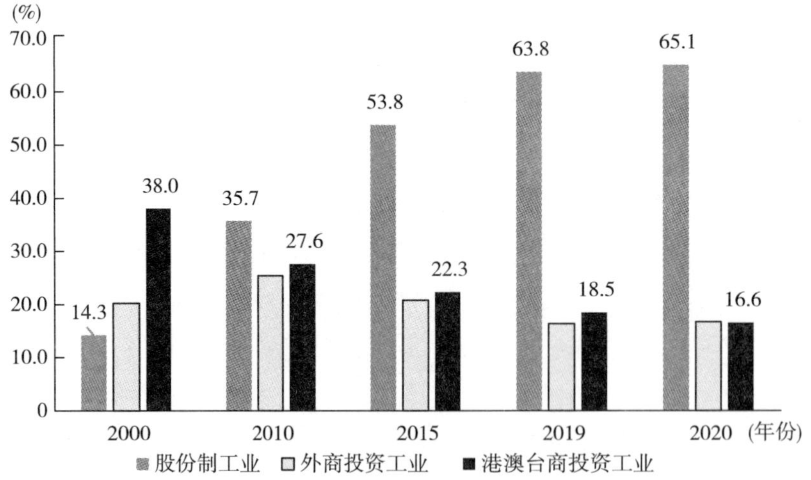

图 4－11　2000—2020 年广东规模以上工业的经济类型分布

资料来源：根据广东省统计局网站数据计算所得。

第二，港澳在输入外资方面发挥更大作用。2000 年，广东实际利用外资 145.7 亿美元，其中60.9%来自香港；2015年，广东实际利用外资达到270.2亿美元，来自香港的资金占到76.2%；2020年，广东吸引外资的73.4%来自香港。此外，澳门资金占到广东实际利用外资的比重不断攀升，2000年仅为2.1%，到2020年升至8.3%。总体而言，2020年广东实际利用外资的81.7%来自港澳，比2000年的63.0%提升了近20个百分点。港澳投资在广东实体经济领域虽然有所减少，但是在外资引入方面，港澳作为自由港的优势得到发挥和强化（见图4－12）。

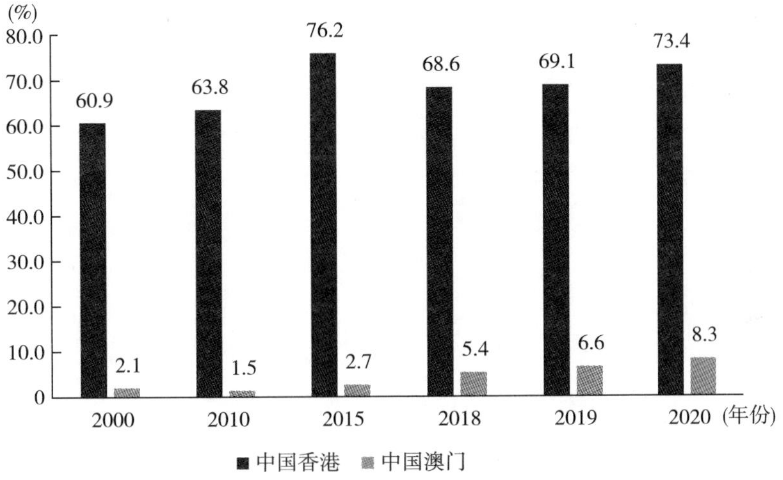

图4－12　2000—2020年广东吸引实际投资额中港澳资金比重

资料来源：根据广东省统计局网站数据计算所得。

第三，香港是广东重要的出口市场。从广东的出口商品结构来看，机电产品占据主导地位，2020年所占出口比重为72.4%。总出口中，高新技术产品的比重有所上升，2020年所占比重为36.6%，其中计算机与通信技术出口占比为25.8%（见表4－8）。在广东总出口中，2020年有22.6%输往香港。香港作为中转贸易港，通过对接国际市场需求，为广东数字产品生产及贸易发展提供一定拉动力。

表4－8　2018—2020年广东主要出口产品所占比重

%

年份	2018	2019	2020
机电产品	69.1	68.0	72.4
高新技术产品	36.2	34.9	36.6
计算机与通信技术	27.8	25.4	25.8

资料来源：根据广东省统计局网站数据计算所得。

由此，就分工协作而言，香港从既往作为广东实体经济主要的投资经营主体，越趋转型为外资引入方，并为广东提供联结国际市场的渠道和途径；澳门作为休闲旅游中心，向广东提供投资方面的作用有所提升。在广东驱动数字化转型的过程中，广东通过数字科技的应用，着力推动数字产业化，以奠定竞争地位；香港的角色和功能主要是联结国际市场，以及输入外资；澳门的作用最主要体现为输入外部投资。

3. 广东数字经济发展状况

在市场发育、政府推动、湾区协作等多方作用下，广东在数字经济发展方面居全国引领地位。

首先，数字经济规模稳步提升。2016 年，广东数字经济规模约为 3 万亿元，占到 GDP 总量的 36.6%；到 2020 年为 5.2 万亿元，占 GDP 的 46.8%。从占全国的比重来看，2016—2020 年，基本维持在全国数字经济总量的 13%，广东成为全国数字经济发展首屈一指的省份（见图 4－13）。

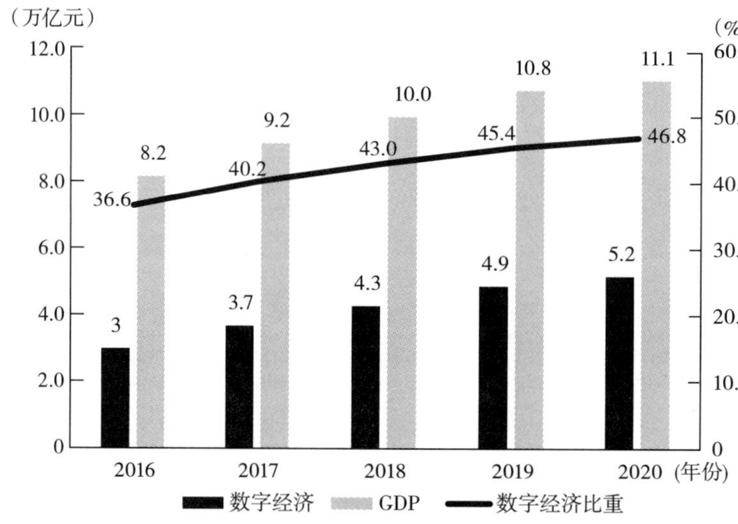

图 4－13　2016—2020 年广东数字经济规模及占 GDP 比重

资料来源：根据广东省统计局网站数据计算所得。

其次，以数字产业化为特色。从全国来看，产业数字化增速相对数字产业化更快，所占数字经济比重持续上升，数字产业化比重则不断下降，2015 年数字产业化占数字经济整体规模约为 25.7%，2017 年为 22.6%，2020 年降至 19.1%。广东数字经济发展则表现为数字产业化比重相对全国更高。2017 年，广东的数字产业化比重为 35.1%，高于全国 22.6% 的比重；2020 年，该比重虽有所下降，但仍达到 32.9%，远高于全国平均 19.1% 的比重，深圳数字产业化比重列广东首位，占比接近 50.0%。从广东的数字产业化占全国比重来看，其 2020 年占到全国的 22.8%。①

① 资料来源：广东省统计局，中国信息通信研究院。

最后，电子信息制造及软件业构成广东数字产业化主体。依托于信息加工制造基础，广东在实施数字化转型规划、政策过程中，不断强化数字产品、服务的生产与供给，并提高国际竞争力。2019 年，在广东数字产业化的内部结构中，电子信息制造业占比为 51%，位居其次的是软件业，占比为 28%，两者合计占比为 79%（见图 4 – 14）。

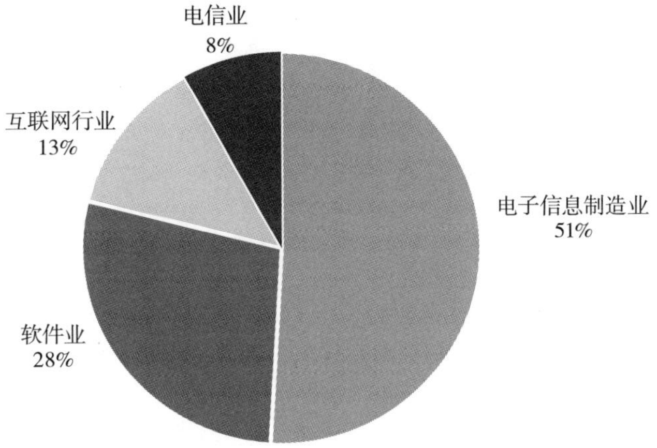

图 4 – 14 2019 年广东数字产业化结构

资料来源：广东省统计局。

三、智慧湾区协同转型的路向选择

面对新一轮科技产业革命的兴起，在“双循环”新发展格局中，大湾区肩负着引领数字化转型的艰巨使命，粤港澳独特的优势，决定三地须扮演不同角色，承担不同责任。

1. 广东自主驱动数字化转型

数字经济生态的兴起，并非取决于局部生产环节技术的改进，而主要依赖于规模化生产消费体系的联结需求，并基于数字科技的突破，而不断重构再生产系统。由此，完全依靠市场自发作用，数字经济转型将是缓慢而复杂的过程。广东在具有一定经济基础的前提下，通过公共治理创新，存在加快驱动数字经济发展的潜力。

第一，广东需要通过公共治理创新自主驱动大湾区数字化转型。香港和澳门均为自由港，产业发展主要依赖市场机制，政府在促进新兴产业发展过程中，可资利用的制度、政策等工具相对有限。党的十九大的召开，提出推进国家治理体系和治理能力的现代化，广东作为改革开放的先行示范区，有必要紧随数字时代要求，创新公共治理，依据数字生态演化规律，从供给与需求两端创造条件，培育并打造湾区的数字经济分工优势，奠定有利且可持续的竞争地位。由此，广东在大湾区数字化转型中，肩负着自主驱动和引领转型的使命。

第二，促进大湾区数字应用场景的规模化开发及数字产业的差异化发展，为智慧湾区数字化转型开辟道路。数字经济的兴起是分工深化到一定阶段的产物，规模化且复杂的供求对接，对数字科技产生强劲需求。由此，粤港澳大湾区的大经济体效应，为规模化的数字应用场景开发，奠定重要基础。从数字生产、数字消费、智慧城市到数字政务等各个领域，湾区需要最大限度地创造并集聚内部的应用场景，为本地数字产品和服务的生产供给提供需求条件。另外，数字产业链条也因流程复杂、技术差异度高，而难以由少量企业、少量地区提供所有生产环节，广东也有必要在数字产业链中选择差异化分工环节，通过规模化生产来累积强化专业化竞争优势。通过产业数字化创造需求，拉动大湾区的数字产业化发展，并为其他产业提供转型升级原动力，智慧湾区的数字化转型得以有效推进。

第三，充分利用港澳平台联结更大规模国际化数字应用场景及吸聚外部资源，是湾区数字化转型的必由之路。数字产业化的发展依赖于庞大生产消费系统的精准对接需求，由此，仅仅依赖大湾区内部的数字应用场景，远不能提供数字产业化的驱动力。香港是对接国际市场的国际金融与贸易中心，澳门具有对接葡语系市场的独特优势，大湾区除了广东强化数字经济发展的自主驱动力之外，更需要发挥港澳联结更大规模数字应用场景及便于中转要素资源的功能，通过联结国内外市场需求、吸聚高技术要素资源，来促进智慧湾区的数字产业集聚，由此形成大湾区数字化转型的现实路径。

2. 香港的功能升级

大变局与“双循环”建设的复杂性，决定香港的角色转型需要审时度势、动态推进。从当前的国际金融、贸易航运中心，逐步转向基于美元国际货币的国际金融、创新科技、贸易航运中心，最终转向中国主导下的国际金融、经济治理与贸易航运中心。

第一，香港需要在既有国际经济治理体系下拓展功能与定位。截至 2021 年 3 月 1 日，美国国债首次超过 28 万亿美元，相当于美国 2020 年 GDP 的 1.3 倍，美元的信任风险攀升；然而美元作为国际货币的主导地位尚未发生改变，且还无达成共识的替代性国际货币，美国主导的国际经济治理体系还将存续一定时间。中国通过“双循环”驱动新生产方式、新科技革命尚在起步阶段，仍须高度依赖既有国际经济治理体系。由此，香港还需要发挥要素、资源、商品的中转作用。基于内地战略制造核心区域的自主创新转型升级对外部资源、要素的需求不断升级，香港的功能定位需要进一步拓展、延伸，也就是从中转输入资金、双向中转商品，拓展到中转输入更大规模的资金、科技、人才及各类服务等，以支撑大湾区及内地科技创新与数字化转型。香港在既有治理体系下由国际金融、贸易航运中心，拓展为国际金融、创新科技、贸易航运中心。

第二，香港也要在面向未来的国际经济治理体系下建构新功能与新定位。在新生产方式已经有所发展、国际分工格局趋于变革的当前阶段，中国推动“双循环”的目标在于加速世界经济格局的变革，建构新国际经济治理体系就是其中的必要组成部分。香港所拥有的资源、条件和制度文化等，能够为国家推进新治理体系构建发挥重要作用。因此，香港需要建构新功能、新定位以服务于国家整体战略，即根据中国主导的双向经贸往来与经济联系拓展需要，发展人民币主导的双向中转资金、管理、科技、人才等新功能，将创新科技服务作为组成部分，涵盖进范围更为广泛的国际经济治理功能内，使香港成为中国主导的国际金融、经济治理、贸易航运中心。

第三，香港的功能升级最终依据大变局的实质进展而阶段性变革。随着大变局的实质性进展，美国主导的世界经济格局将发生变革，国际分工格局、国际经济治理体系、国际政治格局的主导、引领方也相应变迁。在此过程中，香港在面向未来与既有治理体系下并行建构的不同功能和定位，相应随着世界环境的实质性变化而呈现属性的质变，由此使香港的发展表现为阶段性变革。

3. 澳门的转型方向

当前，澳门是博彩旅游中心，在“双循环”建设驱动大变局过程中，澳门所能承载的功能与使命相对有限，发展“世界休闲旅游中心、面向葡语区的国际交往与治理中心”成为定位走向。

其一，延伸博彩产业链，转型升级为世界休闲旅游中心。目前，澳门博彩产业链中非博彩业务收入占比远低于国际领先博彩中心的水平，在既有产业发展基础上，做大休闲旅游整体规模，延伸产业链、开拓高附加值环节、拓展文旅功能等，是澳门经济转型升级的可行方向。

其二，开拓面向葡语区的国际交往与治理服务。面对国家全方位对外开放和加强国际交往的需求，澳门已经利用历史人文资源等建设葡语国家商贸服务平台。由于地域空间、人力资源均相对有限，澳门难以像香港那样形成专业化、规模化的国际经济治理产业，发挥自身优势、规避薄弱环节，澳门着力于支撑新国际经济治理体系的建设，发展面向葡语区的国际交往活动与提供多元化的“单一窗口”服务成为可行选择。

其三，创造从本地产业集聚到联结葡语系市场的数字应用场景。澳门在本地博彩旅游发展及转型升级中，可通过数字化改造，从消费端创造数字应用场景。特别是作为面向葡语区的服务平台，便于开拓葡语区市场，通过促进跨境电商发展、引进数字科技类投资等方式，澳门可发挥助推大湾区数字化转型的积极作用。

第四节　福建数字经济的创新发展

随着新一轮科技革命的深入进行，以人工智能、物联网、大数据、5G 网络、区块链等为代表的一系列数字技术进一步发展与完善。福建作为全国数字经济发展的先行者之一，走出了符合省情的创新模式。

一、福建数字经济发展历程与现状

2001 年，习近平总书记担任福建省委书记期间，即在“十五”计划中提出建设“数字福建”，开启福建探索数字经济发展的先河。政策层面的超前导向，令福建省在国内率先推进信息化建设。经过 20 年的发展，福建省的数字经济发展已取得显著成效。

1. 福建数字经济发展历程

2001 年《福建省国民经济和社会发展“十五”计划纲要》提出“数字福建”后，《数字福建“十五”建设规划》出台，福建省数字经济发展正式起步。“九五”时期，福建接入网终端达到 250 万个，全省广播和电视人口覆盖率分别达到 95.6% 和 96.3%，互联网用户达到 100 万户。但在信息资源利用和信息技术发展方面存在缺陷，所以“十五规划”的建设重点集中于以宽带网络为核心的网络基础设施领域，力图构划以“三网一库”为主体的电子政务系统，并逐渐在各高校推动计算机领域的技术开发教育。

“十一五”和“十二五”期间，福建在进一步加深信息基础设施建设、促进信息资源的整合利用、提高电子政务化水平的基础上，将数字化转型工作推广至其他社会应用领域，并着重发挥海峡西岸经济区的带动作用。“十一五”规划中的“3210”工程项目，即实施“电子政务、企业信息化、社会信息化”三大应用工程，建设信息服务、人才培养两个体系，推进十个信息化专项，极大拓宽数字福建的建设广度。“十二五”规划深化了电子政务在全省范围内各层级政府的融合程度，重点提高公共服务领域的数字化水平，并且针对新一代网络设施的建设进行布局，进一步夯实数字经济运行基础，到 2015 年，福建省的信息经济发展水平居全国第 6 位。

“十三五”期间，信息化建设从技术创新、网络普及和信息扩散向全面优化资源配置、转变经济社会发展形态方向转变，步入加速深化、深度集成、融合转型的发展新阶段。以互联网为平台的交易方式走向主流化，福建省政府力求推动形成一批云计算、物联网、信息安全和互联网龙头企业，并重点建设信息化产业园区，促进传统制造业的转型升级，也推动电子信息产业的创新发展。由此可见，这一阶段是福建省数字经济发展的战略转折点，多个行业展开数字化转型。

2. 福建数字经济发展现状

2020 年，中国数字经济发展规模达到 39.2 万亿元，福建省数字经济发展规模为 2 万亿元，在全国各省级行政单位中位列第 7。其中，福建的数字经济总增速、数字产业化增速、产业数字化增速分别达到 16.1%、7.2% 和 17.6%，均高于全国平均水平（见图 4－15）。且福建在数字经济总增长速度上位居全国第 3，是全国数字经济增速超过 15.0% 的三个省份之一。[1] 从综合规模、增值、结构和区域协调性四个方面来看，当前福建省数字经济发展水平处于国内中高层次，数字经济发展已初具成效。

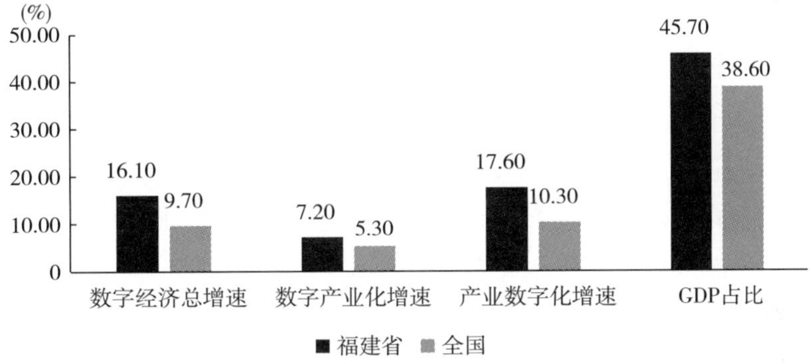

图 4－15　2020 年福建省数字经济与全国平均水平对比

资料来源：《中国数字经济发展白皮书（2020 年）》。

近 4 年来，福建省保持着较高的 GDP 增长率，数字经济占 GDP 比重逐年升高，从 2017 年的 36.0% 提高至 2020 年的 45.7%，数字经济正逐渐占据福建经济发展的核心地位，成为拉动经济发展的核心增长极和新动能之一（见图 4－16）。

二、福建数字经济运行的机理

数字经济的核心是“数字”，辨析数据的诞生和流向，有助于剖析其作为新生产要素改造和创造生产活动从而创造价值的运行机理。

① 中国数字经济发展白皮书 2020[R]. 北京：中国信息通信研究院，2021.

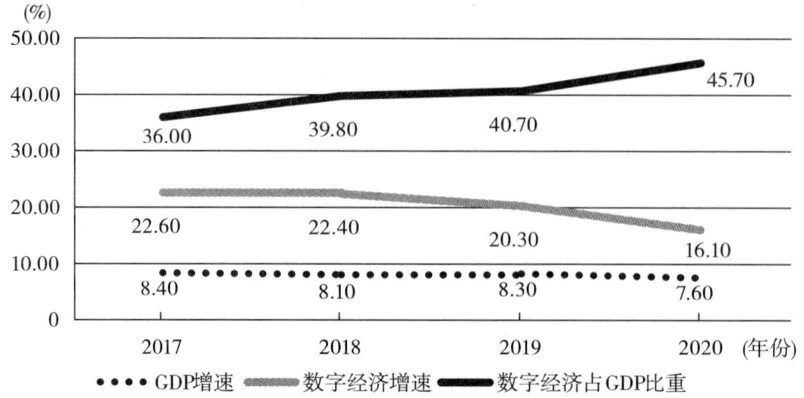

图 4-16　2017—2020 年福建省数字经济增速与 GDP 增速对比

资料来源：《福建统计年鉴》。

1. 数字产业化奠定运行基础

数字产业化是数字经济体系的重要一环，主要指基础电信业、软件服务业、电子信息制造业、互联网行业等信息化行业的发展。作为产业数字化和数字化治理的先导行业，数字产业化在数字经济运行模式中扮演着“基础设施”的角色。

2020 年我国数字产业化规模为 7.5 万亿元，约占全国数字经济总规模的 19.13%；福建省的数字产业化规模为 2649 亿元，占全省数字经济总规模的 13.21%。

福建省数字产业化的进展体现为两个方面。

一是信息基础设施奠定运行框架。信息基础设施指的是基于新一代信息技术演化生成的基础设施，其中包括以 5G、物联网、工业互联网、卫星互联网为代表的通信网络基础设施，以人工智能、云计算、区块链等为代表的新技术基础设施，以数据中心、智能计算中心为代表的算力基础设施等。

2020 年福建省信息基础设施指数为 73.4，居全国第 5 位。其中，通信网络基础设施不仅与消费者直接享受数字化服务有着紧密的联系，更直接关系到数字化产业进行产品传输、服务提供的效率，其定位为数据流通的通道、存储的站点。当前福建全省累计建成 5G 基站 2.2 万个，县级以上区域实现全覆盖；窄带物联网（NB-IOT）基站 3.6 万个；建设海丝卫星数据服务中心、北斗位置服务平台、国家级工业互联网标识解析二级节点等设施①。透过这些基础设施，数字生产部门能够利用其所掌握的数字技术，以数据的形式发放产品信息、服务信息，也能存储和分析反馈回来的数据信

① 中国新基建竞争力指数白皮书[R]. 福建省经济信息中心，清华大学社会治理与发展研究院，互联网产业研究院，长威信息科技公司，2021.

息，从而改善自己的生产模式。另外，福州和厦门两座城市获评中国软件名城，在闽东和闽南地区延伸出了规模化的软件制造园区，为信息技术基础设施的构建注入新的力量。总之，这些基础设施为数字化产业进行社会化生产，共享数据化要素、传输数据化产品提供了不可或缺的系统化设施体系，进而为数字产业化规模的增长奠定基础（如表4－9）。

表4－9　信息基础设施指标体系

一级指标	二级指标	三级指标
信息基础设施指数	通信网络基础设施指数	5G发展指数
		物联网发展指数
		工业互联网发展指数
		卫星互联网发展指数
	新技术基础设施指数	人工智能发展指数
		云计算发展指数
		区块链发展指数
		大数据发展指数
	算力基础设施指数	数据中心发展指数
		智能计算中心发展指数
		云算力发展指数

资料来源：《中国新基建竞争力指数白皮书（2021年）》。

二是以互联网企业为代表的新兴信息产业体系。当前数字技术水平下，互联网仍作为主流传输通道，数据对于网络传输仍具有高度依赖性，故互联网企业的数量和质量能够直接影响到一个地区的数字产业化水平。以2019年的数据来看，中国100强互联网企业的业务收入合计达2.75万亿元，占数字经济比重达8.8%，对数字经济贡献率达14.0%，我国数字经济结构呈现“二八态势”，即数字产业化规模约占20%，产业数字化约占80%，表明互联网企业在数字经济发展中占据重要地位。

2019年，福建省的百强互联网企业数量达到7家，在省级行政单位中排第四位，表明福建省拥有一定体量的互联网产业集群，它们在数字经济生态系统中扮演中枢企业的角色，通过组织、协调和数据挖掘等方式充分利用顾客信息和社会资源，维护系统运转，促进价值生态系统的成长，寻找并拓展价值空间①。典型的中枢企业为阿里巴巴、腾讯、百度，虽然福建没有国内领先的行业龙头，但是以福州、厦门两座城市为首，具备一批优质的成长型互联网企业，全省另具备区块链注册企业745家，涵盖

① 孟方琳，汪遵瑛，赵袁军，等．数字经济生态系统的运行机理与演化[J]．宏观经济管理，2020(2)：50－58.

了硬件生产、底层平台建设、数字资产存储、安全服务等方面，形成一定的规模效应，配合覆盖范围全面、先进度较高的通信网络基础设施、新技术基础设施、算力基础设施，组成了高效、精密的数字化产业体系，为数据的输入和输出提供高度适配的运行环境。另外，算法执行力水平决定着数据化生产要素进行价值实现的效率。整体来看，福建省的数字企业和算力基础设施具备国内领先水平的处理数据的算力，数字福建云计算中心（商务云和政务云）能够为269个部门1723个应用系统提供近万兆外部网络互联宽带，极大提高了数据的创造和处理能力。①

综上所述，数字产业化作为“数字产业化、产业数字化、数字化治理”“三化框架”中的基石，是数字经济体系能够顺利运转的先决条件，虽然其在数字经济规模中占比较小，但是作用无可替代，它通过技术手段，在创造、流通、处理、回馈等方面，赋予了数据真正意义上实现价值转换的能力。而从新型基础设施建设中信息基础设施建设和以互联网企业为代表的信息产业来看，福建省具备较为坚实的数字产业化基础，且在数据化生产要素供给方面拥有较为扎实的后备力量，为福建数字经济发展构建起保障体系。

2. 产业数字化构成运行主体

当前我国数字经济发展呈现出“二八态势”，各地区数字经济结构皆以产业数字化为主导地位。2020年福建省数字经济总规模中，产业数字化在其中占比高达86.79%，规模达到17404亿元，位列全国第7，产业数字化规模占GDP比重接近40%，福建的传统产业数字化水平处于国内较高层次（见图4－17）。

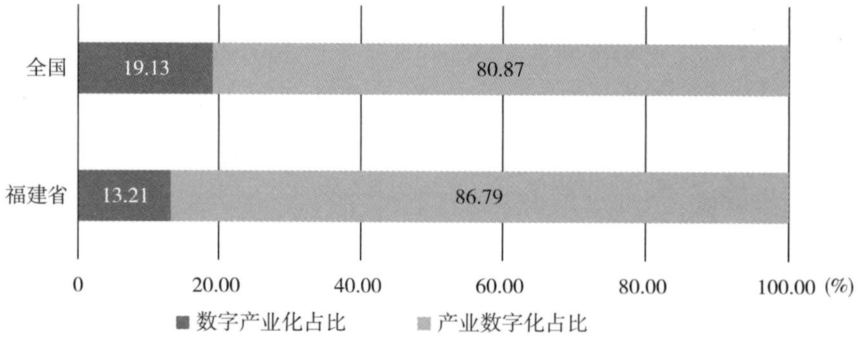

图4－17　2020年全国和福建省数字经济内部结构对比

资料来源：《福建省数字经济发展研究报告（2020年）》。

① 中国新基建竞争力指数白皮书[R]. 福建省经济信息中心，清华大学社会治理与发展研究院，互联网产业研究院，长威信息科技公司，2021.

（1）融合基础设施提供数字化转型软硬件。

融合基础设施指的是深度应用互联网、大数据、人工智能等技术，支撑传统基础设施转型升级，进而形成的新型基础设施，具体包括智能交通基础设施、智慧能源基础设施等，其与三大传统行业进行数字化转型有着密切的联系，是“三化框架”中产业数字化进行价值创造的基础设施。农业、制造业、服务业在运用融合基础设施后，数字化转型获得技术和设备支持，产能和生产流程发生显著改变。从融合基础设施入手，能够从根源上分析产业数字化如何进行大规模的价值创造（见表4－10）。

表4－10　融合基础设施指标体系

<table>
<tr><th>一级指标</th><th>二级指标</th><th>三级指标</th></tr>
<tr><td rowspan="6">融合基础设施</td><td>第一产业融合指数</td><td>智慧农业设施指数</td></tr>
<tr><td>第二产业融合指数</td><td>智慧工业设施指数</td></tr>
<tr><td rowspan="4">第三产业融合指数</td><td>智慧交通设施指数</td></tr>
<tr><td>智慧能源设施指数</td></tr>
<tr><td>智慧医疗设施指数</td></tr>
<tr><td>智慧教育设施指数</td></tr>
</table>

资料来源：《中国新基建竞争力指数白皮书（2021年）》。

2020年福建省融合基础设施指数为73.6，位居全国第6。在农业方面实施“农业云131”信息工程、“互联网＋”农产品出村进城工程，创建省级现代化智慧园、农业物联网应用基地，目的是改变传统农业产能有限、销路短、渠道单一、产品信息流通阻塞等生产和营销问题，通过构建种植园大数据中心、全省农业信息资源云平台，大幅度提高农产品产销效率，把控农产品生产质量、精准定位产品市场，也使得消费者能够高效获取农产品相关信息，降低信息不对称等壁垒。第一产业融合基础设施的应用，有助于产销效率的提高，从而促进数据化生产要素的价值转化。在制造业方面，重点搭建工业互联网示范平台，培育嘉泰数控、厦门天马微、中科云创、闽光软件等工业互联网App，引进国内工业互联网龙头企业资源，这为传统制造业提供了有关数字化生产方式信息的交流平台，对其进行数字化管控有显著帮助；同时建立工业产品大数据中心，为工业产品功能升级和质量改善提供了智慧化的处理平台。第二产业融合基础设施的应用，使产品缺陷得以在大数据平台上被挖掘、分析、改善，产品价值得到提升，进而实现数据化生产要素的价值转化。在服务业方面，着眼于交通、能源、医疗、教育领域，建设全国首个商用5G智能驾驶系统和首个无人全自动化码头，打造智慧交通云，强化行业管理与信息技术深度融合，建立东南能源大数据中心与智慧能源示范工程，建设覆盖主城区的“互联网＋”充电设施，拓宽省级教育服务资源平台功能，融合多类医疗二维码等。福建省在服务领域侧重于公共服务数字化转型，同时为商业化服务提供数字化平台，这使服务提供者与更多消费者直接沟通，服务效率大幅度提升、交易成本有所下降，数据化生产要素通过无形商品形式表现的服务活动实现价值转化（见图 4 – 18）。

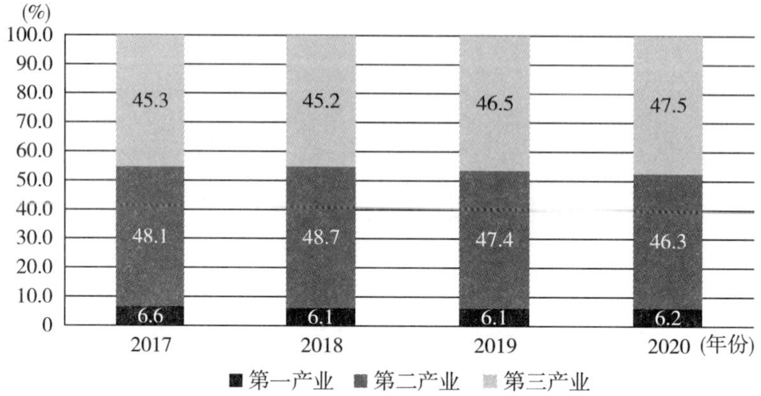

图 4 – 18　2017—2020 年福建省三次产业结构

资料来源：《福建统计年鉴》。

（2）两化融合推动制造业增产增值。

福建第二产业和第三产业构成国民经济主体，特别是第二产业所占比重相对较大，是产业数字化的主要板块。近两年，福建在产业数字化规模方面位列全国第 6、第 7，信息化、工业化融合发展水平居全国前列，通过两化融合贯标评定的企业数量居全国第 2 位。这表明，一方面，福建数字技术与传统制造产业的融合程度较高，数字技术创新性应用的能力较强，从而使生产效率提升明显。另一方面，福建省的数字经济产业集聚区联动效应明显，制造业园区规模效应突出，属于产业集群驱动型的数字经济发展模式。

在闽东地区，以省会城市福州为核心，多集聚新型材料、新能源、光电、船舶和汽车零部件等高新技术产业集群，这些类别的产业生产线自动化程度高，数字技术运用环节多，且有龙头制造企业带动数字化转型。在龙头骨干企业的引领带动下，新一代信息技术加速各类资源要素优化配置，催生产业链上下游协同、大中小企业融通发展的制造业新生态。例如，位于福州福清市的福耀集团，近几年高度重视运用数字技术升级产品，其下属的福耀集团玻璃工程研究院研发数字技术赋能下有关汽车玻璃的新产品接连推出，汽车前挡玻璃可加热、可调光，附带电子车牌身份证，车载天窗利用太阳能发电等智能化功能，企业产业链逐渐向适配新型智能汽车的定位转型。位于宁德市的新能源汽车动力电池生产商宁德时代已布局多阶段数字化生产战略，目前在公司电池生产线上推广5G技术、AI技术、自学习技术、图像识别技术等，智能制造系统支撑了上百万个不同设备，每天产生约5000亿的数据量，涉及3600多个和质量相关的检测点实时数据，可以快速实时跟踪，数据化生产要素在产能提升上发挥了显著作用。

在闽南地区，以厦门、泉州为首的两座城市承载新材料、电子产品、陶瓷以及大规模的纺织服装制造业，皮革、毛皮、羽毛及其制品和制鞋业、服装业的产量规模尤其突出。福建省内的纱产量居国内首位，且多家国产龙头体育运动品牌服装工厂扎根于泉州市和晋江市，如安踏、李宁、匹克、特步，凭借着原材料和品牌优势，闽南地区拥有庞大的服装业制造集群，形成了显著的规模经济，为数字化生产技术的融入提供重要载体。近年来，以安踏为首的多家服装产商建立一体化工厂，实施“机器换工”上万套，进行全链条改造，从而实现“柔性化生产”。实现从裁剪、配料到包装、装箱的全过程智能化，单品生产提效10%～15%，利润大幅度增长，产业数字化规模借此得以快速增长。在陶瓷业方面，闽南地区具有全球技术最前沿的产业集群，泉州市永春县的九牧5G智慧产业园，是全球陶瓷行业首家真正意义上的5G数字智能工厂，[①] 通过配备全天候运作、效率是人工的3倍、均匀度100%的施釉机器人，抓力高、智能整理陶瓷物品的码垛机器人，以及35秒完成一个产品的表面检测、10倍于人工效率的高倍摄像机，九牧已实现数字化提质增效，从销售端到工厂端实现生产数字化、管理可视化、个性快速定制以及安全生产可控率100%、固危物控制100%、生产效率提高50%的零库存生产方式。

综合两方面来看，产业数字化作为数字经济规模增长的主导力量，是数据化生产要素进行价值转化的主阵地。融合基础设施在一定程度上决定了区域内产业集群进行数字化改造的客观环境，并提供了具体的应用场景。一方面，人工智能、大数据中心、区块链技术等高端数字技术带动了传统产业进行数字化转型，通过引入智能生产设备，改变生产链运转流程，这些产业的产出效率得到了不同程度的提高，与传统产业的融合程度决定了产业数字化的产出水平。另一方面，在这些案例中数据传输的场景是多样的，有操纵工业机器人的机器数据、产品信息数据、产品售后的反馈数据等，无论是哪类数据，它们都通过数字化的生产链条实现了价值转化，即为厂商带来了更高的产销效率，从而获得更多的利润。总体而言，福建建设起较为完善的融合基础设施体系，为三大产业提供多元化的数字技术应用场景，并且在第二、第三产业总体发展规模较为单薄的情况下，促进传统优势行业与新式数字技术的深度融合，提升

① 福建省工信厅.5G+智慧工厂“民营经济大市”福建泉州制造业转型加速度[EB/OL].2020.

工业化、信息化的两化水平，在产能最高的领域发挥数字技术提效增收的能力，从而最大限度创造产业数字化的规模（见图 4－19）。

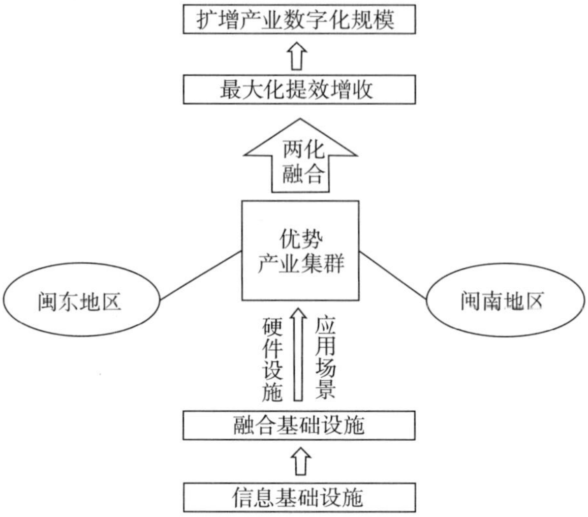

图 4－19　福建省产业数字化运行模式

3. 数字化治理进行宏观调控

数字产业化是数字经济体系运转的基础框架，产业数字化构成运行主体，数字化治理作为国家调节社会经济运行的新抓手，可以有效解决以往政府行政僵化、市场调控信息失灵、社会运行成本高等问题，有利于创造良好的营商和社会生活环境，促进数字产业化和产业数字化的提速发展。① 在中国信息通信研究院给出的概念中，数字化治理是以“数字技术＋治理”为典型特征的技管结合，涉及数字化公共服务等内容，它实际上是一个多主体共同参与的过程，但在当前阶段，政府的角色具有引导性。大数据和人工智能的广泛应用，有助于更为精准地分析社会运行规律、追踪政策实施效果及变化趋势，并对其发展方向进行预判，实现社会治理能力的全面提升，最终有助于提高财富再分配效率，节约社会成本。

在数字化治理方面，福建是国内最早的一批探索者，2000 年，福建省委、省政府就提出“数字福建”战略，至今已储备 22 年的建设经验。在此期间，福建长期把“数字福建”建设作为推动高质量发展的基础性先导性工程，相继出台促进大数据、5G 等产业发展以及信息消费的一系列政策，积极发挥数字经济的引擎作用。当前，福建省的数字化治理模式已成为国内重要示范点之一。

① 陈岳飞，肖克，张海汝，等．中国数字经济结构发展协同度研究[J]．学习与探索，2021(8)：121－129.

福建数字化治理的特点包括以下三方面。

一是持续强化顶层设计。福建省政府从全局角度展开“数字福建”的建设设计，先后制定实施4份数字福建专项规划、20份年度要点，出台了支持互联网经济、物联网、人工智能、5G、区块链、平台经济、新基建等一系列政策文件，成为数字经济领域产业政策体系最完备的省份之一。“数字福建”还被纳入全省国民经济和社会发展规划框架，统一组织实施。针对区域信息化建设中的关键要素统筹部署数据资源、信息网络、政策法规、信息安全、人才培养、应用基础设施和信息化应用工程等方面，力求为该省数字经济发展营造通畅的政策环境。

二是注重新基建的建设。福建省数字经济发展的一大推动力是完善前沿的新型基础设施，2020年福建新基建竞争力指数为73.8，位居全国第5。福建省持续完善“信息高速公路”建设，省内所有地级市都达到光网城市标准，4G全面覆盖城乡，建制村100%通光纤，窄带物联网实现全省全覆盖，5G建设不断提速，互联网普及率居全国第4位。电子政务服务网络已实现省、市、县、乡、村五级全覆盖。北斗数据分中心、海丝卫星数据服务中心等空间信息基础设施建成投用，全面开展环保、农业、林业、海洋、水利等领域卫星应用服务。这些措施不仅为数字产业化和产业数字化提供了数据设施保障，也为政府收集经济数据、政策数据提供了高效通道。

三是公共服务领域创新应用。福建省力求打造的是“数字应用第一省”，数字化改造的重心在于数字技术与社会生产、社会服务的整体融合效果。在公共服务领域，福建多次在政务平台首创性地运用数字技术，在全国率先开通省级政务信息共享平台，成立信息化标准技术委员会，启动实施电子证照建设应用工作，建立信息资源的基本管理制度，整合各部门数据资源，构建省市两级政务数据汇聚共享体系，当前省级政务云平台已汇聚了2400多项共计69亿多条数据记录，涵盖全省150多万家企业及8万家机关事业单位和社团组织信息、全省近4000万常住人口和320多万流动人口信息、1亿多本电子证照、1亿多条信用记录信息和10亿多条环境监测数据，并实现“一人一档”和“一企一档”。公共信息资源统一开放平台正式开通，已开放23个领域、48个部门和20个行业708类数据，总开放数据量超过7亿条，累计用户访问883万余次。借助数字技术搭建起的政务平台具备双向作用，不仅利于政府对社会各生产部门进行生产数据的收集与分析，也有效促进了政府数据的社会化增值再利用，便捷群众生活、助推大数据产业发展。

另外，福建在以教育服务、医疗服务和交通服务为代表的第三产业创新数字化应用中，如在福州市打造数字教育小镇，整合数字教育产业链，启动了面向全国中小学生的虚拟实验教学资源开发和试点工作，在新冠肺炎疫情期间支持多省市的线上课程，构建全球数字教育生产基地并接收了埃及、加纳、泰国、塞尔维亚等多个国家级订单。同时，福建将数字化应用和省情紧密结合，建设数字丝路信息枢纽，从强化信息互联互通、国际经贸合作、建设人文交流信息化三个角度进一步完善数字丝路项目，强化对跨国数字经济活动的数据管控；打造智慧海洋交互平台，积极聚合生态，探索数字技术与海洋经济的结合点，拓宽了数字化整理的领域。

综上所述，数字化治理的主要特征是以政府为主导，进行对数据化生产要素的宏观调配，进一步提高数据进行价值转化的效率。政府通过出台政策、财政拨款等手段建立数字化平台和部分新型基础设施，一方面，收集社会生产部门的相关经济数据，进行分析和决断，从而改善对资源调配的决断；另一方面，营造激励产业进行数字化转型的政策环境，且主动利用数字技术对教育、医疗等公共服务进行改造，从而提高服务效率。福建凭借丰富的数字化治理经验，积极构建智慧型数字政府，将大数据技术融入政务工作，并敢于进行创新性数字应用，因地制宜构建数字化治理项目，从而成为地方数字经济增长的有力助推者。

4. “三化框架”的内部关系

系统梳理数字产业化、产业数字化和数字化治理的相互关系，可得出数字经济运行机理。

数字产业化作为数字经济体系中的基石，是数字技术的创造者和提供者，数字产业规模的扩大、数字产业主体的增多、数字技术创新能力的增强，一方面为传统产业与数字技术的融合奠定基础，促进了传统产业转型升级，夯实产业数字化的发展底座，为企业投入产业数字化降低门槛，① 从而不断刺激产业数字化的规模扩增；另一方面为以政府部门为代表的社会管理部门提供了数字化转型的技术支持，构建政府参与调配数据化生产要素的新型智能化平台，拓宽及创新政府进行社会信息数据收集的渠道和模式，增加政府对社会运行境况分析与决策的准确性，从而提高政务处理的整体效率（见图4－20）。

产业数字化是融入数字技术进行价值创造的核心阵地。在数字化转型过程中，传统产业不断更新原有的产销模式，实现产品质量、服务质量的提档升级，竞争逐渐从生产规模转移至消费者需求导向，产业链趋于精细化、专业化、个性化。一方面，经营环境的变化、商业模式的演进使得产业数字化的技术需求快速攀升，从而促进数字产业化规模扩张。另一方面，产业数字化带来产能提升，扩充了财政收入来源，为数

① 刘钒，余明月．长江经济带数字产业化与产业数字化的耦合协调分析[J]．长江流域资源与环境，2021，30(7)：1527－1537.

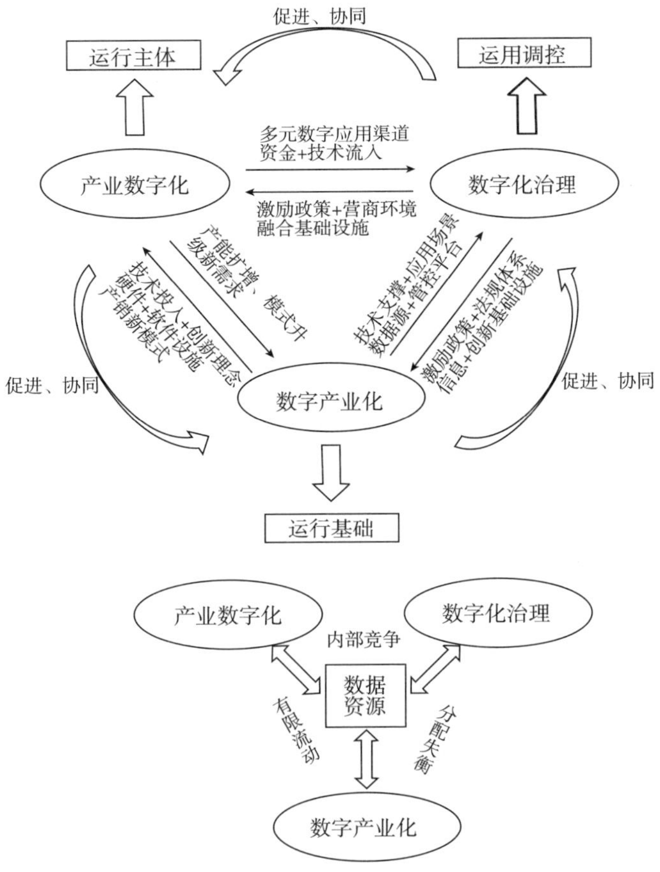

图 4－20　“三化框架”下的数字经济运行机理

字化治理储备财政资金。数字化治理作为数字经济体系的催化剂，通过出台相关激励政策，完善法律体系，设计和建设新型基础设施，营造适宜数字经济运行的宏观环境，助力数字经济整体突破发展瓶颈。

此外，相对于传统的生产要素，数据化生产要素具有高流动性特征，数据资源会向价值转化效率高的部门集聚。在数字化治理领域，由于数字技术投入该领域后产生的价值回馈不明显，短期回报率低，因此数字化治理相对处于资源竞争劣势地位。

综上所述，数字产业化、产业数字化和数字化治理在本质上是相互协同、相互促进的，但三化间存在一定竞争关系。要确保数字经济体系整体协调、平稳发展，需要把握好三化的发展平衡点，提高数字技术的整体运用水平，引导数据资源的有效流动。

三、福建数字经济发展的不足及优化策略

福建数字经济发展已取得长足进步，但通过横向对比以长三角地区和港珠澳大湾

区为代表的数字经济发达区域，福建仍存在进步空间。

1. 福建数字经济发展的不足

第一，科技创新力量薄弱，行业人才匮乏。

数字经济的发展离不开数字技术的支撑，数字经济运行体系中的技术提供者以数字产业化为主，而组成或支撑数字产业化的单位则集中于高新技术企业、高等院校和研究所。一方面，福建省研发投入经费较为有限，在 2019 年共投入 R&D 经费 753.7 亿元，在各省级行政单位中排第 12 位，研发经费投入强度，即经费与区域生产总值之比，仅有 1.78%（见表 4-11）。另一方面，福建省缺乏具备突出创新能力的企业，在《2020 数字经济创新企业 100 强》榜单中，福建仅有两家企业上榜，且位次靠后。2020 年全省专利授权量为 14592 件，与广东、江苏、浙江等地有显著差距。同时，福建省内缺乏工科强势高校，全省共计 89 所大学，双一流高校仅有厦门大学和福州大学两所。截至 2021 年 6 月底，福建省高校中开设物联网工程课程的有 19 所，开设大数据相关专业的有 25 所，开设人工智能、集成电路课程的仅厦门大学和福州大学 2 所。① 综合来看，针对有关数字产业化的新一代信息技术专业的教育投入十分有限，数字经济领域的人才储备存在显著缺口。

表 4-11　2019 年各地区研发经费投入情况

地区	R&D 经费（亿元）	R&D 经费投入强度（%）
广东	22143.6	2.23
江苏	3098.5	2.88
北京	2233.6	6.31
浙江	1669.8	2.68
上海	1524.6	4.00
山东	1494.7	2.10
湖北	957.9	2.09
四川	871.0	1.87
河南	793.0	1.46
湖南	787.2	1.98
安徽	754.0	2.03
福建	753.7	1.78

资料来源：中国经济网。

① 创新引领发挥龙头作用　推动福建数字经济高质量发展[J]. 发展研究，2021，38(8)：26-34.

第二，数字产业规模有限，缺乏龙头企业。

2020 年福建省数字经济内部结构中，数字产业化占比为 13.21%，数字产业化规模为 2649 亿元，占 GDP 总量约 6%。而广东、江苏两地的数字产业化规模均超过 1.5 万亿元，浙江、山东、北京则均超过 5000 亿元，由此可见，福建省的数字产业规模与数字经济发达省份存在显著差距（见图 4－21）。首先，福建省内缺乏 ICT 业内的龙头企业，未能形成以这类企业为中枢的“虹吸效应”。而这类互联网巨头多分布于珠三角、长三角、京津冀三大地区，如广东集聚着以腾讯、网易、金山软件、唯品会为代表的一批顶级互联网企业，北京分布着字节跳动、京东、美团、百度等行业巨头。这些企业皆是行业层面的领头羊，覆盖大规模的业务范围，创造跨行业的流动数据。而在福建落地的优质互联网企业，如美图、网龙，都是娱乐导向的数字应用型企业，体量有限，在数字技术创造、吸引同类企业聚集方面存在不足。

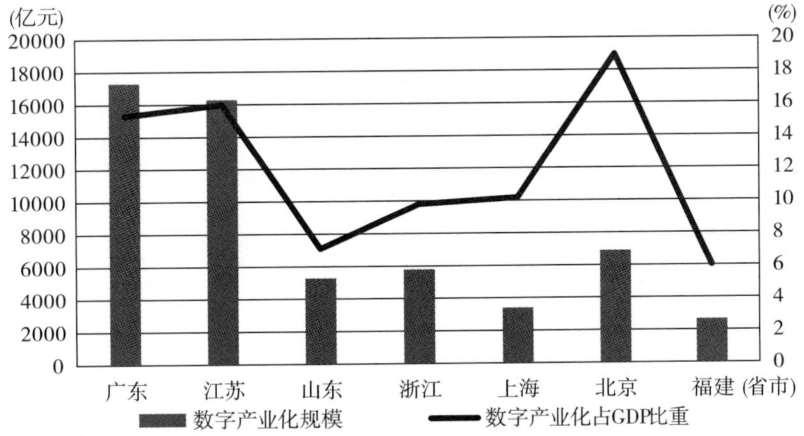

图 4－21　2020 年部分省市数字产业化规模及占 GDP 比重

资料来源：中国信息通信研究院。

其次，福建仅有 2 家企业上榜 2020 年全国电子信息百强企业，江苏 12 家、浙江 14 家、广东 27 家上榜。2020 年中国“独角兽企业”251 家，分布于 29 个城市，其中北京 82 家，上海 44 家，杭州 25 家，深圳 20 家，[①] 而福建无一家企业上榜。综合来看，由于本土缺乏突出的数字龙头企业，品牌效应不成熟，福建省的数字产业难以形成集聚效应，数字产业化的动能受到了严重限制。

再次，数字化转型的深度、广度不足。

福建省传统制造业具备较优的两化融合水平，对制造业产能有较大幅度的提升，

① 长城战略咨询．中国“独角兽企业”研究报告 2021［R］. 2021.

然而在产业链其他环节，数字技术的应用程度仍待提高。如在销售端，随着电商平台的成熟与完善，电子化销售成为当前产品实现价值转化的重要渠道，从而在产销两端共同实现产业增值，推动数字经济规模化增长。网络零售额能够一定程度上反映各地区在销售模式电子化转型的情况，根据2019年各省市的网络零售额统计，福建省占全国零售总额的4.2%，排第6位，但其在体量上与广东、浙江、上海、北京等地有着较大差距，平台经济的动能有待激发（见图4－22）。

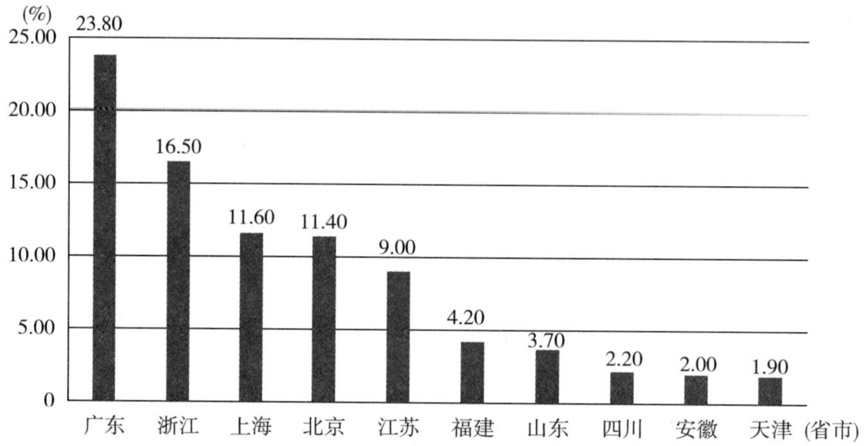

图4－22　2019年前十大省市网络零售额占全国网络零售额比重

资料来源：中国信息通信研究院。

最后，由于缺乏能够进行平台搭建、管控的信息企业，金融产业较为薄弱，缺乏头部券商和保险企业，福建大数据市场化应用程度还须进一步加强。福建在数据采集、数据定价、数据保护、数据交易等数据价值化领域存在大片空白，数据流通对外依存度高，数字经济运行体系完整度有待提升。

2. 福建数字经济发展的优化策略

一是加大数字产业的创新和教育投入。

面向省内，在各高校探索以信息技术为主体的新兴专业群，注重人工智能、物联网工程、计算机网络与软件应用、软件工程等专业的建设投入，构建专业化的人才培养体系，并且配合相应激励政策留住数字领域人才。政府联动高校落地数字经济领域的科技研究所，扩建科技产业园区，搭建产学研基地，提高科技与研发的资金投入，扩充财政资金促进科技发展的渠道，例如，特定企业税收减免、新基建项目规划、科技研发贷款专项等方式。面向省外，通过优惠待遇引进数字技术领域专家、教授，增强各高校相关专业的师资力量，提高相关研究所、实验室人员科研素质，扩大工信厅、数字福建领导小组等部门的专业性人才群体，在政策治理方面借鉴其他先进省份的经验。同时，注重和省外数字经济领域的优秀单位搭桥合作，交流技术研发、生产模式等方面的专业性知识和技能。

二是联动粤港澳大湾区实现瓶颈突破。

作为当前我国发展最成熟和发达的三大城市群之一，“十四五”规划赋予了粤港澳大湾区在国家战略层面上的三大使命。福建省作为湾区的邻省，从综合区位条件、交通条件、政策导向、数字经济特征多个角度来看，具有融入湾区辐射圈，实现数字经济协同发展的可行性。具体而言，首先，应该在新基建层面实现和湾区的对接，加大投资互联一体化网络，重视信息、融合、创新基础设施建设，实现数据高效地跨区流动，扩大数据价值实现的载体。其次，《粤港澳大湾区发展规划纲要》提出深化创新合作，致力于构建开放型区域协同创新共同体，福建应该在“福—厦—泉”沿海经济带的基础上，拓展出科技创新连廊功能，与“广—深—港—澳”有效联合，打造出科技创新平台，从而发挥协同作用，实现跨地区的创新效用提升。最后，针对省内产业群规模有限、种类不齐全等问题，可以吸收湾区外流的产业，并主动承载湾区高端产业的延伸产业链，完善福建产业体系。

三是持续扩大数字中国建设峰会的平台效应。

由于福建省信息行业龙头企业较少，未能形成有效的向心力，在竞争日益激烈的互联网领域难以吸引行业巨头落地，导致数字产业化欠缺发展动能，因此需要另辟道路，通过其他媒介集聚数字产业。“数字中国建设峰会”是中国信息化发展政策发布平台、电子政务和数字经济发展成果展示平台、数字中国建设理论经验和实践交流平台。峰会一年一度在福建福州市举行，每年皆有上百家数字化实践领先单位和数字领域龙头企业参展，展示最前沿的数字产品，分享和交流在数字经济领域取得的各类进展，例如，数字技术方面的革新、产业数字化转型的经验、数字化建设的成效等。自2018年以来，数字中国建设峰会已在福州连续举办三届。凭借数字中国建设峰会的金字招牌，福州签约334个数字经济项目，总投资3247亿元，先后引进百度、阿里、京东、比特大陆等一批数字经济龙头企业，推动华为、腾讯、字节跳动福建区域总部等一批重点项目落地，为福州市的数字经济建设提供巨大帮助。福建需要加大峰会的宣传力度和建设投入，吸引更大规模的数字践行单位参与，把握对接广东、江苏、浙江、北京等前沿地区的合作机会；并在峰会举办期间，于福建省其他城市举办分会场，将峰会辐射范围拓展至全省，从而为福建数字产业化提供动能。

第五节　海南自由贸易港的差异化发展与数字贸易港建设

在中国更高水平的开放型经济建设中，海南自由贸易港被寄予全面开放新高地的厚望；然而，海南经济基础相对薄弱、周边区域竞相发展、内外形势不容乐观，这都给自贸港建设带来挑战与难度。面对百年未有之大变局，党的十九届五中全会提出新发展阶段、新发展理念、新发展格局的战略思路，海南自由贸易港需要在新时代机遇中，嵌入国家战略全局，力求差异化以开辟可持续发展道路。

一、海南自由贸易港建设面临挑战

海南长期以来是毗邻南海的农业岛，1988 年设立经济特区，农业占到地区生产总值的 50%；经过 30 余年的开发建设，2019 年海南农业占比仍超过 20%。在一个未经历工业化的海岛建设现代化的自由贸易港，其难度与挑战不言而喻。

第一，海岛发展基础薄弱。海南经济总量占全国比重非常小，自 21 世纪以来，地区生产总值始终仅占全国的 0.50% 左右，2020 年占比为 0.54%。从岛内的经济构成来看，2008 年之前曾有小幅的工业化进程，工业占 GDP 比重曾由 21 世纪初的 12% 左右提升至 2007 年的 22%，之后一路下滑，工业化相对止步，转向服务化发展，这使海南农业比重由 21 世纪初的近 40.0% 下降至 2019 年的 20.3%，2020 年略有回升至 20.6%；服务业比重在 2020 年达到为 60.4% 的峰值。从空间分布来看，海南的农业分布较为分散，2019 年一半以上的县市农业比重分别超过全省的 6.5%；第二产业主要聚集在海口（25.1%）和杨浦（17.6%），第三产业主要聚集在海口（42.3%）和三亚（15.8%）。从就业人员的分布来看，海南农业就业比重自 2011 年才降到 50.0% 以下；第二产业吸纳就业比重从未超过 13.0%，在 2013 年达到峰值为 12.7%；而服务业就业比重自 2018 年开始超过 50.0%，2019 年为 50.1%。工业化欠缺使海南的经济总量增长及结构升级都相对缓慢，仍然鲜明的农业社会特征约束其后续发展。

第二，周边区域竞争力强劲。广东和广西是毗邻海南的内陆两省，2020 年，广东经济总量达到 110760 亿元，是海南的 20 倍，广西亦是海南的 4 倍。随着粤港澳大湾区建设上升为国家重大区域战略，深圳肩负中国特色社会主义先行示范区的标杆使命，深广中心城市越趋显示出强劲的创新潜力；珠三角聚集规模化的先进制造业及服务业，现代化能力显著；香港是亚太首屈一指的国际金融与贸易中心，澳门以国际休闲旅游为特长。相较海南而言，大湾区在现代产业体系的主要领域，均显示出极其悬殊的竞争优势。并且，在成熟的产业与经济基础上，城市治理现代化的先行先试又将赋予大湾区新的活力与动力，由此增加了海南先进产业引流分流的难度。广西各项经济指标虽然远低于广东，但是近年随着西部陆海新通道的开通、“21 世纪海上丝绸之路”的建设，以及被纳入第四批自由贸易试验区，广西的经济与贸易集聚也有显著提升，工业占全国比重由 2003 年的 1.45%，升至 2020 年的 1.70%；出口占全国比重由 2005 年的 0.38% 升至 2018 年的 0.82%，进口占比更是由 0.44% 升至 2.21%。同样是工业化不足、农业经济比重较高的沿海省份，广西在经济总量、技术与制度创新潜力方面所具有的优势，亦对海南构成显著的竞争压力。

第三，自贸港创新政策落地缺乏多元生态支撑。《中共中央国务院关于支持海南全面深化改革开放的指导意见》《中国（海南）自由贸易试验区总体方案》《海南自由贸易港建设总体方案》等重大文件的出台，勾勒出制度创新、产业发展、政策配套等多方面改革开放思路与举措，给予自贸港建设重大的利好支撑。然而，政策实施依托于所承载的要素、商品、企业或产业对象，薄弱的经济基础使海南诸多政策创新缺乏落地载体或支撑。对于寻求现代化转型的海南而言，从重要的人力资源储备来看，海南陆地面积为 3.52 万平方千米，2020 年常住人口为 1012 万人，城镇人口占比为 60.3%，除海口和三亚的城镇化率分别达到 81.7% 和 70.2% 以外，其他市县仍分布了较大规模的乡村人口，这较难对产业转型升级形成能动支撑。从海南的外部市场联系来看，2008 年出口仅占全国的 0.13%，2020 年回升至 0.16%；进口比重由 0.76% 持续跌落到 2017 的 0.33%，2020 年回升至 0.61%；实际利用 FDI 10 余年来有所增加，2009 年占到全国的 1.04%，2017 年升至 1.76%，2020 年升至 2.10%。总体而言，海南与外部市场之间的联系较为有限，对于开放型经济建设的支撑相对乏力。

二、国家对海南自贸港开放新高地的战略需求

南海作为偏于一隅的小岛，在新时代背景下，海南的战略地位被大幅度提升；在《中共中央关于制定国民经济效应和社会发展第十四个五年规划和二〇三五年远景目标的建议》中，更成为全面开放新高地的首要代表。海南角色与地位的变迁，正取决于百年未有之大变局下，中国转向“双循环”新发展格局以驱动社会主义现代化建设而产生的战略需求。

第一，新经济兴起使人员、无形商品与服务等的更为广泛的交往成为趋势，同时伴生更大风险，高度可控地推进建设与扩大国际交往成为必要选择。面对差异化、定

制化、快速变化的市场需求，跨国公司起初利用流程分解、模块规模化生产、模块组合、并行运作的方式，利用规模经济效应和范围经济效应，提高竞争力。此后在竞争压力下转化为外包非核心生产环节，由此形成分布式生产网络。生产流程一旦被打开，就能再生产出越趋差异、快速变化的需求，由此驱动生产体系越趋分工深化、网络联结。这一生产方式也为更快满足更大范围的差异需求提供可能，从而为全球化提供内生动力。面对分散化的需求、碎片化的生产流程，要实现供求精准对接、并行生产，就必须依赖于数字、网络、智能、平台等新兴科技，即流程分解、网络联结的新兴生产方式创造了驱动新科技革命的需求场景和原动力。数字、网络、智能、平台等新经济的兴起，促使更为多元的要素将在区域及全球范围内不断流动和优化配置，特别是人才、数据、技术等要素。人员的跨国流动产生文化冲击与交融，数字、技术等无形产品和服务等的流动较难把控，这些都既提供了新生产力，又产生了不确定性与风险。由此，作为全球最主要的生产制造与贸易国，中国有必要抓住新科技产业革命兴起的机遇，顺应并融入新经济，同时规避或积极应对伴生风险，即可控地推进建设与扩大国际交往成为必要选择。

第二，国家需要在可控空间探索数字开放与安全保障的有机结合方式。在数字经济迅猛发展的当前时代，中国作为后发国家，在基础良好和规制宽松的背景下，崛起了不少数字头部企业，它们既初步展现出数字生产力的宏伟图景，又暴露出野蛮生长的潜在风险。面向未来，中国已开启建设社会主义现代化强国的新征程，既通过融入数字自由化把握发展机遇，又积极应对潜在的安全风险，成为国家的必要选择。数字虽然无形，但是仍与国土、空间密切相关；由此，在可控的空间范围率先进行数字开放与安全规制建构的实践与探索，既具有一定可行性，也甚为关键与重要。海南有必要在服务国家发展大局中把握新机。目前，中国拟申请加入 CPTPP；2021 年 10 月 30 日，习近平总书记在参加二十国集团领导人第十六次峰会时，宣布申请加入《数字经济伙伴关系协定》，为了在全球数字经济发展竞争中赢取应有的地位，中国决定致力于参与和推动数字开放及其治理。展开数字开放的压力测试、探索数字治理规则、循序启动数字开放进程，成为摆在中国面前越趋紧迫的现实任务。海南虽然发展基础薄弱，但属于国家主权范围内地域范围最大的相对独立空间，不管从物理角度、还是规管层面，国家都具有较高可控性，在海南展开数字经济及贸易开放的探索与实践，既有利于夯建海南面向未来的竞争优势，对于国家发展大局而言，又具有重大的战略意义。明晰目标定位、顺势合力推进，成为海南在新时代数字大潮中服务国家发展大局的全新机遇和艰巨使命。

第三，在百年未有之大变局下，中国需要有既体现社会主义国家意志、又便利于扩大国际交往的主权开放平台。在新生产方式驱动中国、东亚等国家和地区重构分工地位并重塑国际经济格局的过程中，欧美等发达国家在全球产业链条中，虽然占据高技术含量的环节，具有较强控制力；但也不得不面对，越来越多的生产环节及其价值实现在其他国家特别是越来越多地聚集在中国完成，由此使地缘经济实力的版图发生越来越大的变化。2008 年以后，美国通过量化宽松政策缓解内部矛盾，也在退出量化宽松政策、回收美元过程中，推动石油价格战、“颜色革命”等地缘博弈，造成资金大量外逃的国家出现风险甚至动荡，国际政治格局进入动荡变革期。地缘经济及政治格局的深刻重构表明了新时代所处的正是百年未有之大变局，而中国作为经济实力不断蓄积的社会主义大国，将难以避免被卷入越趋复杂的地缘竞争与较量中，既要适应生产力发展趋势推进全球化，又要应对国际政治格局变迁带来的不确定性冲击，中国通过构筑主权开放平台来探索并专业化地应对开放、发展与安全问题成为可行选择；同时，要求该主权开放平台需要体现社会主义国家意志，树立中国的话语权，并能便利于扩大多层次国际交往。

第四，中国可资利用的国际交往平台存在不同层面的不确定性，以离岸方式探索建立开放前沿、先行试点、缓冲地带和防火墙确有必要。随着全面开放格局的建设，中国的对外开放平台已经不断增多，如上海、北京、深圳、广州等内陆中心城市，是国家对外联系的核心聚集地；香港和澳门在“一国两制”框架下，成为内地联通世界的重要窗口、通道与平台；另外，随着西部陆海新通道的建设，处于亚太开放前沿的新加坡，也正不断依托西部陆海新通道，扩大和提升联通中国与世界的范围和能力，成为与中国对外开放高度相关的海外开放平台；此外，伦敦正在发展欧洲离岸人民币金融中心的新型功能等。这些内外国际交往平台从不同领域、以不同方式，对提高中国对外开放水平起到了积极的服务与推动作用。然而，在百年未有之大变局下国家推动更高水平开放的新阶段，这些平台都存在着不同的风险点。首先，上海、北京等内陆开放平台，作为全国经济、政治与文化中心，多元开放带来的风险容易内向传导，从而加大对政权安全、经济安全、政治安全、文化安全等冲击；其次，香港虽然推行了《中华人民共和国香港特别行政区维护国家安全法》，但是从“占中”和“反修例黑暴”事件中表现出来的迹象来看，要实现香港的长治久安仍有艰难的过程；再次，澳门虽然较为稳定安全，但是经济体量与承载空间总体偏小；最后，新加坡、伦敦等外国开放平台，在地缘形势复杂背景下，存在对国家安全构成威胁的风险。由此，在主权高度可控的范围内，以离岸方式探索建立开放前沿、先行试点、缓冲地带和防火墙确有必要。

第五，自然与社会生态的可持续发展方式亟待探索。社会主义现代化建设的新挑战是如何促进自然生态的绿色可持续发展，以及建构以人力资源开发为核心的社会生态，以提高创新力继而助推产业转型升级，由此实现自然、经济与社会的协同演进。这些新兴领域的产业化及其发展生态的建构，目前尚无成熟经验，而探索其可行发展方式与路径，构成国家战略全局的重要组成部分。对于生态环境优良、经济基础薄弱而需要大力开发人力资源以支撑产业现代化的海南而言，既有条件也有必要在自然与社会生态实现可持续发展方面先行先试、开拓创新。

海南虽然经济基础仍较薄弱，但是深处东亚地理中心、纵深空间大、相对独立。从区位优势来看，有条件也十分有必要成为“双循环”新发展格局下践行社会主义国家主权意志且高度开放的内外联结枢纽与平台。也就是说，从根本上服务于中国特色社会主义现代化、维护国家主权、发展与安全并进的海南中国特色自由贸易港建设势在必行。

三、海南自由贸易港的差异化选择

国家战略全局对海南中国特色自由贸易港功能的需求，决定了该自贸港建设的目标是功能建构，而不是单纯的制度与政策创新。制度与政策创新是工具，据此来驱动所需行为或活动的聚集，进而建构功能，这是必须联结在一起的完整过程，不可分割或中断。其中，驱动所需行为或活动的聚集是关键，它使政策创新的意义得以实现，也使功能建构得以可能；并且，需要既从海南现实出发，又充分利用内外经济社会生态，通过定制化的治理、制度、政策创新来促使目标得以实现（见图 4 – 23）。

第一，围绕差异化功能依据经济生态循序培育主导产业。海南已形成初步的综合经济圈、休闲工业经济圈、会议旅游经济圈、国际旅游经济圈和农业休闲经济圈空间分工，依托现有产业及资源，开发、促进新要素及新产业聚集，继而培育、健全新型功能，是海南走向跨越式发展的可行路径。首先，从海洋产业、热带农业、旅游消费等优势产业出发，扩大规模、提高效率、促进城市化。其次，延伸扩展产业链，驱动三大沿海产业带的聚集发展，北部以综合经济社会服务、生态和安全科创为主导；西部发挥区位优势，适度工业化，打造面向东南亚的流通枢纽，以低碳加工制造、集散分拨、贸易航运为主导；东部以优化个人及社会性服务供给为突破口，促进国际人员交往，多元化地发展休闲旅游、会议会展、医疗康养、国际教育培训等产业；产业链的扩展和延伸目的在于更大规模吸纳就业，并通过“干中学”提高人力资源质素。最后，在国际人员交往、国际商品服务交易规模扩大的基础上，进一步建设离岸大数据中心、离岸金融中心、主权外交与国际治理平台，以最终形成服务于国家战略全局的差异性功能。

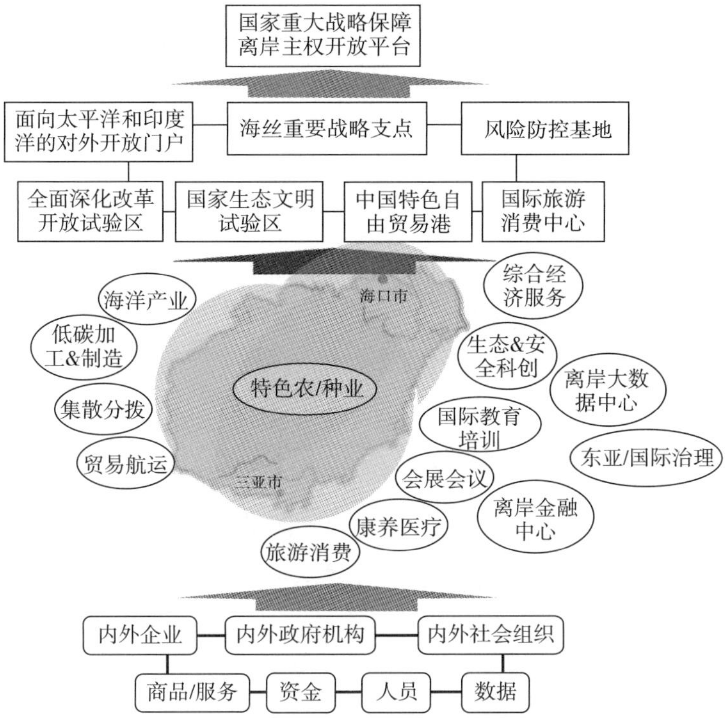

图4－23　海南经济生态与功能建构

第二，聚焦定制化全流程开发开放服务创新自贸港政策，建构层级网络治理体系。在明晰主导产业的基础上，以促进差异化产业集聚为目标，从产前、产中、产后的全流程服务需求出发，定制化地设计优化贸易便利化、投资便利化、营商便利化、要素培育、制度健全、系统协调等自贸港创新政策。依据所提供服务的公共性差异，分别设立产业园区、地区服务平台、全岛协调中心等多层级网络式治理体系，通过服务模块分解以提高专业化程度、网络联结以提高多元服务供给效率的新型组织模式，推动治理体系及治理能力的现代化，形成先行先试经验，提高公共治理效率。

第三，吸引国有企业在内的龙头企业促进产业链聚集，放开国内外社会组织及政府机构的准入，建构法治化的安全保障机制与体系。作为离岸主权开放平台，有必要发挥国有企业的先导作用，并吸引国内外龙头企业围绕主导产业促进聚集，延伸扩大产业链规模，形成集群效应。与此同时，放开国内外社会组织及政府机构的市场准入，共同参与教育、医疗、生态保护等公共服务的供给，提高专业化服务能力，促进国际交往；并在开放过程中，探索建立相应的安全保障机制与体系，将国内外社会组织运作纳入法治轨道，实现发展与安全并进的目标。

第四，分层次推动区域间的对接与联动。海南自身产业基础薄弱，要推动先进产业在海南岛聚集，必须嵌入全国、区域及国际分工网络，以获得产业生态系统内的分工支撑。首先，海南最需要的是联动粤港澳大湾区，以差异性功能为导向，吸引相关企业和产业在海南聚集，与大湾区城市形成分工合作，并获得大湾区经济体系的分工支撑。其次，海南需要强化与西部陆海新通道的对接与联动，参与其间，并成为辐射东南亚、南亚的集散枢纽；通过西部陆海新通道，海南间接地同长江经济带等先进制造与服务聚集群落形成联动关系，并奠定坚实的分工基础。再次，海南通过发展航空运输等多式联运，通过北京、上海、西安等中心城市支点的联结联通，与之形成差异化分工及协作，共同建构服务于国家发展大局的国际治理网络。最后，通过吸引东亚、西亚、南亚，以及“一带一路”沿线等国家地区的人员、商品、服务集聚，提高海南与国际市场的联结程度，强化海路腹地支撑，也为主权外交与开放平台发挥作用奠定国际往来基础。

四、海南嵌入数字经济及贸易生态的政策选择

2015 年，海南将互联网产业作为重点培养产业；2017 年《海南省政务信息整合共享专项行动实施方案》颁布实施；随着自贸区、自贸港启动建设，数字经济发展更是被高度关注，《海南省大数据开发应用条例》《海南省关于加快区块链产业发展的若干政策措施》《智慧海南总体方案（2020—2025 年）》《海南省公共数据产品开发利用暂行管理办法》等规划政策相继出台。到 2020 年，海南数字产业实现营业收入 1257. 6 亿元，是 2015 年的 5. 2 倍；海南生态软件园入选国家首批 12 个数字服务出口基地之一；2021 年 3 月，区块链企业聚集数达到 3822 家，位居全国第 5。对于基础薄弱的海南而言，在短短几年时间内取得数字经济显著的进展甚为不易。面对数字经济发展内外形势的快速变化，海南有必要展开差异化竞争。

第一，在数字经济及贸易生态中形成差异化竞争优势。以数据要素及数字技术为核心的数字经济是一个庞大的生态系统，围绕数据采集、传输、存储、计算、交易、输出、供能等各环节，形成硬件制造、软件设计、服务供给等庞大产业体系，并应用于农业、工业、服务业、政府政务、智慧城市等广泛场景，以及在要素、商品、服务等各层面展开国际贸易、投资与治理等。海南的工业基础薄弱、人力资源匮乏、经济与贸易总量有限，这在很大程度上使海南在数字经济诸多产业环节难以形成竞争优势。在数字经济生态中，由于数据交易的敏感性、复杂性、风险性，居核心地位的数据要素市场不仅在国际范围难以推进，在国内市场也尚未起步，控制风险、完善规制、建构秩序，成为发展数据交易的前提。海南与内地天然物理隔离，又被赋予自贸港先行先试权，探索并发展数据安全贸易工具、市场及规制体系成为海南嵌入数字经

济生态、累积差异化竞争优势的可行切入点，也构成海南数字贸易港建设的独特目标与内容。

第二，聚焦特色目标，整合数字经济布局。在锻造差异化数字竞争优势过程中，需要把握特色目标与数字应用之间的关系。对于海南而言，同样面对着社会经济体系现代化转型的任务，建设数字基础设施，充分利用内外数字资源和科技，赋能国际医疗康养、旅游消费等主导产业，推进智能社会治理，建设智慧海南，这主要是数字业态在海南的场景应用。而构建基于区块链等的数据安全贸易体系，则是海南有待培育与突破的特色发展方向。在数字应用场景中探索安全规制体系，聚焦特色目标促进关联企业聚集、形成特色产业链、培育脱敏数据交易与贸易市场，进而为智慧海南发展提供便利与支撑，构成了海南数字贸易港建设的有机布局。

第三，循序推进数据交易与贸易市场建设。在数据安全、确权、安全流通等得不到有效保障的前提下，数据交易、数据贸易将不易推进。然而，数据是算法模型开发的源泉；数据交易也成为缺乏数据采集能力的数字企业多元化发展的基础和保障。目前，国内虽然有贵阳大数据交易所、上海数据交易中心等数据交易平台，但是其均处于起步发展阶段。海南在缺乏原始数据来源及大规模存储能力的形势下，可以从发展区块链、数字货币等交易要素出发，设立数据离岸交易及贸易平台，从可贸易的数据内容或服务入手，探索全流程安全管理体系，再逐步向脱敏数据贸易等功能延伸，由此培育数字贸易港。

第四，联动内外数字产业链实现共赢发展。海南探索的数据交易、贸易工具及市场运作，依赖于庞大的数字经济生态体系支撑；资源有限，决定了海南只有与数据产生、存储、超算等内外数字产业链环节高效对接、紧密合作，才能充分利用制度特殊、数字自由化渐进推进的机会窗口，降低建设成本，培育先发优势。

总体而言，海南自由贸易港的建设需要依据产业、经济及社会生态运行与演化规律，以切入全国、区域及国际分工体系为方式，形成差异化的角色与功能，进而奠定自身国际分工地位；自由贸易港的制度与政策创新本身并非目标，而应以定制化为原则和导向，依据目标产业及功能的演化阶段与程度，按需定制、贯彻落实并不断动态调整。

第五章　南北耦合强化北方战略保障功能

第一节　南北耦合强化能源安全的自主保障

一、中国的能源供求状况

1. 中国的能源消费

“入世”后，中国经济快速发展，能源消费量也加速增长，2010 年，中国成为世界上最大的能源消费中心，能源消费总量从 2010 年的 36.0 亿吨标准煤到 2020 年的 49.8 亿吨标准煤。其中，原煤消费量占总消费量比重于 2007 年达到峰值 72.5%；此后逐步下降，2020 年占比为 56.8%。原油消费比重由 2000 年的 22.0% 降至 2009 年的低点 16.4%。此后有小幅度回升，2017—2020 年基本维持在 18.9% 的水平。天然气消费比重则由 2000 年的 2.2% 持续小幅度攀升至 2020 年的 8.4%。水电、核电、风电等清洁能源消费比重则在 2013 年后显著上升，由 2012 年的 9.7%，升至 2020 年的 15.9%（见图 5－1）。

2. 中国的能源供给

随着中国越来越成为世界经济中心，为满足越趋攀升的能源消费，中国亦不断增加能源生产供给。从 2000 年产出 13.9 亿吨标准煤，提升至 2020 年生产 40.8 亿吨标准煤，翻了近 2 倍。其中，原煤产量占比在 2007 年达到 77.8% 的峰值，此后不断下滑，2020 年占总产量的 67.6%。石油产量占比从 2000 的 16.8% 持续下降至 2020 年的 6.8%。天然气产量占比较小，基本保持了微弱增长，从 2000 年占能源总产量的 2.6%，攀升至 2020 年的 6%。水电、核电、风电等一次电力及其他能源占比在 21 世纪期间增幅有限，进入 21 世纪后，在前 10 年增长显著，从 2011 年占能源总产量的 9.6%，显著提升至 2020 年的 19.6%，新能源快速发展（见图 5－2）。

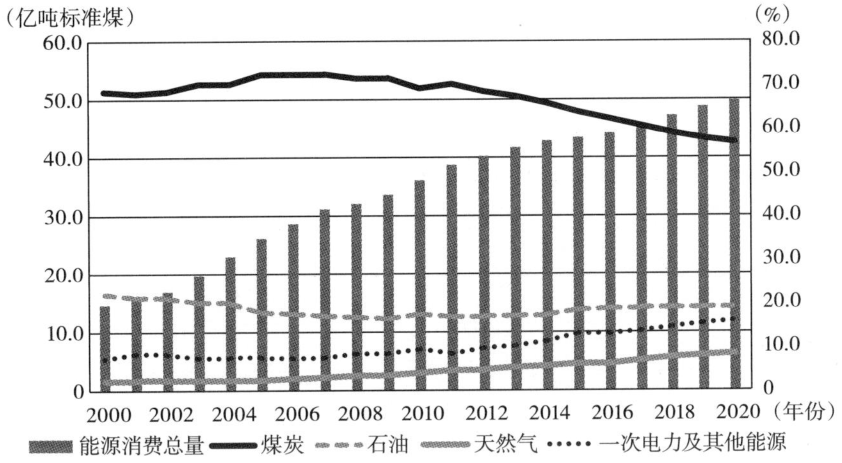

图 5-1　2000—2020 年中国一次能源消费总量及结构

数据来源：《中国统计年鉴》。

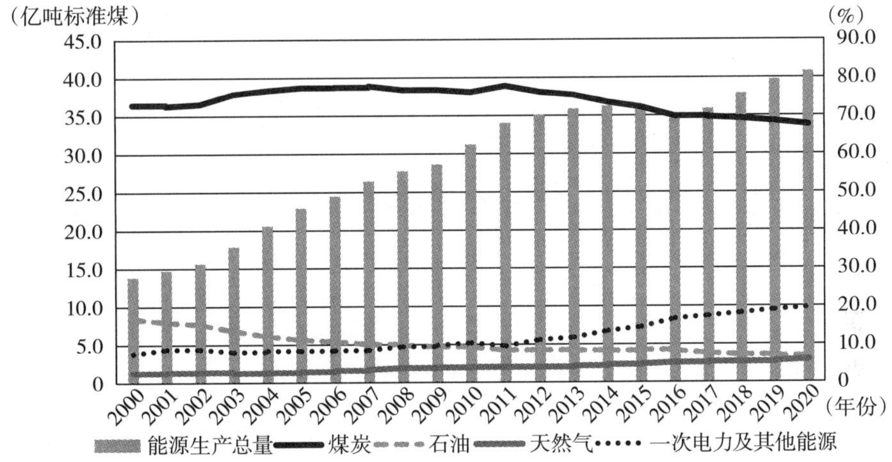

图 5-2　2000—2020 年中国一次能源生产总量及结构

数据来源：《中国统计年鉴》。

3. 中国的能源余缺及贸易状况

虽然中国在产出和消费煤炭的基础上，基本保障能源的自主供应；并通过发展新能源，提高保障能力；但是经济快速增长，使石油和天然气的消费缺口仍然不断攀升，2020 年其缺口分别扩大到 6.6 亿吨和 1.7 亿吨标准煤（见图 5-3）。

为了应对能源消费缺口，中国加大能源贸易。2010 年中国煤炭进口 16310 万吨，出口 1910 万吨，进口是出口的 8 倍多；2019 年中国煤炭进口 29967 万吨，出口 637 万吨，进口是出口的 47 倍。从原油贸易来看，2010 年进口 23768 万吨，出口 33 万吨，2019 年进口 50572 万吨，增加了 26804 万吨。从天然气贸易来看，2010 年进口

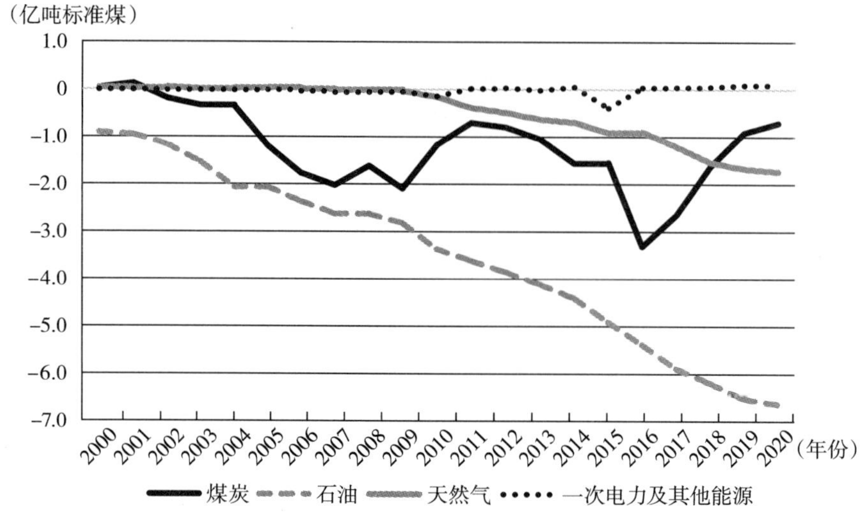

图 5－3　2000—2020 年中国一次能源供求余缺状况

数据来源：《中国统计年鉴》。

165.0 亿立方米，2019 年增至 1345.5 亿立方米。从电力供应来看，中国的出口能力不断增强，2010 年电力进口 56.0 万千瓦时，出口 191.0 万千瓦时；2019 年进口 48.6 万千瓦时，出口 216.5 万千瓦时，出口是进口的 4.45 倍（见表 5－1）。

表 5－1　2010—2019 年中国的能源贸易

年份	煤（万吨）		原油（万吨）		天然气（亿立方米）		电力（万千瓦时）	
	进口	出口	进口	出口	进口	出口	进口	出口
2010	16310	1910	23768	33	165.0	40.0	56.0	191.0
2011	22220	1466	25378	252	312.0	32.0	66.0	193.0
2012	28841	928	27103	243	421.0	29.0	69.0	177.0
2013	32702	751	28174	162	525.0	27.0	75.0	187.0
2014	29120	574	30837	60	591.0	26.0	68.0	182.0
2015	20406	533	33550	287	616.0	33.0	62.0	187.0
2016	25543	879	38101	594	753.0	34.0	61.9	189.1
2017	27090	817	41957	486	956.0	35.4	83.8	194.7
2018	28123	493	46190	263	1260.0	34.0	56.8	209.0
2019	29967	603	50572	81	1345.5	36.4	48.6	216.5

数据来源：海关总署。

从石油进口的主要来源国来看，包括中南美洲、俄罗斯、伊拉克、沙特阿拉伯、西非及其他中东国家，其中，中国从中东、俄罗斯、西非、中南美洲的进口量占总量比重达75%。[①] 管道天然气主要进口国家则包括哈萨克斯坦、乌兹别克斯坦和土库曼斯坦等中亚国家，2017年分别从哈萨克斯坦和乌兹别克斯坦进口天然气达到11亿立方米和34亿立方米，土库曼斯坦达到317亿立方米；液化天然气主要进口地区是印度尼西亚（见表5－2）。

表5－2　2015—2018年中国石油主要进口地区　　单位：万立方米

年份	美国	中南美洲	俄罗斯	西非	中东	亚太其他地区
2015	10	4170	4240	5230	17040	—
2016	50	5100	5250	5950	15560	—
2017	770	5720	5980	7230	15560	—
2018	1230	6200	7100	7190	19090	1310

数据来源：《中国能源统计年鉴》（2016—2019年）。

二、中国能源安全所面临的挑战

作为世界最主要的能源消费国之一，中国的能源安全深受各方面因素影响。

1. 世界能源格局巨变

北美和亚洲的巨大变化改变着全球能源格局。[②] 一是北美页岩气革命的成功，使得美国成为世界上主要能源出口国。[③] 二是亚洲地区，尤其是中国对能源需求的快速增加，使亚洲成为全球首要能源消费中心。

从供给地区来看，中东仍然对全球能源供应有着重要影响，但美国能源产业的迅猛发展使其在2020年成为能源净出口国，美国在能源领域的话语权不断提升。同时俄罗斯强势重返全球能源市场，构建能源超级帝国，这意味着全球能源供应呈现中东、北美、俄罗斯三足鼎立的局面。

从需求方来看，能源需求存在显著差异，新兴经济体引领能源消费的增长。2001年中国加入WTO后，飞速的经济发展导致能源需求不断增长，同时印度对能源的消费也在不断增长，亚洲取代欧美，逐渐成为全球能源消费中心，给全球能源秩序带来深远影响。

从供给的能源类型来看，全球非常规油气资源的影响力与日俱增。非常规油气资源包括页岩油、致密油、页岩气、开采天然气时伴生的石油资源等，随着美国技术的

---

① 张创．中国原油进口贸易的国际市场势力研究［C］．南昌：江西财经大学，2020.

② 张晓涛，易云锋．美国能源新政对全球能源格局的影响与中国应对策略：特朗普执政以来的证据［J］．中国流通经济，2019，33（8）：74－81.

③ 薛宇择，张明源．美国能源政策的转变与国际能源安全［J］．中外能源，2020，25（8）：14－20.

不断更新，全球石油、天然气资源出口中心，正从波斯湾向墨西哥湾转移。

从能源的需求类型来看，由于全球气候变化，消费国不断追求清洁环保的能源，加强对可再生能源的开发，导致全球能源消费结构正在经历一次巨大的改变。同时，对电力的需求，到2040年将增加90%，无论是IT行业的快速发展、移动设备的增加还是电力的清洁性，都表示化石能源将通过电气化实现保护环境目标。常规能源消费结构正面临着挑战，全球能源格局正在发生巨变，由此带来的全球地缘政治不确定性显著增加。

2. 庞大的能源供需缺口

随着我国工业化进程加快，中国的能源生产与消费水平大幅度增长，但消费量始终大于生产量，供需缺口呈现不断扩大的趋势。①

在不考虑新冠肺炎疫情等突发事件的影响，根据2000年到2018年原煤、天然气、原油、风电、水电、核电等数据，进行推算预测，生产量增速达8.25%为低速，8.75%为中速，9.25%为高速；消费量增速达到3.2%为低速，3.7%为中速，4.2%为高速，能源总量的供需缺口将进一步加剧②（见表5-3）。

表5-3　2020年和2025年能源总量供需缺口预测　　单位：万吨标准煤

年份	低速			中速			高速		
	供给	消费	缺口	供给	消费	缺口	供给	消费	缺口
2020	431689	474771	43082	459707	525585	47878	523792	571206	47484
2025	505665	556130	50465	560786	614234	53448	634497	693327	58829

数据来源：张意翔，成金华，沈镭．中国能源缺口形成机理与解决思路［J］．湖北师范学院学报（哲学社会科学版），2016，180（36）：80-87。

面对如此庞大的需求，我国采取进入世界能源市场的方式，进口大量石油、天然气来满足本国生产、发展的需要。庞大的能源供需缺口造成中国基本生产制造的发展受制于能源的供应，限制中国经济的快速增长。

3. 对外依存度大

由于我国煤炭资源储量丰富，自给率与产销量基本稳定，在主要消费煤炭的能源结构下，我国综合能源的进口依赖度相对不高，1990年至2000年，进口依赖度从1.4%升至9.9%。随着经济增长加快，近年来，我国能源的进口依赖度不断攀升，综合能源进口依赖度从2015年的18.00%升至2019年的24.10%。其中，油气资源匮乏，导致石油生产量远低于年消费水平，我国原油对外依存度逐年升高，年进口量增

① 舟丹．我国能源安全面临的挑战[J]．中外能源，2020(8)：27.

② 张意翔，成金华，沈镭．中国能源缺口形成机理与解决思路[J]．湖北师范学院学报(哲学社会科学版)，2016，36(4)：180+80-87.

长速度惊人，2015 年原油对外依存度达 56.37%，2019 年达到 86.85%；天然气的进口依赖度从 28.44% 升至 2019 年的 46.40%（见表 5－4）。这一局面进一步加剧了中国能源安全问题的严重性，特别是石油进口主要来自局势不稳定的中东地区，如果出现突发事件，将造成石油供应减少或中断，中国经济发展和国家安全将面临严重威胁。

表 5－4　2015—2019 年中国能源的对外依存度

%

年份	原油	天然气	综合能源
2015	56.37	28.44	18.00
2016	66.81	33.03	20.79
2017	71.51	35.89	22.21
2018	75.67	40.70	23.49
2019	86.85	46.40	24.10

数据来源：《中国统计年鉴》。

4. 能源供给运输路线安全保障脆弱

中国能源进口通道主要分为海上运输和路上管线两种。海上有中东航道、非洲航道、东南亚航道、太平洋航道。路上管线主要有三条，一是西北通道，二是西南通道，三是东北通道，从俄罗斯到中国东北。四条海上通道和三条路上管线构成中国能源进口的运输网络。

不难发现，海上通道经过霍尔木兹海峡、马六甲海峡、好望角等关键节点。霍尔木兹海峡是波斯湾到印度洋的唯一出口，然而海峡周围国家地缘形势复杂多变，伊朗一旦封锁海峡，中东航道将面临中断风险。① 而马六甲海峡航道狭窄，能运载的货物有限，同时该地区海盗十分猖獗，增加了我国进口石油运输的风险。西南航道，在一定程度上缓解了"马六甲困境"，但缅甸国内动荡的政治局势使运输存在一定安全隐患。西非、南美运往中国的能源通常经过好望角，但是好望角恶劣的气候条件使得它成为世界上最危险的航海区域之一，严重影响中国从西非和南美进口能源。中国从中亚地区进口的天然气与西气东输二线管道相连接，是世界上最长的跨国天然气管道，② 运输能力为每年 300 亿立方米，与三线连接运输能力是 250 亿立方米。中国能源进口渠道相对集中，集中的进口渠道，在能源运输过程中易受到被截运或阻拦的威胁。复杂的周边环境导致中国能源供给运输线相对脆弱。

---

① 张意翔，黄亚云，周旋．中国能源安全战略的测量与选择：基于 DEMATEL 方法[J]．生产力研究，2020(5)：11－16.

② 梁萌，徐建山，安雨康，等．论石油通道权[J]．国际石油经济，2020，28(4)：9－24＋110.

5. 能源战略储备系统不完善

能源战略储备主要分为石油战略储备和商业石油战略储备。石油战略储备仅在面临石油供应中断的紧急时刻才会被动用。在几次石油危机后，日本、美国等石油消费大国都建立起国家石油储备体系，我国石油储备才刚刚开始，尚未完善，按照规划，分三期建成储备基地，一期包括镇海、舟山、黄岛、大连；二期包括天津、湛江、独山子、惠州、兰州、锦州、金坛、鄯善；三期包括大庆、日照。当前已建成 9 大战略石油储备基地，满装可以存储 3773 万吨原油，但未达到储备 90 天的安全线。[①] 同时，国外一些大的石油生产企业多数有剩余生产能力，而中国大庆、胜利等油田一直没有储备剩余生产能力，所以一旦出现供应短缺的情况，企业很难通过增加产量来缓解危机。

6. 环境污染严重

在能源勘探、开发、运输、消费过程中，带来的污染问题越趋严峻，这在中国尤为突出。

第一，大气污染。无论是天然气泄漏，大型石油、天然气、煤炭加工设备在运转中产生的废气、烟尘，还是为了获取热能燃烧煤炭产生的有害气体，都造成大气环境的污染。同时煤炭燃烧产生的硫，造成酸雨，对植物生长、农业生产及自然植被的影响较大。此外，二氧化硫气体对人体的危害性也十分大，可能会造成中毒死亡，或者引发各类呼吸道疾病，2017 年仅黄河流域二氧化硫和二氧化碳排放量就达到 1096.95 万吨，废气排放量达 386088 万吨，主要是火力发电、石油加工等造成的环境污染。

第二，水体环境污染。全国地表水总体为中度污染，湖泊富营养化问题突出，饮用水安全存在严重隐患，一些地区已影响到人体健康。能源开采过程中产生的废液、废浆中含有化学需氧量、重金属、硫化物等有害物质，影响水质造成水环境破坏。而石油开采造成的废水直接注入地下，含油污水很容易进入地下水层，地下水质遭到破坏难以治理，使得地下水不能再加以利用。地下水的污染会延伸至地表水的污染，这些废水会造成当地农田的二次污染，能源开发造成的地下水污染会进一步延伸至地表水污染，这些使得水资源情况更加严峻。这些污染会造成很大经济损失，更为严重的是部分水资源失去开发价值，使本来就贫乏的水资源更为贫乏。我国重要的能源重化工基地，目前已具相当规模，在煤炭精选（水洗）、煤炭化工、石油开采、石油冶炼、石油化工、有色金属冶炼、天然气化工、盐化工以及其他有关化工工业的生产过程中，将大量有毒有害的有机化学物质排入水系，其排放量在逐年增加，导致一些河段

① 哈萨克斯坦局势动荡，影响中哈原油管道吗？［Z］. 宇宙印象资讯，2022－01－11.

的严重污染。

第三，固体废弃物污染。比如炉渣、煤灰等，这些固体废弃物堆积在地面上，导致植被退化，一经下雨将造成土地污染，大量的固体废弃物进入河流，增加了黄河的泥沙量，严重威胁当地居民的生存与发展。

第四，地表环境破坏。2000 年至 2015 年，我国因煤炭过度开采导致的地面坍塌达到 3000 平方千米，地面坍塌造成的房屋倒塌、居民财产损失、植被破坏等达到 10 亿元，总体损失甚至大于地震造成的损失。能源资源的大量开采改变当地的地形地貌，造成大量的采空塌陷区；这将大大削弱土地的经济承载能力，诱发严重的自然和地质灾害，水土流失更为严重。

三、中国能源安全形势的空间特征及保障方式

1. 中国能源安全形势空间特征

对于中国来说，西北地区能源资源较为丰富，东南地区能源需求量大。煤炭方面形成了西煤东运、北煤南运的格局；天然气方面，西北地区储量大，随着西气东输的实施，西北地区成为中国天然气供应的主要来源地；石油方面，从资源的分布和生产现状来看，西北地区石油产量逐年增加，所占比例不断扩大。从原煤生产集中度来看，山西一直是我国最大的煤炭生产基地，陕西、内蒙古、河南、山东也是我国最主要的产煤省份，中国煤炭产量的集中度从 2000 年的 45.2% 达到目前 78.0% 左右的水平，集中水平不断提高，煤炭生产集中分布在北方地区。从原油生产集中度来看，山东省成为中国石油生产大省，陕西、新疆、天津原油生产量快速增加，成为新兴石油生产基地，集中度为 78.5% 左右，石油生产省份也集中分布在北部地区。从天然气生产集中度来看，四川、重庆是主要的天然气生产省份，但新疆天然气生产量已达到 300 亿立方米，占全国总产量的 30%，西北地区成为主要的天然气生产地，集中度达到 85%。从水电、风电、核电等生产情况来看，西部地区是主要的发电省份，水电主要在云南、贵州，风电在青海、内蒙古、新疆，这些省份发电量占全国 60% 以上。

而从能源消费来看，受经济基础、产业结构、技术水平、地理位置等因素影响，主要集中在经济发达、工业集中的长江经济带和珠三角地区，江苏、山东、上海、浙江、广东、广西等省区是中国能源消费的中心所在，其中长江流域能源消费总量占中国能源消费总量的 30%，能源增长速度也明显区别于其他区域。此外受能源强度因素的影响，山西、陕西、内蒙古等能源生产大省的能源消费量也居高不下。从煤炭消费来看，主要集中在山东、江苏、河北、内蒙古；从石油消费来看，主要集中在山东、广东、上海、江苏等地；从天然气来看，主要集中在广东。可见，中国能源消费区与

能源生产区呈现空间错位的情况。

2. 供需紧密对接产生联动效应提高能源安全保障

面对能源生产和消费空间错位的情况，中国必须加快能源运输体系的建设，扩大能源流通网络规模，不断加强区域间联系程度，使能源生产与能源消费紧密对接，形成以陕西、山西、内蒙古等能源输出省与上海、浙江、广东、山东等能源消费密集区为中心紧密连接、四通八达的能源流通网络，实现能源稳定供应，增强对各类能源的有效调节，从而达到提高能源安全保障的目的。

目前，我国运输能源的主要方式有，铁路、公路、水运、管道运输和电网。①

（1）铁路运输的能源主要包括煤炭和成品油。作为能源运输的重要载体，在运输能力、速度、灵活性方面均具有很大优势。在《中长期铁路网规划》中分别设定了2020年、2025年和2030年三个时间节点目标，截至2020年建设达到15万公里的规模，确保全国4/5以上的中大城市都能实现铁路网络覆盖。加快高速铁路网络建设，同时将海路两条经济带，陆地经济带的建设重心放在中国—中亚—俄罗斯—欧洲、中国—中亚—西亚—波斯湾—地中海、中国—东南亚—南亚—印度洋三条路线，促进国内城市供应端和需求端的链接，实现能源可调节供应；以需定产，实现能源安全保障。

（2）公路运输的主要能源有煤炭和成品油，其中煤炭占22%。公路运输具有灵活、适应性强的特点，同时比铁路网和水路网密集，范围大，车辆可随时调度，实现门对门的能源直达运输；在中短途运输中，具有运速快且原始投资较少等优点。目前，“五横七纵”的公路运输网已经形成，跨区域运输通道流畅，为北方能源供应区与南方工业生产聚集区的联动提供了联结基础。

（3）内河的能源运输主要依靠长江、京杭运河和汉水三大水道，具有成本低、运输量大、远距离运输等优势。同时中央大量筹集资金，重点用于内河、沿海航道、水上支持保障系统的建设，打造航运网络的全面通航，实现整个中国能源运输的无缝对接，生产和消费紧密联合。

（4）油气管网已逐步形成以“西气东输”一线和二线、陕京一线和二线、“川气东送”一线和二线为主要主干，以淮武仙、榆济线、冀宁线和兰银线为联络线的国家天然气长输骨干网。油气基干管网和局部的区域管网也已建成。我国仅主干网道总里程已达到5.5万公里，同时“十二五”规划中提出，2020年前新增支、干线管道里程4.4万公里。我国长输管道的大力铺设，使得西气东输一线、二线、三线的输气规模达到670亿立方米/年，天然气进一步稳步建设，促进天然气消费市场网络的形成和

① 刘金朋．基于资源与环境约束的中国能源供需格局发展研究［D］．北京：华北电力大学，2013.

密集，调和北部能源供应区与南方生产聚集区的矛盾，推进天然气管网、储气库等基础设施的建设，使北方天然气资源更加快捷便利地满足南方工业聚集区的能源需求，从长期发展角度来看，是平衡天然气供需、提高能源安全保障的关键。同时加强北方供应区与周边产气国家的连接，确保天然气能源供应，辅之国内天然气气库调剂气源，最大限度地确保天然气能源安全。

（5）我国电力工业发展迅速，特高压电网、跨大区电网、区域电网、省级电网主要网架、城乡配电网建设等都取得了前所未有的成就，电网的安全性、可靠性和经济性不断提高。由于我国能源生产和消费存在空间错位的问题，使得煤电、水电、风电、太阳能发电都需要进行跨省输送，强化电网建设对能源输送至关重要。中国特高压电网建设形成“三纵三横”的骨干网架和11回特高压直流输电工程，形成大规模的“西电东送”“北电南送”的能源配置格局。即将锡盟、蒙西、陕北、张北能源基地通过三个纵向特高压交流通道向北京、山东、上海等地输送，将北部煤电、西南水电通过三个横向特高压交流通道向北京、长三角等地送电，配合西南水电，西北、华北煤电、风电，建设直流输电工程。特高压电网的建设将北方能源生产区和南方生产聚集区紧密联系在一起，加强能源运输体系建设，形成更大范围、更加密集的能源交通联系网络，将能源需求与能源供给紧密结合，实现能源供给对能源需求的快速反应，能源不间断、稳定供给的目的。

四、南方生产聚集区的需求端能源安全保障

1. 工业生产聚集区能源需求空间分布

中国工业生产聚集区主要是长江经济带和粤港澳大湾区，[①] 随着经济的进一步发展，湖北、四川、重庆等长江中游地区的经济不断快速增长，中国工业聚集区进一步向长江流域扩展。

在长三角地区，上海、江苏、浙江三省能源消费占比高，尤其是江苏省达到全国能源消费比重的6.77%。在长江中游地区，湖北、湖南、四川、重庆、江西能源需求也居高不下，四川占比达到3.40%，湖北占比达3.03%。在珠三角地区，广东能源需求达到7.18%（见表5－5）。仅长江经济带和粤港澳大湾区能源需求量就占到全国比重的49.23%，并且呈不断上升的趋势。可见，南方工业聚集区的能源需求随着工业的不断发展也逐年上升。

---

① 马莉莉．创新大湾区思维：新时代建构粤港澳战略支点体系［J］．暨南学报（哲学社会科学版），2018（12）：13－22.

表5-5 南方工业生产聚集区能源需求空间分布 单位：万吨标准煤

省份	上海	江苏	浙江	安徽	湖北	湖南	四川	重庆
能源需求量	11453.73	31430.40	21674.56	13228.91	14064.81	11058.70	15759.80	7452.70
占全国比重（%）	2.47	6.77	4.67	2.85	3.03	2.38	3.40	1.61
省份	江西	云南	贵州	福建	海南	广东	广西	中国
能源需求量	8995.30	12204.60	13651.31	13131.01	2785.24	33330.30	10823.40	464000.00
占全国比重（%）	1.94	2.63	2.94	2.83	0.60	7.18	2.33	100.00

数据来源：2019年各省市统计年鉴。

2. 需求端能源安全保障措施

对于南方生产聚集区来说，主要是控制需求端能源消费绝对总量，通过技术提升能源利用效率，减少工业耗能，节约能源和发展新能源的方式，切实控制能源消费增长速度和能源消费总量。

提高能源利用效率。南方生产集聚区以能源利用的高效化为前提，充分利用国内、国际两种资源、两个市场，选择资源节约型、质量效益型、科技先导型的发展方式，提高能源利用效率，形成节约能源的生产模式和消费模式，发展和建设节约型社会，进一步提高我国工业能效水平。

重点发展绿色能源，特别是天然气、核电、水电、风电，减少对煤炭、石油的依赖。扩大天然气应用，把天然气作为终端用能技术发展的重点领域，发展新一代高效发电技术，推广新一代节能照明系统。同时，成立政府指导和协调下的新能源开发机构，将政府、科研单位、企业联合起来，投入专门资金，制定新能源法规和规划，完善各类细则、补贴、奖励激励制度，突破新能源技术限制，增多新能源应用场景和设备，从能源消费端，倒逼中国能源转型，降低油气资源的过度依赖，以提高能源安全。

另外，还需要以创新驱动确保能源安全。建立“政监分离”的能源监管体系，减少政府对能源价格和能源消费的过度干预，加强国内能源交易中心建设。以科技创新促进能源安全，将互联网技术应用到能源消费的各个环节，以互联网技术优化能源结构，用网络技术监测能源供给，不断提高清洁能源的入网比例，创新化石能源的利用方式、新能源开发技术等，推动技术创新、产业创新、商业模式创新，把能源技术及其相关产业培育成带动我国产业升级的新增长点，实现能源安全保障。

五、北方能源供应强化安全保障

1. 北方能源自给能力

面对国际油价高位运行，国际能源局势复杂多变，地缘政治反复无常，导致海外购买能源不确定性风险巨大，从国家能源安全和长远发展来看，中国能源安全必须立足国内，不能放弃能源自我勘探开发，必须不断提高能源自给率，保证能源安全。从北方能源供应端来看，主要包括青海、甘肃、宁夏、内蒙古、陕西、山西、黑龙江、新疆，其能源自给率均在70%以上，尤其是陕西、山西、新疆、内蒙古四省份，能源自给率达到100%以上，为最主要的能源供应区，这四省份是中国主要能源出口省份，能源自给率高（见表5－6）。

表5－6　北方能源自给率

省份	青海	甘肃	宁夏	内蒙古	陕西	山西	河南	中国
能源消费总量（万吨标准煤）	4202	7538	6827	19915	12891	20057	22944	448529
能源生产总量（万吨标准煤）	3306	5734	5260	54620	56392	87947	10091	358500
自给率（%）	78.68	76.07	77.05	274.27	437.45	438.49	43.98	79.93
省份	天津	北京	辽宁	吉林	黑龙江	山东	新疆	—
能源消费总量（万吨标准煤）	11637.00	7132.40	20251.00	12207.00	12545.00	38683.00	17391.70	—
能源生产总量（万吨标准煤）	4870.50	416.90	4369.00	3270.00	10104.00	12705.00	22214.98	—
自给率（%）	41.85	5.85	21.57	26.79	80.54	32.84	127.73	—

数据来源：各省市统计年鉴2018。

2. 北方运输通道的能源供应

在中国能源对外依存度逐年攀升的背景下，能源进口必须实现进口渠道的多元化，由此，避开马六甲海峡、直布罗陀海峡等风险地段，实现陆路直达。西北能源运输通道对海洋能源运输的补充替代，成为保障能源安全的重要方式。通过联通俄罗斯、中亚、环里海能源富集区及能源产品集散区，辅之新疆、陕西、四川境内油气资源，为了实现中国南部主要能源消费区的充足能源供应，必须加强对西北能源运输通道的建设。中国西北能源通道将成为泛亚能源桥梁的重要组成部分，从陕西到新疆的西北能源通道管线网，不断向西扩展，同伊朗、俄罗斯的管道网连接在一起，形成“泛亚全球能源桥”,① 再送至中国南部能源消费市场，甚至直输至日韩地区，完成“泛东亚能源走廊”架构，最大限度地提高中国能源安全。建设中国西北能源通道的关键在于实现国内国际能源运输通道的通达性。

① 张磊．中国西北陆路能源通道建构的重大国际战略意义[J]．东北亚论坛,2013(3)．

国内西北能源运输通道的建设问题为：在煤炭运输通道中，[①] 主要存在铁路运输通道投资单一，以国有铁路为主，铁路运输的附加成本高，运输工具数量不足，专业化程度不高。公路运输中，重型卡车超载严重，对运输路面的损害巨大，瓶颈路段较多。水路运输通道方面，存在港口能力使用不均衡、港口设备老化、装卸效率低等问题。在油气运输通道中，主要是通道负荷重，运输能力基本饱和，运输方式相对独立，部分地区管网老化严重，国内管道间的交互联络线路少，基本依靠单向管网边连接，使得北方能源供应区与南方能源消费市场之间缺乏灵活的调配能力，影响终端用户消费需求，部分地区的管线无法共用，重复性建设造成资源浪费等，成为油气运输通道的主要问题。在电力运输通道中，煤电外送主要以500千伏交流线路为主，电力传输经济距离和运输规模较小，陕西、山西、内蒙古、宁夏、新疆的火电基地，如何增加运输距离，发展煤电一体化，实现远距离煤电输送成为主要问题。

国际西北能源运输通道主要存在的问题包括：西北能源运输通道建设受到地缘政治因素的影响，美、俄、日、印等大国在中亚、环里海地区的地缘政治关系、利益和战略布局各不相同，且地区内恐怖组织、地方军阀等地缘政治风险较大，内部西北能源运输通道的安全保障受到威胁，沿线通道建设国家受到恐怖主义威胁、政权不稳定等情况，都对西北能源运输通道的通达性产生影响。

针对能源运输通道中存在的问题，从国内因素来说，整合国内市场，打破省际间的障碍，实现整体统筹规划，建设西北能源运输通道，从铁路、公路到油气管线、水路和电网建设，整体协调，依托陕西能源集结中心的地理优势，实现国内能源运输通道的有效调节和充足供应，连接西北，辐射东北、华北、东南、西南，形成供需双方紧密对接的能源运输格局，打造通达性一流的能源运输通道，从而达到保障能源安全的目的。从国际因素来说，中国需要与“一带一路”沿线国家之间形成互利共赢、合作开放的思想，利用经济和能源需求市场优势积极展开与沿线国家的双边能源合作，建立有效的协调机制，灵活、机动地展开多种形式的能源合作，坚持“立足国内、开拓海外”的能源发展方针，共同建设西北能源运输通道，共建陆上能源安全大通道。

3. 供应端能源安全保障措施

北方自主能源供应的安全保障主要通过技术进步加快能源资源开发，减少能源耗损，增加能源运输体系建设，国际能源合作等增加石油、天然气等能源供给，提高能源安全保障。

（1）加强石油供给。加快北方石油勘探开发，力争实现新的突破，用新的思路去

① 王力群．增加可靠煤炭运输通道，确保国家能源供给安全[J]．中国港口，2009(3)：54－55.

认识复杂的地质条件，实现以鄂尔多斯，准格尔、塔里木、四川、柴达木等盆地为勘探主攻目标，增加北方地区石油、天然气资源的探明率。加快海域勘探开发，我国东海、渤海湾、北部湾等 11 个大中型盆地的石油资源量占全国总资源量的 24%，加强勘探开发，提高原油产量。开发非常规油气资源，煤层气、油页岩、深盆气和油砂等都是常规油气资源的重要补充和替代资源，这些资源具有很大的开发潜力。

（2）加快输气管道建设。四川，鄂尔多斯两大盆地，成气地质条件优越，地理位置优越，接近南方工业发达地区，积极推进天然气管网建设，开拓与长三角、珠三角等能源消费中心的能源网络联系，多管道运输增强能源调峰能力，形成更加密集的纵贯南北、横穿东西、连接中亚和南亚的天然气管网。

（3）升级煤炭技术。北方地区煤炭企业加大资金投入，引进先进的清洁煤技术，充分利用北方地区丰富的煤炭资源，重点发展煤炭洗选加工技术，煤炭液化、气化技术，水煤浆制备和应用一体化技术，高效低污燃煤发电技术等。北方地区在加强自身研究开发工作的同时，也要发挥后发优势，引进相关技术，进行学习，降低高耗能工业生产过程的能源浪费。

（4）强化国际能源合作。依托“一带一路”，加强同亚洲国家在能源安全领域的合作，展开地区能源形势调研，共同开发石油资源、维护油气运输航道安全、开辟新的运输通道，建立相互关联的地区性协调机制。

（5）加强油气产供储销体系建设。加快石油战略储备和储气库的建设，提升应对紧急状况的能力，同时开展国内油气需求的细分排查工作，做好在极端情况下的供应保障方案。最终，产、销紧密对接，产生联动效应，实现中国能源安全保障。

第二节　“数字—能源”耦合协调、能源效率及“东数西算”空间选择

在“碳达峰碳中和”政策影响下，中国数字经济加快赋能能源行业，成为支撑数字能源运转、建设能源强国的重要方式。同时，与传统信息经济相比，数字经济中的算力正在向暴力计算、泛在计算和协同计算转变，万物互联状态下，计算无处不在，计算环境也更加复杂多样，迫切需要更大规模的能源供给。这些构成了数字经济与能源系统相互支撑、耦合协调发展的物质基础与内在要求。

但当前，中国呈现数字经济中心与能源生产中心背离性分布的格局。广东、北京、上海、山东、浙江、江苏6个东部省份数字经济发展迅速，从软件业务收入、电子商务、高新技术收入等方面衡量数字产业化和产业数字化的各项指标均超过全国数字经济发展总和的60%。陕西、内蒙古、新疆、山西四个省份煤炭、天然气和石油传统能源生产超过全国传统能源生产的70%。四川、云南、内蒙古、甘肃、新疆地区可再生能源发电超过全国可再生能源发电的50%。一方面，数字经济中心能源支持薄弱，大规模、深层次的数字经济发展存在局限性，致使能源基础设施规模效应不显著，阻碍产业结构进一步转型升级，导致能源效率降低。另一方面，能源生产中心数字融合不足，能源生产、输送、交易、消费及监管各环节应用较少，无法有效承接东部地区需求，也使得能源效率提高受限。因此，两大中心均需要突破能源效率降低的瓶颈。

为了改变这种空间布局，中国于2021年开始实施“东数西算”工程，即将东部数据传至西部进行储存、处理。该工程有利于数字与能源要素的互补、协同、规模化发展，增加了数字经济与能源系统的耦合性。这种耦合性将助力能源效率的提高，为“东数西算”工程的实施提供有力的理论支撑。

当前，关于数字经济耦合研究中更多地侧重于制造业与数字经济、[①] 数字产业化

① 刘钒，余明月．长江经济带数字产业化与产业数字化的耦合协调分析［J］．长江流域资源与环境，2021，30（7）：1527－1537.

与产业数字化之间的耦合协调关系,① 对于能源耦合研究更关注能源、经济、环境、② 粮食、水资源③等因素的耦合协调关系,④ 针对数字经济与能源系统的相互支撑、互促发展的耦合研究不足。同时，大多数学者从市场、能源结构、⑤ 产业结构、⑥ 技术等因素探究影响能源效率的路径，对于从数字—能源要素探讨能源效率的影响途径研究较少。为此，本研究将探讨以下几个问题。第一，数字经济与能源系统耦合协调情况如何？未来会趋向于耦合还是更专业的分工？“东数西算”工程选址应如何确定？第二，数字经济与能源系统耦合协调如何作用于能源效率？第三，数字经济与能源系统耦合对能源效率是否具有空间溢出效应？不同耦合状态对能源效率的影响是否一致？

一、作用机理及理论假设

数字经济和能源系统之间存在着复杂的相互作用关系。首先，数字经济与能源系统相互依存。一方面，数字经济发展的本质是基于技术的资源配置优化，大数据、计算机、互联网、区块链、3D 打印等各类数字技术,⑦ 代表着数字经济的基本要素、基础平台、运行载体、数字处理手段到数字制造的特殊模型的全流程,⑧ 其运行都建立在算力基础上。将数字从无序状态转化为有序形式，需要大量的能源投入,⑨ 从而决定了算力的高耗能属性，因此，数字经济进一步深入发展必须以充足的能源为支撑。另一方面，数字经济为能源开发生产能力的提升、能源科技的突破持续赋能。⑩ 伴随着数字技术在能源领域的深入发展和广泛应用，能源产业价值被持续释放，推动着能源生产、运输、消费朝着更加高效的方向前进,⑪ 提供更多的能源新产品、新服务、

① 薛洁,胡苏婷. 中国数字经济内部耦合协调机制及其水平研究[J]. 调研世界,2020(9):11-18.

② 逯进,常虹,汪运波. 中国区域能源、经济与环境耦合的动态演化[J]. 中国人口·资源与环境,2017,27(2):60-68.

③ 逯进,常虹,郭志仪. 中国省域能源、经济与环境耦合的演化机制研究[J]. 中国人口科学,2016(3):23-33+126.

④ 李成宇,张士强. 中国省际水—能源—粮食耦合协调度及影响因素研究[J]. 中国人口·资源与环境,2020,30(1):120-128.

⑤ 魏楚,沈满洪. 能源效率及其影响因素:基于 DEA 的实证分析[J]. 管理世界,2007(8):66-76.

⑥ 李廉水,周勇. 技术进步能提高能源效率吗?:基于中国工业部门的实证检验[J]. 管理世界,2006(10):82-89.

⑦ 张鹏. 数字经济的本质及其发展逻辑[J]. 经济学家,2019(2):25-33.

⑧ 李长江. 关于数字经济内涵的初步探讨[J]. 电子政务,2017(9):84-92.

⑨ 何玉长,刘泉林. 数字经济的技术基础、价值本质与价值构成[J]. 深圳大学学报(人文社会科学版),2021,38(3):57-66.

⑩ 刘钊. 能源和数字革命背景下能源系统与信息技术融合的技术架构研究[J]. 电工材料,2019,(6):23-26.

⑪ 王舒. 国网信产集团:推进数字经济与能源电力深度融合[J]. 国家电网,2021(6):52-53.

新业态、新技术、新模式等，为双碳目标的实现注入动力。[①] 其次，数字经济与能源系统相互制约。当前中国仍以化石能源为主要能源供应，但化石能源的稀缺性和能源技术的有限性导致数字经济深入发展有限，高效强劲的算力资源仍然属于稀缺资源，算力不足又导致能源高效获取、分析和应用缺少支撑，陷入恶性循环，两者相互制约。最后，数字经济与能源系统具有协同关系。随着社会发展和经济增长水平的提高，能源发展由传统化石能源向水能、核能、风能、太阳能等可再生能源转化，决定着能源供应从集中式调配到分布式发展，各类小型综合能源供应站不断建立，能源行业的数据、信息和管理趋向分散，缺乏一致性。[②] 而数字经济通过大数据技术将更大范围内错综复杂的数据信息相互连接，使多种能源、多方平台、多元用户进行有效的信息交流，[③] 破除能源孤岛，增加了能源系统的可观性和可控性，[④] 为能源系统提供了更广阔的发展空间。为促进数字经济与能源协同发展，提高能源效率进而增加能源供给，保证数字经济的健康发展，需要能源与数字的协同管理。

假设 1：数字经济与能源系统具有耦合协调关系且耦合协调程度不断提高。

化石能源和可再生能源的储量取决于各地区自然地理环境，能源具有非均衡性分布的特征，因此经济发展需要对能源进行全国甚至全球范围内的调配。[⑤] 但大规模油气、电力、煤炭的运输需要依靠管道、电网、铁路线网等基础设施，其建设需要大量的人力、物力和财力的支持，运营和维护成本高昂，空间距离严重限制了能源要素的流动性。[⑥] 而数字经济依靠互联网使得知识溢出和模仿学习效应加强，弱化了地理距离的概念，但邻近地区数字经济发展水平仍会强于更远的区域。[⑦] 因此，能源禀赋充裕且距离数字经济发达地区较近的区域相对于单独能源充裕或单独数字经济发达的区域，将率先进入高耦合协调阶段。“东数西算”工程是建设统筹网络、能源、算力、应用等一体化布局的枢纽节点，[⑧] 需要各类能源的综合保障和具有相应的数字基础，因此，“数字—能源”高耦合协调地区最符合“东数西算”工程建立的要求。

---

① 孙宏斌，郭庆来，潘昭光，等．能源互联网：驱动力、评述与展望[J]．电网技术，2015，39（11）：3005－3013.

② 周健奇．新技术变革如何引领能源新经济发展：数字时代能源平台的发展与规范[J]．国家治理，2020，（3）：36－39.

③ 杨方，白翠粉，张义斌．能源互联网的价值与实现架构研究[J]．中国电机工程学报，2015，35（14）：3495－3502.

④ 于慎航，孙莹，牛晓娜，等．基于分布式可再生能源发电的能源互联网系统[J]．电力自动化设备，2010，30（5）：104－108.

⑤ 杨宇，刘毅．全球资源分布不均衡必然导致能源流动[J]．国家电网，2014（10）：55－59.

⑥ 王兰体，蔡国田，赵黛青．中国区域能源流动时空演进过程分析[J]．世界地理研究，2016，25（1）：12－21.

⑦ 黄鹏，陈靓．数字经济全球化下的世界经济运行机制与规则构建：基于要素流动理论的视角[J]．世界经济研究，2021（3）：3－13.

⑧ 付朝欢．“东数西算”布局全国算力网络国家枢纽节点[N]．中国改革报，2021－06－03（001）.

假设2：能源禀赋充裕且距离数字经济发达区域较近的地区将率先进入高度耦合协调阶段，“东数西算”工程应建立在高耦合协调地区。

在“碳中和”背景下，构建零排放的能源系统是整个能源行业“自上而下”的目的和最终追求，而数字化的转型让其成为可能，能源行业的数字化转型成为必选项。一方面，丰富的能源禀赋将为数字经济的发展提供强有力的支撑；另一方面，数字经济的发展和革新也将极大地改变传统能源的生产方式和服务方式，使得两者的耦合形成互融互促的局面，进而通过数字产业化和能源数字化不断地循环达到提高能源效率的目的。以能源支撑数字深入发展作为前提、开端，以数字赋能能源系统各环节作为接续，以最终提升能源效率为目的，追求零排放的能源系统。数字经济与能源系统的融合主要从以下几个路径作用于能源效率。第一，数字技术的应用刺激了能源互联网的发展，[①] 优化能源系统的运输、服务以及管理环节，协调能源的生产和消费，通过大数据分析、结果共享达成各环节有效衔接，以灵活智能方式管理能源要素流动，促进能源生产、再生产有序快速进行，降低生产成本和能源短缺率，以使更多资源和资金投入研发环节。同时，数字要素的运用使得能源行业贴近消费领域，促进消费者环保观念的改善和提升，且环保观念等边缘要素对能源效率也有重要的影响。[②] 第二，数字经济具有平台化、共享化的特征，利用数字技术构建起能源企业间交流学习的平台，加深各能源企业的交流和互动，达成先进技术学习、共享，发挥创新的溢出效应，从而促进能源效率的提高。第三，数字要素能够打破时空局限性，推动各类资源要素快捷流动，降低信息不对称程度，实现精准对接和有效匹配，提高资源利用率。数字化加快信息流动，使有限的能源可以通过配置达到最高的利用效率，提升生产消费间的实时互动水平，同时，数字技术的应用可以在大量的买卖双方中快速识别出有效需求，提高撮合效率，从而降低资源投入和消耗，提高能源效率。第四，数字要素增强能源生产过程的可预测性。电力行业和石油行业均属于技术与装备密集型行业，设备维护成本高、分布式能源管理难度高、设备冗杂而导致设备管理难度高，数字化的运用可以通过远程控制管理生产和预测性维护设备，以克服上述困难，从而降低成本，保障生产活动顺利进行，达到促进能源效率的目的。同时，这种数字经济和能源系统的耦合度提升可能由于能源的限制使得其对能源效率的空间溢出效应为负，一方面，由于我国数字经济中心与能源生产中心的逆向分布格局，各个省份的禀赋存在差异；另一方面，数字经济的发展和运行需要大量的能源作为支撑，而能源的运输

① 沈沉，贾孟硕，陈颖，等．能源互联网数字孪生及其应用[J]．全球能源互联网，2020，3(1)：1－13.

② 杜雯秦，郭淑娟．双碳目标下我国绿色能源效率提升路径研究[J]．管理现代化，2021(6)：96－99.

互通渠道在传统方式下不能满足新兴数字经济发展的需求，[①] 因而当某一省份的耦合协同提升时，会对区域间有限能源的使用产生排挤效应，从而对其他省份耦合协调度提升产生负向影响。[②]

假设3：数字经济与能源的耦合协调度会正向促进能源效率的提高，且这种影响的空间效应为负。

我国省际间能源禀赋和数字经济发展的程度存在较大差异，因此能源对数字经济的支撑和数字技术对能源系统的融入程度也不同，造成数字经济和能源系统的耦合协调度不同，即各省份间存在匹配形态差异，上述能源效率的作用机制也会由于耦合协调度在发展中存在差距。[③] 高耦合协调度的省份会相应地拥有较多的能源禀赋且对数字经济发展支撑也较为强劲，从而在数字经济和能源系统的融合中处于优先位置，[④] 使能源效率的影响渠道形成更加完善。即高耦合协调度会对能源效率的正向促进更显著，相反，低耦合协调度对能源效率造成的影响也较小。

假设4：不同匹配形态对能源效率影响程度不同。

二、数字经济与能源系统耦合协调关系

1. "数字—能源"综合指标体系构建与测算结果分析

Bukht R. 将数字经济划分为核心层、数字经济和数字化经济，分别为IT、ICT；电子商务、数字服务、平台经济；电子商务、工业互联网、精准农业等。中国将数字经济划分为数字产业化和产业数字化两种类型，数字产业化对应核心层，产业数字化则为数字经济和数字化经济的综合。[⑤] 因此，数字经济综合指标体系选取软件和信息技术服务、企业信息化、电信水平和互联网发展水平进行衡量。能源系统的安全性、稳定性主要从能源供应、能源消费和能源结构三个方面衡量，具体划分为煤炭、石油、天然气传统能源和水能、太阳能、风能等可再生能源[⑥]（见表5－7）。

---

① 潘雄锋，杨越，张维维．我国区域能源效率的空间溢出效应研究[J]．管理工程学报，2014，28(4)：132－136＋186.

② 孙庆刚，郭菊娥，师博．中国省域间能源强度空间溢出效应分析[J]．中国人口·资源与环境，2013，23(11)：137－143.

③ 秦铸清，朱玉琴，王德平．数字经济与制造业高质量发展的耦合协调分析：基于成都与北京的比较[J]．西部经济管理论坛，2021，32(2)：31－43.

④ 傅为忠，刘瑶．产业数字化与制造业高质量发展耦合协调研究：基于长三角区域的实证分析[J]．华东经济管理，2021，35(12)：19－29.

⑤ 李晓华．数字经济新特征与数字经济新动能的形成机制[J]．改革，2019(11)：40－51.

⑥ 师博，沈坤荣．政府干预、经济集聚与能源效率[J]．管理世界，2013(10)：6－18＋187.

表 5－7 数字经济与能源效率综合指标体系

一级指标	二级指标	三级指标	指标属性	权重	数据来源
数字经济	软件和信息技术服务	软件业务收入	+	0.210	《中国统计年鉴》
	企业信息化	电子商务收入	+	0.162	
		企业拥有网站个数	+	0.108	
	电信水平	电话普及率	+	0.038	
		光缆长度	+	0.073	
	互联网发展水平	移动互联网接入人数	+	0.244	
		域名数	+	0.165	
能源系统	能源禀赋	煤炭产量	+	0.247	《中国能源统计年鉴》
		原油产量	+	0.228	
		天然气产量	+	0.259	
	能源消费	电力产量	+	0.046	
		一次能源消费总量	−	0.012	
	能源结构	传统能源发电比例	−	0.073	
		可再生能源发电比例	+	0.135	

采用2011—2020年各省份面板数据，根据指标属性对数据进行标准化处理，考虑到零值的存在，因此，标准化处理后进行无穷小平移，即正向指标 $X'_{ij}=\frac{X_{ij}-\min X_{ij}}{\max X_{ij}-\min X_{ij}}+0.00001$，负向指标 $X'_{ij}=\frac{\max X_{ij}-X_{ij}}{\max X_{ij}-\min X_{ij}}+0.00001$，标准化值为 $S_{ij}=\frac{X'_{ij}}{\sum_{j=1}^{m}X'_{ij}}$。采用熵值法确定指标权重。①

分析可知，第一，中国各省份数字经济发展程度均呈上升趋势且每年上升幅度相似。甘肃、贵州、云南、江西、广西等地区数字经济发展水平较低，但其发展速度高于北京、上海、广东、山东、江苏、浙江和四川区域，2020 年的数字经济增长均为 2011 年的 8 倍以上，全国平均数字经济评分为 0. 19，是 2011 年的 5. 67 倍。第二，中国数字经济发展水平空间格局体现为“南高北低、东热西冷”的整体概况，各地区数字经济发展差异较大，长三角和珠三角发展水平远高于其他地区，其次是四川、陕西、湖北、湖南、河南、安徽等泛长江经济带地区。这些区域人员密集，工业、服务业发展水平高，经济繁荣，产生大量的数字要素，迫切要求数字价值化，由此带来数

① 舒小林，高应蓓，张元霞，等. 旅游产业与生态文明城市耦合关系及协调发展研究［J］. 中国人口·资源与环境，2015，25（3）：82－90.

字经济的快速发展。第三，中国六大区域均具有数字经济增长极。华北、东北、华东、中南、西南和西北地区增长极分别是北京、辽宁、江苏、广东、四川、陕西。其中，东北、西北地区相对落后，华东地区整体发展水平高于其他区域，广东数字经济发展水平远超其他区域（见图5－4）。

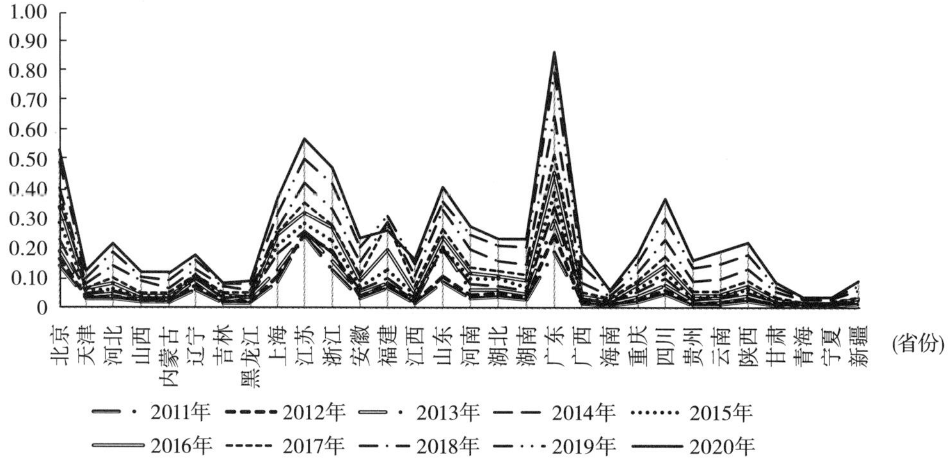

图5－4　2011—2020年各省份数字经济综合评分

从全国能源供应分布来看，第一，中国各省份能源系统整体发展水平呈上升趋势，但增长幅度随年份变化较大。2011—2020年，山西、内蒙古、陕西、安徽能源系统发展水平增速大，超过全国平均水平的2倍。2013年以前各省份能源系统评分较低，2013年以后能源禀赋充裕的地区能源系统评分有了质的提升，如山西、内蒙古、陕西和新疆。其他省份，能源系统综合评分比较稳定，增长幅度较小。第二，能源系统评分在空间格局上呈现“西高东低、北强南弱”的分布，其主要受制于各省份能源禀赋。北部地区化石能源和太阳能、风能资源充足，西南地区水能、生物能充裕，能源消费较少，能源系统稳定性强，能源系统评分高。华东地区能源系统评分整体情况较差，均低于0.1。第三，各省份能源系统发展差异大。山西、内蒙古、四川、陕西、新疆能源系统评分超过0.30，北京、上海评分仅为0.02（见图5－5）。

从中国各省份数字经济发展水平和能源系统评分状况来看，中国数字经济中心和能源生产中心呈现“南北割裂、东西分裂”的背离性分布格局。这种背离性分布，不利于数字与能源要素的进一步融合，进一步限制了中国各省份能源效率的提高。

2. 耦合协调度模型构建、测算与预测结果分析

耦合是两个以上系统相互作用、彼此影响的物理现象，耦合度是这种相互影响作

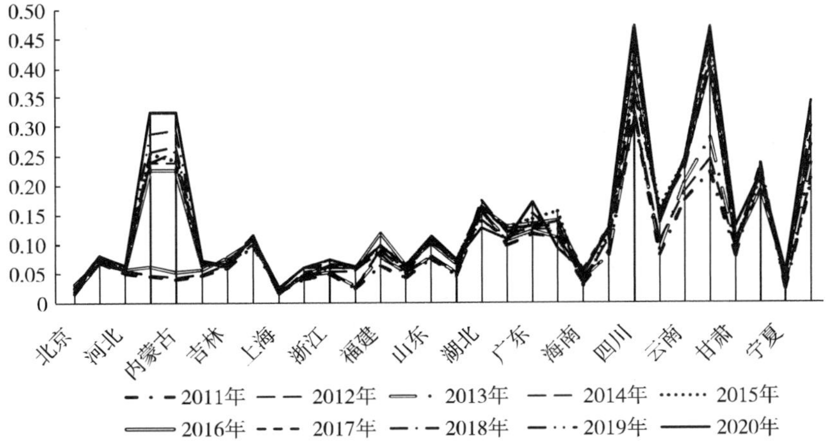

图 5－5　2011—2020 年各省份能源系统综合评分

用力的度量。① 因此，参考物理学耦合系数模型建立数字经济与能源系统二元耦合模型。C 表示耦合度，$Dige$、$Energy$ 分别表示数字经济和能源系统综合评价指数，耦合度的大小取决于 $Dige$、$Energy$ 的值，但可能产生两者都为低水平下的高耦合，因此需要构造耦合协调度；T 为协调度，指系统演变过程中各要素相互和谐一致的属性，由于数字与能源的相互支撑发展的重要性相同，因此 α、β 都为 1/2；D 是耦合协调度，$0 \leqslant D \leqslant 0.3$ 为低水平耦合协调，$0.3 < D \leqslant 0.5$ 为中度耦合协调，$0.5 < D \leqslant 0.8$ 为高度耦合协调，$0.8 < D \leqslant 1$ 为极度耦合协调。②

$$C = \left[\frac{Dige \times Energy}{(Dige + Energy)^2}\right]^{\frac{1}{2}}$$

$$T = \alpha Dige + \beta Energy$$

$$D = \sqrt{C \times T}$$

从耦合度测算结果来看，第一，中国各省份“数字—能源”系统的耦合协调度不断提高。由于能源要素的流动性相对较差，耦合协调度提升幅度主要受数字经济发展水平的影响。全国平均耦合协调度相较于 2011 年增加了 76.86%，其中山西、陕西、贵州、云南、甘肃、内蒙古等能源系统稳定性强的省份在“数字—能源”耦合协调度增长幅度较大，验证了假设 1（见图 5－6）。

第二，能源禀赋充裕的省份，在数字经济不断发展的情况下，率先实现“数字—能源”耦合协调度的质变。广东天然气、石油能源相对丰富，并且距离广西、云南等

① 吴玉鸣，张燕．中国区域经济增长与环境的耦合协调发展研究［J］．资源科学，2008（1）：25－30.

② 舒小林，高应蓓，张元霞，等．旅游产业与生态文明城市耦合关系及协调发展研究［J］．中国人口·资源与环境，2015，25（3）：82－90.

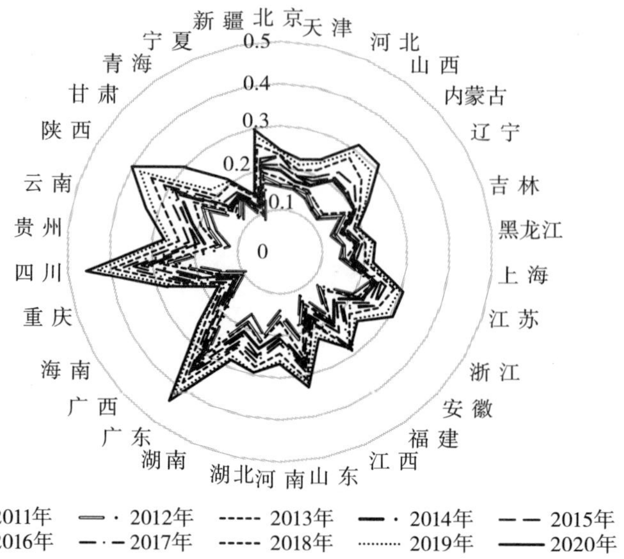

图 5－6　2011—2020 年中国各省份“数字—能源”耦合协调度

国内能源供给地近，也是国际能源运输的关键进口点，能源供给相对稳定，2013 年进入中度耦合协调状态。四川天然气、水能资源丰富，是产业转移的主要承接地区，数字经济发展迅速，2014 年成为中度耦合协调状态的省份。陕西是中国化石能源、可再生能源的主要生产基地，是中国西北地区的增长极，2017 年进入中度耦合协调状态。山东化石能源充裕，工业发达，地理发展空间大，工业、服务业繁荣，2018 年成为中度耦合协调省份。山西、内蒙古、云南、浙江、江苏也于 2020 年实现跨阶段质变。

第三，部分高水平数字经济省份、高能源禀赋省份和低水平数字经济与低能源禀赋省份，“数字—能源”耦合协调度低于全国平均水平。北京、上海数字经济发展水平领跑全国，但因面积狭小，能源消费水平高，能源供给不足，“数字—能源”耦合协调度较低，数字经济缺少能源支撑，对于后续数字经济深入发展不利。青海、黑龙江能源禀赋高，但数字经济融入较少，限制能源效率的提高，造成了大量的能源资源浪费，对能源产业的高水平发展不利。宁夏、海南、天津等地区处于“双低”状态，相互支撑发展均不足，“数字—能源”耦合协调度低。

第四，从中国整体“数字—能源”耦合协调度分布格局来看，中部地区耦合协调度水平高于西部能源禀赋极高和东部数字经济发展水平极高区域。“东数西算”工程适合建立在中国中部地区，例如，云南、四川、陕西、山西、内蒙古。山东、江苏、浙江整体耦合协调度水平较高，经济腹地广阔，未来数字经济发展前景将高于广东。验证了假设 2。

根据 GM（1，1）方法预测 2021—2030 年耦合协调度。首先对耦合协调度 $X_i^{(0)}$ 进

行累加生成新序列 $X_i^{(1)}$，而后生成均值序列，建立微分方程，根据 $X_i^{(1)} = (X_i^{(0)} - \frac{u}{a})e^{-a(k-1)} + \frac{u}{a}$ 计算 $X_i^{(1)}$ 的通解，其中 $\hat{a} = [a,u]^T = (B^TB)^{-1}B^TY_n$，B =

$$\begin{bmatrix} -\frac{1}{2}[X^{(1)}(1)+X^{(1)}(2)] & 1 \\ -\frac{1}{2}[X^{(1)}(2)+X^{(1)}(3)] & 1 \\ \cdots & \\ -\frac{1}{2}[X^{(1)}(n-1)+X^{(1)}(n)] & 1 \end{bmatrix}$$

，最后还原原始数列得到预测函数。①

从预测结果可以看出，第一，未来“数字—能源”系统将更趋于融合式发展，耦合协调度将不断提高，两种要素相互支撑，互为借力。随着数字经济发展，全国各省份耦合协调度呈现上升趋势，由低度耦合协调向高度耦合协调阶段发展。2025 年大部分省份将实现中度耦合协调状态。第二，能源充裕地区率先进入高度耦合状态。山西、内蒙古、四川、陕西四省份数字经济发展迅速，能源禀赋强，“数字—能源”耦合协调度高，两种要素互为支撑。广东省由于本地能源的限制，耦合协调度仍高于中国其他省份，但其后续发展将落后于能源丰富地区。第三，耦合协调度空间布局中部地区优势强劲，能源与数字两种要素融合强于东部地区和西部地区，能源效率提高强于其他地区，因此，“东数西算”工程落地于中部地区效果也会更好（见图 5－7）。

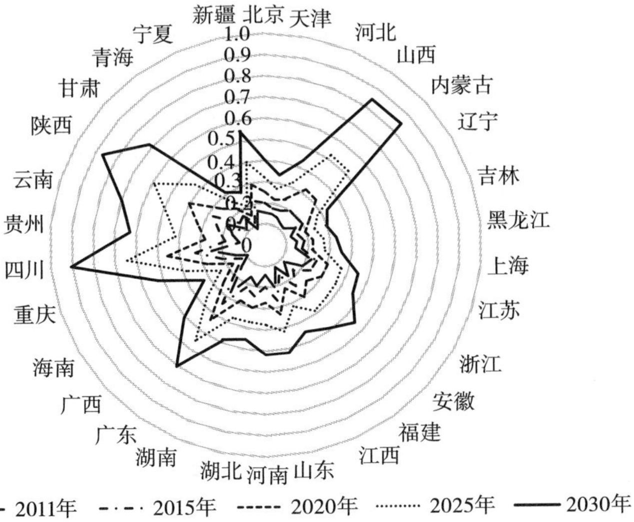

图 5－7　2011—2030 年中国“数字—能源”耦合协调预测

① 刘耀彬，李仁东，宋学锋．中国城市化与生态环境耦合度分析［J］．自然资源学报，2005（1）：105－112.

三、数字经济与能源系统耦合度对能源效率的影响

1. 指标选取与模型构建

首先，检验能源效率的空间自相关性，本研究使用 Moran 指数 I、Geary 指数 C，以及 Getis - Ord 指数 G 三个全局自相关指标进行检验，使用矩阵为邻接空间权重矩阵，三个指标结果均在 1% 的显著性水平下通过检验，则认为能源效率具有空间自相关性。同时进行局部莫兰指数 I 的结果测算，仍与全局空间自相关结果保持一致，因此运用空间计量模型探究耦合度对能源效率的影响效应（见表 5 – 8）。

表 5 – 8　空间自相关性检验

指标	检验值	Z	p – value
Moran's I	– 0. 178	– 4. 508	0. 000
Geary's C	1. 201	3. 805	0. 000
Getis – Ord's G	0. 013	– 4. 017	0. 000

在模型选择方面，空间面板模型包括空间杜宾模型（SDM）、空间自回归模型（SAR）和空间误差模型（SEM），本研究通过回归上述三种模型，并且对三种模型的对数似然值（Log Likelihood）、赤池信息准则（Akaike Info Criterion，AIC）和施瓦茨信息准则（Schwarz Criterion，SC）进行综合判断，以确定最终使用的模型类别。结果表明，三个模型的回归结果中，SDM 有着最大的 Log Likelihood 以及最小的 AIC 和 SC，因此最终使用 SDM 研究数字经济和能源耦合对能源效率的影响，同时进行豪斯曼检验，确定使用固定效应的 SDM（见表 5 – 9 ）。

表 5 – 9　空间模型检验结果

模型类型	Log Likelihood	AIC	SC
SDM	400. 7594	– 769. 5187	– 710. 2582
SEM	375. 2200	– 732. 4400	– 699. 1000
SAR	376. 3546	– 734. 7092	– 701. 3750

数字与能源系统的耦合将影响各产业的增长率，从而改变产业结构，提高能源效率、[①]

① 于斌斌．产业结构调整如何提高地区能源效率?:基于幅度与质量双维度的实证考察[J]．财经研究,2017,43(1):86 – 97.

经济发展水平、① 基础设施建设水平,② 能源消费结构③和环保观念也是能源效率提高的关键性因素，在此基础上结合数据可得性，选择的控制变量为：经济发展水平、基础设施建设、产业结构、环保观念以及能源消费结构。能源效率采用能源、资本、劳动力投入，地区生产总值和能源生产的废水、废气作为期望产出与非期望产出的超效率 SBM 的测算结果；经济发展水平使用 GDP 来衡量，为减少异方差性，在回归过程中进行对数处理；基础设施建设使用城镇化率来衡量，产业结构使用第二产业增加值与第三产业增加值的比值衡量；环保观念使用大学以上学历占常住人口的比例衡量，即拥有较高的学历会更主动了解环保且形成环保观念；能源结构使用煤炭消费的对数进行衡量。数据来源为《中国能源统计年鉴》、各省份的统计年鉴等。构建以下模型，其中 μ_i、v_i 表示个体和时间固定（见表 5－10）。

$$EE_{it} = \alpha_1 + \alpha_2 DEC_{it} + \alpha_3 Con_{it} + \rho_1 WEE_{it} + \rho_2 WDEC_{it} + \rho_3 WCon_{it} + \mu_i + v_i + \varepsilon_{it}$$

表 5－10　变量描述

类别	变量	含义	计算公式	预期符号
被解释变量	EE_{it}	全要素能源效率	—	
核心解释变量	DEC_{it}	数字经济与能源的耦合度	—	+
	$\text{Ln}GDP_{it}$	区域国民生产总值	国民生产总值取对数	+
	$\text{Ln}ES_{it}$	区域煤炭消费量	煤炭消费量取对数	-
控制变量	IC_{it}	产业结构	第二产业增加值/第三产业增加值	+
	UR_{it}	城镇化率	城镇人口/区域面积	+
	PCS_{it}	受教育程度	大学生人数/区域常住人口	+

2. 回归结果分析

在空间面板的回归结果中，核心解释变量数字经济与能源耦合度对于能源效率的影响在 5% 的水平下显著，且系数为正，说明数字经济与能源的耦合度越高，区域 i 的能源效率越高。可以从实证的角度表明耦合协调度会通过上述路径对能源效率产生正向的影响。从耦合度的分解效应来看，平均直接效应为正，说明对于区域 i 而言，数字和能源的耦合协调度对能源效率的影响为正向，即在自身发展的过程中，数字要

① 邓荣荣，张翱祥，陈鸣．数字经济发展与经济增长质量耦合度的时空演变及驱动因素：数值测算与实证分析[J]．南京财经大学学报，2021(5)：33－43.

② 王斌，傅强．基础设施建设与空间溢出关系的变化机制分析[J]．管理工程学报，2020，34(1)：127－135.

③ 王力，余晨，张雅姝．优化能源消费结构，提升能源利用效率：我国能源效率现状及影响因素分析[J]．环境经济，2021(12)：50－56.

素与能源的耦合程度提升会对能源效率产生促进作用，即对能源产业进行数字化赋能以及能源对数字经济发展的支撑总会显著地影响能源效率；而平均总效应却显著为负，计量结果的含义为，假设所有区域的数字和能源耦合协调度都增加一个单位，其对区域 i 的能源效率影响结果为负，同时平均间接效应也显著为负，则两种效应共同说明数字经济和能源系统的耦合协调度对除本区域的其他区域影响为负向。这是由于我国东西部的能源禀赋存在着显著差异，呈由东部沿海向西部内陆逐渐递增的趋势。而能源禀赋在中西部地区较为丰富，且储量集中度高。从东部地区来看，其整体上能源禀赋较为贫乏，且与数字经济的耦合度较低，未形成能源输送规模，致使区域 i 投入较多的能源要素支撑数字能源融合时，相邻区域由于总体上能源要素禀赋的限制，在传统能源使用量上投入更多能源融合数字经济的动力不足，从而对其能源效率产生负向的影响，即在总体平均水平上，数字经济和能源的耦合度溢出效应为负。从而验证了假设3。

从控制变量的结果分析来看，区域中经济发展程度和城镇化程度对能源效率产生显著的影响，其余控制变量均不显著。城镇化指标可用来衡量地区的基础设施建设，城镇化程度越高，代表基础设施越完善；而城市的基础设施建设对于能源的生产和运输至关重要，基建程度越高，可以使能源迅速完成周期性循环，促进能源效率的提高。经济水平是评价能源效率高低的重要变量，即经济发展水平越高，越会增加对能源企业的约束以及注重清洁能源的使用，同时在能源技术创新和效率提高方面增加更多的研发经费，从而正向促进该地区的能源效率提高。煤炭使用量、大学生占比以及产业结构均不显著，即目前能源企业在消费者市场的探索不够深入且环保观念的渗透不充分，使得以大学生占比衡量的环保观念程度对能源效率促进不够明显；另外，数字经济发展仍处于初期阶段，与能源的耦合度较低，与各产业的融合不足，促进效应不够明显。因此，以煤炭使用量衡量的能源消费结构以及产业结构对能源效率的促进不显著（见表5－11）。

表5－11　空间计量回归结果

变量	Main	Wx	直接效应	间接效应	总效应
DEC_{it}	0.5196** (1.99)	−1.3353*** (−2.98)	0.4854* (1.81)	−1.4498*** (−2.84)	−0.9644* (−1.76)
$\text{Ln}GDP_{it}$	0.1609** (2.41)	−0.0089 (−0.09)	0.1585** (2.47)	0.0247 (0.24)	0.1832* (1.80)

续表

变量	Main	Wx	直接效应	间接效应	总效应
$LnES_{it}$	-0.0121 (-1.38)	-0.0301 (-1.27)	-0.0125 (-1.48)	-0.0340 (-1.29)	-0.4645* (-1.69)
IC_{it}	-0.0351 (-1.06)	-0.0343 (-0.46)	-0.0366 (-1.11)	-0.0464 (-0.55)	-0.0830 (-0.85)
UR_{it}	0.0342* (1.16)	-0.0356 (-0.94)	0.0336 (1.60)	-0.0331 (-0.75)	0.0005 (0.01)
PCS_{it}	0.0015 (1.16)	-0.0011 (-0.34)	0.0016 (1.19)	-0.0011 (-0.32)	0.0005 (0.12)
WEE_{it}	-0.0453* (-1.64)	0.2237*** (6.08)	-0.0374 (-1.36)	0.2460*** (6.59)	0.2087*** (6.23)

注：*** $p<0.01$，** $p<0.05$，* $p<0.1$。

3. 不同匹配形态下的异质性影响

由于耦合协调度高的地区为新疆、云南、四川、陕西、山西、内蒙古、山东、江苏、浙江以及广东，因此本研究将其作为高匹配样本进行分类回归，同时使用全样本回归以对耦合协调度的系数值大小和显著性进行比较来验证假设。由于所选地区相距较远、相邻省份数量较少，不具备空间溢出效应，因此选择固定面板模型进行回归检验，控制变量在前文基础上加入耦合协调度测算时使用的能源评分和数字评分，回归结果见表5-12。

表5-12　分地区的影响异质性检验

变量	高耦合协调度地区	全样本
DEC_{it}	1.6099*** (3.24)	1.2476** (2.33)
常数项	1.6943*** (2.83)	1.3156** (2.29)
$Control_{it}$	控制	控制
R^2	0.6283	0.0475
观测数	100	300

注：*** $p<0.01$，** $p<0.05$，* $p<0.1$。

可见，对比高耦合协调度地区和全样本地区的耦合协调度回归系数值与显著性发现，前者的系数大于后者且其显著性也在1%的显著性水平下通过检验，而后者在5%的显著性水平下通过检验，可以说明高耦合协调度对于能源效率的影响更为明显，即当数字经济和能源系统融合较为完善时，其对能源效率影响的路径建设也更加全面和完整。从而验证了假设4。

四、优化“东数西算”空间布局以提高能源效率

本研究使用2011—2020年的省级数据，通过耦合协调模型测算中国“数字—能源”系统的耦合协调度，并且使用空间杜宾模型分析其对能源效率的影响，得出以下结论。第一，数字经济和能源系统耦合协调度不断提高。第二，能源禀赋充裕且距离高水平数字经济地区较近的区域率先进入高耦合协调阶段，“东数西算”工程适合建立在高耦合协调阶段，即山西、内蒙古、陕西、云南、四川等中部地区。第三，数字经济和能源系统耦合协调度对能源效率具有正向的促进作用和负向的空间溢出作用。第四，更高水平的“数字—能源”耦合协调度更有助于能源效率的提高。“东数西算”工程有利于提高“数字—能源”耦合协调度，进而提高能源效率，助力双碳目标的实现。据此提出以下建议。

（1）正视“数字—能源”发展差距，破除“数字与能源孤岛”，制定合适的区域发展政策，提高要素流动性。无论是数字经济综合评分、能源系统综合评分，还是“数字—能源”耦合协调度区域间和省际间都表现出明显的差别，实现数字与能源的协调共进，从而提高能源效率。因此，破除两者相互制约的恶性循环是提升耦合协调度、提高能源效率、实现双碳目标的关键。一方面，各省份化石能源和可再生能源储量具有较大差异，其运输受制于人力、物力和财力的限制，流动性较差，因而，增加耦合协调度需要解决能源传输问题。首先，东部地区具有较高的电力需求，距离能源储量丰富的中西部地区较远，并且化石能源运输的成本高于电力运输，因此，增加和完善建设“西电东送”工程有助于解决东部地区能源稀缺匮乏的问题。其次，大力开发可再生能源，增加能源供给，解决化石能源流动困难，有助于提升耦合协调度。最后，在能源分布式发展的基础上融合数字技术，将各类小型综合能源供应站串联互通起来，以数字为媒介，以能源互联网为平台，集中收集处理能源行业的数据和信息，促成多能源、多平台、多元用户的有效沟通、交流，减少能源孤岛数量，不仅有助于可再生能源的开发和利用，而且可以促进数字和能源系统的融合。另一方面，建立省际间数字经济交流分享机制，加大数字经济的空间溢出作用，增加数字要素的流动性。省际间积极进行数字化能源行业建设，形成互相学习、有效竞争、共同提升的局面。

（2）中部地区建设“东数西算”枢纽节点，形成能源与数字要素协同联动的良性生态，助力中国整体能源效率的提升。我国各区域的经济发展水平与能源禀赋不同，使得数字经济中心和能源生产中心存在逆向分布的空间格局。中部地区“数字—

能源”耦合协调度高，以中部地区为“数字—能源”枢纽点，推进“东数西算”工程，制定区域间能源和数字经济产业技术流动政策，引导数字经济向西部地区转移，能源资源向东部转移。一方面，有助于促进东部地区数字经济在过剩情况下转移进入西部区域，缓解资源、环境与发展的矛盾，为数字经济获得更加流畅便捷的算能资源，为数字经济深化发展提供空间。另一方面，对于西部地区，有助于跨越数字经济起步阶段，使数字技术同能源产业进行融合，发挥耦合协调作用对能源效率的正向效应，从而形成全国范围内能源与数字要素协同联动的良性产业生态，统筹东西部算能需求与供给，构建全国一体化“数字—能源”协同联动体系。

（3）推进能源互联网、数字能源等项目，提升数能融合程度。耦合协调度的提升可能受限于能源禀赋，也可能受限于数字要素缺失，所以因地制宜地分析融合阻碍因素，针对性地解决融合过程中出现的问题，从能源数字化平台、能源互联网、能源数字金融以及能源大数据中心的建设中，谋求自身能源数字化融合。首先，发挥数字经济的平台化、共享化特征，将其运用到能源企业的日常生产管理过程中，进行多源数据的有效采集与管理，建设能源大数据中心，方便企业决策、分析生产进展以及透明化企业相关数据以促进金融投资有效配置，并且搭建起能源企业间交流的数字化平台，促进能源技术的沟通交流。其次，提升技术和装备密集型能源行业的数字可预测性，进行可视化、智能化的远程管理生产控制，及时发现与处置生产过程中的设备维护和故障问题，保障生产活动安全进行。最后，建立能源互联网，形成多种能源高效利用和多元主体参与的能源互联共享网络，消纳高渗透率可再生清洁能源，并激活新的商业模式。[①] 另外，能源对数字经济发展的支撑尤为关键，负向空间溢出效应的解决需要发挥能源运输优势，改善传统能源的运输方式，加强可再生能源的利用，改善能源使用排挤的现状，充分发挥能源对数字经济发展的支撑作用。

---

① 田世明，栾文鹏，张东霞，等．能源互联网技术形态与关键技术［J］．中国电机工程学报，2015，35（14）：3482－3494.

第三节　反贫困的创新发展

《联合国2030年可持续发展议程》将“消除一切形式的贫困”作为首要治理目标。世界银行2018年的数据显示，按照每人每天1.9美元贫困标准估算，截至2015年底，全球贫困人口近7.36亿人，贫困发生率为10%，而撒哈拉以南非洲的贫困发生率则达40%以上，且贫困人口总数不断增加，达到4.13亿人，全球贫困状况依然严峻。但是中国经过8年的精准扶贫、5年的脱贫攻坚，832个贫困县已全部脱贫摘帽，9899万现行标准下的农村贫困人口全部脱贫，2020年中国成为首个实现“无贫困”可持续发展目标的发展中国家。

在全球贫困治理中，中国减贫成就突出，获得国际社会普遍认可。2013年9月7日，中国国家主席习近平在哈萨克斯坦纳扎尔巴耶夫大学作演讲，提出共同建设“丝绸之路经济带”。同年10月，习近平主席在出访东南亚国家期间，提出共建“21世纪海上丝绸之路”的重大倡议。2020年10月召开的党的十九届五中全会通过《中共中央关于制定国民经济和社会发展第十四个五年规划和二〇三五年远景目标的建议》（以下简称《建议》），并提出巩固拓展脱贫攻坚成果，全面推进乡村振兴。“十四五”成为脱贫攻坚与乡村振兴的衔接过渡。

一、中国应对绝对贫困取得显著进展

摆脱贫困是人类最大的难题。2000年联合国提出千年发展目标（MDGs），2015年联合国提出2030年可持续发展目标（SDGs），都将消除贫困作为核心指标。许多在第二次世界大战后独立的发展中国家在20世纪六七十年代经济出现较快增长，但贫富差距扩大却带来社会分裂和动荡，使其陷入“中等收入陷阱”。许多研究和从事扶贫的人得到了诺贝尔奖，如我们熟悉的刘易斯、舒尔茨、尤努斯、特蕾莎修女、阿马蒂亚·森。所有这些努力，都没有找到问题的答案，全球贫困状况依然严峻，饥饿人口规模居高不下，贫富差距日益加剧。

在人口最多的发展中国家消除农村绝对贫困，从救济式扶贫到开发式扶贫再到精准扶贫，中国探索出一条符合国情的扶贫开发之路，为全球减贫提供了“中国经验”。在共建“一带一路”国际合作中，许多发展中国家希望分享中国减贫经验。

中国的减贫历程主要分为三个阶段。

第一阶段，1978—1992 年：以经济增长为目的，通过经济体制机制改革推动减贫。

中华人民共和国成立后，把农村贫困的原因归结于土地私有制所导致的土地过度集中。土地改革从生产资料供给角度推动了减贫，使农民与土地得以结合，在一定程度上缓解了农村贫困。由于农村体制僵化，城乡二元经济分割严重，减贫成效并不显著。

1978 年实行的农村经济体制改革以“家庭联产承包责任制”为核心，以激发农村经济活力为目的，以产权制度创新为手段，赋予了农民土地使用权和自主经营决策权，从而调动了农村生产积极性。农村经济得到较快发展，农产品价格上升和农产品交易环境改善等制度因素也为农民生产性创收提供了有力的支撑。

此外，为了削弱城乡二元分割对减贫的负效应，我国推动户籍制度改革，放宽劳动力城乡自由流动的限制，促进农村富余劳动力向城镇转移，共享工业化、城市化的发展成果，丰富收入渠道，进一步缓解收入型贫困。国家取消农村发展非农产业的限制，推动乡镇企业快速发展，实现农村地区的创收形式多元化。

城市经济体制改革以企业改革为重点，目的在于激发企业活力，赋予企业更多的经营自主权，充分发挥市场“看不见的手”的作用。企业在市场信号的引导下，打破传统计划体制的限制，自发调整到出清状态，进而能够提供更多的就业岗位，充分吸纳农村富余劳动力。

根据 1978 年标准，贫困人口从 25000 万人减少到 8000 万人，贫困发生率从 30.7% 下降到 8.8%，减贫效果显著。

第二阶段，1993—2010 年：以缩小经济发展差距为目的，多措并举推动区域性减贫。

改革开放后，我国的经济进入快速发展阶段，2001 年入世后更是进入高速增长时期。伴随着经济增长，不同地区由于资源禀赋差异而导致的发展差距逐渐扩大，区域性的收入增长缺口张大，贫困的区域性特征越来越显著，社会不平等加剧。此外，随着反贫困工作的推进，贫困的多维特征凸显，多数贫困地区因生态、人力、教育、健康、医疗致贫，贫困不再局限于收入型贫困。

1994 年推行的分税制改革扩大了政府财政收入的规模，强化了政府对宏观经济的调控能力，通过“输血式”财政转移的方式支持资源匮乏地区的发展，进而缩小区域的发展差距。但政府单方面的财政转移导致出现一大批“等、靠、要”贫困群体，反贫困的方式存在严重弊端。

进入21世纪后，一方面，仍以财政转移兜底；另一方面，以产业扶贫为抓手，以村级为单位，实施整村推进的开发式扶贫，“造血式”扶贫与“输血式”扶贫并重，旨在调动贫困人口的自主脱贫能力，解决“志贫”问题。同时，政府加大对农村贫困地区的教育、卫生医疗投入，完善农村最低生活保障制度，着力提高贫困地区的健康水平，旨在从多个维度，用多种方法消除贫困、缓解社会不平等。

根据2008年标准，直到2010年，贫困人口减少至2688万人，贫困发生率降低到2.8%，多措并举的减贫效果显著。

第三阶段，2011—2020年：以全面建成小康社会为目的，通过高质量扶贫推动减贫。

党的十八大召开前夕，中国农村脱贫工作取得历史性阶段性成就，但是，当时仍然有近1亿的农村人口还没有完全脱贫。而且这部分贫困人口，基本上是农村“最困难户”，所处的生产生活环境又比较差，大多在深山地区、荒漠化地区、交通闭塞地区等自然地理环境不利的地方，不少还是“老少边穷”地区。这1亿人口，可以说是中国脱贫目标中的“硬骨头”，解决难度很大，基础条件又不好。

自2011年以来，我国以2020年全面建成小康社会为最终目标，以实现脱贫攻坚为底线任务，以“精准扶贫”“精准脱贫”作为新时期扶贫的指导思想。2014年我国进入经济新常态，经济增长面临下行压力。国家以供给侧结构性改革为主线从供给端推动产业结构转型升级，以创新引领增长；以“双循环”为构想从消费端推动消费结构转型升级，刺激国内有效需求。从供给侧和消费侧共同推动经济的高质量发展。

2015年11月，中共中央、国务院提出《关于打赢脱贫攻坚战的决定》，对“十三五”期间的扶贫工作做出了全面部署。从目标要求来看，可以概括为“两不愁、三保障，两看齐、三确保”。到2020年，稳定实现农村贫困人口不愁吃、不愁穿，义务教育、基本医疗和住房安全有保障。

2018年6月，根据党的十九大精神和《关于打赢脱贫攻坚战的决定》贯彻落实中出现的新情况新问题，中共中央、国务院印发《关于打赢脱贫攻坚战三年行动的指导意见》，进一步完善顶层设计、强化政策措施、加强统筹协调，推动脱贫攻坚工作更加有效开展。

总体而言，新常态背景下的反贫困工作同样以质量提升为标准，以14个集中连片贫困地区832个贫困县12.8万个贫困村为重点，建立了较完善的“精准扶贫”机制，从“大水漫灌式”转变为“精准滴灌式”，根据贫困地致贫原因和脱困需求进行扶贫，有效提升了扶贫工作的质量和效率。截至2020年11月23日，贵州省宣布所有贫困县摘帽出列，至此，中国832个国家级贫困县全部脱贫摘帽，这些贫困县农民人均可支配收入由2013年的6079元增加到2019年的11567元，年均增长9.7%，比同期全国农民人均可支配收入增幅高2.2个百分点。2019年，全国建档立卡贫困户人均纯收入达到9808元，贫困群众“两不愁”质量水平明显提升，“三保障”突出问题总体解决。

二、新阶段中国的相对贫困及其特征

党的十九届四中全会提出要建立“解决相对贫困的长效机制”，为2020年后的反贫困思路确立了新的基本方向。随着经济增长和社会不平等程度的加大，绝对贫困占主导地位的状况发生改变，相对贫困和“相对贫困感”日益彰显，表明新时代扶贫事业将从解决绝对贫困向缓解相对贫困转变。

1. 相对贫困问题的产生

阿马蒂亚·森在《贫困与饥荒》一书中指出，“权利的匮乏是导致贫困和饥荒出现的真正原因”。相对贫困不仅从收入角度对贫困进行测度，还综合地纳入生活环境质量、人力资本条件、发展前景、权利分配等因素，由此更全面地反映社会的不平等状况。

就本质而言，贫困是权利不平等的表现形式之一。传统的贫困是在获取生存资料权利上的不平等，部分人口难以获取维持最低生活水平的生存资料，最终成为贫困人口；当前的贫困本质上是在获取发展资料权利上的不平等，部分人口无法平等地获取生产资料，劳动者无法与生产资料相结合，因日常生产无法正常开展而丧失收入来源，最终也会沦为贫困人口。

近年来，我国不同层面的收入差距均有扩大趋势。从东中西部各区域的差距来看，人均可支配收入最高的是东部，从2014年的25954元增至2020年的41240元，收入水平最低的西部仅从15376元增至2020年的25416元，人均可支配收入差距从2014年的10578元逐年扩大至2020年的15824元（见图5－8）。

从城乡收入差距来看，城镇居民人均可支配收入从2013年的26467元增至2020年的43834元，农村居民人均可支配收入从9430元增至2020年的17132元，城乡居民人均可支配收入的差距从2013年的17037元持续扩大到2020年的26702元（见图5－9）。

再从农村五等份分组的人均可支配收入来看，20%的低收入户2014年仅为2878元，2020年增至4263元；20%的高收入户则从2014年的21324元增至2020年的36049元，高低收入户的差距从2014年的18446元不断扩大至2020年的31786元（见图5－10）。

可见，新兴科技的出现催生了许多新型商业模式，城市由于基础设施和相关制度

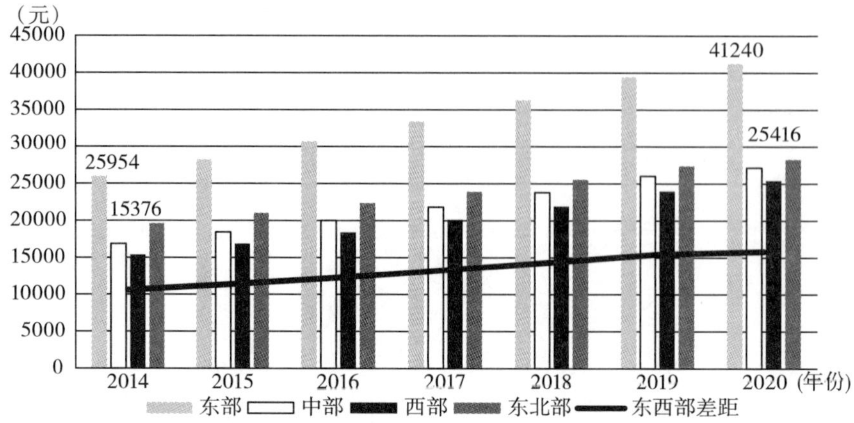

图 5-8　2014—2020 年各区域人均可支配收入及差距

资料来源：《中国统计年鉴》。

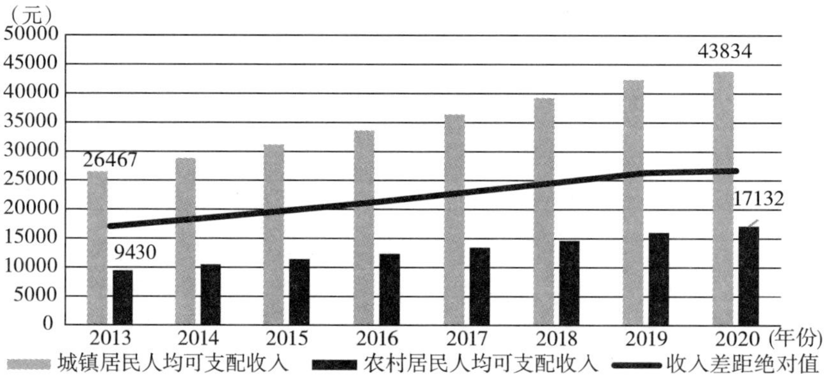

图 5-9　2013—2020 年城乡人均可支配收入及差距

资料来源：《中国统计年鉴》。

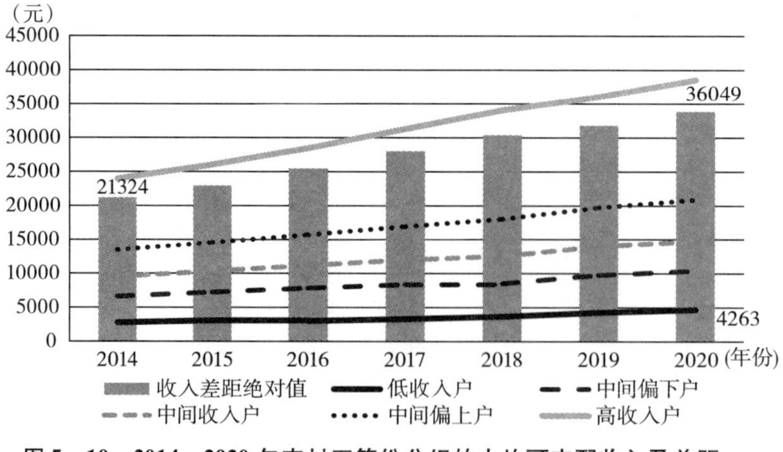

图 5-10　2014—2020 年农村五等份分组的人均可支配收入及差距

资料来源：《中国统计年鉴》。

建设等更完善，往往能最大限度享受由此带来的正效应；然而农村地区往往无法最大限度地获益，这构成了发展上的不平等。发展权利不平等、资源分配不平等体现在城乡间逐渐扩大的收入差距上。2020 年城镇 20% 高收入群体的年均可支配收入相当于农村 20% 低收入群体的 20 倍。不仅是传统的城乡差距扩大，城市内部、农村内部的差距也很大，这都给 2020 年后的反贫困带来了新的挑战。

此外，是否返贫是衡量反贫困政策是否有效的主要依据。2020 年完成脱贫不等于永远脱贫、稳定脱贫，这意味着接下来仍要在推进未脱贫人口脱贫的同时，保证脱贫人口不返贫、脱贫成果可持续。随着经济发展，贫困标准会逐年上升，相应返贫率也会逐年提升，有学者做过统计，中国农村脱贫返贫率最高可达 30%。① 因此，2020 年后的反贫困思路要从“消除原生性贫困”转变为“防治再生性贫困”。

2. 我国相对贫困的特征

（1）相对贫困人口数量多。

目前，我国相对贫困人口主要由脱贫户、贫困“边缘户”、进城农民工以及城市低收入者四部分组成。其中低保人口逐年下降，但下降速度缓慢，总数仍维持在 4000 万人以上；在农村富余劳动力向城镇迁移的大趋势下，农民工队伍则逐年壮大，2019 年农民工总数达到 2.9 亿人，其中外出农民工 1.7 亿人，占比 60% 左右。②

由此可知，我国的贫困转变为相对贫困，贫困的内涵发生变化，从过去用绝对指标测度转变为用相对收入的方法测度，即相对贫困测度表现为在一个收入组中处于底层的人口的规则。可见，我国的相对贫困人口规模庞大。

（2）贫困形式更复杂。

由于绝对贫困的消除，贫困的相对特征更加明显；而随着城镇经济的发展和城镇居民生活的改善，大多数农村富余劳动力或脱贫人口大规模向城市迁移，农村地区逐步“空心化”，老弱妇孺等贫困问题尤为突出，加大了农村“返贫”风险。

由于我国户籍制度方面的限制，绝大多数进城务工的农村人口无法享受到大多数城镇居民享受的权利，如教育、医疗、保险等。因此，这部分进城务工者除了承担昂贵的城市生活成本外，还要承受相应的福利损失，农民工成为城市贫困人口新的构成。

最终，我国将形成城乡并存型贫困，而这种贫困本质上源自城乡不平等问题。因此，未来应以建立城乡一体化的基本公共服务体系为重点，强化教育、医疗卫生、社

① 郑瑞强，曹国庆．脱贫人口返贫：影响因素、作用机制与风险控制[J]．农林经济管理学报，2016，15(6)．
② 资料来源于中商产业研究院数据库。

保等领域的城乡对接，逐步把游离于农村和城市的2亿多农民工中的贫困群体以及城镇贫困群体纳入减贫体系。

可见，自2020年以来，我国的贫困问题更加倾向于个体差异化，即致贫原因差异化、层次化。这意味着实现全面脱贫后，要在巩固脱贫成效的同时，加快建立相对贫困人口动态调整机制，设立差异化的扶贫标准，及时把收入超出贫困线标准不同比例区间的“边缘人群”纳入减贫对象范畴，推进扶贫梯度化、多层化，防止“边缘人群”落入“贫困陷阱”。

三、探索反贫困的创新方式

面对大规模相对贫困及多样化的贫困形式，有必要积极探索反贫困创新方式，以提高反贫困效率，同时为新科技发展创造应用场景。

1. 打造网络和数字基础上的扶贫产业链

（1）打造扶贫产业链的基础条件。

互联网普及与贫困减缓之间关系的实证结果表明，互联网的普及减小了中国农村贫困的广度、强度和深度，[①] 它能让贫困人口更方便地获取市场信息，使贫困人口获得更平等的产品选择权，也能帮助农民和城镇生产者接触更广阔的市场。

从我国的网络基础设施状况来看，截至2021年6月，我国的IPv4地址达到3.93亿个，IPv6地址数量为62023块/32，IPv6活跃用户数达5.33亿；域名3136万个，其中，CN域名1509万个；移动基站948万个，互联网宽带接入端口9.82亿个；光缆线路5352万公里；移动互联网接入流量1033亿千兆。[②] 可见，我国的互联网基础资源虽不完善，但处于迅速发展阶段，互联网的普及率、覆盖范围都在逐年提升。

网络基础设施的完善为网民覆盖提供条件。根据《第48次中国互联网络发展状况统计报告》，截至2021年6月，我国的网民规模达到10.11亿；手机网民规模10.07亿；农村网民规模2.97亿，占网民整体的29.4%。截至2020年12月，非网民人口为4.16亿人，仍以农村居民为主，占到62.7%，60岁以上老年人为主要群体，占到46.0%。[③]

从收入结构来看，我国网民仍以低收入消费群体为主。根据《第47次中国互联网络发展状况统计报告》，截至2020年12月，我国的网民中以学生和自由职业者为

① 张含宇，姬宸宇．互联网的普及能减缓中国贫困吗？［J］．江苏大学学报（社会科学版），2020，22（5）．

② 第48次中国互联网络发展状况统计报告［EB/OL］．中国互联网络信息中心，2021－08－27．

③ 第47次、第48次中国互联网络发展状况统计报告［EB/OL］．中国互联网络信息中心，2021．

主体，分别占到网民规模的21%和16.9%；位列第三的是农村外出务工人员，占到网民总数的12.7%。网民受教育水平总体不高，小学及以下学历网民数占到19.3%，初中学历网民比重达到40.3%。从收入水平来看，网民中无收入、月收入在1000元以下的人占网民规模的26.1%，月收入在3000元及以下的网民占到51.1%。[①] 结合网民职业结构和收入结构可知，我国的网民以中低收入为主体，其中低收入群体占大部分（见图5－11）。

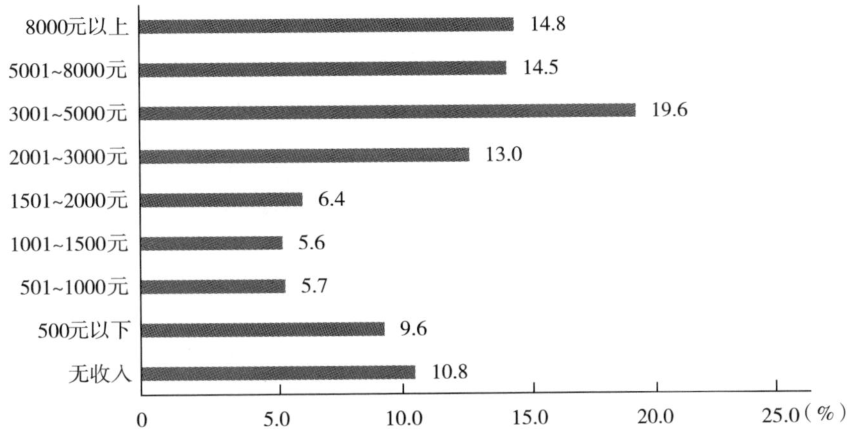

图5－11　网民个人月收入结构（2020年12月）

资料来源：第47次中国互联网络发展状况统计报告［EB/OL］．中国互联网络信息中心，2021.

网络基础设施趋于完善，特别是面向中低收入群体有较为广泛的覆盖，为在数字与网络基础上构建扶贫产业链奠定基础。

（2）打造扶贫产业链的理论逻辑。

随着我国的消费市场逐渐从中高端市场向下沉市场转变，消费市场的“长尾”特征逐渐凸显。“长尾”是Chris Anderson在2004年提出的一种新商业和经济模式，其观点是需求不强、销售不佳的所有细分市场共同的市场份额能够和需求旺盛的那一部分产品的市场份额相当，也可以定义为许多冷门产品汇聚而成的与畅销产品市场相当的利基市场。将长尾理论与反贫困相结合，可提出基于数字的产品扶贫和产业扶贫双向作用的反贫困新模式。

随着我国经济不断发展，居民财富不断增加的同时，农村居民的消费结构也产生了变化。2019年农村居民人均消费支出为13328元，较上年名义增长9.9%，人均食品消费支出占比为30%，恩格尔系数逐年下降。人均消费支出中服务型支出增长最

① 第47次中国互联网络发展状况统计报告［EB/OL］．中国互联网络信息中心，2021.

快，占比 39.7%，服务型支出中又以医疗保健（14.6%）和教育文化娱乐（13.8%）增长最快。2019 年农村居民人均可支配收入达到 16021 元，较上年名义增长 9.6%，其中工资性收入和经营性收入仍是主要收入来源，分别占比 41.19% 和 35.97%。经营性收入中第一产业收入仍是主要来源，但第二、第三产业收入增长快于第一产业收入。基于对农村居民的收支分析可得出结论：虽然我国农村居民的消费结构日渐多元化，但是与城市居民相比，碍于收入的有限和获取产品的权利不平等，其消费力仍然难以充分释放。

由此，可将我国相对贫困群体视为庞大的长尾市场，根据长尾市场收入相对较低、来源不稳定、权利不平等等特征，利用互联网技术精准识别贫困人口、精准覆盖贫困区域，通过电子商务的商业模式，打造一个供商家提供小众冷门商品和边缘商品的平台。这个平台为低收入群体提供低价格、被头部消费者所忽视的产品，从而释放他们的消费能力。

在中低收入群体构成的“长尾市场”基础上，反贫困产业链通过消费端产品扶贫与生产端产业扶贫相结合创造反贫困新模式。基于网络和数字科技打造针对“长尾市场”的平台，目的就在于以较低的价格给低收入群体提供小众商品。一方面，平台能够刺激相对贫困地区人口的消费能力，由于平台的特殊性，产品的价格是绝大多数低收入群体能够接受的价格，因此相对贫困人口获取生产资料的不平等问题能够得到一定的缓解，但在获取边缘产品和头部产品上的不平等问题仍有待解决；另一方面，由于我国的“长尾”很长，是一个庞大的消费群体，因此对尾部产品巨大的需求能够倒逼厂商在尾部产品的生产上进行扩大再生产，厂商的扩大再生产则意味着能创造更多的就业岗位，进而能够吸收更多的无收入或低收入群体进入生产环节，即从生产端解决了收入来源的问题，工资性收入能够明显增加。以此循环往复，“长尾市场”的巨大潜力将会使更多的厂商发现这一片蓝海，促使其对“长尾市场”进行大规模投资，形成循环累积、消费端和生产端相互作用的反贫困产业链。

2. 推进多种扶贫方式组合的定制化扶贫

国务院扶贫办副主任陈志刚表示，“新冠肺炎疫情给全球减贫事业带来严峻挑战的同时，更深刻启示我们，减贫工作必须不断适应新环境、新形势提出的新要求，必须坚持以创新为动力、向改革要活力”。把聚焦精准作为减贫创新的核心方向，把巩固拓展脱贫成果作为减贫创新的时代课题，把防止返贫、防范致贫作为减贫创新的优先任务。

党的十九大报告强调，要坚持大扶贫格局。当前，专项扶贫、行业扶贫、社会扶贫“三位一体”的大扶贫格局已初步形成。其中，专项扶贫包括易地扶贫搬迁、整村推进、以工代赈、产业扶贫、促进就业、扶贫试点、革命老区建设。根据中国的实际情况来看，可以将社会扶贫工作细分为：定点扶贫、东部和西部协同合作扶贫、动员企业和社会各界参与扶贫。

其中，定点扶贫是中央单位积极参与扶贫、推动贫困地区加快发展的有力抓手，至今已实施30多年。东西部扶贫协作和对口支援，是推动区域协调发展的重大战略，是加强区域合作、优化产业布局、实现共同富裕目标的重大举措，也已经实施20多年。这两项都是中国特色贫困治理体系的重大创新，需要长期坚持下去。以新疆阿勒泰地区为例，扶贫工作的高效推进依赖于有针对性地展开定制化部署。

阿勒泰地区地处新疆北部，与俄罗斯、哈萨克斯坦、蒙古国三国接壤，边境线长1197公里，总面积达11.8万平方公里，下辖6县1市均为边境县（市）。2018年末总人口为65.95万人，由36个民族组成。其地缘特点突出，是中国西北唯一与俄罗斯接壤的地区，是丝绸之路经济带北通道和新疆参与中蒙俄经济走廊建设的重要节点城市。拥有4个国家内陆口岸，面向俄罗斯开放的吉克普林口岸已纳入自治区规划。

近年来，围绕农业产业供给侧结构性改革主线，阿勒泰地区一边稳定发展粮食生产，一边做大做强优势特色产业。探索“公司+村党支部+农户”产业扶贫模式，通过牲畜托养和土地流转入股农牧业产业合作社，带动建档立卡户入股分红促进增收，投入大量资金加大劳动力转移培训力度，增加就业岗位，促进建档立卡户稳步增收。阿勒泰地区坚持专项扶贫、行业扶贫、社会扶贫、援疆扶贫整体发力、互为补充，构建“一体多元”的大扶贫格局。激发贫困群众脱贫致富内生动力，推动“输血式”扶贫向“造血式”扶贫转变。

自2020年以来，阿勒泰地区富蕴县反贫困创新采取“专家团队+产业基地+辐射带动户”服务模式。自然资源局驻吐尔洪乡拜依格托别村工作队倾力打造小浆果科技产业基地，根据市场需求情况，拜依格托别村工作队从援疆兄弟省市引进新品种，开发出一些符合市场需求的小浆果新产品。此外，发展特色养殖是巩固脱贫攻坚成果、推进乡村振兴战略的重要手段之一，阿勒泰地区布尔津县积极引导村民调整产业结构，通过政策扶持、技术帮扶、资金投入等方式，不断发展壮大特色养殖品种和规模，引导村民通过发展生态养殖增加收入，让特色养殖成为村民增收致富的“加速器”。

2020年11月14日，新疆维吾尔自治区人民政府发出公告，批准莎车县、叶城县、伽师县、英吉沙县、墨玉县、皮山县、洛浦县、策勒县、于田县、阿克陶县退出贫困县序列。至此，全区308.9万现行标准下贫困人口全部脱贫，3666个贫困村全部退出，32个贫困县全部摘帽，新疆绝对贫困问题得到历史性解决。

不仅新疆，各地为了探索构建稳定脱贫长效机制，推动脱贫攻坚成果巩固与乡村振兴工作有效衔接，纷纷制定出台了解决相对贫困长效机制试点工作实施方案。另外，反贫困在中国北方和南方既有区别，也有相同之处。海南省2020年选派8000余名乡村振兴工作队队员，进驻到196个乡镇2561个行政村，因地制宜帮助村庄改变落后面貌。

3. 构筑为扶贫产业链托底的社会救助层级网络

（1）构筑新型社会救助网络的必要性。

社会救助兜底脱贫的对象主要集中在“对无法依靠产业扶持和就业帮助脱贫的家庭”，从发展的视角来说，2020年后社会救助的作用对象应当是因自身缺乏基本的行为能力而被排除在扶贫产业链之外的人口。随着贫困问题从绝对贫困转向相对贫困，贫困人口数量更多、更为分散，致贫因素更加复杂、难以把握，这对于当前的社会救助体系构成新的挑战。

首先，贫困形式的转变使现行的贫困识别机制滞后。2020年后，关于相对贫困线的划分、贫困标准的明确，目前尚没有明确且权威的方法。然而，刚消除绝对贫困，“返贫”风险仍然较大，因此，对于因病、因学导致的返贫，社会救助体系应当提前防范，从2020年前的“扶贫”转变为2020年后的“防贫”。

其次，当前扶贫产业链并非万无一失，仍存在部分机制设计的漏洞。虽然基于网络和数字科技打造的扶贫产业链能精准识别大部分相对贫困或低收入群体，但并非所有的贫困人口都能被识别到扶贫产业链中，比如幼儿和高龄老人，这部分特殊群体虽然体量不大，却是最难帮扶的一部分人。一方面，他们的知识储备不支持他们运用先进的科技消费，所以即便有国家资金帮扶，也存在“钱花不出去”的问题；另一方面，这部分群体往往更容易因病、因学返贫，因此，有效兜住这部分人，实际上是为扶贫产业链构筑“安全网”。

最后，扶贫是一个长期过程，并非由外部因素决定，而是由贫困群体内部阶层变迁所决定。扶贫产业链并不是一种静态模式，而是一种动态模式，随着产业链内的贫困人口阶层变迁而变动。由于扶贫产业链循环累积的特征，贫困人口的收入应当会快速提升，随着收入的提升，贫困人口中轻度贫困的群体将最先脱离贫困，继而中度贫困者变为轻度贫困者，而极度贫困群体在救助体系和产业链收入提升正外部性的影响下，也能够更快速地进入“长尾市场”，也就是从产业链的漏洞外进入产业链，以获得扶贫产业链带来的好处。因此，构筑社会救助体系是对扶贫产业链的补充，能够从后端迫使产业链快速发展，进而扩大范围识别更多的贫困群体。

（2）当前社会救助体系的缺陷。

长久以来，政府是我国社会救助的最大主体。一方面，政府的资源配置往往更注重公平，在效率方面存在缺陷，即政府的转移性支付或社会救助金发放等往往属于“大水漫灌”式的救助，实现“精准”仍有一定难度；另一方面，社会的二元结构严重束缚了农村社会市场机制作用的发挥，使乡村经济活力欠缺，无法有效地通过市场来吸引社会力量的进入，导致除政府外其他救助主体的缺失，救助主体单一。随着扶贫产业链的规模扩张及分工深化，社会各界，如第三部门、非政府组织等各种服务机构以及基层社区，也需要加入社会救助体系，以提高专业化分工带来的救助效率。

社会救助的贫困群体往往被排除在扶贫产业链外，难以获得扶贫产业链的帮扶，在获取产品上仍存在权利的不平等。而政府扶贫救助体系以资金帮扶为主，较难解决这部分贫困人口的实际困难。因此，将非物质救助方式纳入系统的制度化设计，在开展物质救助的同时，针对精神贫困、社会资源贫困、社会权利贫困等现象，进一步提供心理援助、权益维护、支持网络构建等非物质性救助方式，也确有必要。

（3）构筑新型社会救助层级网络的思路。

构筑新型社会救助层级网络是基于精准识别的思想，以各级政府为主导，社会组织加以补充，提供救助主体多元化、方式多样化，推动最底层贫困人口逐步减少，逐步进入扶贫产业链的识别范围，推动国家最低收入标准的逐步提升，进而倒推扶贫产业链发展。

推动社会救助主体多元化、救助方式多样化。新型的社会救助层级网络，应当是多主体、多层次覆盖。以政府为主导，政府的救助方式仍侧重物质和款物救助，保证救助对象获得基本的生存资料的权利；此外，政府可以以部分专项资金成立保健基金，吸取社会资本，再通过稳健投资的方式运转基金，为极端贫困的群体提供最终保障，使他们在享受其他层次保障后仍无力支付应负担的医疗费用时获得资金援助。各级政府应当在上级政府的领导下开展极度贫困人口的精准识别工作，把“大水漫灌式”的社会救济发放转变为“精准滴灌式”的救济到人、救济到户，层层政府构成层级网络，使得救济网络全覆盖。

政府之外的第三方组织是社会救助层级网络的补充，能加强社会与贫困地区的联系，保证社会救助资金精准转移到贫困地区。此外，第三方组织也可发挥非物质救助的优势，即社会组织自发组织贫困地区发展性救济专项小组，如心理辅导、定期医疗检查、基础教育等，保证贫困人口不会有权利缺失的相对失落感。

政府和第三方社会组织结合构筑的社会救助层级网络能在保证资源分配基本公平的同时，保证更多资源流向扶贫产业链外的地区，提升扶贫效率，既能保证公平，也能保证效率。

第四节　黄河流域生态保护的数字化驱动

一、黄河流域生态保护的背景和动因

当前加快形成国内国际双循环新格局成为中国发展的一个主要方向。在此过程中，生态安全是内循环治理创新的重要组成部分。

1. 黄河流域发展纳入国家战略

2019 年 9 月 18 日，习近平总书记在郑州召开座谈会，指出“要坚持绿水青山就是金山银山的理念，坚持生态优先、绿色发展，以水而定、量水而行，因地制宜、分类施策，上下游、干支流、左右岸统筹谋划，共同抓好大保护，协同推进大治理，着力加强生态保护治理、保障黄河长治久安、促进全流域高质量发展、改善人民群众生活、保护传承弘扬黄河文化，让黄河成为造福人民的幸福河”。黄河流域生态保护和高质量发展上升为国家战略，成为继“一带一路”建设、京津冀协同发展、长江经济带发展、长三角一体化、粤港澳大湾区建设之后第 6 个具有空间属性的国家发展战略。从 2019 年 8 月到 2020 年 6 月，习近平总书记 4 次考察黄河，着力推进黄河流域生态保护和高质量发展。

除此之外，党的十九大也指出“建设美丽中国，为人民创造良好生产生活环境，为全球生态安全做出贡献”“坚持新发展理念”“坚持人与自然和谐共生”。黄河流域是我国重要的生态屏障和经济地带，是中华几千年灿烂文明的孕育地，是连接青藏高原、黄土高原、华北平原的生态廊道，具有战略意义。政策的倾斜为黄河流域生态安全的数字化建构和高质量发展提供了支持。

2. 黄河流域生态问题的凸显

黄河作为我国两大母亲河之一，既是地理空间上的一道风景线，更为沿岸人民提供了宝贵财富。它发源于青藏高原，流经 9 个省区，2019 年底流域内常住人口达 4. 22 亿人，占全国总人口的 30%，地区生产总值为 22. 9 万亿元，占全国的 25%。黄河流域有着我国重要的生态廊道、能源供应区、农业产区，是我国经济和社会发展的战略地带。然而近年来该流域出现一系列生态问题：重化工业集聚导致的环境污染、水资

源短缺制约经济发展、水土流失加剧、水污染日益加重、下游“地上悬河”威胁周边居民生存、三角洲地区生物多样性减少等。这些生态问题不断显化，对黄河流域的生态保护刻不容缓。

3. 推动黄河流域发展是治理创新的必由之路

新生产方式的兴起，带来治理方式和发展方式的变革，促进治理体系的创新已成为不可避免的环节，加之我国当前处于经济由高速增长转向高质量发展的重要阶段，要求产业结构进行深度调整，促进区域协调发展，打好脱贫攻坚战，培育经济增长新动能。黄河流域是我国重要的空间地带，在转变经济发展方式中，生态保护成为关键步骤，也是催生新治理体系的内在变量之一，为形成陆海内外联动、东西双向互济的新格局夯实基础。

4. 科技带来数字化驱动力提升

随着新一轮科技产业革命的兴起，科技在经济增长中的地位越来越高。中国经过改革开放40余年的发展，国际竞争力显著提高，科技实力大幅度增强。这为我国的高技术产业发展奠定坚实基础，也为生态保护提供更多智能化、数字化的工具。

二、黄河流域生态保护现状及存在问题

黄河流域各部分的生态条件不仅差异较大，也带来复杂的治理问题。

1. 流域上游生态保护状况

黄河上游是指从源头到内蒙古自治区的河口部分，该段及其流域可分为两大部分：源区和甘宁蒙段。

2005年，国务院批准实施《青海三江源自然保护区生态保护和建设总体规划》，成为黄河源区生态保护的重要节点。2015年，三江源成为党中央、国务院批复的第一个国家公园体制试点区，开启了国家公园新纪元。青海省积极贯彻落实国家关于推进生态文明建设的重大决策部署，制定了《关于全面加强生态环境保护坚决打好污染防治攻坚战的实施意见》《保护中华水塔行动纲要（2019—2035年）》，为三江源生态环境的保护提供保障。

然而，随着周边省份人口的增多，人类活动不断挤占原有生态用地，使之转化为工农业用地，湿地面积萎缩，源区沙漠化和景观破碎化加剧，草场退化，生物多样性减少。加之全球气候变暖，积雪和冰川消融，黄河径流量不断减少，生态环境更为脆弱，加重源区生态保护负担。

至于黄河的甘宁蒙段，地形复杂是其主要地理特点，高原、峡谷、平原并存。由

于该地区矿产资源丰富，较为发达的重化工业使得资源环境容量严重不足。高污染、高耗水企业较多，对于干支流水环境造成很大风险。而宁夏平原和河套平原作为当地粮食的主产区，水资源消耗量大。同时，粗放的经济发展方式使得水污染愈加严重。2017 年黄河流域 9 个省区废水排放总量为 1809055 万吨，比 2010 年 9 个省区废水排放总量 1492619 万吨同比增长 21%，可见废水排放总量大，污染较为严重。这些生态问题，不仅对生态环境造成破坏，而且限制了当地产业结构的转型升级。

近年来，各省区根据当地实际划定生态保护红线，着力推进自然保护区建设，水土保持、三北防护林建设、天然林保护、退耕还林还草等工程的实施，改善了流域附近一部分生态环境，但是在取得这些可喜进展的同时，黄河流域生态环境的脆弱和问题的复杂性也不容忽视。

2. 流域中下游生态保护状况

在黄河的中下游段，生态保护问题相较于上游段又发生了显著变化。流域内河口镇至洛阳龙门为黄河所流经的黄土高原，疏松的土质加上集中的暴雨，使得该地区水土流失问题严重，成为黄河泥沙的主要来源地。据统计，河口镇至三门峡地区的来沙量占到全河的 89.1%。在下游地区，汇入黄河的支流较少，黄河下游水量少，加之上中游带来的大量泥沙沉积在此，抬高河床，黄河成为“地上悬河”。河口三角洲地区地形平坦，拥有重要的湿地资源，是鸟类迁徙的中转地和繁殖地，有野生动物 1543 种，生物多样性丰富。

针对中游地区黄土高原水土流失的问题，修建淤地坝和恢复植被是行之有效的治理措施。2018 年，陕西省完成水土流失综合治理与生态恢复任务 6500 平方千米，中央投资除险加固 168 座病险淤地坝。经过大面积的封育、植树造林、退耕还林还草等工程，黄河中游植被覆盖率明显增加，水土流失最严重的中游头道拐——龙门段植被覆盖率由 20 世纪 70 年代末的 23% 增加至 2016 年的 55%，植被恢复成效显著。尽管如此，当前黄土高原地区所面临的水土流失形势仍很严峻。黄土高原处于干旱半干旱地区，土壤湿陷性强，当地生态环境脆弱的现状仍然堪忧。除此之外，虽然黄河的来沙量有所减少，但由于黄河自身来水量尤其是汛期来水量的减少，水沙比更为失衡。自 1986 年以来，黄河多年平均来沙系数（含沙量和流量之比）由 1986 年以前的 0.024kg·s/m^6 变为 0.034kg·s/m^6，不协调关系更为明显。可喜的是，黄河已经实现 70 年不决口和 20 年不断流，这为今后流域内生态建设提供了思路。

在黄河的下游段，仅有三条支流汇入黄河，年均入海水量仅 140 亿立方米，而长江的年均入海水量为 9600 余亿立方米。黄河下游流经河南、山东两个人口大省，需水量和来水量产生严重矛盾，水资源紧缺。“地上悬河”也是下游地区突出的问题之一。在郑州黄河的河道，河床高度平均高于两岸地区 10 米左右，当前解决悬河的主要措施是“河堤赛高”——不断地加高加固河堤，而此种方案并不能从根本上解决悬河所造成的威胁。在河口三角洲地带，黄河入海水量的减少导致湿地面积萎缩，1999 年实施统一水量调度后，湿地空间有所恢复，目前面积约为 1.5 万平方百米，但仅为 20 世纪 80 年代面积的一半左右。同时由于入海水量的减少，河口地区淡水减少，海水表层盐度增大，对当地的渔业资源产生影响。可见，河口三角洲生态保护措施仍须继续。

3. 流域整体治理中存在的问题

（1）流域整体协同联动意识弱，全局性、系统性生态保护体系不健全。黄河流域涵盖了我国 9 个省区，连接我国东部和西部地区，是能源、粮食、水源、生态衔接的重要通道。流域内部生态问题复杂，“九龙治水”是当前解决生态问题的主要做法。各省区由于经济发展水平、资源状况、人口状况等方面的差异，在生态保护的目标、机制、手段和力度等方面有所不同，这会导致流域整体联动性和内部协调性较差。同时，干支流无法合理匹配，出现了“重干流轻支流”的现象。但是调查显示，黄河支流的水污染要高于干流。因此，推动黄河流域生态保护和高质量发展，必须改变当前各省各治的局面，改变“重干流轻支流”的现状，进行综合协调治理。

（2）流域内部多方利益存在矛盾。黄河流域流经地区众多、面积广大，内部存在多种不同的利益矛盾。其一，资源利用上存在矛盾。如水资源，黄河流域的资源性缺水问题与黄河流域众多人口之间存在矛盾，这导致争水现象不可避免，若当地再有污染性缺水问题，则更会加剧这一矛盾。其二，在黄河流经地区经济发展水平差异较大，贫困地区数量较多，并且黄河流域生态环境脆弱，有相当一部分贫困地区与生态功能区相重合，导致环保和扶贫之间产生矛盾。多方利益的矛盾和冲突，是对黄河流域生态保护提出的一个挑战。

三、数字化驱动黄河流域生态保护的原理与运行模式

随着数字科技的发展，大数据平台为黄河流域的统筹规划提供物质基础和技术保障。

1. 黄河流域生态保护数字化建构设计

黄河流域生态保护的数字化系统总体上可以分为四个主要层面：感知层、传输层、数据层和业务层。

其中，感知层是我们进行数字化生态保护的基础层，主要是进行基础数据的获

取，得到黄河流域相关的生态数据，感知黄河流域生态环境的变化，包括传感器技术、智能检测设备、射频识别技术（RFID）、视频侦测等，打破黄河流域空间上的隔离状态，实现数据的同步和共享。感知层是保证后续生态建设和数字化建构的基础。传输层是数字化生态保护的第二层，主要是利用移动互联网、通信技术、NFC 技术等传输技术，将感知层获取的数据信息传输至数据运营平台，并在业务层进行数据分析、处理和方案抉择。数据层主要是数据的存储、缓存以及数据库的读写问题，是建立云数据中心的保障。业务层是黄河流域数字化生态保护的核心层面，主要包括业务规则的制定、业务系统的建构与业务方案设计等有关内容。它包括流域监测预警控制系统、数字运营平台以及流域高效管理系统等，通过业务系统的协调配合，实现黄河流域差异化、系统性、精准性、协同性的生态保护（见图 5－12）。

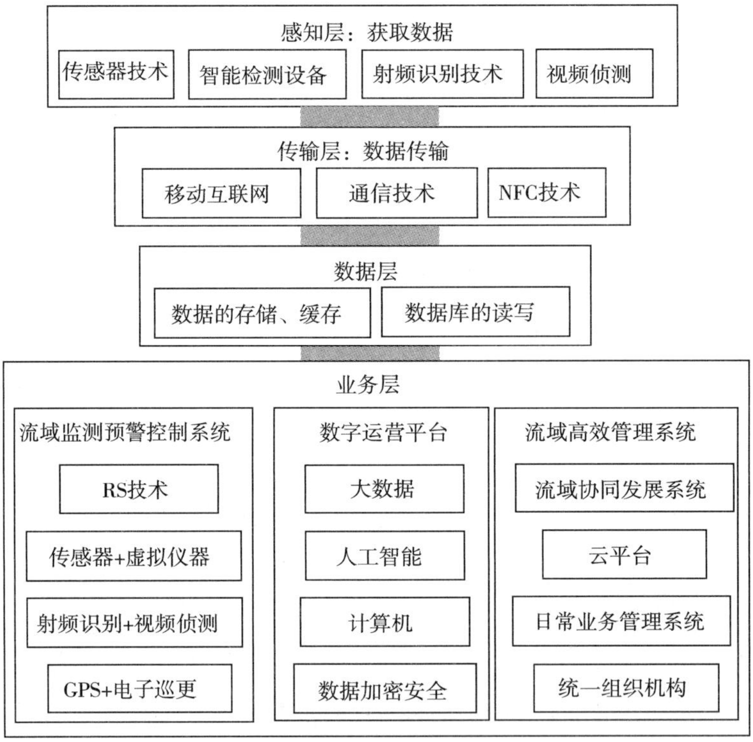

图 5－12　黄河流域生态环境保护数字化系统

2. 数字化驱动黄河流域生态保护的核心系统

业务层是黄河流域生态数字化的核心层面，主要包括三大系统：流域监测预警控制系统、数字运营平台和流域高效管理系统。其中，流域监测预警控制系统是运用计算机、人工智能、传感器、网络通信等技术对全流域实现监测控制，从而建立高效预警防护机制。数据运营平台模块将感知层获取的数据进行分析管理，实现数据的可视化，为制定方案提供依据。流域高效管理系统包括方案制定科学化、全流域管理协作化、管理虚拟化等过程，实现生态保护的高效管理目标。

（1）流域监测预警控制系统。

数字化的监测预警控制系统是黄河流域生态保护的关键步骤。黄河流域范围广大，要分类施策，实现数字化且高效的监测控制系统。对于黄河源区的积雪冰川消融和景观破碎化现象，利用RS技术对源区生态环境进行动态监测并及时将数据传至云端后台；对于水资源短缺及水文水质问题，利用传感器、互联网和虚拟仪器的结合，在干支流水库建立智能检测终端，对各个河段径流量和水质情况进行自动识别，显示水文水质信息；对于水土流失严重的黄河段，利用物联网下的RFID、RS技术和视频侦测技术对当地植被覆盖情况进行监控，并通过无线传感技术对土壤环境进行自动化检测，提高监控精度和效率；对于黄河三角洲地区容易发生泥沙沉积改变河道形态的情况，可以利用自动化控制技术配合人工智能算法在中游水库实现泥沙量的调节，间接减少河口三角洲泥沙沉积；利用GPS、视频侦测技术和电子巡更技术，充分掌握人员位置信息，提高生态保护的精准度；利用RS技术形成光谱特征下的图像数据，实时监测水体流速、污染物浓度等的变化。运用测控软件和技术，以多种方式显示数据（三维立体数字、动态曲线与表格、三维模型等），做到监测系统的标准化、科学化、全面化。

（2）数字运营平台。

数字运营平台的核心在于运用大数据、计算机、人工智能算法、检测数据加密和安全等技术对数据进行分析与处理。数字运营平台上存在着各类有关数据，如检测数据、设备信息、人员信息等。每类数据都有相应的数据模型，数据运营平台通过数据模型来对数据进行管理，大数据的分析管理、质量评价、数字可视化都通过数据模型实现。通过抓取数据模型下的数据，将不同时空的数据相结合，实现有效的数据分析。例如，通过抓取黄河源区内的生物数据，识别出影响生物生存环境的关键因子；通过数据模型的建构和分析，掌握河流不同水文指标运行规律；等等。数字运营平台是数据进行分析处理的核心环节，通过数据分析建立统一的规范和标准，用于黄河流域不同区域管理建设。

（3）流域高效管理系统。

流域高效管理系统包括流域协同发展系统和流域日常业务管理系统，实现流域内部的高效管理。流域协同发展系统是针对流域内部“九龙治水”的局面而言的。通过云计算对数据信息进行汇聚和共享，建成黄河流域私有云，并通过互联网与公有云相对接，形成更大服务范围的混合云平台，为流域协同规划提供参考。通过边缘计算方法，利用边缘节点就近处理各类系统信息，实现高效的数据管理。在流域日常业务模块内，建立流域内部统一高效的组织机构来推动流域管理。通过统一的组织，解决相关的规划问题、发展和生态保护的问题以及日常行政和财务等问题。目前，黄河流域内部数字鸿沟较大，可以通过统一的规划调度，减少资源的争夺现象，优化资源配置，实现资源利用效率的最大化。同时可以统一准确评估贫困地区发展和环保问题，评估地区旅游业承载程度等，努力实现流域内部生态保护和高质量发展相一致的目标。

四、黄河流域数字化生态保护的意义和政策选择

数字科技为解决黄河流域复杂生态保护问题提供了精准、协同、高效治理选择，是黄河流域实现高质量发展的物质基础；数字驱动生态环境保护，也为新兴科技、产业衍生创造重要场景。

1. 黄河流域数字化生态保护的功能与意义

黄河是中国的“母亲河”，通过数字技术提高黄河流域治理水平与质量，对我国高质量发展和共建“一带一路”意义重大。

第一，有效推进生态文明建设。黄河流域是我国重要的生态屏障区，途经高原、平原、丘陵等地形地貌，最后流入渤海湾，在流经地区具有涵养水源、防风固沙等生态功能。而且该地区具有重要的能源供应地位，在绿色发展方面承担着重要职能，生态地位突出。促进黄河流域数字化生态保护，将生态保护与数字技术相结合，提高流域内生态保护的效率和效果，有效推进我国的生态文明建设，并为其他地区的生态文明建设提供借鉴和参考。

第二，推动国家治理创新和经济高质量发展。通过黄河流域数字化的生态保护，将黄河流域打造成国家级绿色高质量发展示范带。改善流域内部人民生活条件，促进绿色旅游业的发展，推动精准扶贫实施，打赢脱贫攻坚战，促进数字环保、数字城乡、数字医疗、数字创意等的发展，推动国家治理创新。我国正处于转变经济发展方式的阶段，黄河流域数字化的生态保护，是对黄河流域纳入国家发展战略的反映，是提高流域社会化信息程度、数字经济发展水平的重要举措，有利于推动经济高质量发展。黄河流域涉及“一带一路”的建设范围，丝绸之路经济带向东北延伸，与京津冀协同发展相协调，向南拓展又与长江经济带、21 世纪海上丝绸之路及粤港澳大湾区相对接，黄河流域的生态保护和高质量发展，是高质量建设“一带一路”的重要步骤。

第三，促进区域协调健康发展。当前中国发展存在不平衡问题，南北差距大，北方地区发展短板明显。同时，黄河流域内部发展呈“阶梯状”分布——上游塌陷、中

游崛起、下游发达，区域内部协调发展的空间潜力大。生态保护的数字化建构，将北方地区重要的黄河流域作为对象，促进当地环境保护和经济发展的平衡，借鉴“智慧长江”发展思路，将黄河打造为“幸福河”；同时提升流域内创新发展能力，与长江经济带南方走廊遥相呼应，补齐我国北方地区发展短板，贯彻区域协调发展战略，为西部开发、东北振兴、中部崛起、东部率先发展战略提供新的历史契机。

2. 推进黄河流域数字化生态保护的政策选择

黄河流域数字化生态保护是一项数字赋能的复杂工程，有赖于多方协作、不懈创新。

第一，抓住新科技革命机遇，加速高新技术成果转化。新一轮科技革命以新一代信息技术、生物技术、新能源技术、新材料技术、智能制造技术等领域为重点，数字、网络、人工智能等科技的创新，改写了环境保护的内涵和实现方式，也使错综复杂的黄河流域生态保护问题，得以从整体、系统的层面得到宏观精准调控。黄河流域沿线省份应抓住新一轮科技产业革命的机遇，将科技革命的成果转化为现实的生态保护的生产力，为黄河流域生态保护做出更大贡献。

第二，协同治理与分类施策相结合。黄河流域范围广大，并且涉及多个省份，生态环境脆弱，治理难度较大，因此省份与省份之间应该加强联系并推进协调机制，通过流域监测预警控制系统、数字化运营平台和高效管理系统对流域管理体制进行完善，推进协同高效治理。同时，由于流域内部地形复杂，落差较大，不同区域所面临的生态安全问题不一致，有必要分类施策以针对性地治理生态问题。在存在不同问题的区域内，采用不同的技术手段进行干预和治理，将治理的效果发挥至最大，促进黄河流域生态环境的数字化建构和黄河流域的高质量发展。

第三，将生态问题和发展问题相结合。生态问题和发展问题密不可分，两者相互制约又彼此促进。当前黄河流域生态保护和高质量发展已成为我国第六大发展战略，对生态环境的保护可以间接地促进经济的发展。如黄河流域的贫困地区可以在保护生态的基础上发展特色绿色产业，既是产业扶贫的体现，也是对生态安全的保护。

第四，强化南北协作与互相支撑。黄河流域生态保护虽然主要涉及沿黄区域，但是对于南方新兴科技的发展、国家安全的保障等都做出积极贡献；南方在数字需求规模攀升基础上，不断降低数字产品和服务的使用成本，并提高在沿黄区域的应用，有助于从整体上实现共赢。南北方也有必要通过互助机制，推进功能性协作，以尽快取得早期收获。

第六章　东西内外互济支撑亚欧陆海贸易大通道

第一节　创新建设亚欧陆海贸易大通道的思路与方式

环境和形势的变化，决定亚欧陆海贸易大通道的建设不能从局部出发，而需要从世界生产消费体系的整体及其发展走向出发，依循理论和现实基础，以创新模式推进。

一、建设亚欧陆海贸易大通道的总体思路

1. 建设基础

20 世纪 70 年代，苏联通过西伯利亚铁路，把远东、东南亚和中亚地区与欧洲、中东联结起来，建成第一欧亚大陆桥。20 世纪 90 年代初，随着苏联解体，中国积极推进新亚欧大陆桥建设，新亚欧大陆桥东起中国连云港，经新疆、哈萨克斯坦、俄罗斯等，到达荷兰的鹿特丹，全长约 10800 公里，连接起中国东中西部与中亚、欧洲。由于中亚经贸体量偏小，其独立后偏向于与西方展开合作，再加上陆路软硬件联通效率不高、运输成本高昂，新亚欧大陆桥吞吐规模有限。

随着以中国为加工制造中心的东亚区域生产网络的兴起，中亚国家与东方合作的需求攀升。2013 年 9 月，习近平主席在哈萨克斯坦提出共建丝绸之路经济带的倡议，提高亚欧陆路联通程度成为重要任务，开行中欧班列成为抓手和载体。中欧班列是依托于集装箱国际铁路联运路线而开行的货运专列，主要经历了四个发展阶段。2011—2012 年为探索阶段，首趟中欧班列由重庆发往德国杜伊斯堡，当年开行 17 列，次年开行 42 列。2013—2015 年为高速建设时期，共开行路线 27 条，发行 1203 列，货物运输“有来无回”的问题得到缓解。2016—2018 年为蓬勃发展阶段，三年共开行 88 条路线，发行 11676 列。自 2019 年以来是稳定提升阶段，班列年度开行数量突破万列；西安、乌鲁木齐、重庆、成都、郑州等推动集结中心建设，以切实提升班列整体开行质量与效能。总体而言，截至 2021 年，中欧班列累积开行 4 万多列，开通 173 条

运行路线，覆盖亚欧 59 个城市，目前常态化运行路线 13 条。

中欧班列的开通，为构建亚欧陆路通道奠定重要基础，但也暴露出若干问题。一是受制于边境口岸吞吐能力。加之境外线路拓展的复杂性等因素，中欧班列开行规模存在瓶颈，难以像海运那样实现显著的规模经济效应。二是亚欧陆路区域国家众多、路途漫长，人口与经济聚集区分布广泛，这使陆路联通成本高昂。三是新科技革命爆发，世界经济格局加快重构，这给建设与沉淀成本高昂、调整弹性较小的陆路运输系统带来巨大挑战。

由此，充分尊重市场规律、依据世界经济发展走势创新建设亚欧陆海贸易大通道确有必要。

2. 理论与现实依据

陆地通道与海洋通道有着本质差别，数字化新科技革命爆发又带来新的挑战，展开亚欧陆海贸易大通道设计，需要基于理论与现实依据。

第一，“港区城”枢纽的建设模式。海权时代来临后，海洋运输因显著的规模效应，而使海港因大量吞吐、联结广泛市场成为产业聚集地，故形成“港城”流通枢纽。随着交通、运输、通信等技术的发展，要素、商品和人员的流动性大幅度提升，特别是其为流通、生产提供针对性的公共服务及改进治理方式，从而创造集聚形成的环境和条件，使港——流通枢纽与城——产业和人口聚集空间的有效联动成为可能。流通枢纽联结起更广泛的市场，腹地的拓展扩大生产聚集的网络，并产生更大规模的吞吐需求；生产与消费的循环互动，使产业、人口集中，城市兴起；与此同时，城市及腹地自身也产生强大的消费能力，对外部供给形成需求；流通枢纽在此过程中得以强化，并随着产业集聚产生的分工演进而逐步变迁。以园区为载体提供公共服务或治理功能，使“港城”关系转化为“港区城”模式，并能够大幅度提高“港城”联动的效率。

第二，“通道生态观”的理论指导。所谓“通道生态观”，就是打破从局部出发展开通道设计的思路，转为从全局出发，依循产消区域间货流、人流、信息流等多元流动的规模、属性、结构等整体特征，来系统化设计通道格局。也就是基于产销区域分布及内在互动联结的生态属性，通过组建多元化集结枢纽及其线路网络，并充分运用多流之间的协同联动特征，发挥整体规模经济效应，从局部率先突破，滚动建设，循序渐进，降低总投入成本，实现可持续推进与发展。由此，大通道并非单一运输线路的拉长，而是多元流动枢纽分工协同及线路网络延伸联动的产物。

第三，数字经济兴起的现实挑战。除了模块网络化生产方式兴起深刻变革全球生产与分工格局之外，以数字为核心的新科技产业革命爆发，将进一步重构世界经济格局。一是产消对接及供应链运作范围扩大、速度加快；二是从引进数字技术提升生产效率、消费者满意度开始，基于算法的流程优化将反向重构生产链条及消费模式；三是世界生产、消费体系及其分布面临加速重构的过程。亚欧陆海贸易大通道建设有必要对时代变局做出响应，以实现可持续发展。

3. 建设目标与布局

亚欧陆海贸易大通道的建设目标，就是建立陆空联结亚欧两大区域的线上线下多式联运线路网络（O2O 多联线路网），以适应亚欧一体化水平提升过程中越趋快捷的联通需要。其主要构成包括以下六点。一是辐射亚欧两大产消区域，促进货流、人流、数字流等多元流动；二是依托东亚主区域生产网络和欧洲次级区域生产网络两大平台；三是布局建立陆运枢纽、空运枢纽、数字枢纽三类集结枢纽；四是构建不同运输方式所需，由集结枢纽、支点、干线、支线所构成的集疏线路网；五是布局广泛渗透产消区域的跨境商贸网和海外仓网；六是建构支撑集结枢纽发展壮大的定制化服务链，引领关联产业集聚（见图 6－1）。

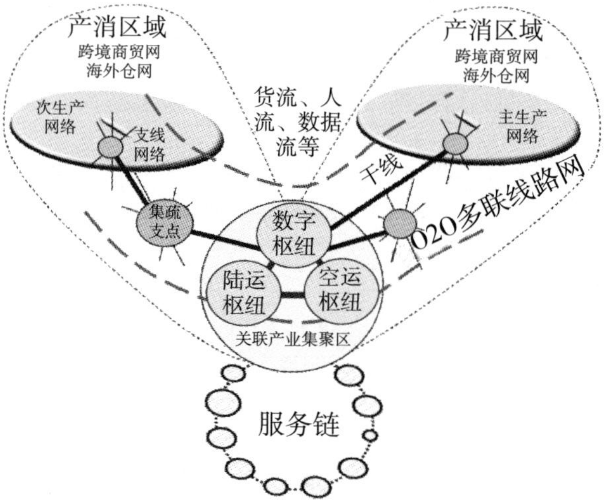

图 6－1　亚欧陆海贸易大通道建设目标

不同于新亚欧大陆桥主要依托铁路、公路陆路干线联结欧亚的模式，亚欧陆海贸易大通道并非单一运输方式、单一线路的延长，而是以多元集结枢纽为支点、多式联运线路网络为支撑、联结亚欧沿线区域的综合联通体系（见图 6－2）。

第一，亚欧陆海贸易大通道主要双向联动以南方战略制造群落为核心的东亚区域生产网络和欧洲次级生产网络，以快速响应东亚和欧洲两大中心消费市场。

第二，建构亚欧陆海贸易大通道是依循亚欧生产消费体系及分布格局变迁，由陆路联结向数字联结，再向多式联运、多元联结逐步过渡的发展过程。

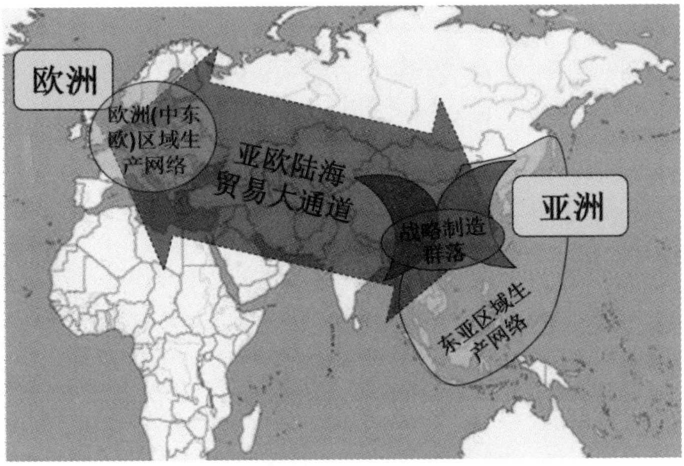

图 6－2　亚欧陆海贸易大通道空间布局

第三，集结枢纽及其集疏网络的建设构成不可分割的整体，是亚欧陆海贸易大通道建设的主要方式。近期以西安等中欧班列集结中心建设为重点，中远期以亚欧跨境商贸网络拓展及郑州、西安等空中班列集结中心建设为重点。

第四，促进集结枢纽及其集疏线路网络的发展，有赖于建构并完善专业化的集结服务链，并依据商贸流通需要，定制化提高贸易、投资、营商等便利化程度。

第五，不同功能的集结枢纽及其集疏网络通过多层次协作，提升多式联运的整体流通效能，以多流并进赋予亚欧陆海贸易大通道以实质内容。

第六，集结枢纽及集疏支点通过规模化流通平台构建为区域产业聚集创造条件和环境，周边关联产业聚集也为集结枢纽运作提供有力支撑；但联动生产与消费集聚区仍是集结枢纽及其集疏网络运作的“流”动源泉和流通服务目标。

二、基于全局动态培育亚欧陆海贸易大通道

任何一种运输方式及其路线都难以形成规模化吞吐，以支撑亚欧陆海贸易大通道可持续发展。由此，随着世界以及亚欧生产、消费格局的变迁，多元化、适应性的扩张与弹性调整成为亚欧陆海贸易大通道独特的建设方式。

1. 基于全局的亚欧生产消费分布变迁决定亚欧陆海贸易大通道功能与走向

在模块网络化生产方式初兴过程中，东亚跻身全球最主要的区域生产网络，西北欧生产聚集程度有所下降，中东欧承接部分生产制造功能。受制于中东欧劳动力等资源供应及生产能力约束，中东欧难以发展为与东亚比肩的区域生产网络。从世界消费格局来看，欧洲仍然具有较大规模，东亚则成为新兴消费聚集区。

随着新科技革命爆发，以及中国驱动“双循环”新发展格局，以南方战略制造群落为核心的东亚区域生产网络的整体规模效应还将继续扩大，并在敏捷生产要求下，成为在全球越趋占据主导地位的生产制造网络。面向中心消费市场的敏捷响应需求，决定包含中东欧在内的欧洲形成依托于东亚主生产网络的次级生产网络，其一方面为主生产网络提供所需模块、为东亚消费中心提供消费品；另一方面，从主生产网络引进基础模块，敏捷组装出服务于欧洲消费中心的产品，或直接引进所需消费品。中亚、西亚作为能源供给地而向东亚提供能源，并因消费力聚集、生产能力匮乏对主生产网络的产品产生需求。由此，亚欧生产消费格局呈现多消费中心并存、主次区域生产网络联动的格局。

亚欧生产与消费区域的分化，决定了亚欧联通具备巨大潜力。海权时代，亚欧主要通过东南沿海、马六甲海峡、印度洋、苏伊士运河、地中海等海路联结；而小批量敏捷运输要求暴露海洋运输短板、陆路运输工具发展不足、亚欧陆路联结距离较短等问题，使以陆路联结亚欧生产消费区域的亚欧陆海贸易大通道建设存在发展空间。并且，亚欧双消费中心并存、主次区域生产网络联动的格局，决定了亚欧陆海贸易大通道具有双向流通多元产品的属性与功能，即主要通过陆路双向联结亚欧生产消费区域。

2. 集结枢纽驱动是提高亚欧陆海贸易大通道建设效率的可行方式

亚欧地域广阔，涵盖诸多国家和地区；各国拥有独立主权，发展基础、模式、战略等各异；特别是新科技革命影响下，亚欧生产消费分布仍面临深刻重构。由此，以线路布局引领亚欧陆海贸易大通道建设，存在投资成本高昂、不可控因素多、弹性适应能力差等问题。不同于国内在主权范围内可以线路布局来主导通道走向，亚欧陆海贸易大通道建设需要转向由集结枢纽的运作来驱动。

集结枢纽是在公共治理创新基础上，通过拓展线路，与物流商、托运方合作等，打通商贸物流链条，实现规模化集货、分拨等所形成的商贸流通中心。集结枢纽的运作，一是实现线路布局与商贸物流的结合，以流动赋予线路切实意义；二是可根据流动需要弹性地调整线路和合作方式，提高产消变局中的适应性，规避线路建设导致的高额成本与刚性依赖；三是通过促成流动的规模化聚集，主要依靠市场机制提高整体经济效应。由此，以集结枢纽的运作来驱动，更有利于灵活、弹性地拓展海外市场，以现实的要素与商品流动来建构亚欧陆海贸易大通道。

依靠集结枢纽驱动也存在若干弊端，一是受制于建设能力有限，集结枢纽的构建存在难度；二是规模效应不足时，集结枢纽运作的成本高昂；三是拓展海外线路或市场时，谈判地位偏低，导致利益得不到有效保障；四是线路与合作方不稳定，影响集结枢纽发展；五是各集结枢纽分别进行市场拓展，导致重复建设，甚至内部竞争。这就要求国家从整体角度，提高对集结枢纽运营的投入与支持，加强公共路线的投资建设和集体谈判等，提升集结枢纽体系的整体运作效率和联通能力。

3. 拓展多式联运集疏网络以提升流通的整体规模效应

不像海洋运输通过大规模集货和运输来提高经济效应，陆路流通受制于腹地拓展范围有限或成本较高、运输工具规模效应不足等因素，而不易自发形成集结效应。由此，为了提高陆路流通的规模与效率，一是通过集疏支点与支线网络，扩展腹地范围，提高集货与分拨规模，为集结枢纽运作提供支撑；二是拓展公路、铁路、航空等多种运输方式，建构多元化的集结枢纽与集疏网络，以提升大通道整体的流通规模；三是有机组合多种运输方式，在数字基础上加强多式联运的整合效应，以支撑亚欧陆海贸易大通道的可持续运作。

4. 滚动式升级多元集疏网络以实质性建构亚欧陆海贸易大通道

当前，欧洲仍然以区域内贸易为主，亚欧之间的经贸往来及融合程度远低于北美与东亚；加上海洋运输仍然占据亚欧商贸流通的主导地位，以及新科技革命催生亚欧间深化合作仍有较长路程，因此，亚欧陆路经贸流通是一个逐步孕育及发展壮大的过程。这决定了亚欧陆海贸易大通道的建设不可能一蹴而就，而需要随环境变化，循序建构。

第一，由陆路联通起步。亚欧当前经贸联系水平仍较有限，既有产消格局无法支撑陆海贸易大通道的大规模建设与实质性运作，由此，需要依托现有内外流通路线，通过陆路集结枢纽及其集疏网络的建设，建构起亚欧间陆路流通联结。

第二，以线下商贸物流设施为基础，拓展线上数字商贸，提高亚欧经贸一体化水平。以陆路集疏网络为基础和平台，加强与当地电商合作，促进国内数字商贸平台开拓海外市场，发展跨境商贸网络和海外仓网，提高数字贸易水平，扩大腹地渗透范围，培育、强化亚欧间基于数字的经贸往来与一体化水平。

第三，基于亚欧联动水平及速度提升，着力发展敏捷集疏运体系，以做实、做快、做强亚欧陆海贸易大通道。随着亚欧产消网络的敏捷联动水平提升，对空运集疏体系的需求不断增强，要适时推进空运集结枢纽及集疏网络的建设，并提高多式联运的协作效率，由此使亚欧陆海贸易大通道的运行越趋稳固与高效。

总体而言，从修路起步建设大通道的新亚欧大陆桥实践进展缓慢，五大集结中心启动布局后，中欧班列增行迅猛，在一定程度上表明经贸基础薄弱及不确定性高的形势下，应以实质性的商贸物流往来为核心与导向，推进亚欧陆海贸易大通道起步建设。而后，依据时代发展特征与走势，在开拓亚欧“流”动源泉的同时，以此为基础循序建构区别于海路的差异化陆空联结大通道。

第二节 集结枢纽网络支撑中欧班列高质量开行

一、中欧班列集结中心建设的竞合态势

西安、乌鲁木齐、郑州、重庆、成都均属于首批建设集结中心，它们既因地域邻近而存在一定竞争性；又因各自发展特点差异，存在一定合作空间。

1. 西安集结中心建设

自2013年首列“长安号”开行以来，班列运行线路不断丰富。至中亚、欧洲的向西常态化开行线路已由最初的1条增加至目前的15条，覆盖丝路沿线45个国家和地区；向东与青岛、宁波、天津、深圳、上海等沿海港口城市合作，开通了陆海联运班列，衔接“海上丝绸之路”，辐射日韩等地区；通过“干支结合”的方式构建“+西欧”集结体系，目前已开行襄西欧、徐西欧、蚌西欧、冀西欧、厦西欧、唐西欧、永西欧、贵西欧等15条外省集结班列，2021年陕西又先后开行了渭西欧、安西欧、榆西欧、汉西欧4条省内集结班列，基本实现了西安港与长三角、珠三角、京津冀、晋陕豫、黄河三角洲等主要货源地的互联互通。

依托丰富的运行线路，中欧班列“长安号”的开行规模不断扩大。2018年开行1235列，重载率达到99.9%，创造了重载率、货运量、实载开行量“三个全国第一”的纪录；2019年开行2133列，运送货物总重达180.2万吨，分别是上一年的1.7倍和1.5倍。2020年中欧班列“长安号”全年开行3720列，是上年的1.7倍，运送货物总重达281.1万吨，是上年的1.6倍。其中，中亚方向开行994列（去程776列，回程218列），欧洲方向开行2726列（去程1633列，回程1093列），欧洲方向班列约占全国市场总量的20%。西安至欧洲的公共班列中回程班列数量达到1311列，是上年的1.7倍，重箱率始终保持100%。截至2021年11月20日，中欧班列“长安号”已累计开行10963列，其中2021年开行3389列，西安至欧洲的公共班列开行密度由周均2~3列增长到日均10~12列，开行量、重箱率、货运量等核心指标稳居全国第一。

随着“长安号”开行规模不断扩大，其吸引货源的能力越来越强，运载的货物品类也逐渐增多。目前，已吸引来自全国29个省份的货源在西安进行集散分拨，省外

货源超过75%，进口货物65%以上由西安分拨至全国。货物主要有工业原材料、机械设备、建材、工业零配件、食品、轻工产品等六大类共计200多个品种。其中，出口商品由以机电产品为主变为以机电产品、纺织品为主。进口商品从单一棉纱扩展到板材、汽车、小麦、绿豆等。

2. 乌鲁木齐集结中心建设

我国与中欧班列运行相关的四大出入境口岸中，新疆地区有阿拉山口和霍尔果斯两大口岸；其中，阿拉山口口岸是新亚欧大陆桥中国的西桥头堡，成为目前中欧班列出入境最频繁的口岸，开行渝新欧、郑新欧、长安号、蓉新欧等22条班列路线，可到达德国、波兰、比利时、俄罗斯等13个国家。统计显示，自2011年至2019年，经新疆口岸进出的中欧班列17136列，占全国70%以上，总货运量达1146.07万吨；搭载的货物品类有汽车及配件、跨境电商包裹、食品、服装、木材等200余种。2020年，新疆口岸进出境中欧班列共9679列，其中阿拉山口进出境中欧班列数量达5027列，同比增长41.8%；经霍尔果斯站进出境中欧班列达4652列，同比增长37.0%。截至2021年11月12日，阿拉山口口岸过境中欧班列已突破5000列；霍尔果斯前9个月通行中欧班列4748列，同比增长34.3%。其中，进境班列1119列，同比增长159.03%。

2020年4月，新疆正式发布《中欧班列（乌鲁木齐）集结中心建设方案（2020—2024年）》，主要以阿拉山口和霍尔果斯为枢纽中心，支持班列货物集结、报关、分拨、结算，保障班列高效通关、便捷换装，提高乌鲁木齐集结中心在中欧班列西通道上集结、分拨和发运的吸引力、竞争力。其建设重点包括推进外向型产业发展、完善物流节点网络、优化班列组织模式、强化专业服务平台、拓展对外开放功能、提升通关便利化，以及加强与沿线国家合作等。

总体而言，虽然乌鲁木齐靠近边境口岸，具有不可取代的通关门户优势，但是新疆地域辽阔，与国内生产制造基地和消费中心相去甚远，本地配套产业薄弱，要素资源有限，这使欧亚货流集结时，不管是西向集货，还是东向分拨，都存在着干线运输规模经济不足，从而导致集结成本攀升的问题。

中欧班列（乌鲁木齐）有限的开行规模也表明其集结中心建设的竞争力较弱，但从西向通关角度而言，存在与内地集结中心的合作空间。

3. 郑州集结中心建设

郑州地处中原腹地，具有显著的综合交通枢纽优势。在“一带一路”建设机遇下，郑州不断开拓创新，推进中欧班列开行及集结中心建设。

中欧班列（郑州）于2013年7月首次运行，已形成通达德国汉堡和慕尼黑以及比利时列日、俄罗斯莫斯科、芬兰赫尔辛基、哈萨克斯坦阿拉木图、乌兹别克斯坦塔什干、越南河内的8条线路。在集疏运体系方面，郑州打造起以自身为集拼物流枢纽的层级集结网络，初步形成集结功能。国内以北京、济南、武汉等100多个市（县）为二级集疏中心，有53个集装箱还箱点；境外以德国汉堡、慕尼黑，比利时列日，俄罗斯莫斯科为枢纽，以马拉舍维奇、布列斯特等为二级集疏中心，有46个国外集装箱还箱点，集疏运网络遍布欧亚30多个国家130多个城市，境内外合作伙伴达5000家。从2013年7月18日首班开行至2021年8月31日，中欧班列（郑州）总累计开行4850班，总累计货值200.07亿美元，货重276.06万吨。

与“长安号”2020年开行超过3000列相比，中欧班列（郑州）1—10月仅开行916班，运营成效存在一定差距。其主要原因在于：第一，河南、郑州的本地实体产业偏向重型化或快消电子产品，并不适宜铁路集装箱运输，也难以为中欧班列提供货源支撑，郑州班列80%的出口货源需要从省外组织。第二，郑州近年主攻空港、高速运输及其产业配套，全省60%的贸易经由空港完成，对省内物流资源形成重要分流。第三，郑州在跨境电商发展方面不断创新，并取得显著成效，但要求高时效使其对班列的支撑作用下降。第四，由于集结规模有限，郑州在与货代等专业机构合作方面不易共赢，在推进集疏运网络建设过程中，一方面运作成本高昂，另一方面平台公司兼营自主揽货，资源及专业能力有限，制约竞争力提升。第五，在返程货组织方式方面，存在着分拨区位优势不显著、集结能力有限等问题。

4. 重庆集结中心建设

中欧班列（重庆）（即渝新欧）是全国开行时间最早、数量最多、货值最大、辐射范围最广的中欧班列。

自开行以来，渝新欧不断拓宽站点布局，实现与长江黄金水道、西部陆海新通道的无缝衔接，已形成“2+6+N”集结分拨体系，即团结村中心站和果园港鱼嘴站两个始发站，阿拉山口、霍尔果斯、二连浩特等6个出入境口岸，去回程可辐射德国、荷兰、东南亚等多个国家和地区。统计数据显示，2020年渝新欧全年共开行2603列，同比增长72%；运输货值超900亿元，同比增长65%，运输货值居全国首位。2021年1—7月，渝新欧开行量超1500列，运输货物超过14万标箱，同比分别增长46%和49%，进出口货物超过300亿元，增长超过50%。

渝新欧开通在很大程度上服务于重庆促进笔电等外向型加工制造业的聚集。为了提高班列开行效率，重庆开行跨境电商B2B出口专列，创新“跨境电商B2B+中欧班列（渝新欧）+境外企业/海外仓”模式，引进西部内陆地区首批平行进口车，首发

“中国邮政号”专列，自主研制恒温集装箱以增强冬季运输电子产品的能力等。

但重庆的区位及资源特点给其成为专业化集结中心带来一定挑战。第一，重庆地势地形复杂，空间资源有限，难以承载多元化产业大规模发展，特别是对于空间资源和交通通达性要求较高的物流产业；第二，重庆地处西南，不管是西向输出货品在渝集结，还是东向输入货品在此分拨，都不具有显著的区位优势；第三，重庆有限的空间资源使其必须集中于发展特色优势产业，也就是物流服务于本地产业聚集，并使线路分布、通道连接都具有相应特征，这与建设专业化的欧亚物流中转、集结中心之间存在一定差异。

5. 成都集结中心建设

成都毗邻南方生产制造群落，地理位置优越，这使中欧班列（成都）率先形成了竞争优势。

中欧班列（成都）运行 7 年多来，以成都国际铁路港为起点，初步建立以成都为主枢纽，西进欧洲、北上蒙俄、东联日韩、南拓东盟的成都国际班列线路网络和全球陆海货运配送体系，形成 7 条国际铁路通道，6 条国际铁海联运通道持续拓展，连接境外 55 个城市、境内 17 个城市，并在纽伦堡、蒂尔堡、布拉格、汉堡、华沙等地设立海外联络处，保障班列作业对接“零时差”。

2019 年，中欧班列（成都）共开行国际班列 3186 列、中欧班列 1551 列。截至 2019 年底，中欧班列（成都）年度和累计开行量连年位居全国第一，仅 2020 年落后于“长安号”。2020 年，成渝两地中欧班列开行数量近 5000 列，历年累计开行量达 14000 列，占我国中欧班列开行总量的 40% 以上，成都中欧班列 2020 年开行数量 2800 余列。由于本地经济支撑，中欧班列（成都）累计开行的超 6000 列中，省内货源占比达 67%。

从目前来看，成都集结中心对于西安而言最具有挑战性，本地实体产业支撑力较强，从南方生产制造基地集货相对便利，向欧亚各个方向均具拓展空间，集结服务链发展迅速。西安集结中心能与之产生竞争差异的，一是东向进口品向内地及东亚其他国家和地区分拨时，西安的区位优势相对强于成都；二是服务于本地货源输出的班列网络，在专业化组织回程货方面势必受到影响。

二、加强西安集结中心的双向线路网络与联运通道建设

在“双循环”进一步驱动内外经贸格局变革过程中，西安有必要充分利用区位优势，打造由加工制造等关联产业联动支撑的双向集结中心。

1. 中欧班列西安集结中心的战略定位

首先，西安具有联结东西南北物流分拨中转的区位优势。西安位于中国地理中心，铁路、公路、航空、网络设施建设不断推进，便捷的交通运输通信条件使西安成为“丝绸之路经济带”上联通欧亚、承东启西、连接南北的重要战略枢纽。同等条件下，货物在西安中转相较于全国其他地区全程可节约运输时间 2 ~ 5 天。“双循环”新发展格局与高质量建设“一带一路”，将使长江经济带等南方地区、东亚国家和地区成为重要的生产制造基地，欧洲仍是世界主要生产、消费区域，并在向中东欧转移，中亚、西亚、南亚则是新兴开拓地区，由此，欧亚双向经贸往来具有可观发展潜力。分散化的空间分布为西安作为陆路双向集结枢纽创造需求。

其次，陕西深处内陆，产业基础薄弱、要素资源有限，难以支撑大规模生产制造聚集。2020 年，陕西经济总量占到全国的 2.6%，其中，第二产业规模较大，约占 43.3%；进出口贸易总额占全国的 1.2%；人口规模占比约为 2.8%，不及河南和四川的一半。有限的产业基础与要素储备，以及深处内陆，决定了陕西较难发展大规模生产制造，以形成本地货流；而充分利用既有资源，支撑规模化的集散物流，成为驱动内陆地区发展的可行选择。

最后，从竞合态势来看，西安具有发展双向集结中心的差异化优势。乌鲁木齐、郑州、重庆、成都是国家发改委同批发布的另 4 个集结中心示范工程建设城市。从中欧班列开行及集结中心建设的差异化特征来看，乌鲁木齐偏向于边境集散，货物大规模集中到边境集拼、分拨所产生的运输成本仍然偏高；重庆的班列较多服务于本地出货并形成相应的专业化效应，由此约束线路分布及返程货组织；郑州发展重心在于空港集结，班列组织资源供给受到约束；成都虽然在西向集散货品方面具有较大优势，但是从返程分拨来看，地理位置并不占优。由此，相对其他几个集结中心而言，西安具有双向集结的区位优势；并且，有限的产业与要素资源适于支撑集结中心发展弹性适应力强的关联加工制造等产业，从而进一步提升双向集结中心的竞争力。

2. 集结中心建设路径

为了建设双向集结中心，有必要以“通道生态观”为方法论指导，依循“双循环”与“一带一路”建设所驱动的生产与消费分布空间特征，循序推进西安集结中心建设。

由于物流服务是从规模化的流通活动中逐步专业化并独立出来，西安集结中心的建设，就需要通过规模化的货流集散，来培育专业化的集结服务环节及链条；并在两者循环往复、累积强化中，形成集结中心服务链的专业化竞争优势，并支撑双向物流和经贸活动的高质量发展。

从建设路径来看，中欧班列西安集结中心建设路径如图 6－3 所示。

第一，西安作为中欧班列支点城市，推进软硬件流通设施建设，提供物流活动顺利开展的基本条件。通过完善软硬件基础设施，对“卡脖子”线路、瓶颈口岸进行疏通。加强信息化建设，进一步推广多式联运“一单制”，完善单证管理信息系统，同时，推广无纸化通行全覆盖，提高信息互联互通程度，加强铁路部门、运营平台、企业之间的信息共享，提高货物通行效率，保障物流活动的开展。加快集疏运通道、铁路专用线、专用货运通道、集装箱装卸线、海关监管等设施建设，持续完善西安国际港站铁路综合物流中心功能设施，提升集结中心基础设施服务承载功能。

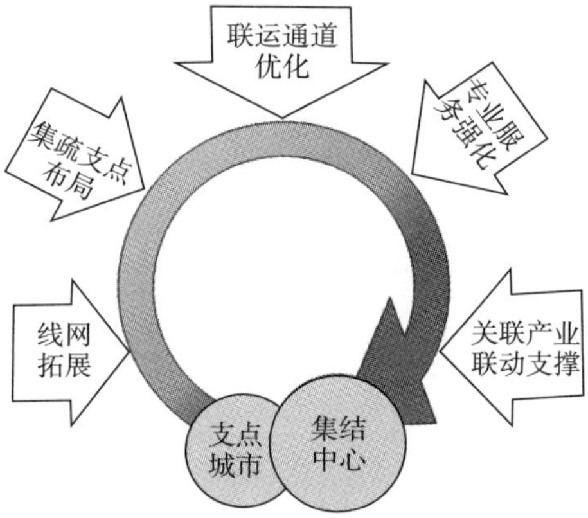

图 6－3　中欧班列西安集结中心建设路径

第二，加强线路和网络的拓展，提升集散货能力与规模。发挥西安综合立体交通网优势，织密干支线运输网络，扩展线路，扩大货源覆盖面。中国东、南部地区为亚欧陆海贸易大通道的重要出口基地，可在维持主线运营的基础上，进一步打造以西安为中心的全球物流网络，向东衔接上海港、青岛港等沿海港口，连接美洲大陆；向西跨越地中海，利用铁海联运实现与非洲大陆的联通；向南与陆海新通道对接，以陆海联运班列为发展基础，通过东盟进一步扩大辐射面积；向北通过二连浩特、满洲里，连接中蒙俄经济走廊，辐射全球。

第三，布局集疏支点，提高线路网络的整体运行效率。通过“集疏节点＋网络”模式提升线路网络的规模经济效应。选择以本地制造企业货源或交通枢纽作为亚欧陆海贸易大通道的集疏节点，其他城市与节点联通，综合利用水路、公路、铁路、航空优势，形成以集疏节点为枢纽的干线、支线相组合的放射性线路网络，辐射范围实现由“线”到“面”的转变，优化线路组合，减少资源浪费，形成规模经济效应。拓展通道网络，稳定既有线路，重点开发从独联体宽轨系统进入欧洲标准轨系统的新通道；拓展“长安号＋国内城市/沿海港口/境外城市”模式，加密“＋西欧”线路，支持宝鸡、渭南、榆林、安康等有条件的市（区）建设省内集结型二级业务网点。

第四，依托集疏支点建构、优化联运通道，进一步提高集散货能力与水平。构建具有陕西特色的航空高端带动、公铁无缝衔接、水陆协同发展的多式联运体系，支持西安、宝鸡、延安补齐物流功能短板，建设完善国家物流枢纽。推进西安港“一带一路”海陆空中转枢纽和中铁联集“陆海联动、多点协同”，构建高效率海陆空网络，推动海陆空网一体化交通设施建设，建立点线结合的多式联运物流枢纽，增设多式联运转运站，提升一体化衔接水平，打通各港口联动的“最后一公里”，构建与东南亚各国间的陆海多式联运新通道，拓展国内外市场。

第五，促进集结服务专业化发展，提高服务竞争力。整合铁路专用线、专业化仓储、多式联运转运、区域分拨配送等物流设施；采用协同运作和功能匹配等方式实现对迁建难度较大的分散设施统一调度、分工合理的物流功能，减少设施重复建设和低效供给，提升设施综合利用效率。积极推进新技术在通道沿线重点园区应用，建设自动化场站、智能型仓储等智慧物流设施。加快推进现代化、信息化、智能化物流基础设施建设，提高集结转运的专业化能力，进而提高集结中心的服务竞争力。优化全服务链运营，提升集疏运网络的时效与安全性。以数字驱动市场主体、公共服务机构、政府规管部门等在内的全服务链，不断优化流程，提升合力。从软硬设施两个方面提高通达程度和分拨效率。

第六，发展配套的分拨集拼、加工制造等关联产业，发挥对集结中心的支撑与反向辐射带动作用，实现集结功能与地方发展的良性互动。通过发布陆港区的招商引资政策，吸引电商、外贸、农产品加工方面的企业落户陆港，实现产业链闭环高质量发展。着重中欧班列体制机制创新，进而降低制造企业物流运行成本，发展产业链支柱产业，整合全省货源。组建服务平台，吸引专业化进口贸易商入驻西安国际港务区并开拓市场，带动产业升级，反过来推动中欧班列高质量发展；以运带贸，逐步实现“运、贸、产”一体化，配合“走出去”企业返销市场，做大做强西安进出口贸易，提高“长安号”货源的黏性，促进“长安号”进一步高质量开行。

第七，建立中欧班列联盟，扩大线路网络，整合沿线资源。与“长安号”沿线城市建立联盟，整合“长安号”沿线货源，加强与沿线政府及相关企业的合作，扩大“长安号”货源，鼓励相关企业与“长安号”沿线国家建立合作关系，加大贸易往来，为“长安号”提供稳定货源。同时，优先考虑与郑州“郑欧”中欧班列结为联盟伙伴作为试点，组成“郑欧＋长安号”模式。郑州是全国的铁路枢纽，位于西安的东边，便于集中东部货源。并且，郑州距西安比较近，又是向欧洲西行途中路过西安的班列，便于二次装货，可考虑联合开行常态化定点运行班列。

第八，在集散物流与集结服务的互动循环中，西安由中欧班列支点城市，转型升级为服务于欧亚贸易大通道的集结中心。充分利用西安独特的地理位置条件，在集结中心的集散服务活动中，发挥西安全国重要货流、人流、商流、资金流枢纽的既有优势，不断扩展新的物流大通道，深度融入国际供应链合作。以“中欧班列＋海陆空”的多式联运模式为基础，建立一体化的信息管理系统，进行信息共享，打造多式联运全链条无缝衔接的运作机制，推动通关便利化，提高通关服务效率，联通中亚、南亚、西亚国家与欧洲国家间的货物贸易往来，提升中欧班列（西安）集结中心在亚欧贸易大通道中的枢纽地位。

3. 双向集货联动的现实选择

随着“双循环”新发展格局和高质量建设“一带一路”的推进，欧亚经贸合作具有显著提升空间，但贸易不平衡成为不可回避的现实。利用区位优势驱使双向集货联动，是西安集结中心形成差异化竞争优势的可行选择。

第一，促进西向出货为先。增大从欧洲的进口货量并非一蹴而就，在西向出口货量为主的阶段，有必要从中国南方生产制造聚集群落、日韩等东亚国家和地区加强陆海联运集货，以加强出口集货的规模效应。

第二，着力提升东向进货。西安是西北部首要中心城市，具有向内地北方、东方、南方集散分拨的区位优势。由此，强化向欧洲腹地的延伸，巩固西安的进口分拨功能，有助于显著提升返程货规模，从而降低整体运输成本。

第三，双向集货联动提升集结中心竞争优势。返程货量得到保障，有助于提升西向出口集货的竞争力。由此，进出口双向集散货的联动，使整体规模经济效应得以提升，与其他集结中心比较起来，西安具有差异化竞争优势。

4. 联运通道建设的工作重点

为了实现双向集货联动，工作重点包括以下三个。

第一，进一步整合国内线路，增强“西向出货”集结功能。目前，西安港已经开行襄西欧、徐西欧等 10 条集结班列线路，为“长安号”国内集货奠定重要基础。为了促进集结中心建设，西安港可扩大线路贴牌服务，整合国内特别是省内规模效应小、不具有竞争力提升空间的中欧班列，依托分散的集疏节点，从中国南方生产制造聚集群落、日韩等东亚国家和地区加强陆海联运集货，提高整体西向出货的规模效应。

第二，加强国外合作与线路拓展，强化“出口疏货”与“进口集货”。西安具有向内地北方、东方、南方集散分拨的区位优势，由此，强化向欧洲腹地的延伸，除了提升“西向出货”的疏散能力外，还有助于通过西安的进口分拨功能，显著提升返程货规模，从而整体性降低运输成本。西安港采取市场化运作理念拓展与内外铁路公司、港口和企业单位的合作，这有助于分工专业化，并提升总体运作效率。为了强化出口疏货能力及进口分拨潜力，进而提升西安集结中心核心竞争力，西安港有必要进一步加强海外合作，一是拓展线路，扩大货源覆盖面；二是优化线路组合，通过“集疏节点＋网络”的模式提升线路网络的规模经济效应；三是提升集疏运网络的时效与安全功能，主要是随着中欧班列开行，欧洲主要的集结与换装中心面临容量饱和问题，开拓多元化集疏节点，保障时效与安全，有助于提升班列竞争力。

第三，促进通道品牌与集结中心互动发展。在甄选集疏节点的基础上，扩大干线运输规模，切实推进欧亚陆海联运通道，并促进品牌与通道互动发展。在内外线路网络拓展及集疏节点优化基础上，干线运输相应成形，从而奠定陆海联运通道的基本格局。为了减少同质化竞争损耗，需要将新的陆海联运通道上升到国家层面，通过品牌促进资源聚集，进一步扩大规模经济效应，优化整体集疏运体系的运行效率。

三、优化西安集结中心的全服务链运营

“长安号”开行频次增加很大一部分得益于运营方式的创新。运营初期，“长安号”只有一家平台来运营。目前，港务区确定了“一企一线”的运营思路，设立陆港集团多式联运公司负责中欧班列，自贸港建设运营公司负责中亚班列，另外，与招商局集团和大陆桥物流公司合作，前者负责俄罗斯、中亚的回程，后者主要拓展伊朗线路，四家平台公司各有专长、相互合作，共同助推西安集结中心发展。其中，陆港集团多式联运公司发挥了“长安号”主平台公司作用。

在平台公司的主导下，“长安号”在经营布局、业务开发、线路拓展、基础设施建设、政府与企业合作、货源组织、协调监管、提升服务质量等方面都取得显著进展，并最终表现为近两年“长安号”开行数量的井喷式增长，以及在满载率、满意度等多项指标中位列全国前茅。这成为西安集结中心建设的重要基础与保障。

为推进集结中心建设，西安需要在拓展货流生态的前提下，依托陆港，以平台公司为主导，打造需求导向的、敏捷响应的集结服务全产业链，并以提高业绩与效率为标准，查漏补缺、循序优化。

1. 以打造“集结全服务链”来统筹建设体系

货流攀升并实现集散，需要全流程的服务供给；特别是随着规模扩张，势必需要越趋专业化的服务环节紧密联结，由此提高服务效能。西安集结中心的建设，需要以

打造“集结全服务链”为目标，统筹各方参与主体，协调各自运作，以形成具有竞争力的集结功能。

第一，“全服务链”是服务于所有货流自产生到终止全过程的所有机构及其运作有机联结所形成的服务链网体系。从货流产生、集结，到运抵目的地，所有的货主、货代、运输公司、海关、口岸、工商、银行、保险公司等企业、事业及政府部门都以不同方式参与其中，行政管理部门在后台实施各类监管，“全服务链”就是依据货流集结生态，来统筹所有参与主体，通过有机组合，提高整体物流效率。

第二，“全服务链”主要包括业务拓展总模块和服务与监管总模块。所谓业务拓展总模块，是就货流组织与集散而言的，是集结中心运作的业务流主体。没有货流及业务的开发拓展，集结中心也就没有建设意义。所谓服务与监管总模块，是货流运作全过程所需要的各种服务、规管与监督等，主要涉及政府或准公共服务部门。它们是集结中心运作过程中国家或地方意志的体现。不管业务拓展总模块，还是服务与监管总模块，都并非单一主体，而是由多类主体共同联结而成。

第三，“全服务链”按照模块分解、网络联结的方式组织运行。相关参与主体要提高各自流程模块的专业化能力；特色货流属性决定所涉及不同专业模块的组合方式；一旦组合，模块间就会采用网络联结的方式并行运作，以提高整体物流服务的效能和敏捷程度。

第四，“全服务链”的运作以需求为导向，按照定制化原则来供给所需服务。“全服务链”是以集结货流为目标，将市场主体、公共服务机构、政府规管部门等都纳入统一的服务链，除政府部门执行国家政策之外，该“全服务链”的组织和运作都由需求来拉动，根据具体货流的定制化服务需求，组织各相关主体的运营。特别是涉及政府规管部门，也需要在促进集结中心发展的原则下，以需求为导向，创新规管服务与优化管理流程，以保障“全服务链”的高效运作。

2. 平台公司发挥“集结全服务链”运营主体作用

“全服务链”是将碎片化的服务环节与分散的货流集结需求精准对接的过程，这给统筹协调带来了巨大难度。由此，需要专业化的统筹协调“全服务链”与促进供求对接的机构或部门，也就是平台公司。

为了发展集结中心，平台公司需要承担起“全服务链”运营主体的职责，以系统整合为专业化目标，建构数字平台、“单一窗口”等软硬件平台设施，拓展专业模块合作方，协调整体运作，不断优化流程，以促成并提升合力。

3. 市场化运作业务拓展模块

业务拓展模块的主要功能是扩大集货规模与能力。随着物流规模扩大、专业化运营水平提升、物流时效改进，集结中心建设需要通过市场化原则来实现良性可持续发展。

第一，继续以市场化原则拓展合作网络。目前，港务区已经吸引 DHL、中铁联集、德邦、顺丰、圆通、申通等物流企业，将西安作为运营基地，强化物流服务功能；建立与 Inter Rail 国际物流公司、远东路桥国际物流公司、乐富国际物流公司等瑞士、英国等欧亚当地知名物流企业的合作，以扩张海外物流集散服务能力；联合爱菊、浙江青田侨商、沃尔沃等合作打造粮油、农产品、红酒、汽车等分拨、储运、加工基地，促进货量提升。这种以市场化原则吸引专业公司共促“长安号”开行的方式，有利于借助合作网络来提高集货规模与能力。

第二，联合专业平台拓展跨境电商业务板块。目前，港务区已经吸引京东、阿里巴巴、颐高等电商平台设立西北总部，共同打造跨境电商物流平台。但是，与郑州的跨境电商业务相比，西安仍然相对落后。跨境电商货品更讲求时效，由此往往需要空运及高效的贸易规管，并对高时效的铁路运输产生一定需求。随着电子商务与数字贸易等的发展，跨境电商能产生增长潜力可观的货源，“长安号”仍须通过与专业平台、专业机构、空港等加强合作，大力拓展跨境电商物流。

第三，依据市场化原则发展运贸一体化、运产一体化。为了应对双向货流的不平衡，特别是吸引回程货，港务区通过设立贸易公司、发展进口贸易、拓展 Ulife 进口品实体连锁店等方式来促进进口。然而，由于专业化经营能力有限，对“长安号”的支撑作用也相对较弱。2020 年 11 月进博会期间，西安获批“进口贸易促进创新示范区”，这客观上要求规模化、专业化地来创新推动进口贸易。依托集结中心中转枢纽优势，组建服务平台，吸引专业化进口贸易商入驻并开拓市场，配合“走出去”企业开发返销市场，成为做大做强进口贸易的重要方式。

第四，优化海外仓布局。海外仓的建设对于支撑跨境电商发展、调节货流都能起到一定的推动作用。目前，“长安号”在荷兰、德国、哈萨克斯坦等国建设了多个海外仓，取得一定成效。随着货流规模的扩大，为了推动集结中心建设，“长安号”有必要依循集疏节点、干线、支线网络分布等的变化，优化海外仓布局，以优化调节集疏运系统的整体时效，降低成本。

4. 定制化整合服务与监管模块并持续优化

外贸货流涉及诸多的服务与监管环节，由此使规管成为“集结全服务链”中重要的组成部分，以定制化为原则，按照时效与质量标准，整合服务与监管模块，并持续优化，成为发展集结中心的迫切要求。

第一，通过数字平台、“单一窗口”等方式，将时间串联的服务与监管流程，改造为空间并立、同步并联的运作体系。服务与监管模块按照服务流程联结为链网结构，打通一体化的联结平台甚为关键。服务与监管模式由不同的部门和机构共同参与，在“全服务链”模式下，各子模块不再独立存在，而是相互联结成服务于物流活动的服务链网。在时效要求越趋提高的背景下，提高联结平台的联结效率，是服务与监管模块高效运作的关键所在。

第二，服务与监管子模块着力于提高专业化服务水平与能力。“全服务链”中的服务与监管子模块，均承担着专业化、弹性响应的职责与使命。对于监管部门而言，的确存在着与国家政策、既往监管习惯有冲突的问题；但从促进地区发展与集结中心建设的根本利益一致的角度出发，正需要在执行国家政策的前提下，创新体制机制、监管方式与内容，优化治理体系与治理能力，提高服务与监管效率，以从整体角度实现共同利益。如 2020 年 2 月，海关总署出台支持中欧班列发展的 10 条措施，11 月，中国人民银行、外汇管理局出台《关于金融支持中欧班列（西安）集结中心暨中国（陕西）自由贸易试验区高质量发展的意见》，提出 13 条金融外汇举措等，都是助力中欧班列（西安）集结中心建设的有效改进。

第三，平台公司需要依据物流需求，以时效与质量标准统筹协调并推动服务与监管服务链持续地改进和优化。作为碎片化的服务与监管子模块，较难直接面对物流需求，因为从如何改进来看，不易把握方向与内容。在此，平台公司作为主要面对终端客户的机构，对于物流全过程与“全服务链”的运行具有较为充分的信息。由此，平台公司需要以时效和质量为标准，制定全服务链评估体系，衡量全服务链运行效果与效率；并使其在提高时效和服务质量要求下，寻找瓶颈，指引协调服务与监管子模块持续改进优化。

四、扩大西安集结中心运作的多元联动效应

西安集结中心建设的意义在于构建服务于西安现代化转型的流通平台、构建国家“双循环”新发展格局和“一带一路”高质量建设的西部支撑，通过数字技术应用、货运物资优化、运产贸联动等方式，西安集结中心能够为“数字丝绸之路”“健康丝绸之路”“西安国家中心城市”建设等提供有力支撑。

1. 集结中心建设的选择困境

在中欧班列开行尚处于起步阶段时，缺乏规模给相对落后地区推进集结中心建设带来不小的挑战，并使其陷入选择困境。

第一，“长安号”开行缺乏本地支撑。2020 年陕西经济总量为 26181.86 亿元，约占全国的 2.6%，经济总量与消费能力薄弱，又制约进口量的攀升，这使“长安号”

难以获得强劲的本地进出口货源支撑。目前，在“长安号”的去程货源中，陕西省外货源超过了75%。这就给“长安号”开行施加了较大的集货压力。

第二，中欧班列开行扩容相对复杂。中欧班列扩容受欧亚经贸往来、边境口岸年通行总量、各换装中心作业能力等限制，中短期内大幅度扩大规模存在难度，这给集结中心建设带来风险。而且，获批的几大中欧班列集结中心试点地域邻近，货源地重叠，口岸等设施趋于同质化，往返程货物抢夺激烈，对西安集结中心建设提出挑战。

第三，补贴支撑带来可持续发展的不确定性。中欧班列处于起步阶段，为了与海运竞争，各地政府给予补贴以吸引货源。在陆运规模效应尚不显著的形势下，中欧班列开行对补贴具有一定依赖性。加上货源地与中转枢纽的分离，且彼此间存在替代性，价格竞争成为重要且有效的方式，货源通过哪个节点中转也表现出对价格敏感的特征。由于中欧班列开行规模有限，不足以驱动产业布局和运输方式发生实质性变化，能否去补贴以及去补贴后能否可持续发展仍是现实考验。

第四，“长安号”开行对地方经济拉动有限。2019年陕西进出口总值为3515.52亿元，“长安号”开行2133列，运送货物180.2万吨；2020年陕西进出口总值为3775.44亿元，“长安号”开行3720列，是上年的1.7倍，运送货物总重达281.1万吨，其对陕西外贸及经济总量的影响仍然相对较小。更为重要的是，“长安号”开行列数和运送货量规模有限且大幅度攀升较为困难，这导致货物吞吐促进产业集聚的变迁并不容易，由此制约“长安号”运行对陕西地方经济的拉动作用。既耗费资源又难以形成显著经济效应，势必影响到地方的关注程度。

2. 集结中心建设由国家战略向地方意义的延伸

集结中心建设从优化中欧班列集疏运体系、降低整体物流成本、促进欧亚经贸往来、支撑“双循环”新发展格局到“一带一路”高质量建设等都具有重要的现实意义，也就是说，属于国家发展大局的必要组成部分。

西安地处国家地理几何中心，具有联结欧亚经贸往来的传统和区位优势，积极推进集结中心建设，是西安对国家战略和发展大局的责任担当。

然而，西安处于内陆欠发达地区，其产业基础薄弱、要素资源有限，在本地难以支撑规模化的货源前提下，集结中心建设对本地经济的直接拉动作用相对有限；加上集结中心所需要物流设施和配套用地等，又耗费一定资源，这无疑影响到集结中心建设的地方意义。

当前时代，正值新生产方式变革、新科技革命兴起的新发展阶段，集结中心所产生的大规模货品流动，带来了可观的数字资源和新科技应用场景；生产流程分解为流通加工的发展继而服务延伸的创造空间，这些成为集结中心赋能地方发展的可行路径，也为扩大多元联动效应指明方向。

3. 多元联动效应的拓展方向

如何发挥有限的资源和开行能力，提升对地方经济的拉动作用，是集结中心建设面对的重大挑战。依据新时代产业演进方向及其生态特征，西安建设集结中心可拓展的联动效应方向包括以下五个。

第一，运产联动发展分拨中心及加工制造基地。以港务区为中心，配套集拼物流、加工制造等产业园区，并与北部生产制造廊、各物流园区强化交通连接，提高物流枢纽与近港腹地的联动关系。目前，随着城市功能的兴起，港务区作为集结中心所在，空间约束越趋凸显。为了增强集结中心近港腹地支撑，发挥对地方经济的辐射带动作用，有必要将经开区、渭北工业区、阎良航空基地等生产制造廊，遍布西安多处的物流园区，通过高速交通系统，与港务区集结中心紧密联结，增强产业互动；以及在港务区就近地区，拓展集结中心配套的集拼、流通加工等业务板块，以提升集结中心整体功能。

第二，线上线下发展物流业务，打造数字化智能平台，为新科技产业发展创造应用场景。将港务区数字智能化平台作为新科技应用场景之一，与智慧城市建设、数字政务、数字农业、数字生态等多元新科技应用场景统筹起来，充分发挥西安在电子信息、数字智能、科教等产业方面具有的发展优势，为西南硬科技产业板块创造规模化需求，支撑其科技创新与突破，为西安先进科技产业发展提供驱动力。

第三，扩展供应链金融、离岸金融等功能。在物流吞吐、生产制造、信息服务等产业聚集的过程中，强化供应链金融、离岸金融、商业保理等产品创新与服务支持，由集结中心向结算中心、融资中心等延伸功能，发展美元、人民币结算业务，提高集结中心发展对于丝路金融中心建设的实体支撑。供应链金融服务的供给及产能的形成，有助于培育西安成为区域性金融中心，并随着地区经济发展水平提高，形成强劲的本地进出口吞吐能力，为“长安号”可持续、稳定开行提供本地支撑。

第四，拓展进出口基地，提供国家中心城市、“一带一路”战略支点发展的驱动力。以集结中心为基地，不断推进双向内外贸活动。特别是抓住“进口贸易促进创新示范区”契机，从国际消费中心、海外生产与进口分拨加工联动等入手，打造并做强进口中转基地，从而促使西安中心城市所集聚的产业规模得以提升、所联结的国际经济关系范围不断扩张，“一带一路”商贸通道得以做实与拓展，这就为西安国家中心城市和“一带一路”建设打下坚实基础并做出实质性贡献。

第五，发展国际仲裁、国际争端解决等国际治理业务，为丝绸之路经济带经贸往来提供国际公共服务，支撑西安建设面向丝绸之路经济带的国际治理中心。发展国际仲裁及争端解决服务链，吸引律师事务所、国际仲裁服务机构等入驻，加强与香港、深圳、北京等国际仲裁中心的合作及差异化、联动化发展，促进面向丝绸之路经济带的国际治理活动聚集、国际治理功能建构，树立西安品牌。目前，最高人民法院第二国际商事法庭已落地港务区，进一步发展国际仲裁及争端解决服务链，促进面向丝绸之路经济带的国际治理活动聚集、国际治理功能建构，对于服务于国家发展大局、赋能地方转型升级都意义重大。

西安集结中心建设是陕西在承载国家使命、支撑“双循环”新发展格局与高质量建设“一带一路”过程中，从实体经济的物流服务切入，拓展延伸专业化“全服务链”，发挥多元联动效应，促使陕西有限资源的优化配置，助推地方转型升级、西安国家中心城市建设的重要抓手。依据“集结中心生态”特征，系统化的布局集结中心建设，是达到发展目标、最大化整体利益、实现国家和地方共赢的必要选择。

第三节　数字丝路扩展通道发展前景

2015 年国家发改委、商务部和外交部印发的白皮书指出“提高国际通信互联互通水平，畅通信息丝绸之路”。2016 年“十三五”规划强调海、陆光缆基础设施建设、中国与阿拉伯国家间的“互联网丝绸之路”以及“中国—东盟信息港”。2017 年第四届世界互联网大会上中国与埃及、老挝、沙特阿拉伯、阿联酋、塞尔维亚、泰国、土耳其等国共同发起了《“一带一路”数字经济国际合作倡议》，标志着“一带一路”数字经济合作开启新篇章。2019 年“一带一路”国际合作高峰论坛中，进一步扩大了“一带一路”倡议范畴，使“数字丝绸之路”成为海上、陆上“丝绸之路”之外的第三条道路。中国在“数字丝路”上积极布局，已取得突出进展，截至 2020 年 4 月，中国已经同英国、韩国、沙特阿位伯等 16 个国家签署了关于“数字丝路”的合作备忘录，与 22 个国家签署了双边电子商务合作谅解备忘录，超过 80 个项目正在推进中，总额超过 790 亿美元。

各级地方政府也跟随国家政策纷纷大力发展数字经济，将其作为推动经济高质量发展的重要举措。陕西最早开展“数字丝路”实践，2014 年 10 月 24 日，在第八届中国国际软件服务外包大会上，陕西省政府提出“引领数字丝路打造西部硅谷”的设想，省市两级政府将软件和信息服务业作为西安国际化发展先导性产业的驱动性产业。随后北京、浙江、广东等陆续推进。浙江成立了“数字（网上）丝绸之路国际产业联盟”，推动数字经济和数字丝路建设，涉及大数据、物联网、云计算、新型智慧城市等数字经济领域的重点项目。北京是华北地区 ICT 产业的“桥头堡”，在数字化生态圈中起示范作用。此外，北京还在数字丝路软实力建设方面发挥核心作用，政府、智库、高校、科研院所、行业组织等广泛参与其中。广东的数字丝路发展注重与“海上丝绸之路”对接，充分发挥华人华侨的资源优势，密切海内外沟通，激发华人华侨活力，力促与中国港、澳地区和东南亚等国家的经济融合及文化沟通，积极推动“国际数据港”建设。

中国“数字丝路”的规划和有效落实，促进了“一带一路”数字经济的快速发展。但欧洲的区域内数据保护意识较强且亚欧两大经贸中心相距遥远，给提高亚欧经贸合作水平带来挑战。数字经济的崛起，使亚欧生产消费格局重构成为发展趋势，也给陆海贸易大通道建设带来机遇。根据数字经济及其治理的属性特征，展开数字丝路的布局与拓展，是为亚欧陆海贸易大通道建设开辟崭新空间及未来道路。

一、依托本地数字经济基础仍为主导

数字经济就是在碎片化生产、消费分散复杂到一定程度后，通过数据采集、传输、算法计算等方式，决定产消精准对接的新型经济模式。不同于信息仅作为客体服务于主体决策，数字将产消对接过程以及参与主体均作为客体，进行数据采集，甚至通过数据投喂影响参与主体，依据大数据基础上的算法决策，来实现最优化的产消对接。由此，在生产方、消费方初步引入数字技术时，会得到效率提升、满意度提高等效益；而当数字技术全面渗透再生产循环后，生产方、消费方、产消互动过程等都将成为被重构的对象。这意味着，数字经济不仅具有大幅度提升分工深化背景下社会经济运行效率的发展能力，还可能成为国土、人口、竞争格局、个人隐私、个体主导权等的严重安全隐患。这决定了，数据是和国土、人口紧密相关的主权资源，其要成为自由流动特别是跨境自由流动的要素，还有较长的路要走。

1. “美式模板”数字贸易规则的核心诉求

美国在数字流动规则中，首先，更注重推行“跨境数据自由流动”和“数据存储非强制本地化”。无论缔约方是出于国家公共安全需要还是各自的监管要求，都不能妨碍《美墨加三国协议》（USMCA）所定义的“跨境数据自由流动”，并且较大程度地实现了数据存储设施的产地、国别选择上的自由化。其次，重视“源代码非强制本地化”，增加软件核心技术的知识产权所能获取的利益，通过“保护加密的完整性”保障数字知识产权所有者的利益以及使用该软件的用户的数据安全性。再次，增加了对数字产品非歧视待遇的实施，包括最惠国待遇和国民待遇，并把广播内容纳入非歧视性待遇范畴。最后，为了保护互联网服务提供商并给提供商制造宽松的制度环境，豁免了互联网服务提供商的第三方侵权责任。

2. “欧式模板”关键规则的平衡

相对于美国注重维护数字企业利益和国家安全的数字治理模式，欧洲更为关注维护个人信息安全。1973 年，《瑞典数据法》成为世界上第一部个人数据保护法。自 20 世纪 90 年代以来，欧盟通过《关于个人数据处理保护与自由流动指令》（1995 年）、《数据保护通用条例》（2012 年）、《隐私与电子通信条例》（2017 年）等一系列立法及执法，对信息、数据加强监管与治理。在具体的数字规则中，欧洲聚焦于跨境数据自由流动、知识产权保护和视听例外。首先，一方面，欧盟对“跨境数据自由流动”

有着强烈的诉求；另一方面，为了维护隐私，需要对其进行限制。因而，寻找“跨境数据自由流动”与“隐私保护”的平衡点一直是欧盟在数字规则谈判中的重点。2016年，欧美就美国颁布《隐私盾》协议达成一致，提高了隐私保护的力度和企业可信度，以保证数据流出欧洲的安全性。同年4月，为了强化《隐私盾》协议，欧盟出台了《一般数据保护法案》。该法案从执行力和惩罚机制两个方面对个人信息保护及其监管做了更为严谨且独立的规定，并要求欧盟本身的企业和美国企业接受近乎同等的规范措施。并且“数据存储强制本地化”也是欧盟坚持采用的一种数字政策。其次，“知识产权保护”也是数字规则谈判中的聚焦点。欧盟针对数字贸易知识产权领域推动“TRIPS +”条款，但在涉及隐私权的ISPs问题上争议较大。最后，视听部门对公民意识形态影响巨大，其一直是欧盟数字贸易规则制定的核心环节。在WTO体制内谈判的时期，欧盟出于文化保护的目的较为明确地提出了“文化例外”理念并坚守至今。

3. “数字丝路”的境外阻力

“数字丝路”被美国视为威胁，并遏制中国“数字丝路”的影响力。制度方面，特朗普政府提出的“数字互联互通与网络安全伙伴计划”（DCCP），力图扩大美国科技产品对外出口，增强和发展中国家数字经济联系，同时发布大量关于中国“数字权威主义”的宣传，不断加强对“数字丝路”的制衡。实践方面，对中国科技企业展开全方位打压，2020年点名包括华为、中国移动、百度在内的7家中国科技公司，以禁止更多来自中国的应用程序；禁止腾讯公司及受美国司法管辖的任何个人和实体之间进行与微信有关的任何交易；要求“五眼联盟”的5G建设弃用华为公司技术，试图胁迫美国盟友与中国脱钩；将日本作为在亚太地区尤其是东南亚应对“数字丝绸之路”的首要伙伴，不断深化与日本的分工协作和相互借重，企图限制“数字丝路”的发展，降低“一带一路”沿线国家或地区对中国的信任度。①

较为严格的数字治理模式和境外阻力，决定了通过跨境数据流动远程展开面向欧洲的数字化合作与拓展具有较大难度。因而，充分利用本地数字设施、依托当地数字经济基础来深化合作，在数字安全技术尚未取得实质性突破的阶段，仍将是占据主导地位的拓展方式。

二、多元拓展跨境商贸平台及网络

只有加强亚欧产消体系的数字化渗透，才有助于在数字基础上深化区域合作及经

① “数字丝绸之路”的挑战与机遇[EB/OL]. http://www.chinareports.org.cn/.

贸关系的重构。

1. 跨境商贸发展现状

在数字（计算）服务方面，阿里云在东南亚等地已建立了至少15个飞天数据中心，为当地提供高性能的计算服务。在数字化产品交易方面，京东大数据显示，通过电商平台，中国商品销往俄罗斯、乌克兰、波兰、泰国、埃及、沙特阿拉伯等54个“一带一路”沿线国家，超过50个沿线国家的商品通过电商走进中国。并且，随着2016年中欧班列正式通行，中国在交通方面与“一带一路”沿线国家的联系进一步加强，各区域商品的物流投放能力不断提高，未来参与的企业将会更多，涉及面也会更广。2020年中国数字经济规模达到39.2万亿元，占GDP的38.6%，增速为9.7%，成为经济增长的关键动力。其中数字产业化7.5万亿元，占数字经济的19.1%，产业数字化规模31.7万亿元，占数字经济的80.9%，产业数字化成为引领数字经济发展的引擎。农业、工业、服务业数字渗透率分别为8.9%、21.0%、40.7%，三次产业数字经济渗透水平逐次倍增。全国跨境电商进出口总额达1.69万亿元，增长31.1%。其中，出口额1.12万亿元，增长40.1%；进口额0.57万亿元，增长16.5%。全年通过海关跨境电子商务管理平台验放进出口清单达24.5亿票，同比增加了63.3%。[①] 各地数字经济发展步伐加快，广东、江苏、山东等数字经济规模超过1万亿元，北京、上海数字经济GDP占比超过50%，贵州、重庆、福建数字经济增长领跑全国。各地数字经济呈现高、中、低阶梯分布式发展，形成以广东、北京为代表的极核式发展，长江经济带为代表的点轴式发展，长三角、珠三角为代表的网络式发展格局。

欧洲国家长期习惯于现金交易、实体店购物等传统消费模式，法国、意大利和西班牙线上零售占总零售比重分别为10%、5%和4%，与中国36%的水平相去甚远，并且欧洲本土诸多基于数据学习的移动应用因不符合现有数据监管规定而无法开发或投入商业应用。因此，欧盟着力推动建立数字单一市场，从数字文化、数字未来、数字生活、数字购物、数字连接等六大领域消除国家间的管制壁垒，将28个国家的市场统一成单一化市场。2020年，欧盟提供了超过5300万个项目，使3700多个图书馆、档案馆等图像、文本、声音、视频转化为数字文化档案；建设超过250个数字创新中心，帮助企业整合技术、改善业务；建设数字政府，以在线方式提交的行政审批表格平均占比67%，预计到2030年所有重要行政文件均可在网上完成，80%的公民

① 商务部发布《跨境电子商务发展报告》全面解读2020年跨境电商发展情况［EB/OL］. http://www.papayamobile.com.

可以使用电子身份证；欧洲线上消费总金额达2690亿欧元，2.93亿欧洲人参与线上购物，电商渗透率达到72%，超过2.2亿人参与跨境购物，45%的欧洲网购消费者购买了来自外国的商品；上网总用户达到3.98亿人，家庭互联网覆盖率达到90%。[①] 除此之外，欧盟在此次抗疫中发现对数字转型的巨大需求以及供需两端较大的不平衡性，使其与域外国家合作的动力有所增强。

2. 多元化跨境商贸平台及网络建设路径

基于亚欧两大区域数字经济及其治理的特征，有必要多元化拓展跨境商贸平台及网络。

第一，鼓励阿里、京东等电商、物流平台企业加快海外布局与拓展，提高当地数字化渗透水平。平台经济是基于算法联结供求，即数字化发展最先取得实质性进展的领域。阿里、腾讯、京东、百度等头部平台企业，已率先在应用数字科技的基础上，实现指数级增长与发展，并具有一定国际竞争力。目前，阿里的跨境电商平台已经在东南亚占据主导地位，京东也启动了向全球市场的业务拓展。加快头部平台企业的“走出去”，加强欧洲市场的数字化拓展，有助于更为自主地加速亚欧生产消费体系的对接与联动。

第二，与全球领先及欧亚平台企业深度合作，补全、强化供应链、产业链、创新链，促进亚欧产消在数字基础上的精准对接及敏捷联动。Amazon、Priceminister、Cdiscount、Vova、Allegro、ePRICE、real. de、Shopee、Shopify 等全球及欧亚领先电商平台在数字商贸领域的发展突飞猛进，并且覆盖越趋广泛的亚欧消费市场及供应链体系。通过拓展商贸物流合作方的范围，直接或间接地与这些国外电商平台紧密对接，不断补全、完善供应链、产业链、创新链，有助于促进亚欧间经贸往来，并在数字基础上加快供求对接及产消格局的重构。

第三，依托中欧班列发展跨境电商平台，提高班列的数字化运作能力。集结枢纽的建设将以广泛的内外线路拓展为前提，由此，依托中欧班列集结枢纽的线下设施发展跨境电商平台，虽然与平台企业相比较，专业化程度不高，但是有利于班列运营的数字化转向，培育技术基础和能力，以便与更大规模、更高水平的数字化运作相对接。

第四，进一步与境内外线下商贸物流企业展开合作，提高双向市场拓展水平。数字经济尚处于初期发展阶段，受到数字采集、传输、储存、计算、交易、监管等各方面基础设施与能力的限制，各国和地区发展并不平衡。由此，除了培育新型经济形态

① 欧洲跨境电商市场崛起，如何乘势掘金？[EB/OL]. 腾讯网，2021-05-21.

外，更需要在实体经济层面，与境内外商贸物流企业强化合作，以基于市场规则扩大亚欧经贸合作规模及提升双向拓展水平。

第五，通过自主或合作的方式推进国际贸易，适应性地调节班列往返载货，提高班列开行的综合经济效应。班列往返开行的满载程度影响着整体运营成本，由此，自主或以合作方式开展跨境贸易，有助于灵活地调剂班列余缺，提高整体运行满载率，降低综合成本。

三、定制化布局海外仓网

配合数字商贸及敏捷供货的需要，在产消越趋空间分化的过程中，海外仓成为调剂供求矛盾的重要中间环节与载体。为了适应数字丝路的拓展，定制化布局海外仓网确有必要。

1. 建设定制化布局海外仓网的必要性

中国目前已有超过1800个海外仓，主要包括：为跨境电商卖家提供第三方服务的海外仓；拥有跨境电商平台、主要为平台客户提供服务的平台型海外仓；成长性好、发展潜力较大，且具有一定特色的成长型海外仓，主要分布在俄罗斯、日本、韩国、美国等国家和地区。相对于国际快递，使用海外仓可以降低20%～50%成本；从本地发货，订单和发货同步，做到自动化处理订单，使大部分商品2～3天送达，加快了发货速度；本地直接发货，退换等售后服务也可以在本地完成，避免退换货重新通关的手续，提高售后服务质量；海外仓物流模式头程运输使用了集中运输的方式，突破了商品体积、重量、品类、价格等方面的限制，有利于扩大商品销售种类。预计未来海外仓数量将不断增多，运营效率越趋提高。

但当前海外仓的建设成本、运营成本和物流成本较高，还需要良好的商家服务、成熟的仓储管理技术、高效的物流配送系统、专业的物流信息平台等，建立海外仓的门槛也越来越高。此外，海外仓库存压力不断提高，运营管理还受制于所在国家政治、经济、自然、文化环境等因素的影响。最后，海外仓头程运输一般是大批量货物海运通关，大部分国家要求商品有本国或者第三国安全认证或质量认证，通关流程比邮件小包更加严格，如果对海外仓所在国政策法规了解不充足，往往会造成不必要的损失。因此，为了适应数字丝路的拓展，定制化布局海外仓网确有必要。

2. 海外仓发展及网络布局现状

2020年全球消费习惯发生变化，更多用户选择线上渠道购物。2020年度跨境电商包裹中，中国邮寄数量最多，占全部包裹的60%。目前，跨境电商物流以邮政小包、国际快递、专线物流和海外仓为主。由于性价比高、覆盖范围广，超 60% 的跨境电商卖家选择邮政小包；国际快递和专线物流使用率达到 35%。Ship Matrix 数据显示，国际商业快递 UPS、Fed Ex 的交付准时率超过 95%；仅有 40% 的卖家选择海外仓发货，海外仓距离成为主流渠道仍有漫长路程，鉴于海外仓缩短发货周期、售后方便等优势，加之新冠肺炎疫情冲击，其使用率整体处于上升状态。

目前，海外仓布局以欧美国家为主，亚太、中东新兴经济国家尚处于待开发状态。中国海外仓建设面积最大的国家是美国，仅谷仓建设面积即超过 36 万平方米。北美市场语言统一、经济发达、市场体量大、消费能力强，网民渗透率高达 94.6%，物流体系和金融支付体系较完善，使北美市场成为服务商建仓首选。另外，东南亚、南亚以及中东地区新兴经济国家市场潜力巨大，亚太地区人口红利大，中东客服单价高，是未来全球布局的重要环节。

3. 定制化布局海外仓网的方式

第一，海外仓网的布局取决于线上线下市场拓展的规模及其分布。海外仓并非一般意义上的仓库，而是基于软硬件设施的配备实现快进快出，从而有助于敏捷响应消费需求的变化，应对专业化生产聚集区与消费中心相对分离的矛盾。随着线上线下特别是线上市场拓展规模与能力的提升，海外仓网的设置具有必要性；而在消费需求对接有限的形势下，主要设置的是以少量储存功能为主的海外仓。

第二，可依托自由贸易区建立层级式的海外仓体系。随着主生产网络、次级生产网络及消费中心在空间上的分化，以及东亚和欧洲作为两大消费市场，亚欧间越趋呈现多层次的产消对接。由此，可依据紧密联结生产体系和消费市场的需求，建立多层级的海外仓体系。同时，海外仓的运作有必要最低化贸易壁垒，以降低流通成本；在自由贸易区或自贸协定管辖范围内设置海外仓，成为客观要求。

第三，将海外仓网纳入供应链网的一体化运作。海外仓作为调节供求对接矛盾的中间存储环节发挥作用，在供应链网运作越趋敏捷化、共时化、定制化的形势下，海外仓网不应游离于供应链体系之外，而应当纳入供应链网的一体化运作，以提高对需求的敏捷响应能力。

第四，提高海外仓网的数字化运营水平。快进快出、精准化的流通效率，取决于数字技术的支撑。运用数据技术统计分析当地人口数据、消费水平、消费习惯等，帮助企业选择合适的海外仓商品。需要做到实时分析库存商品销售和周转量的变化，并根据这些指标对商品进行分类，及时对海外仓的仓储量进行调整，减少爆仓、空仓风险并根据仓储量信息调整仓储工作人员数量，在一定程度上节约人力成本。海外仓网本身为数字化商贸和流通拓展提供了重要的应用场景，也为亚欧间全产业链数字化转型提供了驱动源。

四、发展数字港以赋能亚欧经贸合作

虽然亚欧基于数字的经贸往来仍处于起步阶段，但是逐步培育、建设数字港，对于赋能和升级亚欧经贸合作具有显著意义。据预测，2025 年全世界产生的新数据有望增至 175 泽字节，潜在的巨大价值有待深入释放，而建设数字港，可以通过数字把数字价值链上的上下游企业、市场客户、金融服务、研发设计与商务中介等市场力量紧密联系在一起，有助于高效配置汇聚的资源，促生新的产业组织和产业生态，让数字经济的优势转化为数字价值链中的新动能。同时，数字港建设可以打破物理区隔，推动亚欧经贸合作的深入发展。

1. 完善数字基础设施

亚欧陆海贸易大通道在国内的集结枢纽主要位于中西部，相对于东部经济发达与数据丰裕的地区，是数字基础较为薄弱的省市；相对于更为偏远的西北部，其仍然具有数字经济聚集的一定优势。由此，依托集结枢纽建设数字港，有助于培育适应时代发展的新优势、新能力，以支撑亚欧陆海贸易大通道的现代化转型。由于通信网络、云存储、超算中心等数字基础设施投资成本高昂，在缺乏数据流规模的前提下，不易产生与发挥经济效应。由此，数字港的建设有必要配合智慧城市、数字政务、工业互联网、数字商贸等多应用场景的开拓，以实现数字基础设施的规模效应，从而提高数字港运行效率。

2. 促进跨境电商产业链、生态链的形成

海外市场拓展水平的提升是跨境电商产业链规模扩张和竞争力提升到一定阶段的产物，基于市场自发形成跨境电商产业集群是一个较为缓慢的过程。因此，通过发展数字港，促使跨境电商业态聚集，提供所需公共产品和服务，培育专业化人才，有助于培育和促进跨境电商产业链和生态链，并为亚欧间跨境商贸拓展奠定基础。

3. 推动数字港数字服务出口试点

打造数字服务出口支撑平台，支持发展信息技术服务、数字内容服务出口、离岸服务外包以及服务型制造，构建起物联网平台和公共服务平台。同时，培育数字服务出口新主体，积极发展共享、平台、众包、供应链、跨境电商等新兴市场主体，加快培育以研发、设计、营销、品牌等服务环节为引领的综合服务提供商。并且，逐步扩大数字服务领域，优序开放增值电信业务，包括数据中心、云服务业务等，在确保数据流动安全可控的前提下，积极推动数字港少量试点企业与国外特定范围实现数据流动合规，扩大数据领域开放，创新安全制度设计。

4. 推动新型数字贸易规则的研究创新与共商共建

数字经济发展的不平衡和潜在的安全风险决定了推进数字国际治理并不容易。数字港的建设，在国家法律法规及标准规范基本框架下，研究指定跨境数据流动分级分类安全评估规则，试点开展数据流动安全评估，就建立健全跨境数据保护能力认证、数据流动备份审查、数据交易风险评估等跨境数据安全管理机制展开积极探索和先行先试。支持有条件的地方政府探索开展跨境数据流动试点，引导本地企业和国外企业依法合规实施跨境数据流动，探索建立数字贸易综合服务平台，加快推动以跨境数据流动为驱动的数据贸易发展。积极参与国际化跨境数据流动规则制定，探索推动数据安全、个人信息保护、知识产权保护、人工智能治理等数字规则，加快实现与“一带一路”国家和地区重点城市跨境数据流动，以及促进与相关贸易方的共商共建和共识形成，由此实质性推进数字国际治理。

第四节　适应性发展空中班列集疏体系

模块网络化生产方式推动世界生产与分工格局重构，在将生产流程细化的同时，催生出敏捷化、差异化需求，在这种背景下，为了实现生产与需求的精准对接，需要构建敏捷化流通体系。与陆运、海运等交通运输方式相比，空运在时间和空间上具有更敏捷的反应能力，能够快速满足工业生产需要和日常生活需求，空中运输已经成为敏捷化流通体系中极为重要的一环。

随着亚欧间经贸往来增加，敏捷联动需求攀升，传统的海洋运输和以中欧班列为代表的陆路运输已经难以满足流通需要，这就要求航空运输的参与，发展空中班列集疏体系成为必然选择。由于货流和人流具有本质差异，在集疏过程中存在差异化需求，因此需要区分货流集疏与人流集疏的差异性，并基于这种差异性促进专业化空运体系的发展，同时服务于货流与人流。在发展空运体系的基础上，还要使其积极融入现代多式联运流通体系，发展单一运输方式具有局限性已经成为行业共识，只有通过多层次多式联运的协同联动，才能全面提升“空中丝路”的运行效率，更好地服务于货流和人流。

一、敏捷联动的需求决定空中班列集疏体系建构进程

空运是成本高、速度快、机场对机场的运输方式，随着流程分解与敏捷响应的要求越来越高，空中货运成为迅猛崛起的新型运输方式。就当前阶段而言，亚欧间经贸往来水平总体不高，对敏捷运输的需求量有限，这决定了空中运输方式处于起步阶段。随着中欧班列特别是数字贸易促进亚欧间经贸往来越趋频繁，两大区域的生产消费体系敏捷联动频繁时，布局空中班列集疏体系将成为亚欧陆海贸易大通道建设的阶段性重点内容。

1. 航空货运能够满足敏捷联动的需求

随着现代科技高速发展，高新技术的更迭越来越快，产品的生命周期比以往更加短暂，市场竞争更加激烈。在这样的背景下，市场需求占主导地位，满足个性化、多样化的消费成为生产制造的主要目标，模块网络化生产方式出现。这种生产方式催生了敏捷联动的需求，要求对迅速改变的市场需求和市场进度做出快速反应，全面服务

于消费。因此，敏捷联动不仅对流通过程的时效性提出更高要求，也需要在保证时效性的同时力求流通环境的安全性。

航空运输是以飞机为载体的现代化运输方式，包含航空站、航空器、航线、航班和航空公司等要素，能够提供安全、便捷、优质的运输服务，在提高商品运输效率、降低商品仓储成本、加快商品周转等方面发挥着重要作用。其最大的特点是具有较快的运送速度，在运输鲜活商品、季节性商品、紧急商品等对时效性要求较高的商品时具有很大优势。由于航空运输的货物本身价值较高，因此针对航空运输设计的管理制度较为完善，这使货物破损率低，安全性更高，便于运输贵重物品、精密仪器。

根据经营方式的不同，航空运输可以分为四类。班机运输，具有固定的时间和航线，降低了货物运输在时间上的不确定性，但缺乏灵活性；包机运输，能够满足个性化运输需求，但成本较高；集中托运，由航空货运代理公司将若干单独发往同一方向的货物集中，统一向航空公司办理托运，采用一份总运单集中发运，由指定代理人收货、报关、分拨，运价较低，使用普遍；航空快递，由专门经营快递业务的公司与航空公司合作，以最快的速度在货主、机场和用户之间运送及交接货物。

由此，航空货运具有时效性强、安全性高的特点，符合敏捷联动对时间和安全的高要求，而航空运输多样化的经营方式也为货物运输提供多种选择，有利于敏捷联动的实现。

2. 敏捷联动的需求决定航空运输发展进程

目前，亚欧间经贸往来的规模在持续扩大，以东亚为例，东亚对欧洲出口规模从2000年的2413亿美元增长至2020年的7666亿美元，增长了2.18倍，年均增长6%，占东亚总出口的比重维持在11%～16%；对欧洲进口规模从2000年的1679亿美元增长至2020年的6094亿美元，增长了2.63倍，年均增长7%，占东亚总进口的比重维持在11%～13%。

在经贸规模扩大的同时，经贸结构也在发生变化。以中国为例，2000年以前，中国与欧洲之间贸易结构十分不平衡，中国从欧洲主要进口具有高技术含量的产品，如机电、音响设备及零部件，车辆、航空器、船舶及运输设备，化学工业及相关工业产品，贵金属及其制品，光学、医疗等仪器，钟表，乐器，塑料及其制品，橡胶及其制品等。中国向欧洲主要出口附加值低的产品，较多的是机电、音像设备及其零部件，纺织原料及其纺织制品，化学工业及其相关工业的产品，杂项制品，贵金属及其制品，革、毛皮及制品、箱包、肠线制品等。进入2000年，尤其是2005年后，这种贸易结构的不平衡逐渐改善，中国从欧洲主要进口机电产品、运输设备、化工产品和贱金属及制品等产品，向欧洲主要出口办公电信设备、纺织品、机械和运输设备、化工产品和钢铁等，对欧洲出口的食品、原材料、能源、化工产品和纺织品等有下降趋势，机械和运输设备等产品比例则显著上升。

尽管亚欧经贸往来的规模持续扩大，经贸结构不平衡状况逐渐改善，但经贸规模在区域经贸规模中所占的比重始终维持在稳定的区间，经贸关系难以进一步突破，且从欧洲进口高技术产品、出口低附加值产品的现状并未出现较大程度的改善，因此，亚欧之间经贸往来水平仍不高。这表明当前亚欧之间的货物仍以大宗货物、耐受型货物为主，运输方式仍以传统海洋运输为主，对敏捷运输的需求量有限，空中运输缺乏发展的动力，仍处于起步阶段。

随着中欧班列的开行，中国深入亚欧生产、消费腹地的能力大大提升，对亚欧市场的覆盖范围大大扩展，促进了亚欧贸易的增长，也丰富了运输的货物种类。中欧班列运输的货物品类去程货源由开行之初的以 IT 产品为主拓展到食品酒类、衣服鞋帽、日用小商品、母婴用品、文体用品、家具建材、工艺品、电气设备、汽车配件、工程机械、医疗器械、五金工具和电子产品、石材、日用化工品、现代花岗石制品、木制品和金属制品等品类。而回程货源方面，已覆盖欧洲多国的汽车整车及零配件、机械设备、矿物燃料、航空器、木材、日用品、化妆品、酒类及粮食、食品等。亚欧间流动的货物从大宗商品拓展到日常用品，从耐受型商品拓展到对时间、安全性要求较高的商品，附加价值也大大提升。

除此之外，制造业与消费的转型升级，推动了跨境电商、冷链等现代物流业态的高速发展，跨境电商消费者具有“全球买、全球卖”的消费特征，对时效性要求日益提高，跨境电商对跨境物流网络服务覆盖能力和时效保障能力也提出了更高要求。冷链运输则主要服务于农产品、食品、药品等以保持低温环境为核心要求的运输全过程。以上这些都扩张了对敏捷运输的需求，为发展空中运输创造了机遇，布局空中班列集疏体系势在必行。

二、集结枢纽驱动客货运空中班列集疏体系的专业化发展

与中欧班列建设方式类似，亚欧陆海贸易大通道的建设复杂性、不确定性、高成本等因素决定，由集结枢纽主导推进集疏航线网络建设，相较以航线布局为主导的方式来说，是更为经济、高效、务实的可行路径。在建设集疏航线网络时，要区别人员集疏和货物集疏，虽然在航空货运规模有限的阶段，空运货物往往通过储存于客机机腹完成运输，但是随着航海货运量的增长，越来越需要专业化的货运飞机，及布局相应的货运集疏航线，空中客运与货运走向专业化、独立化越来越成为重要趋势。郑州和西安目前已经分别在航空货运枢纽和客运枢纽建设上取得成效，可分别作为空中货

运集结枢纽和客运集结枢纽，走差异化发展道路，共同扩张敏捷客流、货流的流通规模，支撑亚欧陆海贸易大通道做强做快。

1. 货运空中班列集疏体系发展

在亚欧陆海贸易大通道的国内段，郑州在航空货运枢纽建设上具有比较优势。2007 年 10 月，为加快郑州国际航空枢纽建设，河南省委、省政府批准设立郑州航空港区。2010 年 10 月 24 日，经国务院批准正式设立郑州新郑综合保税区。2012 年 11 月 17 日，国务院批准《中原经济区规划》，提出以郑州航空港为主体，以综合保税区和关联产业园区为载体，以综合交通枢纽为依托，以发展航空货运为突破口，建设郑州航空港经济综合实验区。2013 年 3 月 7 日，国务院批准《郑州航空港经济综合实验区发展规划（2013—2025 年）》，标志着全国首个航空港经济发展先行区正式起航。2016 年 3 月，郑州航空港经济综合实验区列入《中华人民共和国国民经济和社会发展第十三个五年规划纲要》，该文件提出加快郑州航空港经济综合实验区建设，支持发展内陆开放型经济。2018 年，中国民航局和省政府联合印发实施《郑州国际航空货运枢纽战略规划》，赋予郑州航空港经济综合实验区省辖市级经济和社会管理权限。2019 年，郑州入选国家物流枢纽建设名单，成为入选城市中唯一的空港型国家物流枢纽。2021 年 6 月，郑州航空港经济综合实验区空港新城建设指挥部、空铁新城建设指挥部先后挂牌成立，标志着郑州航空港经济综合实验区核心板块“大干快上”的号角已经吹响。

建设之初，河南省委、省政府按照“空间管理全覆盖、机构设置全职能”的思路，构建“两级三层”管理体制，建立了“市管为主、省级扶助”的领导体制。2020 年，省政府积极推进“放权、赋能、松绑”，再次向郑州航空港经济综合实验区下放 124 项省级经济社会管理权限。同时，2013 年，河南省出台《关于支持郑州航空港经济综合实验区发展的意见》，提出财税、金融、产业发展、人才和要素保障等 7 个方面 81 项支持政策，出台《关于支持郑州航空港经济综合实验区发展的若干政策》和《关于郑州航空港经济综合实验区与省直部门建立直通车制度的实施意见》，在工业、信息业、商业和房地产业等多项产业中开设“绿色通道”，为航空港区内各类事项的办理开辟了方便高效的渠道。2017 年印发《关于加快推进郑州航空港经济综合实验区建设的若干意见》，进一步在建设现代综合交通枢纽、多式联运国际物流中心、以航空经济为引领的现代产业基地、现代航空都市等方面做出具体要求。2021 年，河南省商务厅出台《河南省商务厅支持郑州航空港经济综合实验区加快发展的若干措施》，支持航空港区加快发展。除此之外，2021 年 3 月正式实施的《郑州航空港经济综合实验区条例》，是国内首个航空经济领域地方立法，赋予郑州航空港经济综合实验区更大的先行先试自主权，为郑州航空港经济综合实验区建设发展提供了法治保障。

在政策、制度的支撑下，郑州航空港经济综合实验区明晰区域发展定位，以建成国际航空物流中心、以航空经济为引领的现代产业基地、内陆地区对外开放重要门户、现代航空城市、郑州都市圈核心增长极为主要目标，在航空货运布局方面取得较大进展。

从新郑机场吞吐量及排名来看，货邮吞吐量连续五年实现增长，尤其在2016年和2017年增长幅度巨大，在新冠肺炎疫情影响下，货邮吞吐量仍保持增长，且在2020年大幅度上升，货邮运输持续发力。新郑机场货邮吞吐量在全国排名平稳上升，目前位居第6（见表6－1）。新郑机场在管理制度建设方面也做出一定的改进。为促进通关便利化，新郑机场联合联检单位实施“24小时”预约通关机制；与郑州海关签署战略合作备忘录，创新开展出口货物“提前申报、运抵验放”监管模式；对活体动物和大宗单一商品货物实行“机坪理货、机坪验放”通关模式；深化与检验检疫部门合作，对空运进口的生鲜、冷链等货物实行“提前申报、货到验放”快速查验措施。

表6－1　2016—2020年新郑机场吞吐量及排名

年份	旅客吞吐量（万人次）	同比增长（%）	货邮吞吐量（万吨）	同比增长（%）	起降架次（万架次）	同比增长（%）	货邮吞吐量全国排名
2016	2076.3	20.0	45.7	13.2	17.8	15.3	7
2017	2430.0	17.0	50.3	10.1	19.6	9.9	7
2018	2733.5	12.5	51.5	2.4	21.0	7.1	7
2019	2913.0	6.6	52.2	1.4	21.6	3.2	7
2020	2141.7	－26.5	63.9	22.5	17.9	－17.4	6

资料来源：《民航机场生产统计公报》（2016—2020年）。

从航空交通运输条件来看，截至2021年3月，郑州航空港运营的全货运航空公司31家，共开通全货航运线51条，通达63个国内外城市，基本形成覆盖全球主要经济体的枢纽航线网络，成为中部地区对外开放的重要航空门户。同时，“7×24小时”预约通关、“零延时”通关、国际贸易“单一窗口”跨境电商出口申报、B2B出口试点等，一系列针对跨境电商出口的创新举措陆续落地。

从口岸建设来看，郑州航空港的口岸体系功能不断完善，通关便利水平循序提升，辐射带动作用逐步增强。郑州航空港经济综合实验区已经形成种类多、功能全、效率高的立体大口岸体系，其中，药品、水果、冰鲜水产品、食用水生动物、肉类、活体动物、国际邮件经转口岸等功能性口岸形成内陆地区种类最全、效率最高的口岸体系，国际邮件枢纽口岸申报已取得实质性进展，是继北、上、广之后全国第四个国际邮件枢纽口岸。航空港为口岸的建设发展提供了五大支撑，河南电子口岸中心实现端口对外的无纸化办公，跨境电商信息平台处理物件的能力达到100万包/天，口岸作业区的设立助力区港联动效应，13国邮包直封权和新郑机场落地签大大提高口岸工作效率，促进贸易便利化的发展。

从产业集聚来看，依据《郑州航空港经济综合实验区发展规划（2013—2025年)》，郑州航空港经济综合实验区三大主导产业为航空物流、高端制造业和现代服务业。现已设立智能终端（手机）产业园、航空制造维修产业园、生物医药产业园、商贸会展产业园、精密机械产业园、电子商务产业园、电子信息产业园、航空物流产业园等八大园区，重点发展智能终端、精密机械、生物医药、电子商务、航空物流、航空制造维修、电子信息、现代服务等八大产业集群，成功引进富士康、苹果、UPS、绿地、正威等世界500强企业30多家，以及友嘉和华中冷链港、瀚港进口商品博览中心、瑞弘源、美泰宝、菜鸟等近百家业界知名企业。

机场货邮吞吐量持续增加，全球航线持续扩展，制度创新稳步推进，口岸功能不断强化，通关便利化水平提升，产业集聚能力增强，这些奠定了郑州航空集结枢纽的发展基础。但从现阶段发展来看，航空货运处于发展初期，仍存在一些问题。其一，在货运基础设施方面，缺乏专业货运机场，机场货运相关配套设施的数量规模有限，运行能力有限，限制了机场货运的吞吐量，货站设施的保障能力落后于运输的需要，仓储空间难以满足现实需要。其二，在货运服务方面，货运专业服务总体效率不高，在一些高附加值货物的运输中服务能力相对薄弱，货运信息化水平不高，各部门间信息对接问题严重，货运业务模式与进出港流程有待优化，机场管理部门与海关的通关协作服务保障能力需要进一步提升。其三，在货运能力方面，全货机数量不足，利用客机腹舱运输不可持续，国际航线覆盖范围不广，航班频次不高，航线质量有待提升，参与航空货运的企业数量较少，规模较小，经营业务单一，国际货运业务发展空间可继续挖掘。其四，在集货方面，目前发展航空货运的腹地支撑不足，难以为航空运输提供充足的货流，航空港吸聚的产业集群结构单一，航空指向性不强，产业尚未形成规模效应，高端产业集群集聚程度不够，未形成完整的产业链条，会影响航空物流的竞争力。

为进一步发展货运空中班列集疏体系，还需要针对以上问题继续发力。其一，加强货运基础设施建设。长期规划建设全货运机场，改造已有机场为全货运机场。中短期规划建设机场货运区域，对货物处理基地、转运中心、货机停机坪等货运设施改建扩建，扩大货运区域进深尺度，打通货运车辆进出通道，同时要提高对货运基础设施的利用率。其二，提升货运服务专业化、信息化水平。完善对货物装卸的核查，推动运单电子化进程，优化简化货运安检流程，完善机场口岸联检设施，加强与海关部门的协同部署，提高通关效率。同时搭建航空货运信息平台和航空物联网货物跟踪平台，解决数据信息缺失、交换标准不对等的问题，实现货主、机场、航空货运公司、检查单位等多方部门的信息交换和流通，提高航空货运信息查询水平和信息追踪水平，提升整体货运服务水平。其三，提升货运整体运力。扩充全货机机队，将利用率不高的客机改造为货机，补充货运运力，对具有实力的航空物流企业给予政策支持，将其打造成世界级航空物流企业，扩充仓储、包装、装配等业务，为客户提供定制化产品。培育专业化航空货运公司，进行专业化运营，优化航线网络，提升航线质量。同时鼓励货运航空公司与电商、快递企业合作联营，拓展跨境电商、冷链物流等新业务，从而实现规模效益。其四，鼓励发展临空经济，提供稳定货源，激发集疏活力。吸引更多类型企业入驻产业园区，发展分拨中心及加工制造业，吸聚上下游生产与服务企业聚集，形成产销运互促格局。发展线上线下物流业务，打造数字化智能平台，以数字技术支撑高效物流，以及发展跨境电商物流中心，为新科技产业发展创造应用场景。引进精密机械产业和航空设备制造及维修产业，推动高端制造业基地形成。同时培育金融保险服务产业，强化供应链金融、离岸金融等产品创新，为其他产业提供多元化金融保险服务。

2. 客运空中班列集疏体系发展

航空客运的主要特点是时效性强、舒适性好、服务优质，符合休闲旅游类乘客与商务乘客的需要，因此这两类游客规模的增长成为航空客运发展的主要动力。不同于郑州在空中货运集结枢纽建设上具有比较优势，西安的比较优势集中在空中客运集结枢纽建设上，主要体现为西安承接文旅服务和商旅服务的功能。

陕西具有丰富的自然资源和人文资源，资源品位高、存量大、种类多、文化积淀深厚，旅游产品众多，文旅基础坚实，吸引了大量的国内外游客，这为西安发展航空客运提供了充足人流。近年来，陕西接待境内外游客人数持续增加，增速保持在10%以上，国内游客始终占主要地位，境外游客和国内游客都显著增长。但受新冠肺炎疫情的影响，2020年境内外游客数量急剧下降，尤其是入境游客数量，下降了98.2%（见表6－2）。

表6－2　2016—2020年陕西省接待境内外游客情况

年份	境内外游客（亿人次）	同比增长（%）	入境游客（万人次）	同比增长（%）	国内游客（亿人次）	同比增长（%）
2016	4.49	16.50	338.20	15.4	4.46	16.5

续表

年份	境内外游客（亿人次）	同比增长（%）	入境游客（万人次）	同比增长（%）	国内游客（亿人次）	同比增长（%）
2017	5.23	16.48	383.74	13.5	5.19	16.4
2018	6.30	20.46	437.14	13.9	6.26	20.6
2019	7.07	12.22	465.72	6.5	7.02	12.1
2020	3.57	-49.50	8.59	-98.2	3.57	-49.1

资料来源：《陕西省国民经济和社会发展统计公报》（2016—2020年）。

2015年3月，国家发展改革委、外交部、商务部联合发布了《推动共建丝绸之路经济带和21世纪海上丝绸之路的愿景与行动》，明确要发挥陕西综合经济文化优势，打造西安内陆型改革开放新高地。2018年发布《陕西省"一带一路"建设2018年行动计划》，提出要将陕西打造为交通商贸物流中心、国际产能合作中心、科技教育中心、国际文化旅游中心、丝绸之路金融中心。2020年3月发布《陕西省"一带一路"建设2020年行动计划》，提出要持续推进"一带一路"五大中心建设。2020年5月，陕西省发改委印发《2020年推动关中平原城市群和新型城镇化发展重点工作任务》，提出建设西安国家中心城市，加快打造西部地区重要的经济中心、对外交往中心、丝路科创中心、丝路文化高地、内陆开放高地、国家综合交通枢纽。建设五大中心以及西安国家中心城市的政策，为西安承接文旅、商旅提供了坚实的支撑，为发展空中客运枢纽创造了良好的环境。

西安发展空中客运枢纽主要依托于空港新城。2011年7月，西咸新区空港新城成立。2014年1月，国务院正式批复陕西设立西咸新区，空港新城为西咸新区五大组团之一。5月14日，中国国家民航局批复《西安国家航空城实验区发展规划（2013—2025）》，支持把西安航空城实验区建设为丝绸之路航空枢纽和内陆空港城市示范区。2017年4月1日，中国（陕西）自由贸易试验区空港新城功能区揭牌，空港新城正式跨入自贸区时代，西安市代管西咸新区，空港新城正式托管社会事务。2018年11月23日，国务院印发《关于支持自由贸易试验区深化改革创新若干措施的通知》，指出，在对外航权谈判中支持西安机场利用第五航权。2019年，陕西省政府和中国民用航空局审议通过《西安国际航空枢纽战略规划》，指导西安国际航空枢纽建设与发展，提出将西安机场打造为辐射"一带一路"的国际航空枢纽、品质卓越的国际综合交通枢纽、港产城深度融合发展的全球示范、引领陕西追赶超越的新动力源的总体定位。2021年10月8日，中共中央、国务院印发《黄河流域生态保护和高质量发展规划纲要》，提到加快西安国际航空枢纽建设。

初期，《西安航空城实验区发展规划》定位西安空港为"丝绸之路经济带对外开放的国际门户、临空现代服务业引领区、现代航空高端制造科研聚集区、国际内陆型空港城市示范区”。之后，《西安临空经济示范区发展规划》出台，进一步明确西安空港新城的战略定位为“全球高端要素联结中枢，内陆临空经济创新典范，陕西追赶超越新动力源”，并将西安临空经济示范区打造为“‘一带一路’国际航空枢纽、临空经济创新发展高地、绿色智慧宜居宜业魅力空港、中外人文交流开放门户”，主要发展航空枢纽保障业、临空先进制造业、临空高端服务业。“十四五”期间，西咸新区空港新城进一步明晰使命，将打造“内外循环新通道、创新发展新策源、临空产业新高地、港城融合新示范、人文交流新门户”。

目前，西安在航空客运布局方面已经取得一定成果。从西安咸阳国际机场的吞吐量及排名来看，2016—2019 年旅客吞吐量始终保持在 4000 万人次以上，增长率保持在 5% 以上，在全国排名保持在前 10，但新冠肺炎疫情的冲击给旅客吞吐量造成的影响较大，2020 年旅客吞吐量比上年减少了 34.2%。（见表 6－3）

表 6－3　2016—2020 年西安咸阳国际机场吞吐量及排名

年份	旅客吞吐量（万人次）	同比增长（%）	货邮吞吐量（万吨）	同比增长（%）	起降架次（万架次）	同比增长（%）	旅客吞吐量全国排名
2016	4465.3	6.7	31.3	20.3	33.0	3.6	7
2017	4185.7	6.3	26.0	16.9	32.0	－3.0	8
2018	4465.3	6.7	31.3	20.4	33.1	3.4	7
2019	4722.1	5.8	38.2	22.0	34.6	4.5	7
2020	3107.4	－34.2	37.6	－1.6	25.6	－26.0	8

资料来源：《陕西省国民经济和社会发展统计公报》（2016—2020 年）。

从航空交通运输条件来看，西安咸阳国际机场的国际航线累计达到 92 条，其中客运航线 77 条，国际航线联通全球 37 个国家 77 个城市。截至 2021 年 10 月，空港新城累计开通客货运航线 383 条，通达全球 37 个国家 77 个主要枢纽和经济旅游城市。同时，空港新城充分使用第三、第四、第五航权，建立跨部门协作机制，保障航权资源高效利用，提升国际航线转运效率，联动国内外市场，加强国际航线客源聚集，实现了航权高水平开放。

从产业集聚来看，西安航空港重点发展临空枢纽保障业、临空先进制造业、临空高端服务业这三类主导产业。在临空高端服务业方面，占地面积 4.2 平方公里的空港新城会展产业园区正在开发建设，主要布局临空会展、文化旅游、高端商业、体育休闲等业态。

相比于航空货运，航空客运的发展已经相对成熟，但在建设空中客运枢纽的背景下，仍须在一些方面继续突破。其一，在客运基础设施方面，与实现客运枢纽的目标仍有差距，已有机场跑道数量、航站楼及相关配套设施的数量规模有限，难以满足客运发展的需要。新型基础设施建设滞后，难以满足客运枢纽信息化、数字化、智能化的需要。基础设施的不完善限制了机场客运的吞吐量，不利于机场客运的可持续发展。其二，在客运服务方面，票务服务电子化水平仍须提高。中转过程对航班与航班间的中转衔接提出了高要求，衔接不当会极大地浪费乘客的时间，降低服务质量。其三，在客运能力方面，枢纽航线品质有待提高，客运覆盖范围仍有扩张空间。航旅产品需要创新，差异化产品缺乏，不利于客运形成品牌效应。其四，客运增长的内生动力不足，目前客运增长主要依赖于休闲旅游类乘客与商务乘客，季节性波动大，不确定性强，缺乏乘客黏性，这不利于空运枢纽的建设。

为了进一步发展空中班列客运集疏体系，需要针对以上问题采取措施。其一，完善已有基础设施，推进建设新型基础设施。加快推进机场扩容改造等重大项目实施，加强智慧机场建设，建设智慧空侧、智慧航站楼、智慧路侧，加强对物联网、大数据、云计算、移动互联网等新一代信息技术的应用，以大数据存储和分析为支撑，对航班、货物、旅客、信息进行精细化、协同化、可视化、智能化的运行与管理，构建航空客运数据平台。其二，提高客运服务智能化水平。基于智慧机场建设，推动电子客票的广泛使用，推动无纸化通关，实现“一站购票、一码（证）通行”。以便捷换乘为导向，开辟中转快速通道，完善智能联程导航、票务服务、标识引导、综合立体换乘等服务，提高乘客换乘效率。其三，提升客运枢纽质量，创新航旅产品。强化枢纽机场与航空公司的合作，加强与国际航空公司资源共享、代号共享，完善国内航线，开拓远程洲际航线，扩大国际客运航线网络，充分利用第五航权、探索第七航权，促进国外航空公司在航空港设立基地、开拓航线。突破传统思维，基于数据分析乘客需求，为乘客提供个性化航旅产品，打造特色品牌。其四，发挥文旅特色，发挥“港区城”作用，为航空客运提供稳定的人流。充分挖掘本地文旅资源，发展特色旅游，提升对国内外游客的吸引力。同时，打造“港区城”，航空港通过提供空间与平台，吸引产业集聚，形成产业园区，航空港与空港城市通过产业与就业相互影响，产业园区成为城市经济的核心增长极，“港区城”能够吸引人才集聚，为航空客运吸引一批黏性客流。政府应创造公平、公正、竞争、开放的市场环境，做好公共服务，吸引更多类型企业、更多类型人才入驻产业园区。在港区融合的基础上，还应加快道路、管网、绿化生活服务等基础配套设施建设，为产业园区稳定发展提供良好的环境，提升城市综合承载能力，吸聚人流。

三、促进基于数字的多层次多式联运线路网协同运作

亚欧陆海贸易大通道并非局限于运输路线的概念，而是嵌入亚欧复杂生产消费体系的多式联运网络。随着敏捷联动程度的提升，从公路到铁路，再到空运，由集结枢纽主导的多种运输方式集疏网络，各有分工、协同扩张腹地规模。为了实现敏捷联动和高效率运输，多种运输方式所构成的多层次多式联运线路网络，有必要在数字及算法基础上协调运作，以提供弹性、定制化、最优的多式联运方案，并不断优化多层次多式联运线路网的弹性重构和布局。

1. 融合发展多式联运，提高网络流通效能

仅发展单一运输方式难以使运力有效提升，反而增加集疏成本，使集疏网络发展不可持续。从与城市交通联通来看，目前机场与其他交通枢纽站场距离较远，航空运输与地面交通运输衔接不密切，以航空港为核心的外联路网规划缺乏统筹协调，对航空客货运的发展需求预估不足，容量与航运容量不相匹配，集疏运体系不完善，会造成流动受阻，不利于网络畅通。同时，航空港与外联路网缺乏数字平台支撑，信息化、网络化管理缺乏，信息互通、中转换乘能力薄弱，会降低网络流通效率。

从其他集疏网络发展情况来看，多式联运体系尤其是空铁联运仍须完善。传统的空铁联运组织模式有直接衔接式和间接衔接式，前者将机坪装载区与高铁站台装卸区相互融合，在机场内进行货物装卸中转，难度最大，建设成本最高，但效果最好；后者将机场与铁路站场分离，经公路运输接驳，得到普遍应用。目前，空铁联运受到设施布局、设施容量、接驳效率、进深尺度的限制较大。同时需要解决“最后一公里”的问题，但在投资成本、航空安全、预留线路和场站位置、无缝接驳换乘技术等方面，仍存在较大难度。

航空运输在长距离运输上具有优势，但在深入腹地时，航空运输难以实现效能，因此，需要构建“航空＋”多式联运体系。应加快推进区域内以航空港为中心的综合立体交通建设，推进航空港外联道路建设，配合智慧交通引导系统，加强空中交通与城市交通的互联互通，打造便捷的货运、客运通道，提高货流、人流的分拨效能。

除此之外，还需要多种运输方式配合发展。在运输内容适应运输方式的前提下，应重点加强空铁联运建设，加强联运、转运基础设施建设，强化技术支撑，建立航空物流与铁路物流直通作业体系。在电子商务领域先行先试，促进航空港与陆港业务衔接，争取铁路舱单与海运、公路、航空舱单共享及舱单分拨、分拆、合并，建设航空口岸与铁路口岸高效衔接的多式联运监管体系。还应加强与中国铁路总公司的合作，推动空铁联运信息共享平台建设，加强各类型枢纽间的串联，强化空铁联运组织能

力。在货运箱体、安检标准、操作流程、信息传递、管理体制等方面实现空铁无缝衔接，提高空运网络运行效能。

2. 加强网络管理能力，提升网络服务水平

亚欧陆海贸易大通道并不只是航运运输的单一网络，而是包含众多互动关系、众多参与主体、众多运作环节的复杂集成网络。枢纽与枢纽之间、支点与支点之间存在航线竞争、货流和人流竞争的问题，枢纽与支点之间存在流量整合分拨的问题。政府、航运公司、货物公司、银行、保险之间存在政策沟通、信息沟通、事务沟通的问题。装卸搬运、通关、运输、集疏等环节之间存在衔接的问题。

目前，空运集疏网络的发展重点停留在装卸搬运、通关、运输、集疏等环节的优化上，在网络中各节点间的关系以及网络中各参与主体间的互通互动上存在漏洞，这会导致空中班列集疏网络整体协调管理能力不足，不利于对网络中硬件基础设施、软件配套设施、人力资源的利用，也不利于对网络中流通的货、人、数字进行动态监控和分析，导致整体网络的服务水平降低。

发展空中班列集疏网络，需要从整体网络的视角，关注网络中涉及的方方面面，包括枢纽、支点等节点间的关系，政府、航运公司、货物公司、银行、保险公司等参与主体间的关系，装卸搬运、检验检疫、通关、集散等环节间的关系。加强网络管理能力，就要加强全过程所需的各种服务、规管与监督。

应建立综合管理中心，将各参与主体纳入其中，政府统筹协调、引导推动，提供良好的政策环境，其余主体发挥各自的功能，并通过数字平台、“单一窗口”政务服务平台等方式，推动各主体在相关板块实现政策畅通、标准互通、业务沟通、数字共享，强化服务在时空层面的突破，推动管理网格化、精细化、智能化，统筹协调节点关系，加强各环节的衔接。同时，应创新规管服务，优化管理流程，根据货流、人流全过程为网络集疏提供定制化服务，加强专业化服务水平，完善监管，降低交易费用，提升网络整体服务水平。

第五节　建设亚欧陆海贸易大通道的配套措施

相较于海上丝绸之路沿线，陆路联结亚欧的制度型开放和组织配套更为困难。构建互联互通的制度环境，强化顶层设计，优化组织机制，是推进大通道建设的客观要求。

一、集结枢纽持续优化自由贸易试验区开发开放新体制

自2013年9月29日中国（上海）自贸试验区正式挂牌成立至今，中国已经成立了“1+3+7+1+6+3”共6批21个自贸试验区67个片区，形成全面覆盖东西南北中的改革开放创新格局。2020年6月，中共中央、国务院发布《海南自由贸易港建设方案》，标志着中国特色自由贸易港正式设立，自由贸易港是实现国内市场与国外市场充分融合、中国与世界深度互动的窗口，相较自贸试验区更加注重制度集成创新，对接国际最高水平的贸易规则，将进一步推动我国新一轮的高水平对外开放。2021年前三季度，21个自贸试验区以不到全国4‰的面积实现了全国16.5%的外贸规模，实际利用外资占全国比重达18.1%，为全国稳外贸、稳外资发挥了重要作用。陆路联结亚欧的主要省份也相应布局，为推动大通道建设奠定基础。与此同时，随着新科技革命带来产业升级、经济转型、对外联系等重构变革，配套的制度型开放也需要适应性调整与创新。

1. 持续推进自由贸易试验区的先行先试与经验推广

自贸试验区的基本定位是新时代改革开放的新高地，根本目的是为全面深化改革和扩大开放探索新途径、积累新经验，核心任务是制度创新，基本要求是可复制可推广。自由贸易港的本质则是要素高水平的开放与流动，不再只要求单一的制度创新，也不再强调可复制可推广的建设经验，更加注重制度集成创新，配合高度自由的市场交易机制和交易关系，成为生产要素的高度集合空间，融入国际高标准的贸易规则体系，实现营商环境的自由化、市场化和国际化。所谓制度集成创新，主要是指在经济体所处经济环境、政治环境、文化环境发生巨大改变，预期目标发生重大改变时，恰当地、创新性地运用集中式的、网络式的制度设计及时调整本国制度依赖路径，从而形成新的制度结构，主动适应当下的国内外环境，超前地预期未来的格局变化，以保

证经贸活动在新环境中朝着有利于预期目标的方向变化，比如促进经贸合作或者推动产业结构变革。一方面，深处“双循环”新发展格局的巨大变革时代，运输由海权时代转向陆海时代，贸易由传统贸易转向数字贸易，国际数据公司（IDC）报告显示，2025 年，全球数据量将增长至175 泽字节，中国将凭借27.8%的比例占据第一，数据要素已经成为继土地、劳动力、技术、资本四大生产要素之后的第五大生产要素，数字经济的快速发展颠覆了传统的生产模式，将重构世界经贸规则，推进全球经贸格局的深刻变化，而巨大的数据流量将成为中国推动数字贸易规则建设、成为全球数字贸易领先者的核心竞争优势。2021 年 10 月 27 日，《上海市数据条例（草案）》提出支持临港新片区打造国际数据港，建设离岸数据中心，11 月，揭牌成立了上海数据交易所。与此同时，数字人民币业务在海南自贸港也正如火如荼、有条不紊地推进，12 月，数字人民币签约缴税业务在海南海口落地，进一步丰富了数字人民币应用场景，将持续推进自贸港数字人民币生态体系的构建。在数字贸易规则的定义权尘埃落定前，自贸试验区和自贸港无疑是加速缩小我国和发达国家间的数字鸿沟，从而掌握主动权的重要战略支点，也是亚欧陆海贸易通道数据流枢纽站能否建成的关键所在。另一方面，新一轮科技革命引起全球产业链调整，从长期来看，在世界经济循环过程中将形成两股强大的力量，代表国家分别是以美国为首的老牌西方发达国家和以中国为核心的发展中国家。随着生产技术的变革，平台垄断问题愈加严重，生产组织方式发生本质上的改变，由流程式的生产过程转向碎片式的生产网络，使联结具有至关重要的价值和作用，“微笑曲线”转变为“地板微笑”，向低附加值加工制造联结枢纽靠近，更多的生产模块靠近中国加工制造联结枢纽及周边要素禀赋多元化的东亚区域，世界经贸格局的中心正在向东亚转移。自贸试验区作为中国改革开放大棋盘上的“马前卒”，要深刻意识到“数字”要素重塑传统贸易的底层逻辑，除了原有的货物、服务贸易领域外，在投资、知识产权保护、数字贸易等领域，自贸试验区、自贸港必须对标世界先进规则，在有限的地域范围内探索更多可推广可复制的制度创新经验，依托其高度对外开放的优势，促进集结枢纽成形，发挥大通道的主流通作用。

2. 定制化改进开发开放服务，提高贸易便利化、投资便利化和营商便利化程度

为促进集结枢纽目标产业集聚，主要依据产前、产中、产后全流程服务需要，根据各生产环节的需求定制化地提供开发、开放服务，以便利要素与商品流动。从贸易、投资、营商三个方面，利用自贸区制度创新、可推广可复制等优势突破大通道沿线间的制度壁垒，而定制化的重要着力点便是将数据要素加入生产全流程，让数据在大通道中“活”起来，从而繁衍出更多的经贸合作以及塑造利益共同体，赋予架构于

国内环境的大通道、横贯国际国内的多通道畅通循环的新动能。“多式联运 + 数字”的运输生态圈是大通道便利化措施顺利推进的前提，在技术环境上要求区域经济体具有趋同的信息技术，如网络技术、通信技术等。除此之外，还要有辅助性信息技术，包括保密技术、电子签名技术、电子认证技术等。当前，我国数字基础设施的建设已然积累了一定成果，达成一定规模，尤其是在长三角、珠三角、京津冀等数字经济发达地区，这些地区同样是国内自贸区制度创新核心地带，其先进的数字基础设施、全面的数字应用场景快速有序地推进了贸易便利化。另外，数字经济的匹配机制既打破了原有的传统贸易壁垒，也催生了新型的数字贸易壁垒，这导致原有的规则不再适用，因此，亚欧陆海贸易大通道必须依托自贸区制度创新的核心优势定制化改进开发开放服务，加速破除贸易投资、资金流动、人员进出、运输往来和数据流动等壁垒，提高贸易便利化、投资便利化和营商便利化。

从贸易便利化角度入手，主要是完善口岸体系、推进“单一窗口”、优化通关流程、建设“海外中心仓”、升级 AEO 认证、改革本外币账户管理体系、便利跨境金融结算等。自贸试验区是持续深化国际贸易“单一窗口”特色功能的重要平台，推进智慧口岸建设，进一步优化跨境贸易营商环境，加强区域通关合作，强化开放亚欧陆海贸易通道的枢纽门户功能，成为国内国际“双循环”的战略链接。通过优化口岸流程、电子化报关证书、数字化口岸监管、降低口岸相关费用等促进便利化，通过和东盟、欧盟、日本、韩国的电子口岸申报接口对接，逐步实现口岸信息的互联互通，为贸易商、相关公共机构与政府而促成简单和高效的国际贸易流程及手续，进一步深化亚欧经贸合作。

从投资便利化角度入手，主要是完善准入前国民待遇加负面清单管理、事中事后监管，促进跨境投融资便利化，加强金融创新，完善防控金融风险的“监管沙盒”，建设“走出去”综合服务平台等。负面清单管理模式是自贸试验区和自贸港的重要功能，是一项制度型开放安排，有助于推进贸易投资自由化，提升亚欧陆海贸易大通道的整体开放水平，更好地服务于构建亚欧经济体。2021 年 7 月，商务部发布《海南自由贸易港跨境服务贸易特别管理措施（负面清单）（2021 年版）》，有力彰显了中国对外开放的力度和深度，依托自贸港高度开放的大平台极大地降低了交易无形成本，大通道自由贸易区网络应当建立负面清单管理措施，定制化提升与通道发展水平不一致的沿线国家之间的贸易便利化水平，以主动对外开放为核心要义，对接高标准国际经贸规则，放宽大通道沿线贸易领域内的准入限制，高于目前已经生效的其他自贸协定相应领域的开放水平；同时，也要保障发展和安全双线并行，坚守底线思维，保障经济在安全可控的范围内最大限度地发展。

从营商环境便利化角度入手，主要是推进“放管服”改革，优化“多证合一”，实行政务“单一窗口”，加强知识产权保护，完善仲裁、争端处理等国际法律服务等。2021年2月，上海自贸区临港新片区将打造“放管服”改革先行区，推出和制定一系列举措和目标，力求打造为国内“放管服”改革先行示范区、营商环境新高地。依托数字化和贸易便利化协议优化“多证合一”，实现投资的去属地化服务，提升远程服务能力。借鉴国外先进自贸区的监管思路，基于国情完善对本国企业的服务。美国对外贸易区的监管思路为“知情守法”原则，海关和对外贸易区的参与方共同承担责任，中国应该在现有基础上，进一步推进对外贸易便利化并加强知识产权保护，对标国际贸易高标准规则，充分发挥自贸试验区政策的复制推广作用，为全国外贸企业增添活力，依托亚欧陆海贸易大通道的大平台实现亚欧一体化通关，完善仲裁、争端处理等法律服务，完善亚欧陆海贸易大通道的法律环境。大通道建设要以贸易便利化、投资便利化、营商便利化作为制度集成创新的重要着力点，以自贸试验区优惠政策作为大通道便利化水平不断提升的重要引擎，持续提升大通道自由化、便利化程度。

3. 推进基于数字的“单一窗口联动”治理创新

“单一窗口”是实现贸易便利化的关键基础工程，通过建立贸易商和政府机构之间、政府机构与政府机构之间的与贸易相关信息交换的“单一”公共平台，实现贸易监管的简化、协调与高效。“单一窗口联动”的治理创新是数字时代背景下亚欧陆海大通道建设不可或缺的一环。目前，长三角自贸区“单一窗口”专区页面和特色功能的开发工作已经完成，成为长三角自贸区联盟十大案例之一。亚欧陆海贸易大通道“单一窗口联动”的治理创新主要从四个基本要素入手：一是单一申报，即沿线国家从事外贸的经营者只需要一次性向贸易管理部门提交相关信息和单证，单证系统数字化转型的推进将大力节省交易成本；二是通过单一设施申报，即通过一个统一的平台或计算机界面，对经营者提交的信息数据进行一次性处理；三是单一标准的数据，使用标准的数据元不仅能够提升企业填写、申报的效率，也能够迅速提升相关部门审批的速度，从而提升交易速度；四是“单一窗口联动”满足政府部门和企业的需求，要求该系统能够及时根据最新的交易情况更新使用界面，使用大数据分析对接政府部门的办公需求和企业的经营需求。以“数据”为底盘建立的“单一窗口联动”治理体系，将依托集结枢纽建设数字港，从而形成商贸流通、投资便利、政务治理等多环节协调流动，基于大数据的治理和分配能力，实现供求两端的实时对接、联动和整合，实现常规治理体系和机制创新，使大通道运行过程中产生的数据成为资本，融入产业链、供应链并服务于此产生更大的价值，强化大通道集结枢纽的联动作用，协同提高大通道的“流”动效率，从而提升大通道的贸易便利化水平。基于自贸区的“单一窗口联动”将扩展单一窗口的应用场景，生产前、中、后均依托统一信息平台完成海关税费、相关税费以及查验辅助作业服务费用的电子支付，统一化、标准化口岸申报数据，办理贸易相关许可证书、外汇、出口退税等业务。同时推进各国家地区政府管理部门通过单一窗口平台，受理企业资质相关行政审批和登记等事项。同时，统一信息平台将生产全流程的数据存储至云端，实时进行大数据管理和分析，以自贸区制度创新为发力点改善制度环境，使交易全流程能够上云、易于上云、便捷上云，实现口岸相关部门“信息互换、监管互认、执法互助”，以数字创新治理实现“管得住”和“流得通”两者之间的平衡，以数据安全有序的流动为前提推进大通道贸易便利化，以自贸区为据点形成可复制可推广的大通道建设经验。

二、依托集结枢纽建立自由贸易区网络及强化联动

随着数字经济革命的进程加快，模块化生产网络机制逐步生成，运输网络的核心从原本的海权时代转向陆海时代，亚欧陆海贸易新通道是多式联运网络重要布局，未来的经营管理和经济活动将突破时间、空间等物理层面的限制，市场由有形物质区域转向数字化、智能化技术引领的线上线下全球大市场，因此，各自贸试验区应注重制度创新层面的相互联动，形成大通道的自由贸易区网络促进规则机制统一化，以“点—线—面”的动态机制最大限度地发挥制度创新红利，依托自贸试验区、自由贸易港先行先试试验区的先发优势，主动对标亚欧陆海贸易通道辐射区域内国家的国际贸易新规则，在货物贸易、跨境服务贸易、数字贸易、投资、金融与知识产权等领域的规则和程序方面率先开展探索。

自由贸易区网络机制主要由内外两张网组成，内部网络是指现有的建设水平相当的自贸试验区通过政府和相关单位联结，从而形成集聚效应，使得制度创新发挥成倍效果。国内的自由贸易试验区网络将通过口岸合作、海关合作实现多式联运的敏捷通关、“一单式”通关等，成为集结枢纽联结其他枢纽，紧密对接敏捷生产网络的支点，提升整体响应水平和流通速度。外部网络是指以海上丝绸之路沿线为覆盖区域，与欧亚经济联盟、中东欧、欧盟等共建多层次的自由贸易区等便利化协议，提出定制化协议以符合相关方利益，不断改进便利化流通大环境，促进亚欧陆海贸易大通道的“软”联通。与此同时，在数字时代，相比传统的贸易投资方面的互通融合，数据共享能够更快地、更便利地推动层级生产网络建设，形成以陆运枢纽、空运枢纽为基础，以数字枢纽为目标的关联产业集聚区。因此，自由贸易区网络机制的形成对亚欧陆海贸易大通道的影响不仅仅体现在传统经贸合作上，更体现了数据共享、数据处理、数据使用对经贸往来的便利化意义。

1. 数字化赋能自由贸易区网络加速推进亚欧陆海贸易大通道便利化

自贸区网络产生的协同作用能够促进传统经贸合作规则协调统一、相互联动，而传统经贸合作规则相互融通是数字赋能贸易的基础，两者相互促进提升亚欧陆海贸易大通道贸易便利化程度。这与亚欧陆海贸易大通道构想的动因息息相关，于国内大循环而言，升级亚欧大陆桥，以开放倒逼改革带动北部资源、产业集聚，既可扩大国内生产制造体系的网络规模效应，又是应对北方战略安全的现实需求，从而达到国内大循环畅通的战略目标。国际合作层面，原本的亚欧大陆桥运输形式已经难以适应亚欧深化合作发展前景下产生的新需求，难以产生强有力的规模效应，不符合我国建设国际大循环的内在需求。《关于加快构建全国一体化大数据中心协同创新体系的指导意见》中提出要“破除制约大数据中心协同创新体系发展的政策瓶颈”，陆海贸易大通道建设“软件”相互联通必须以跨境数据安全有效流动为前提条件，充分利用人员、货物、数据之间流动的协同生态属性。全国自贸片区创新联盟所提交的60个自贸片区制度创新典型案例中，涉及贸易领域的共有15项，其中有关数字化赋能跨境贸易便利化的相关措施共有7条，占比将近一半。贸易数字化和数字贸易化成为国际贸易的两大趋势，亚欧陆海贸易大通道自贸区联盟必须以建立高效的跨境贸易便利化体系为重点建设内容，构建贸易数字化公共服务平台，借助大数据、云储存、区块链、人工智能等数字技术实现新型跨境贸易模式与亚欧经济体供应链协同结算体系，为贸易便利化与贸易多元带来更多创新可能（见表6－4）。

表6－4　数字化赋能自贸片区贸易领域制度创新的相关措施

自贸片区	贸易领域
深圳前海蛇口片区	率先打造“区块链仓单联盟”
珠海横琴新区片区	横琴口岸利用数字技术实施“合作查验、一次放行”通关查验新模式
厦门片区	厦门口岸航空电子货运平台在全国首创“单一窗口＋航空物流”模式，实现了空运进出口数据境内外双向联通、运单电子化
福州片区	进境空箱全流程智能化监管快放模式
郑州片区	跨境电商零售进口正面监管模式：通过综合运用大数据等新技术，构建以“神秘买家”、“风险画像”、资质验核管理为核心的风险控制与管理创新链，极大提高了监管效率，并做到有的放矢，监管层次分明
济南片区	打造“链上自贸”保税展示展销新模式，服务国内国际市场双循环
绥芬河片区	实现了“数据闭环”的统计创新，在公路国际客运站设立了互贸商品出境服务中心，推动互贸商品出境海关纳统工作走上了常态化、制度化、规范化的轨道

资料来源：根据网络资源整理所得。

2. 大通道自由贸易区网络推进亚欧乃至世界数字共同体

在国际经贸规则重构的背景下，自由贸易区网络必须以制度创新为核心，以规则制定为重心，以跨境数据安全有序流动为目标。主动地、有选择地对接国际最高标准，试验经贸合作新规则，起到强化各枢纽联动的作用，为中国主导数字贸易规则创造条件。《数字贸易发展白皮书（2020 年）》报告显示，2019 年全球数字服务贸易出口规模达 31925. 9 亿美元，逆势增长 3. 75%，增速超过同期服务贸易和货物贸易，占服务贸易比重上升至52. 0%，占全部贸易比重上升至12. 9%。数字贸易逐渐成为全球贸易的重要形式，跨境数据流动、数据本地化、个人信息保护及全球数字治理成为 WTO、双边谈判和多边谈判的重要议题。2021 年 11 月 1 日，中国正式向新西兰申请加入《数字经济伙伴关系协定》（DEPA），DEPA 与 CPTPP 协议中的“数字经济”一章相比，内容更全面，规定更细致，是 CPTPP 协议中数字经济条款的升级换代，为中国未来参与和主导全球数字贸易规则提供了新机遇。《“十四五”对外贸易高质量发展规划》中提出“在全国推进实施跨境服务贸易负面清单”。2021 年 7 月《海南自由贸易港跨境服务贸易特别管理措施（负面清单）（2021 年版）》正式公布，这是在跨境服务贸易领域公布的第一张负面清单，海南自贸港发挥压力测试区作用，促进了服务贸易发展，具备高标准、主动性、适配性、保安全的主要特点，为中国对标国际高标准经贸规则，主动参与数字贸易规则制定添加了新动力。亚欧陆海贸易大通道是中国加入 DEPA 的“硬件”实力，区域内的数字贸易形式趋于多样化、复杂化，将带来小额贸易监管问题、跨境数据安全风险、数字服务安全风险、算法伦理问题以及平台垄断问题等，展开此方面探索，有助于参与全球数字治理规则构建。自由贸易区当前应主动推进区域谈判、多边谈判，从而构建以数字贸易议题为主的规则制度，构建和平、安全、开放、合作、有序的网络空间命运共同体。

3. 合理设置数字贸易边境保护制度促进通道便利化安全有效提升

数字贸易不断发展，激发了各国对数据的需求，跨境数据流动和监管已经逐渐成为国际贸易重点、难点问题，对于亚欧国家及周边国家来说，数字经济既是机遇也是挑战，自贸试验区则是这场机遇和挑战中的“急先锋”。截至 2021 年 12 月，已有杭州、厦门、北京三地提出着力建设以科技创新、服务业开放、数字经济为主要特征的自由贸易试验区，全球经济发展的要素资源发生深刻变化，人类自主创造的数据逐渐成为重要资源，运用数据的技术成为财富的来源，“自贸区 + 数字”的模式无疑将成为未来我国自贸试验区的主要特征。北京、横琴等自贸片区在人员进出自由化便利化方面进行了先行先试的探索，缩短了境外人才资格认定办理时间，简化了办理流程，便利了国际人才的跨境流动。杭州自贸区则依靠“全球中心仓”模式，将海外仓储与国内保税仓储线上线下打通，融合成无国界的全球库存调拨和管理系统，助力数字贸易交付与售后服务畅通。数字贸易叠加自贸试验区后，将依托亚欧陆海贸易大通道的制度创新主要平台，在自贸试验区先行先试、探索实现以中国为主制定的数字贸易规则体系，缓冲逆全球化和新冠肺炎疫情给全球经济带来的负面影响。与此同时，坚守底线思维，建立多部门综合监管联动机制、积极探索跨境数据流动的跨部门协同机制，充分利用大数据、人工智能、区块链等信息技术，“以数治数”，坚守跨境数据流动的安全底线，合理设置数字贸易边境保护制度，推进亚欧陆海贸易大通道数据流便利化及安全有效地攀升。一方面，亚欧陆海贸易大通道自由贸易区网络要率先建设通道数据采集标注平台和数据资源平台，实现多元异构数据的融合与存储，以“软件”联动为前提，推动数据要素在通道生态中的全面深度应用，深化数据驱动的全流程应用，开展跨境数据分类分级脱敏流动，建立国际数据跨境交换规则与安全保护及风险控制机制。另一方面，亚欧陆海贸易大通道自由贸易区网络的建成须组建跨学科、跨领域的数字贸易规则研究团队，积极开展通道沿线国家和周边国家的数字贸易专项调研，了解数字贸易相关产业的发展现状，贸易中遇到的制度性障碍和外部壁垒，以及对规则的诉求，在区域贸易协定谈判中积极加入数字贸易议题的讨论，助推中国成为新一轮贸易格局变革下的规则主导者。

亚欧陆海贸易大通道的构建需要系统性、整体性提高流通的便利化程度，因此，国内的自由贸易试验区联网、国际的自由贸易区协议网的谈判，是实现“软”联通的关键。一方面，集结枢纽作为便利流通的支点，需要联动其他枢纽，紧密对接敏捷生产网络，以提高整体响应水平与流通速度。这就要求集结枢纽之间，通过自由贸易试验区网络的运行，实现口岸合作、海关合作，以实现多式联运的敏捷通关、“一单制”通关等。另一方面，中国推进的自由贸易区网络主要覆盖海上丝绸之路沿线，随着陆路经贸往来的展开，其有必要与欧亚经济联盟、中东欧、欧盟等共建多层次的自由贸易区等便利化协议，以符合相关方利益，并不断改进便利流通大环境。

三、创新组织机制与加强保障配套

亚欧陆海贸易大通道的建设，需要优化顶层设计，从国家到地方，通过有机的分工与协作，形成持续合力，在并行培育亚欧陆路经贸合作基础过程中，形成多枢纽支撑、全网络覆盖、多“流动”畅行的国际大通道。

1. 创建层级联动与竞合式协作并行的组织机制

依据“O2O 多式联运线路网络”建设项目的公共性及关联性，有必要创新组织合作机制，以协同各方力量，形成整合力量。

第一，基于建设项目的公共性形成国家与地方的层级联动机制。亚欧陆海贸易大通道不仅牵涉陆路沿线的国内省份，还有大量亚欧国家和地区，虽然各集结枢纽展开建设有利于减少大规模投资的不确定风险，以形成实效为导向，提高建设效率，但是各集结枢纽在推动建设时，行政权力和能力仅限于地方范围内，当超越职权范围时，只能通过市场手段推进，特别是涉及国际关系协调事项，更是地方政府难以有所作为的领域。因此，亚欧陆海贸易大通道的建设有必要依据项目的公共性程度，构建起国家到地方的层级联动机制，包括国际协议签署、干线运输线路建设、边境口岸扩容等公共性高的项目，由国家部委负责推动；对于枢纽城市间国际合作、大型项目共建等属于地方层面公共性较高的项目，需要由地方政府大力推进；对于具体线路拓展、商贸物流合作等公共性低的项目，有必要由集结枢纽专责平台公司负责全服务链统筹协调；对于市场化程度高的项目，则由市场组织参与共建。

第二，促进集结枢纽与支点间的一体化合作机制。集结枢纽与内外支点间是基于同一干支网络形成的利益共同体，只有紧密对接、无缝合作，才能提高整体通行效率。因此，集结枢纽需要与内外集疏支点间建立一体化合作机制，特别是围绕“一单制”通关、电子证书互认、“单一窗口”联网等构建软硬件设施的互联互通。

第三，构建集结枢纽间竞合式协作机制。采用不同运输方式的集疏体系之间，有必要基于差异化、专业化，既有所竞争又展开多式联运协作机制，也就是说，一是各自建设集结枢纽及扩张专业化集疏网络；二是展开延伸腹地的竞争，以形成不同集结枢纽间差异化、专业化的优势；三是就多式联运建立集结枢纽及集疏网络之间的合作机制。总体而言，通过共享多式联运的规模效应、整合效应和分工效应，最终形成最大限度的合力。

2. 系统化推进配套保障

亚欧陆海贸易大通道的建设是一个复杂而漫长的系统工程，需要各方分工协作，共同推动建设取得实质性进展。

第一，优化顶层设计和整体协调。在亚欧经贸联结规模尚且有限时期，需要整合资源，以提高大通道建设效率。因此，完善的顶层设计是有序推进的前提。并且，在市场容量不足、各地建设投入巨大的形势下，更需要统筹协调，以避免不必要的重复建设和恶性竞争。此外，亚欧陆海贸易大通道建设牵涉大量的高公共性项目，特别是国际协议签署、重大设施建设等事务，更需要国家从整体需求和进展出发，适时推进，以减少地方建设主体的压力。

第二，加强差异化政策指导和配套支持。对于不同板块，建设的目标、内容、方式等有着显著差别；因此，不同建设主体有必要制定差异化的建设方案，而国家从整体布局出发，有必要提供系统性的政策指导，指明定制化的建设路向，以使地方建设主体少走弯路，尽早取得成效。为了抵补建设中较长时期面临的成本压力，国家及地方有必要从财政、金融、土地等政策方面，提供配套支持。

第三，促进集结枢纽示范工程的经验推广。亚欧陆海贸易大通道的建设有赖于集结枢纽的引领驱动，其体制机制、运营方式等的创新，发挥着至关重要的作用。有必要将示范工程先行探索所取得的成功经验加快推广，以促使更多集结支点、更多运输方式的集疏体系参与共建，尽快扩大规模经济效应。

第四，推动专业智库建设和人才培养。亚欧陆海贸易大通道的建设覆盖面广，内外关系复杂，市场远未成熟，新科技革命影响深远，不同板块建设的重点和方式存在差异等，这决定了，深入展开亚欧陆海贸易大通道相关问题研究、定制化培养专业人才至关重要。在集结枢纽建设专业智库及人才培养基地，提供智力和人力资源支持，构成集结枢纽建设的重要组成部分。

第七章　层级生产网络的梯度联动

第一节　中国—东盟“大网群”电力互联网络建设研究

由于清洁能源的快速发展和碳排放量的控制要求，以电力为枢纽的能源互联网成为被关注的重点，相关国家纷纷提出电网互联计划，例如，欧洲区域内电网建设、美国电网的 Grid 2030 计划期望形成以智能电网为基础、清洁低碳、安全高效的能源生态系统。并且，大容量、远距离电力传输技术的成熟也推动着全球电力互联。① 中国于 2016 年成立能源互联网联盟，从国内、洲内和洲际三个层面构建以电力为中心的全球能源互联网。东盟凭借其重要的地理位置及经济快速发展带来的巨额能源需求成为中国建立“大网群”电力互联网络的重点关注区域。

中国—东盟建立电力互联网络具有重要的现实意义。第一，区域内电力互联，允许直接进行电力贸易，出口国能够直接增加外汇收入，进口国有利于缓解电力短缺问题、带动就业、增加人民收入、刺激经济增长等。② 第二，提高了电力能源的供需安全。新加坡、马来西亚、文莱、泰国等化石燃料发电超过 90%，中国昆明、老挝、缅甸、柬埔寨等水力发电超过 50%，要解决区域内这种水火电力集中性扎堆出现造成的水电丰枯问题和火电发电成本高的问题，使电力系统更好地满足峰值负荷要求，形成区域内“丰枯互济、水火互补”的电力互联局面。第三，降低发电成本。电力互联为新能源发电入网的推广铺平了道路，使其获得规模经济优势，提升了能源效率。③ 第四，优化环境。以火电为主的国家通过与发展水电和其他新能源发电的国家进行电力贸易，既解决了化石能源短缺带来的能源安全问题，又减少了发电对环境造成的负面

① 刘哲，高艺，王玉生，等．“一带一路”电力互联互通浅析[J]．中国工程科学，2019，21(4)：76－81.

② 樊勇明．区域性国际公共产品：解析区域合作的另一个理论视点[J]．世界经济与政治，2008(1)：7－13.

③ 赵腾，邬炜，李隽，等．“两个替代”趋势下的欧洲跨国电力互联通道研究[J]．全球能源互联网，2020，3(6)：632－642.

影响。[①] 第五，大电网互联有助于更广泛的区域经济合作和政治稳定目标的实现。大数据技术的应用，使电网同时具备信息网的特征，这意味着信息网和电网遭受攻击，会给所有国家电力互联造成难以估计的损失，进一步深化“一荣俱荣，一损俱损”的国家联系，为更深层次的政治、经济合作提供了信任保障。[②]

中国—东盟区域是世界经济的新增长极，电力需求不断提高，[③] 新能源的大规模发展和利用也促进着区域电力互联网络的形成。[④] 建设中国—东盟区域的电力互联网络，对实现更大的经济效益、环境效益和更广泛的新能源应用场景，具有重要的现实意义。

本研究的创新点在于，第一，使用网络开发理论论述中国参与东盟区域电力互联从“小群体”到“大网群”的建设的必然性。第二，使用赫尔普曼回归模型，解决电力零贸易值问题，测算“大网群”电力互联网络的现实潜力。第三，运用社会网络分析的方法，指出东盟区域电力互联枢纽、支点，规划中国—东盟电力互联网络建设路径，形成枢纽与支点相互支撑的电力互联网络。

一、理论基础

中国—东盟区域从各国内部电网到“大网群”电力互联网络的演进逻辑遵循网络开发理论，这种网络开发模式是电力系统中各关键国家与其轴线间经纬交织而发展成的点、线、面统一体，是国家间电力要素交流深度、广度的体现。因而本部分结合引力模型明晰各国电力互联潜力，再运用中心度重塑中国—东盟区域电力互联的枢纽网络结构，为中国融入东盟区域建立“大网群”电力互联网络提供可行路径。

1. 网络开发模式支撑中国—东盟“大网群”电力互联网络的逻辑

中国—东盟“大网群”电力互联网络是指中国—东盟 11 个国家在承认共赢博弈的假设下，以“合作范式”为基础，实现 11 个国家相互间电网基础设施“有形衔接”，和电力市场、电力合作、电力技术“无形对接”的整体型电力互联网络结构，其本质上是跨国电力贸易互通和电力合作的电力联系网络。[⑤] 中国—东盟区域从各国国内单点电力网络走向“大网群”电力互联网络是电气化、清洁化和规模经济效应发

---

① 杨迎春，李琼源，赵清卿．加强我国与“一带一路”沿线国家电力领域合作研究[J]．经济纵横，2017(9)：99－104.

② 苗中泉，毛吉康．电能时代的能源地缘政治初探[J]．全球能源互联网，2020，3(5)：518－525.

③ 韦倩青，韦倩虹．中国与东盟电力合作可行性及方式选择[J]．对外经贸实务，2009(9)：26－29.

④ 朱彤．电网跨国互联的制度分析：欧洲经验与中国问题[J]．当代财经，2019(2)：3－13.

⑤ 奥利弗·E．威廉姆森．治理机制[M]．王建，等，译．北京：中国社会科学出版社，2001.

展的必然结果。该地区大部分为发展中国家，环境污染严重，为应对环境挑战，减少碳排放量，各国纷纷推动电气化发展，提高新能源发电比例，促进电力清洁化发展，但由此造成的电力消纳问题更加突出，各国必须寻求更大范围的电力互联，解决弃风弃光等问题。此外，新能源技术的发展，使能源生产由集中式转向分布式发展，这种分布式能源布局形成多个局部电网。为保障局部电网的稳固运行和消除局部电网相对孤立造成的能源低效率，寻求规模经济效应，建设“大网群”电力互联网络的需求应运而生。[①] 中国—东盟“大网群”电力互联网络建设符合各国电力发展需求，顺应当今时代能源发展潮流。

但该区域文化、经济、政治局势复杂，为了促成各主体共同构建电力互联网络，需要遵循点轴渐进扩散的空间和时间的动态连续规律。[②] 各国优先选择政治、经济安全度高及距离近的国家展开合作，从国内单点电力网络发展成几个国家间相互连接的“小群体”电力互联网络。随着合作的不断深化，“小群体”电力互联网络的规模效应显著，向外产生极化效应和扩散效应，形成一个“力场电力互联空间”，从而构建起和另一个“小群体”电力互联中心的合作。在电力互联景观上体现为一个“小群体”电力互联中心与另一个“小群体”电力互联中心相互连接的“轴线”，多个“小群体”电力互联网络相互连接形成经纬交织的“轴线”，这些“轴线”的联合成为电力互联网络雏形。[③] 最后，该网络电力要素的不断集聚促使经济迅速发展，并逐渐吸收处于网络边缘地带的国家加入网络合作体系，最终形成覆盖范围更广的“大网群”电力互联网络，[④] 否则就会产生规模不经济的情况。[⑤] 因此，中国参与构建“大网群”电力互联网络时，需要加强中国同周围国家的电力互联往来，优先形成中国“小群体”网络，而后，突破“小群体”网络，向外扩展。在扩展过程中，需要重视同东盟电力互联网络枢纽的联系，形成中国“小群体”和东盟电力互联枢纽的连接，整合成沿中心地区的轴线地带，逐渐构建起中国—东盟区域电力互联网络干线。最后，通过网络的外延，增加同区域内具有电力增长潜力的其他“小群体”地区连接，建成中国—东盟电力互联支线，最终形成清洁化、智能化、密度高的支、干连接区域电力互联网络，促进区域内电力平衡。

2. 电力贸易激发区域电力互联潜力的方法逻辑

电力是一种具有特殊属性的商品。首先，电力贸易是通过电网实现的，距离越

① 孙志凰，王肖，徐冰儿．能源互联网的驱动力及关键技术[J]．电源技术，2018，42(5)：751－754.
② 陆大道．关于“点—轴”空间结构系统的形成机理分析[J]．地理科学，2002(1)：1－6.
③ 吴传清，周晨晨．增长极理论在中国的新发展：基于学说史视角的考察[J]．贵州社会科学，2013(10)：47－52.
④ 史丹．国家间电力互联互通理论与现状分析[M]．北京：中国社会科学出版社，2018.
⑤ 张建军．区域网络开发战略模式研究综述[J]．生产力研究，2007(1)：146－147.

长，电网建设成本越高，电力运输损失越大，因此，电力贸易常常在邻近国家间进行。[①] 其次，电力对国家能源安全至关重要，是一个国家能源管理体制的核心，国家更倾向于就地实现电力平衡，因而，电力合作受到国家间信任关系的影响。最后，三次产业、工业内部结构、高载能产品去库存、节能减排等变化，使得电力需求增长受限，现阶段电力互联的主要驱动力为新能源技术变革[②]，但大部分国家新能源技术发展缓慢。[③] 因此，中国—东盟间存在大量的零值贸易和单边贸易情形，这些零贸易值包含真实的贸易信息，需要同其他数据一样进行处理。Tobit 模型将一些观察值删除，无法反映预期中的“负贸易”，PPML 可直接估计非线性形式的引力贸易，并避免剔除零贸易，当存在异方差时，是一种可靠的方法。但两国存在正电力贸易的可能性是一国决定不与另一国进行电力互联的结果，与国别配对特征相关，因而需要采用赫尔普曼两步法更正贸易量估计过程中产生的选择性偏差。[④] 第一阶段，生成国家配对变量，估计两国进行直接贸易的概率，使用累积分布函数与密度函数的比值，控制选择效应，即哪些国家被选择来进行贸易。第二阶段，使用正贸易流量的引力模型估计。并且，同一国家具有电力进口国和电力出口国的不同身份，也会导致对同另一配对国家建立电力联系的态度不同。因而，构建基本回归方程除应用引力模型外，还需要参考 Antweiler 的双向电力贸易模型。[⑤] 在考虑配对国家电力互信程度的影响下，检验双边电力成本、电力需求以及电力系统中新能源应用对电力互联的影响，测算中国—东盟十一国相互间“大网群”电力互联形成的现实潜力。

3. 电力互联潜力重塑电力枢纽网络新格局

对于这种“枢纽—干线—支点—支线”的网络发展模式，使用社会网络分析方法相较于其他方法更具优势。社会网络分析法用中心性衡量一国在整个电力互联网络中的权力，可以更直观地反映中国—东盟区域的枢纽—网络结构。当前中国—东盟区域的电力互联受制于多种因素，存在大量零互联现象，但具有高突破型潜力的配对国家，因此，现实电力互联数据无法映射区域内完整的电力互联情形。运用去除了选择

① 张锐，王晓飞．中国东盟电力互联的动力与困境：基于区域性公共产品理论的研究[J]．国际关系研究，2019(6)：71－89＋153－154.

② VAIDYA RAMESH ANANDA, et al. The role of hydropower in South Asia's energy future[J]. International Journal of Water Resources Development, 2021, 37(3): 367－391.

③ 顾欣，吴嘉贤，王蓓蓓，等．“一带一路”沿线国家间跨境电力贸易的主要影响因素研究[J]．全球能源互联网，2019，2(4)：384－392.

④ UNCTAD/WTO. A Practical Guide to Trade Policy Analysis[EB/OL]. (2012) https://www.wto.org/english/res_e/publications_e/wto_unctad12_e.pdf.

⑤ ANTWEILER W. Cross－border trade in electricity[J]. Journal of International Economics, 2016(101): 42－51.

性偏差的电力互联潜力，可以重塑中国—东盟区域电力互联枢纽网络新格局，完整映射区域内电力互联枢纽和支点，为中国融入东盟建设“大网群”电力互联网络选择最合适的国家和方法。使用度数中心度表示一国直接相连的国家个数可以直接体现东盟电力互联网络的中心国。中间中心度用于测量一国控制或曲解信息传递对其他国家电力交往的影响程度，即一点处于与其他点对的捷径上。中国现有“小群体”电力互联网络中的成员对中国具有较高的中间中心度，使得中国数十年无法进一步深入东盟北部电网互联。接近中心度是一国不受其他国家控制的测度，其值越大，表明该点不是网络的核心点，其信息资源、权力、声望的影响力越弱。三种中心度的测量排序并不总是一致，因为部分国家可能存在电力互联的非效率情况，或者占据电力互联的关键节点造成中心度的变化，因而，对比三种中心度的测量结果，可以对中国电力互联网络初期的“小群体”到“大网群”的实现路径进行具体规划。①

二、中国—东盟“小群体”电力互联网络的发展现状

东盟区域经济发展迅速，年均 GDP 增速为5% ~6%，但区域内人均电力需求较低，2018 年人均电力需求仅为3039 千瓦时，是中国昆明人均电力需求的1/2，电力互联潜力巨大。电网建设和新能源开发及基地建设是中国—东盟区域电力互联的主要内容。中国同资本、技术方面具有比较优势，与东盟各国建立了广泛的电力联系，例如，在越南、缅甸、老挝、柬埔寨的水电站建设和电网铺设工程承包。

此外，电力贸易是映射电力互联网络最直接有效的方式。目前，东盟国家间的电力互联网络主要分为三个“小群体”互联网络。

第一，北部电力互联网络（见图 7 -1），即大湄公河次区域（GMS），包含泰国、越南、老挝、缅甸、柬埔寨，区域内电力互补性高，成为中国—东盟区域内电力贸易最繁荣的区域。北部区域中，越南、泰国总发电量占比大，越南化石能源发电占60%，泰国超过 90%，电力结构失衡；云南省是中国与次区域电力交易的主要省份，水电占比 81. 97%，而老挝、缅甸水力发电也要超过 60%，电力结构失衡；区域内仅柬埔寨水力发电和化石能源发电各占 1/2，电力结构相对平衡，但其发电总量较小。以水力发电为主的国家易发生枯水期电力供给不足，丰水期电力供应过多，造成阶段性电力消纳困难。因此，为解决电力供需平衡问题，中国、老挝、缅甸将增加电力贸易的进出口，提高电力互联网络密度。老挝相对于缅甸，电力结构失衡情况更为严重，且发电总量较大，与其他国家进行电力互联的意愿更强；相对于中国云南，它与

① 刘军. 整体网分析(第二版)[M]. 北京:格致出版社,2014.

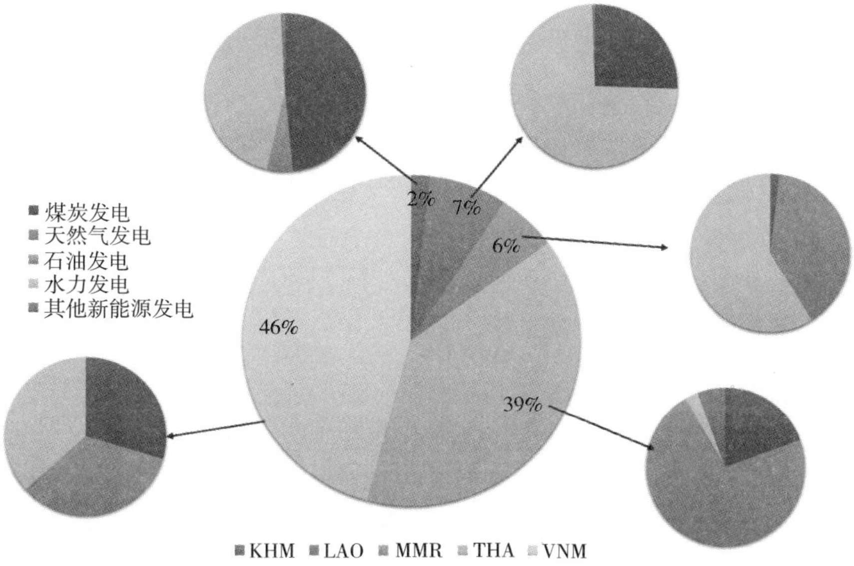

图 7－1　北部电力互联网络中各国电力生产总量及电力构成

北部电力网络的所有国家领土相接，地理位置优越，因而，老挝有可能是北部电力互联网络的中心。泰国、越南以化石能源发电为主，发电总量稳定，不受季节和气候的影响，但发电成本较高，为降低电力成本纷纷同水力发电国家建立电力贸易联系。泰国同越南相比，其电力结构失衡情况突出，进口水电平衡电力成本的意愿更强，因而，泰国也拥有成为北部电力互联网络中心的可能性。

2007 年，由于柬埔寨化石能源和新能源发电相对平衡，游离于区域内电力互联网络，电力互联网络密度较小，各国间都是单向贸易联系。随着东亚经济的快速发展，电力贸易联系由单向转为双向互换，电力互联网络密度不断提高。同电力结构推断一致，老挝是电力互联网络的中心点，同其他五国均有电力贸易联系，因老挝发电总量较小，无法支撑北部电力互联网络中心的地位，其从中国大量进口水电，出口至其余四国，为平衡水电丰枯问题，从泰国进口火电；次中心点为泰国，火电出口至缅甸、柬埔寨，与老挝成为电力互换的主要国家；密度居第三位的是中国和缅甸，中国向老挝、越南进行电力出口，缅甸从泰国、老挝进口电力，两国间进行电力互换；柬埔寨由游离于电力互联网络外，转变为电力贸易的进口国。北部区域的电力互联使得“丰枯互济，水火互补”成为现实，平衡了以水电为主国家的电力峰值，也降低了以火电为主国家的电力成本（见图 7－2）。

第二，南部电力互联网络，包括印度尼西亚、马来西亚、新加坡三国；东部电力互联网络，即跨婆罗洲电网，该区域多为岛屿，电网需要大面积跨海，技术难度大、

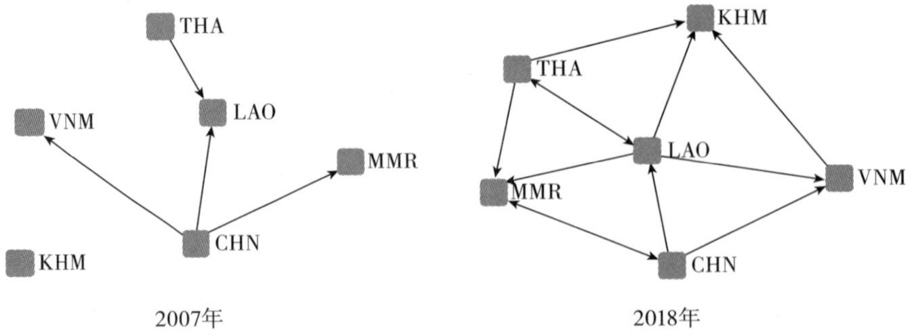

图 7－2　2007 年、2018 年北部电力互联网络

建设成本高，并且这两大电力互联网络均以化石能源发电为主，电力互补性较小，电力贸易联系较弱。（见图 7－3）2007—2018 年，东部与南部电力互联相对频繁的国家有新加坡、马来西亚和印度尼西亚，三国相互进行电力进出口。文莱和菲律宾受制于距离和海域的影响，12 年间均未同他国发生贸易联系。

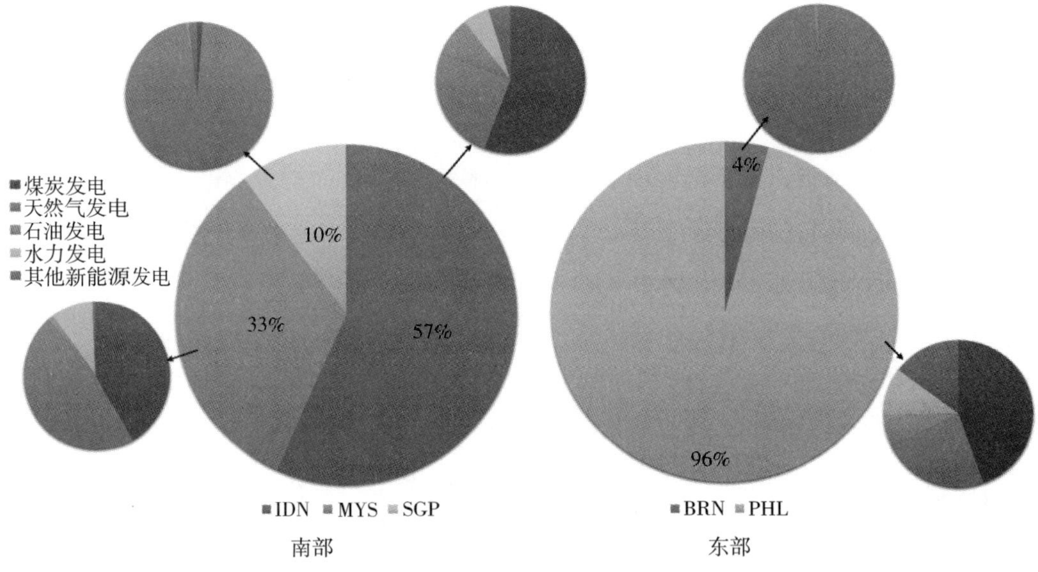

图 7－3　南部、东部电网各国电力生产及电力构成

整体来看，2018 年中国—东盟电力贸易互联网络同北部电力互联网络相似，加入南部与东盟电力互联网络后，仅老挝、泰国联系密度有所增加，使得老挝和泰国成为区域内“小群体”电力互联最频繁的国家。老挝增加了向马来西亚的出口，泰国则同马来西亚互为电力进出口国，贸易联系度增加 2（见图 7－4）。

东、南部国家电力都以火电为主，缺少新能源发电，电力互联频次较少，北部地区电力互补，新能源快速发展，可以预见的是，其电力互联网络同新能源发展联系紧

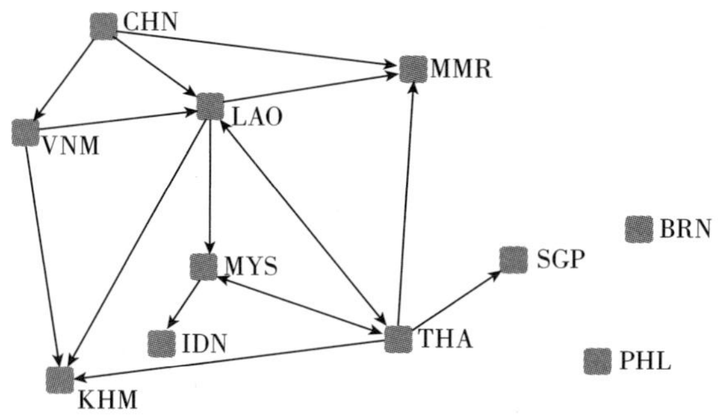

图 7－4　2018 年中国—东盟电力贸易互联网络

密，成为电力贸易联系的主要推动力。随着新能源技术的不断推进，电力生产呈指数级增长，未来中国与周边地区的电力互联网络将不断加强，实现新能源电力的跨国消纳，对中国—东盟的经济、能源、环境协调发展都具有重要意义。然而，从当前电力贸易互联网络中可以发现，中国 12 年间电力互联伙伴未发生变化，一直处于中国—老挝—越南—缅甸的"小群体"电力互联网络，即存在北部电网的孤立现象。未来，中国为调节国内外电力需求，带动国家的经济发展，提升国际影响力，必须突破"小群体"电力互联网络，成为"大网群"电力互联中心。如何突破"小群体"电力互联？首先，需要在考虑距离、电力需求、电力技术等各因素的影响下，明确哪些国家有建立电力互联的现实潜力。其次，根据各国互联潜力，重塑东盟国家内部电力互联中心和其他关键支点新格局，而后逐步外扩，完善"大网群"电力互联网络。

三、中国—东盟建设"大网群"电力互联网络的现实潜力

1. 样本选择与模型构建

使用 Stata16 对 2007—2018 年中国—东盟 11 个国家的面板数据进行实证分析。首先，对国家间进行国别配对，从而使特定信息产生双边变量。其次，对方程两端进行对数处理，使得模型回归更加稳健，且数值在较小范围内变动。再次，采用全样本的 Probit 模型，估计每一个配对国家进行电力贸易的概率，选择两国间互信程度作为排他性约束，同时控制距离、是否临界、新能源技术、电力总需求或电力最终耗能或新能源装机容量，计算逆米尔斯比率。最后，采用正贸易值的引力模型，利用第一阶段的结果来更正由于忽略零贸易流量带来的样本选择偏差。解释变量的理论含义和数据来源见表 7－1。

$$P_{ijt}(Tra=1)=\gamma+\delta_1\ln(trust_{ijt})+\delta_2\ln(Dist_{ij})+\delta_3\ln(contig_{ij})+$$
$$\delta_4(T_{it})+\delta_5(T_{jt})+\sum_k\delta_k\ln(X_{it}X_{jt})+\upsilon_{ijt}$$

$$\ln(Trade_{ijt}+1)=\alpha+\beta_1\ln(Dist_{ij})+\beta_2(contig_{ij})+\beta_3(T_{it})+\beta_4(T_{jt})+\sum_k\beta_k\ln(X_{it}X_{jt})+\beta_{k+1}IMR_{ij}+\mu_{ij}$$

表 7-1　解释变量的理论含义和数据来源

变量名	理论含义	数据来源
E_{it}、E_{jt}	反映进出口国电力需求，需求越大，电力贸易额越多	联合国能源统计数据库
Z_{it}、Z_{jt}	反映进出口国电力耗能，耗能越大，电力贸易额越多	
N_{it}、N_{jt}	反映进出口国新能源发电装机容量（选取水电和太阳能发电数据），装机容量越大，电力贸易越多	
$Dist_{ij}$	反映各国首都间的距离（中国为云南昆明），距离越远，电力贸易越少	法国 CEPII - GRAVITY 数据库
$contig_{ij}$	反映是否存在共同边界	
$trust_{ij}$	反映两国间互信程度的综合指标，由经济相互依赖度、9% 以上的人员是否使用相同语言和两国政治自由度差别表示，互信程度越高，电力贸易越多	联合国商品贸易数据库、法国 CEPII - GRAVITY 数据库、Fredoom House
Tra_{ij}	反映两国是否存在电力贸易的虚拟变量	联合国商品贸易数据库
T_{it}、T_{jt}	反映进出口国是否拥有新能源生产、运输、分配技术的虚拟变量，出口国拥有新能源技术、推动电力贸易的意愿越强，进口国新能源技术发展、减少电力互联的意愿越强	OECD 数据库

2. 实证检验与结果分析

应用赫尔普曼两步回归法分别检验电力需求和电力系统新能源应用对电力互联的影响，Mills 在 5% 的水平下显著，该方法适用，并且两阶段回归结果均符合理论模型的预期方向，显著性水平较高。

模型（1）将总电力需求作为考察因素，第一阶段模型中各因素均显著。电力互联的概率与距离呈负相关，与是否临界和互信程度呈正相关，这与前文假说一致。距离越远，电力损失越高，电网建造成本越大，限制相互间的电力联系，电力互联的可能性损失 0.448；两国临界，地理距离较近，电力协调成本小，电力互联发生的可能性增加 1.487；两国经济、文化、政治联系越紧密，社会信任越强，将增加电力互联 0.03 的可能性。由于电力能源的特殊性，为保障能源安全，电力进口国在新能源技术有所创新的前提下，电力发电增多，将优先满足自身电力需求，就地实现电力平衡，减少对外电力需求的依赖性，降低 0.462 的电力互联可能性；与之相反，由于新能源发电量大、发电成本低、电力储存困难，随着电力出口国新能源技术的进步，为减少电力浪费，出口国将寻求一切机会进行电力出口，增加0.527的电力贸易可能性，成为推动建立电力互联网络的主导因素。现阶段东盟区域内部，仍存在电力贫困现象，缅甸通电率仅为33.0%，柬埔寨为68.6%，文莱、印度尼西亚、老挝、菲律宾、越南等均未实现全民用电，获得电力前沿距离远，存在电力需求缺口，因而，东盟区域电力需求也是电力互联的重要驱动力，电力需求每增加1%，电力互联的可能性提高0.163。由此测算出IMR，加入第二阶段模型中。第二阶段各因素均显著，同第一阶段结果一致，且IMR在1%的水平下显著，模型估计结果较好。

为分析对比估计结果的稳健性，模型（2）采用电力最终耗能作为解释变量，发现第二阶段重要解释变量均在5%的水平上显著，模型估计结果稳健。最后，为考察电力系统新能源应用是否为电力互联的主要推动力，模型（3）将新能源装机容量作为解释变量引入，所有因素均显著，新能源电力的应用已成为电力贸易的主要推动力（见表7－2）。

表7－2　中国—东盟电力贸易量影响因素实证结果

变量名	(1)		(2)		(3)	
	第二阶段	第一阶段	第二阶段	第一阶段	第二阶段	第一阶段
congtig	11.901*** (0.000)	1.487*** (0.000)	11.974*** (0.000)	1.489*** (0.000)	12.015*** (0.000)	1.342*** (0.000)
Dist	−1.494** (0.015)	−0.448*** (0.002)	−1.545** (0.012)	−0.453*** (0.001)	−2.003*** (0.002)	−0.362** (0.017)
Tex	1.830** (0.012)	0.527*** (0.000)	1.679** (0.017)	0.499*** (0.000)	2.857*** (0.008)	0.756*** (0.000)
Tim	−2.460*** (0.000)	−0.462*** (0.000)	−2.546*** (0.000)	−0.476* (0.000)	−1.883*** (0.001)	−0.264** (0.030)
E	0.426*** (0.004)	0.163*** (0.000)	—	—	—	—
Z			0.483*** (0.001)	0.168*** (0.000)	—	—
N	—	—	—	—	0.361*** (0.002)	0.085*** (0.000)
IMR	3.592*** (0.005)	—	3.636** (0.004)	—	4.408*** (0.014)	—
Xinren	—	0.030*** (0.001)	—	0.030*** (0.001)	—	0.020*** (0.014)
Cons	1.164	−2.282**	0.344	−2.300**	6.059	−0.825
Mills	—	3.592** (0.016)	—	3.636*** (0.014)	—	4.408* (0.064)

注：***、**、* 分别示在1%、5%、10%的统计水平下显著。

3. 贸易潜力测算

采用回归方程一，测算2018年中国—东盟电力互联潜力，发现中国—东盟区域内电力互联潜力大，拥有建立“大网群”电力互联网络的可行性。在存在电力互联的国家中，已形成“大网群”电力互联网络的雏形。

第一，大部分为潜力再造型。即现有的潜力已经用完，需要在已有信任合作的基础上，进一步培育和发展其他促进潜力开发的因素。从回归拟合结果来看，电力需求和新能源技术对电力互联的影响显著，各国应积极创造新能源电力应用场景，提高人均电力需求，刺激经济发展，促进电力互联潜力的开发。

第二，潜力开拓型。两国间电力互联程度并未达到现有水平下的互联潜力，还需要积极扩大电力互联，增加电力贸易数量和电力合作。属于这一类的国家配对有中国—老挝、老挝—柬埔寨、缅甸—中国、泰国—马来西亚、越南—老挝。

第三，潜力巨大型。已存在电力互联，但贸易规模较小，主要是由于国家间电力互联壁垒的存在，例如，地缘因素、制度安排等，应在现有电力互联的基础上，进行电力贸易便利化改革，积极主动地扩大对外电力互联。

第四，潜力突破型。由于电力的特殊性，现阶段国家间电力互联90%处于零贸易状态，对于不同配对国家，尤其是与中国配对的国家，如何突破零贸易状态，实现区域电力互联，是本研究需要解决的重要问题。对中国—东盟电力互联潜力突破型，仅选取潜力值较大，且无海域阻隔的配对国家数据，发现文莱—马来西亚、中国—柬埔寨、中国—泰国、印度尼西亚—马来西亚等，均属于潜力突破型（见表7-3）。

表7-3 2018年中国—东盟电力互联潜力类型

出口国	进口国	T	T^*	T/T^*	类型
文莱	马来西亚	0	15.51978028		潜力突破型
中国	老挝	14.47663	16.83116382	0.860109	潜力开拓型
	缅甸	17.44083	15.13220143	1.152564	潜力再造型
	越南	18.35447	16.16762198	1.135261	潜力再造型
	柬埔寨	0	8.09431162	—	潜力突破型
	泰国	0	8.204305422	—	潜力突破型
印度尼西亚	马来西亚	0	15.39054934	—	潜力突破型
柬埔寨	老挝	0	15.82819660	—	潜力突破型
	泰国	0	16.11824530	—	潜力突破型
	越南	0	14.72171063	—	潜力突破型

续表

出口国	进口国	T	T*	T/ T*	类型
老挝	柬埔寨	15. 19059	15. 83357382	0. 959391	潜力开拓型
	缅甸	11. 11803	14. 66827258	0. 757965	潜力巨大型
	马来西亚	14. 03786	7. 20089581	1. 949460	潜力再造型
	泰国	21. 00206	20. 15775127	1. 041885	潜力再造型
	越南	18. 08699	15. 98264281	1. 131665	潜力再造型
老挝	中国	0	16. 73832064	—	潜力突破型
缅甸	中国	17. 36752	17. 55036564	0. 989582	潜力开拓型
	老挝	0	16. 30381870	—	潜力突破型
	泰国	0	17. 84629360	—	潜力突破型
马来西亚	印度尼西亚	18. 47495	15. 24447384	1. 211911	潜力再造型
	泰国	9. 835904	16. 78116383	0. 586128	潜力巨大型
	文莱	0	14. 88607605	—	潜力突破型
	新加坡	0	16. 52543142	—	潜力突破型
新加坡	马来西亚	0	16. 31486120	—	潜力突破型
泰国	柬埔寨	17. 67238	16. 15928857	1. 093636	潜力再造型
	老挝	16. 88584	16. 13167746	1. 046750	潜力再造型
	缅甸	16. 49547	14. 76924626	1. 116880	潜力再造型
	马来西亚	14. 12811	14. 76073598	0. 957141	潜力开拓型
	新加坡	4. 812184	7. 32391522	0. 657051	潜力巨大型
越南	柬埔寨	18. 27203	16. 15564014	1. 117706	潜力再造型
	老挝	14. 28471	16. 26688717	0. 856381	潜力开拓型
	泰国	0	8. 23039149	—	潜力突破型

四、中国—东盟“大网群”电力互联网络的建设方式

1. 东盟电力互联网络中心和关键支点的选择

在假设“合作范式”的模式下，所有配对国家都存在电力互联潜力，但因存在海域阻隔，电网建设和维护过于困难，有些配对国家的电力互联潜力不符合现实情况，整体层面还存在配对国家线路重复的情况，因而需要剔除非效率电力互联配对数据。使用 Ucinet 软件，运用结构洞结果和电力互联潜力值，对效率小于 0. 03 和潜力值小于 7. 5 的电力互联配对国家进行剔除，进而分析未来东盟电力互联网络中心和支点，为中国—东盟“大网群”电力互联网络建设路径的国家合作时序提供理论支撑。从未来东盟区域电力互联情况中可以看出，泰国将成为东盟电力互联网络中的枢纽，老挝

由于优越的地理位置将成为东盟区域的次中心。

从中心度结果来看，泰国、老挝、柬埔寨度数中心度高，与其他国家的电力互联程度高，电力互联范围广。从中间中心度的测度结果来看，泰国对北部电网控制强，马来西亚对东、南部电网控制强于新加坡。虽然柬埔寨度数中心度高，直接交往能力强，电力网络连接范围广，但存在绕过关键国家的冗余交往关系，即其并未同中国、新加坡、马来西亚等关键节点直接发生电力联系。缅甸、新加坡则属于相反情况，其中间中心度高于度数中心度，缅甸与中国的电力互联对于网络电力流动来说至关重要，新加坡是联系北部电网同东部、南部电网的关键节点，它与泰国、马来西亚的关系对于沟通南北电网的电力流动具有决定性作用。接近中心度高的国家有泰国、新加坡、柬埔寨、老挝，它们在电力信息资源、权力、声望和影响力方面具有优势，与网络中其他点的距离都很短。其中，柬埔寨、缅甸、越南度数中心度低于接近中心度，说明这三国与关键国家拥有电力互联网络。例如，缅甸、越南同中国的电力互联，柬埔寨同新加坡、泰国的电力互联。新加坡、印度尼西亚的与之相反，说明其嵌入的电力互联聚类远离网络的其他点，北部电力互联网络是中国—东盟区域电力互联的主要区域。马来西亚、缅甸、越南中间中心度低于接近中心度，其电力互联网络中存在多条途径，与很多点都接近，但其不具有特殊性，其他点也具备相同优势。新加坡相反，该国垄断了少数国家与其他国家电力互联的关系。各国在电力互联中的信息扩散能力同中心度测算结果一致（见表7-4）。

表7-4　东盟各国电力互联网络中心度

国家	度数中心度	中间中心度	接近中心度	信息扩散中心
BRN	33.300	0	22	24.486
IDN	63.372	0.500	22	37.359
KHM	98.369	2.333	11	45.723
LAO	119.039	4.917	11	48.887
MMR	74.936	5.917	16	39.940
MYS	88.971	11.417	16	43.086
PHL	40.920	0	110	29.224
SGP	81.843	9.333	17	42.733
THA	122.127	16.500	10	50.171
VNM	58.223	0.333	18	34.376

2. 中国—东盟建设“大网群”电力互联网络的可行路径

根据上述论述结果，中国建立“大网群”电力互联网络，应当突破“小群体”

电力互联限制，连接电力互联中心，把握电力互联关键支点，推动中国—东盟“大网群”电力互联合理有序建设。

第一，巩固突破“小群体”电力互联网络。首先，加深与缅甸电力合作。缅甸与中国接壤，双方经济政治关系友好，但中心度结果显示，缅甸是控制中国与其他东盟国家深入联系的关键节点。这是一种因其国内电力基础设施不足，缺乏全国性坚强电网，大部分地区仍处于电力贫困状态导致的被动控制。为了解除这种被动控制，中国应增加对缅甸区域内电网基础设施建设的投资，帮助缅甸建立全国性坚强电网，为中国深入东盟区域，增加与其他国家的联系提供路径。① 其次，稳定与越南的合作。中国同越南之间经济往来密切，但缺乏政治互信，多年来电力贸易总量较少，越南甚至力图通过联合老挝、柬埔寨遏制中国在东盟地区的电力网络的延伸，并且，越南作为主要电力需求方，很有可能直接掌握三国的电网运营权，限制中国深入参加东盟电力互联的进程，因而中越电力贸易潜力较低。越南和缅甸的接近中心度都低于中间中心度，两国具有相同的电力互联路径，并且两国均属于电力潜力再造型。因而，中越的电力互联建设应将重心放在同越南进行多层次的文化交流，和平解决南海争端，避免将区域问题国际化，保证现有电力互联。最后，突破老挝。从三类中心度结果来看，老挝均处于前列，是东盟地区关键的电力出口国，国内电力基础设施较好，占据电力互联网络的次中心位置。并且，当前已经形成了老挝、泰国、越南的电网互联雏形。但中国12年间仅向老挝、越南和缅甸三国进行电力出口，存在北部电网孤立局面。由于缅甸国内尚未形成统一坚强的全国性电网，中国对其进行电力基础设施投资建设仍需要很长一段时间，越南不断加强同美、日发达国家的政治联系，中越政治互信程度较低。② 而老挝与北部电网所有国家均接壤，是中国陆地连接距离最近的国家，且中老关系良好③，因而，突破北部电网孤立局面，老挝成为关键节点。④

第二，连接东盟电力互联中心，形成中国—东盟电力互联主干线。度数中心度、中间中心度、接近中心度和信息扩散中心的测算结果均显示泰国是东盟电力互联的中心，对东盟地区的电力互联具有很强的控制力。从多方面加强同泰国的合作，有利于中国加快“大网群”电力互联网络的建设。但受制于地理位置的影响，中国与泰国并不接壤，短期内直接电力互联不会有突破性发展，因而，中国需要通过电源建设合作

① 黄娜．大湄公河次区域(GMS)电力互联互通合作状况及前景分析[J]．现代经济信息,2014(16):456+460.

② 李琰,胡素雅．中国—东盟能源互联网发展现状及前景探析[J]．广西财经学院学报,2020,33(1):17-28+142.

③ 樊湖波．中国—东盟电力互联互通下的老挝电力市场[J]．能源,2020(4):86-88.

④ 聂新伟,史丹．跨境电力互联互通的制度安排:理论演绎、国际经验与中国选择[J]．财经智库,2019,4(1):64-91+142-143.

等形式加强两国之间的电力合作，例如，核电技术交流，争取泰国支持中国“大网群”电力互联建设的计划。柬埔寨与泰国、老挝均接壤，成为电力进口的主要国家，并且其经济增长速度快，电力潜力大，是以需求带动的电力互联网络次中心，且同中国政治经济关系良好，中国深化同柬埔寨的电力互联合作，可以减少中国在东盟地区的电力互联阻力。

第三，增加中国与新加坡、马来西亚等支点的电力合作往来，提前预热与东盟东、南部“小群体”电力互联网络合作。新加坡是控制南北电力互联网络的关键支点，其中间中心度远高于度数中心度和接近中心度，连接新加坡的电力互联支线对于网络流动至关重要，由于其特殊的地理位置，它也成为垄断马来西亚、印度尼西亚连接更多国家的关键支点。马来西亚作为东、南部的电力互联中心，其电力市场基础设施完善，电力潜力巨大。两大支点电力市场需求响应机制有效，是沟通北部电网和南部、东部电网的有效桥梁，对中国建设“大网群”互联网络具有重要意义。

总而言之，中国有必要突破“小群体”电力互联网络，与泰国、柬埔寨建立双向电力互联，提前预热同新加坡、马来西亚单向电力联系，形成中国—东盟区域内“大网群”电力互联网络，解决水力发电带来的季节性电力失衡和部分国家电力供需缺口的问题，带动区域经济飞速增长。

第二节　中欧制造业增加值贸易结构、分工格局及政策选择

自20世纪末以来，全球价值链分工已逐渐成为世界经济的显著特征，各国的生产活动渐趋通过中间产品贸易相互联结，各自构成全球生产网络的有机组成部分，共同参与全球价值链分工的价值创造和利益分配。发达国家专注于资本、技术密集型工序，而发展中国家主要从事价值链低端的劳动密集型环节生产。生产组织方式变革与贸易自由化推动中间产品多次跨境往返，共同促进了各国贸易总额的持续扩张。在此背景下，作为中国最大的贸易伙伴，近年来，欧盟与中国的贸易规模快速增长。2019年，中国与欧洲国家货物贸易总额再创新高，进出口总额从2000年的863亿美元增长至2019年的8768亿美元，年均增长率为12.98%；出口总额由455亿美元增长至4997亿美元，年均增长率为13.44%；进口总额由408亿美元增长至3771亿美元，年均增长率为12.42%。[①]

根据欧盟统计局和中国海关统计数据，欧盟已经连续17年成为中国最大的贸易伙伴，而中国于2020年首次超越美国，成为欧盟最大的贸易伙伴。然而，各国基于传统“商品总值”的贸易核算方法往往包含了中间产品跨境往返的重复计算部分，而“价值增值”贸易核算方法能够更好地还原中欧之间的国际分工地位和真实贸易利得。因此，在当前分工体系下，虽然中欧之间的贸易规模实现了高速增长，但是增加值视角下各国制造业贸易利益如何分配？是否也实现了快速增长？各国制造业及其细分部门层面的比较优势和全球价值链分工地位如何？在中欧制造业价值网络中的地位如何？这些现实问题值得进一步探讨。本节基于“多区域投入产出模型—显性比较优势—分工地位—价值网络结构”等多维分析视角，系统地考察中欧制造业及其细分部门层面的双边贸易价值构成、比较优势、分工格局与网络结构特征，对探寻中国制造业全球价值链转型路径以及指导制定中欧制造业贸易投资相关政策等具有重要的现实意义。

① 根据历年《中国统计年鉴》相关数据计算所得。

一、中欧制造业增加值贸易及价值链分工研究现状

随着世界投入产出表的不断丰富和完善，基于增加值贸易核算框架能够准确研究一国或产业层面参与全球价值链分工的贸易利得，消除传统贸易的“统计幻象”，因而逐渐成为学界关注和研究的热点（潘文卿、王丰国、李根强，2015；夏明、张红霞，2015）。① 早期文献大多采用 Hummels 等（2001）② 提出的垂直专业化指数（VS）来衡量一国或地区的分工地位，后来 Daudin 等（2011）③ 提出了进口制成品中内含的国内增加值测算方法，Johnson 和 Noguera（2012）④ 构建了“增加值出口”分析框架，能够准确测算出由本国生产但最终被国外吸收的增加值规模及其失衡程度。Koopman 等（2012）⑤ 将一国总贸易增加值分解拓展至多区域甚至全球层面，从而实现了对国内与国外增加值的精确测算，Wang 等（2013）⑥ 进一步将分解框架拓展到了国家、部门以及部门双边等层面。此外，Koopman 等（2010）通过构建全球价值链参与程度和分工地位指数，从增加值贸易视角拓展了国际分工与利益分配研究。⑦ 这些研究方法框架的提出，在很大程度上克服了传统总值分析视角下国际贸易利得、垂直专业化和比较优势等方法的局限性，已成为当前全球价值链分工研究的重要基础。

基于不同的增加值分解方法，学者对中国制造业贸易增加值及全球价值链分工地位展开了深入研究。Lau 等（2007）⑧ 与 Koopman 和 Wei（2008）⑨ 构建出能够反映中国加工贸易与非加工贸易特征的非竞争型投入产出模型，有效避免了既有投入产出模型忽略加工贸易的弊端。黄先海和杨高举（2010）通过改进投入产出模型，发现中国

---

① 潘文卿，王丰国，李根强．全球价值链背景下增加值贸易核算理论综述[J]．统计研究，2015(3)：69－75．夏明，张红霞．增加值贸易测算：概念与方法辨析[J]．统计研究，2015(6)：28－35．

② HUMMELS D, LSHII J, YI K M. The Nature of Growth of Vertical Specialization in World Trade[J]. Journal of International Economics, 2001, 54(1)：75－96.

③ DAUDIN G, RIFFLART C, SCHWEISGUTH D. Who Produces for Whom in the World Economy? [J]. Canadian Journal of Economics, 2011, 44(4)：1403－1437.

④ JOHNSON R C, NOGUERA G. Accounting for Intermediates: Production Sharing and Trade in Value Added[J]. Journal of International Economics, 2012, 86(2)：224－236.

⑤ KOOPMAN R, WANG Z, WEI S J. Estimating Domestic Content in Exports When Processing Trade Is Pervasive [J]. Journal of Development Economics, 2012, 99(1)：178－189.

⑥ WANG Z, WEI S J, ZHU K F. Quantifying International Production Sharing at the Bilateral and Sector Levels [R]. NBER Working Paper, 2013, 19677.

⑦ KOOPMAN R, POWRTS W, WANG Z. Give Credit Where Credit Is Due: Tracing Value Added in Global Production Chains[R]. NBER Working Paper, 2010, 16426.

⑧ LAU，陈锡康，杨翠红，等．非竞争型投入占用产出模型及其应用：中美贸易顺差透视[J]．中国社会科学，2007(5)：91－103．

⑨ KOOPMAN R, WEI S J. How Much of Chinese Exports Is Really Made in China: Assessing Foreign and Domestic Value－Added in Gross Exports[R]. NBER Working Paper, 2008, 14109.

高技术产业国际分工地位因劳动生产率进步而快速提高，但传统总值贸易分析高估了中国的分工地位。① 王岚（2014）通过考察全球价值链参与程度和分工地位，发现中国制造业的分工地位呈先降后升的趋势。② 王直等（2015）分解出不同增加值与重复计算部分的结构和来源，发现中国电气和光学设备制造业出口增加值率远低于日本，高技术产品出口竞争优势并不显著。③ 戴翔（2015）测度了中国制造业显性比较优势，发现劳动密集型部门具有比较优势但呈弱化趋势，资本密集型部门比较优势正在形成，而技术密集型部门比较劣势非常显著。④ 还有一些学者采用增加值框架研究了中国制造业部门层面的价值构成、贸易失衡及分工地位等，这些文献从不同角度丰富和拓展了中国制造业的全球价值链分工研究（李昕、徐滇庆，2013；罗长远、张军，2014；尹伟华，2017；赵玉焕、李彦敏，2018；潘安、戴岭，2020；韩中，2020）。⑤

部分学者提出了基于微观数据估算中国企业出口国内增加值率的方法。与微观研究相比，采用跨国投入产出数据的优势显而易见，即能够同时从部门、双边，特别是部门双边层面对各国的增加值贸易结构、来源及去向做出进一步分解，据此可以弥补基于总值贸易的传统比较优势研究的不足，还能对全球多边价值网络结构展开研究。然而遗憾的是，既有文献对中国与欧洲国家增加值贸易的关注甚少。如高运胜等（2015）对中国制成品出口欧盟的增加值结构进行分解，发现国内增加值率呈下滑趋势，且资本技术密集型部门低于劳动密集型部门，中国主要制造业部门仍处于全球价值链低端位置。⑥ 王云飞等（2020）通过测算中欧制造业的垂直专业化水平，发现中国的分工地位落后于欧盟，但差距不断缩小，中欧垂直专业化分工提升了中国制造业的就业水平及分工地位。⑦ 由此可见，基于增加值视角对中欧制造业“部门—双边”层面的贸易价值构成及价值链分工等研究成果极为少见，而且缺乏从整体视角对中欧

---

① 黄先海，杨高举．中国高技术产业的国际分工地位研究：基于非竞争型投入占用产出模型的跨国分析[J]．世界经济，2010(5)：82－100.

② 王岚．融入全球价值链对中国制造业国际分工地位的影响[J]．统计研究，2014(5)：17－23.

③ 王直，魏尚进，祝坤福．总贸易核算法：官方贸易统计与全球价值链的度量[J]．中国社会科学，2015(9)：108－127.

④ 戴翔．中国制造业国际竞争力：基于贸易附加值的测算[J]．中国工业经济，2015(1)：78－88.

⑤ 李昕，徐滇庆．中国外贸依存度和失衡度的重新估算：全球生产链中的增加值贸易[J]．中国社会科学，2013(1)：29－55．罗长远，张军．附加值贸易：基于中国的实证分析[J]．经济研究，2014(6)：4－17．尹伟华．全球价值链视角下中国制造业出口贸易分解分析：基于最新的 WIOD 数据[J]．经济学家，2017(8)：33－39．赵玉焕，李彦敏．中国光电设备制造业出口增加值及在全球价值链中的地位研究[J]．国际贸易问题，2018(1)：75－86．潘安，戴岭．全球价值链分工特征的指标体系构建及应用[J]．统计研究，2020(6)：3－14．韩中．全球价值链视角下中国出口的价值分解、增加值出口及贸易失衡[J]．数量经济技术经济研究，2020(4)：66－84.

⑥ 高运胜，甄程成，郑乐凯．中国制成品出口欧盟增加值分解研究：基于垂直专业化分工的视角[J]．数量经济技术经济研究，2015(9)：74－89.

⑦ 王云飞，李之旭，高运胜．中欧垂直专业化分工结构与就业效应研究[J]．世界经济研究，2020(2)：121－134.

多边价值网络结构的深入研究。

相对已有研究，本节研究内容的贡献与价值在于以下四点。第一，深入到“部门—双边”层面系统考察了中欧制造业贸易利益分配问题。在区分不同价值构成下，测算中国出口内含的增加值及其年均增长率的国别差异，同时根据增加值“来源地”和“吸收地”原则，对比分析中国增加值进出口及其年均增长率，揭示出中国对欧洲贸易结构快速优化的内在原因与潜在空间。第二，改进多维显性比较优势指数和创新性地构建增加值显性竞争优势指数，能够在很大程度上直观简明地刻画出一国产业部门的“增值竞争能力”，较好地弥补了传统基于总值贸易比较优势分析方法的不足。第三，从细分部门层面厘清了中欧价值链前后向参与度和分工地位的变动特征与演进方向，比较分析计算机、电子和光学设备以及机械设备部门参与度的时序演变与国别差异，揭示出中国由“价值输入”到“价值输出”的转型特征以及未来亟待突破的重点方向。第四，创新性地结合多区域投入产出模型与社会网络分析技术，将其应用于中欧多边贸易价值网络分析框架，清晰完整地刻画出各国在价值网络中的“中心—外围”分工结构特征，较好地体现了从整体性视角研究多边贸易价值网络的优势。

二、模型方法与数据说明

1. 基于多区域投入产出模型的贸易价值分解

假设全球经济系统由 M 个国家和 N 个产业部门构成，在全球价值链分工体系下，生产过程被层层分解，一国产品可能多次往返于国境内外，既可能被用作中间产品也可能作为最终产品被本国和外国消耗。因此，产品市场出清意味着一国总产出满足：

$$X_s = \sum_{r=1}^{M} (A_{sr}X_r + Y_{sr}) \tag{7-1}$$

式（7－1）中，X_s为 s 国 $N\times 1$ 阶产出向量（r，$s=1$，2，…，M），元素 $X_s(j)$ 表示 s 国 j 部门的总产出；A_{sr}为直接消耗系数矩阵，元素 $A_{sr}(ij)$ 表示 r 国 j 部门单位产出对 s 国 i 部门产品的直接消耗量。当 $r\neq s$ 时，$A_{sr}X_r$表示 s 国总产出中用于 r 国的中间产品，Y_{sr}表示 s 国总产出中用于满足 r 国的最终需求的最终产品；而当 $r=s$ 时，$A_{sr}X_r$和 Y_{sr}分别表示 s 国总产出中用于本国的中间产品和最终产品。因此，可将多区域投入产出模型表示为：

$$\begin{bmatrix} X_1 \\ X_2 \\ \vdots \\ X_M \end{bmatrix} = \begin{bmatrix} A_{11} & A_{12} & \cdots & A_{1M} \\ A_{21} & A_{22} & \cdots & A_{2M} \\ \vdots & \vdots & & \vdots \\ A_{M1} & A_{M2} & & A_{MM} \end{bmatrix} \begin{bmatrix} X_1 \\ X_2 \\ \vdots \\ X_M \end{bmatrix} + \begin{bmatrix} Y_{11} + Y_{12} + \cdots + Y_{1M} \\ Y_{21} + Y_{22} + \cdots + Y_{2M} \\ \vdots \\ Y_{M1} + Y_{M2} + \cdots + Y_{MM} \end{bmatrix} \tag{7-2}$$

经整理，式（7－2）可转换为：

$$\begin{bmatrix} X_1 \\ X_2 \\ \vdots \\ X_M \end{bmatrix} = \begin{bmatrix} I-A_{11} & I-A_{12} & \cdots & I-A_{1M} \\ I-A_{21} & I-A_{22} & \cdots & I-A_{2M} \\ \vdots & \vdots & & \vdots \\ I-A_{M1} & I-A_{M2} & \cdots & I-A_{MM} \end{bmatrix}^{-1} \begin{bmatrix} \sum_{r=1}^{M} Y_{1r} \\ \sum_{r=1}^{M} Y_{2r} \\ \vdots \\ \sum_{r=1}^{M} Y_{Mr} \end{bmatrix} = \begin{bmatrix} B_{11} & B_{12} & \cdots & B_{1M} \\ B_{21} & B_{22} & \cdots & B_{2M} \\ \vdots & \vdots & & \vdots \\ B_{M1} & B_{M2} & \cdots & B_{MM} \end{bmatrix} \begin{bmatrix} Y_1 \\ Y_2 \\ \vdots \\ Y_M \end{bmatrix} \tag{7-3}$$

$$\begin{bmatrix} X_{11} & X_{12} & \cdots & X_{1M} \\ X_{21} & X_{22} & \cdots & X_{2M} \\ \vdots & \vdots & & \vdots \\ X_{M1} & X_{M2} & \cdots & X_{MM} \end{bmatrix} = \begin{bmatrix} B_{11} & B_{12} & \cdots & B_{1M} \\ B_{21} & B_{22} & \cdots & B_{2M} \\ \vdots & \vdots & & \vdots \\ B_{M1} & B_{M2} & \cdots & B_{MM} \end{bmatrix} \begin{bmatrix} Y_{11} & Y_{12} & \cdots & Y_{1M} \\ Y_{21} & Y_{22} & \cdots & Y_{2M} \\ \vdots & \vdots & & \vdots \\ Y_{M1} & Y_{M2} & \cdots & Y_{MM} \end{bmatrix} \tag{7-4}$$

式（7－3）中，令 $B=(I-A)^{-1}$表示 $MN\times MN$ 阶里昂惕夫逆矩阵或者完全需要系数矩阵，B_{sr}表示 r 国生产单位最终需求所需投入的 s 国产出，元素 $B_{sr}(ij)$ 表示 r 国 j 部门生产单位最终需求所需投入的 s 国 i 部门产出，Y_s表示 s 国总产出中用于满足国内和国外最终需求的最终产品。式（7－4）中，令 V 表示 $MN\times MN$ 阶增加值率对角矩阵，V_s表示 s 国 $N\times N$ 阶增加值率对角矩阵，元素 $V_s(i)$ 表示 s 国 i 部门的增加值率，用该部门增加值占其产出的比重衡量，表示该部门在生产过程中实现价值增值的能力。

$$V = \begin{bmatrix} V_1 & 0 & \cdots & 0 \\ 0 & V_2 & \cdots & 0 \\ \vdots & \vdots & & \vdots \\ 0 & 0 & \cdots & V_M \end{bmatrix} \tag{7-5}$$

用 V 乘以 B，可得 $MN\times MN$ 阶矩阵 VB：

$$VB = \begin{bmatrix} V_1B_{11} & V_1B_{12} & \cdots & V_1B_{1M} \\ V_2B_{21} & V_2B_{22} & \cdots & V_2B_{2M} \\ \vdots & \vdots & & \vdots \\ V_MB_{M1} & V_MB_{M2} & \cdots & V_MB_{MM} \end{bmatrix} \tag{7-6}$$

式（7－6）中，VB 为单位产出价值的增加值来源矩阵，V_sB_{sr}项的经济含义为 r

国单位产出价值中来源于 s 国的增加值。在全球价值链分工过程中，一国各部门产出中既包括国内创造的增加值，也包括国外创造的增加值，从列向来看，每列元素可以将一国各部门产出价值分解为来自不同国家的增加值。即当 $r=s$ 时，V_sB_{sr} 项表示 r 国各部门单位产出中包含的国内增加值；当 $r\neq s$ 时，V_sB_{sr} 项表示 r 国各部门单位产出所拉动的由 s 国创造的增加值。因此，利用 VB 矩阵的每列元素可将一国各部门产出价值分解为来自不同国家的增加值，反映一国各部门产出对本国和其他国家增加值的拉动效应。

$$E=\begin{bmatrix} E_{1*} & 0 & \cdots & 0 \\ 0 & E_{2*} & \cdots & 0 \\ \vdots & \vdots & & \vdots \\ 0 & 0 & \cdots & E_{M*} \end{bmatrix} \tag{7-7}$$

式（7-7）中，令 E 为 $MN\times MN$ 阶出口矩阵，由式（7-1）可知，s 国对世界的总出口可表示为 $N\times 1$ 阶列向量 E_{s*}，包括中间产品出口 $\sum_{r\neq s}^{M}A_{sr}X_r$ 和最终产品出口 $\sum_{r\neq s}^{M}Y_{sr}$，即：

$$E_{s*}=\sum_{r\neq s}^{M}E_{sr}=\sum_{r\neq s}^{M}(A_{sr}X_r+Y_{sr}) \tag{7-8}$$

用 E 乘以式（7-6），可得 $MN\times MN$ 阶矩阵 VBE：

$$VBE=\begin{bmatrix} V_1B_{11}E_{1*} & V_1B_{12}E_{2*} & \cdots & V_1B_{1M}E_{M*} \\ V_2B_{21}E_{1*} & V_2B_{22}E_{2*} & \cdots & V_2B_{2M}E_{M*} \\ \vdots & \vdots & & \vdots \\ V_MB_{M1}E_{1*} & V_MB_{M2}E_{2*} & \cdots & V_MB_{MM}E_{M*} \end{bmatrix} \tag{7-9}$$

式（7-9）中，VBE 为出口中的增加值来源矩阵，$V_sB_{sr}E_{r*}$ 项的经济含义为 r 国总出口中来源于 s 国各部门的增加值。从列向来看，每列元素可将该国总出口分解为来自国内和国外各部门的增加值。当 $r=s$ 时，$V_sB_{sr}E_{r*}$ 则表示 r 国各部门出口中包含的国内增加值（记为 DVA_{sr}）；当 $r\neq s$ 时，$\sum_{s\neq t}^{M}V_sB_{sr}E_{rt}$ 表示 s 国通过将中间产品出口给 t 国，经其加工成最终消费品再出口给 r 国而实现的间接出口增加值（记为 IVA_{sr}），$\sum_{r=1}^{M}V_rB_{rs}E_{s*}$ 表示 r 国对 s 国出口贡献的价值增值，亦即 s 国总出口中来源于 r 国各部门的增加值（记为 FVA_{rs}）。

为了进一步考察由本国（来源地）生产创造并且最终被国外（吸收地）消化吸

收的国内增加值，本节借鉴 Johnson 和 Noguera（2012）构建的多国多区域增加值贸易核算模型，测算由本国生产创造并用于满足国外最终消费的增加值部分。[①] 用式(7－5)乘以式（7－4），可得 $MN \times MN$ 阶矩阵 VBY，即：

$$VBY = \begin{bmatrix} V_1 & 0 & \cdots & 0 \\ 0 & V_2 & \cdots & 0 \\ \vdots & \vdots & & \vdots \\ 0 & 0 & \cdots & V_M \end{bmatrix} \begin{bmatrix} B_{11} & B_{12} & \cdots & B_{1M} \\ B_{21} & B_{22} & \cdots & B_{2M} \\ \vdots & \vdots & & \vdots \\ B_{M1} & B_{M2} & \cdots & B_{MM} \end{bmatrix} \begin{bmatrix} Y_{11} & Y_{12} & \cdots & Y_{1M} \\ Y_{21} & Y_{22} & \cdots & Y_{2M} \\ \vdots & \vdots & & \vdots \\ Y_{M1} & Y_{M2} & \cdots & Y_{MM} \end{bmatrix} \tag{7－10}$$

$$VBY = \begin{bmatrix} V_1 \sum_{t=1}^{M} B_{1t} Y_{t1} & V_1 \sum_{t=1}^{M} B_{1t} Y_{t2} & \cdots & V_1 \sum_{t=1}^{M} B_{1t} Y_{tM} \\ V_2 \sum_{t=1}^{M} B_{2t} Y_{t1} & V_2 \sum_{t=1}^{M} B_{2t} Y_{t2} & \cdots & V_2 \sum_{t=1}^{M} B_{2t} Y_{tM} \\ \vdots & \vdots & & \vdots \\ V_M \sum_{t=1}^{M} B_{Mt} Y_{t1} & V_M \sum_{t=1}^{M} B_{Mt} Y_{t2} & \cdots & V_M \sum_{t=1}^{M} B_{Mt} Y_{tM} \end{bmatrix} \tag{7－11}$$

式（7－11）中，矩阵 VBY 表示多国多部门增加值贸易矩阵，每一行元素之和即为该国的国内生产总值。从行向来看，$V_s \sum_{t=1}^{M} B_{st} Y_{tr}$ 表示为满足 r 国最终需求而引致的 s 国增加值，当 $r=s$ 时，$V_s \sum_{t=1}^{M} B_{st} Y_{tr}$ 表示由 s 国最终需求所引致的国内增加值，当 $r \neq s$ 时，$V_s \sum_{t=1}^{M} B_{st} Y_{tr}$ 则反映由国外最终需求所引致的国内生产总值，即 s 国对 r 国的增加值出口（记为 VAX_{sr}）。从列向来看，$V_r \sum_{t=1}^{M} B_{rt} Y_{ts}$ 反映由 s 国最终需求所引致的 r 国增加值，当 $r=s$ 时，$V_r \sum_{t=1}^{M} B_{rt} Y_{ts}$ 表示由本国最终需求所带动的国内增加值，当 $r \neq s$ 时，$V_r \sum_{t=1}^{M} B_{rt} Y_{ts}$ 则反映 s 国最终需求所拉动的 r 国增加值，亦即 s 国从 r 国的增加值进口（记为 VAI_{sr}）。

---

① 增加值出口与出口增加值是两个相关但又有区别的概念。一般而言，增加值出口包含于出口增加值，其区别在于：增加值出口是指直接或间接包含于国外最终消费中的国内增加值，而出口增加值是指包含在总值贸易中不同来源的价值增值。出口国内增加值不受消耗地点的影响，可能有部分是本国生产，经国外加工后以中间产品或最终产品进口返回本国，并被本国最终消费，但该部分不属于该国的增加值出口。

2. 基于增加值的显性比较优势和显性竞争优势指数构建

基于前文增加值分解框架，改进传统贸易统计下的显性比较优势（RCA）指数，得到增加值显性比较优势（Value - add Revealed Comparative Advantage，VRCA）指数测算公式：

$$VRCA\_DVA_{mn} = \frac{X_{mn}^{DVA} / \sum_{n=1}^{q} X_{mn}^{DVA}}{\sum_{m=1}^{p} X_{mn}^{DVA} / \sum_{m=1}^{p} \sum_{n=1}^{q} X_{mn}^{DVA}} \tag{7-12}$$

式（7 - 12）中，$VRCA_DVA_{mn}$表示基于 m 国 n 部门出口 DVA 测算的显性比较优势指数，X_{mn}^{DVA} 表示 m 国 n 部门出口 DVA，$\sum_{n=1}^{q} X_{mn}^{DVA}$ 为 m 国制造业所有部门出口 DVA 之和，$\sum_{m=1}^{p} X_{mn}^{DVA}$ 为中欧制造业第 n 个部门出口 DVA 之和，$\sum_{m=1}^{p} \sum_{n=1}^{q} X_{mn}^{DVA}$ 为中欧制造业所有部门出口 DVA 总和。采用 IVA 和 FVA 分别替换式（7 - 12）中的 DVA，可得基于 m 国 n 部门出口 IVA 和 FVA 测算的间接出口国内增加值显性比较优势指数（记为 $VRCA\_IVA_{mn}$）和国外增加值显性比较优势指数（记为 $VRCA\_FVA_{mn}$）。$VRCA_IVA_{mn}$和 $VRCA_DVA_{mn}$越大，意味着该国该部门的出口比较优势或国际竞争力越强；反之，则意味着比较优势越弱。

进一步，为了弥补显性比较优势指数只考虑出口因素的不足，借鉴沃尔拉斯（Vollrath）等学者的显性竞争优势指数（Competitive Advantage，CA）和 Koopman 等（2010）的全球价值链分工地位指数（*GVC_ Position*）的构建思路，本节首次采用细分部门层面的 $VRCA_IVA_{mn}$与 $VRCA_FVA_{mn}$之比，对传统 CA 指数进行改进，创新性地构建出基于中间产品进出口增加值的显性竞争优势指数（Value - added Revealed Competitive Advantage，RCA），较好地弥补了传统贸易统计方法对显性竞争优势研究的不足。具体测算公式如下：

$$VCA_{mn} = \frac{VRCA\_IVA_{mn}}{VRCA\_FVA_{mn}} \tag{7-13}$$

增加值显性竞争优势指数的经济含义为，当 VCA_{mn}大于 1 时，该指数越高，表明 m 国 n 部门间接出口增加值显性比较优势（$VRCA\_IVA_{mn}$）越高于其进口来自国外增加值的显性比较优势（$VRCA\_FVA_{mn}$），意味着 m 国 n 部门越靠近全球价值链分工的上游环节，代表其增值竞争优势越强；当 VCA_{mn}小于 1 时，该指数越低，则意味着 m 国 n 部门越靠近全球价值链分工的下游环节，代表其增值竞争优势越弱。

3. 全球价值链参与程度与分工地位指数

基于前文测算结果，采用 Koopman 等（2010）构建的衡量一国（或部门）全球价值链参与程度（*GVC_ Participation*）和分工地位（*GVC_ Position*）指数，测算中欧制造业细分部门层面的全球价值链参与程度及分工地位。测算公式如下：

$$GVC\_\ Participation_{mn} = \frac{IVA_{mn}}{E_{mn}} + \frac{FVA_{mn}}{E_{mn}} \tag{7-14}$$

$$GVC\_\ Position_{mn} = Ln(1 + \frac{IVA_{mn}}{E_{mn}}) - Ln(1 + \frac{FVA_{mn}}{E_{mn}}) \tag{7-15}$$

其中，E_{mn}表示从增加值角度核算的 m 国 n 部门的出口规模。$GVC_\ Participation_{mn}$衡量的是 m 国 n 部门的全球价值链参与程度，该数值越大表明全球价值链参与度越高；$GVC_\ Position_{mn}$表示 m 国 n 部门的全球价值链地位，该数值越大表明全球价值链分工地位越高。IVA_{mn}/E_{mn}和 FVA_{mn}/E_{mn}分别表示全球价值链的前向参与度与后向参与度，如果前向参与度大于后向参与度，则意味着 m 国 n 部门中间产品的间接出口增加值大于进口别国中间产品的增加值，表明其处于全球价值链分工更高的位置；反之则处于更低的位置。

4. 基于增加值的中欧价值网络结构特征分析

为了从整体视角考察中欧制造业贸易价值网络结构特征，基于前文增加值分解框架，对传统总值贸易统计下的社会网络分析方法进行改进，即采用基于增加值的社会网络分析方法（Value - added Social Network Analysis，VSNA），从而实现将个体“增值关联”与整体“网络结构”统一起来分析。参考马述忠等（2016）① 学者的研究思路，本节重点选取 Freeman（1979）② 提出的网络中心度指数（*Degree*）和 Bonacich（1987）③ 构建的网络权力指数（*Power*）来刻画中欧制造业贸易价值网络的“中心—外围”结构特征。计算公式如下：

$$Degree_i = \frac{\sum_{j=1}^{n} a_{ij}}{n - 1} \tag{7-16}$$

$$Power_i = \sum_{j=1}^{n} R_{ij}(\alpha + \beta Power_j) \tag{7-17}$$

$Degree_i$是一种重要的网络结构变量，表示国家 i 在既定部门贸易价值网络中的中心度指数，反映的是与 i 国存在贸易往来的国家数；n 为网络节点的总数；a_{ij}表示 i 国

① 马述忠，任婉婉，吴国杰．一国农产品贸易网络特征及其对全球价值链分工的影响：基于社会网络分析视角[J]．管理世界，2016(3)：60 – 72.

② FREEMAN L C. Centrality in Social Networks：Conceptual Clarification[J]. Social Network，1979，1(3)：215 – 239.

③ BONACICH P. Power and Centrality：A Family of Measures[J]. American Journal of Sociology，1987，92(5)：1170 – 1182.

与 j 国是否存在贸易往来，若存在，该值为 1，否则为 0；$Degree$ 指数越大，意味着该国越处于贸易价值网络相对中心的位置，扮演着至关重要的角色，反之则处于相对外围的位置。由于网络中节点的中心度与其他节点的中心度密切相关，某点与中心度高的点相连，能够提高该点以及与该点相连的其他点的中心度，因此采用测量网络中心性的另一种重要变量，即贸易价值网络权力指数 $Power_i$ 来反映 i 国对其他国家贸易价值的影响程度或其他国家对 i 国的依赖程度，亦即 i 国在多大程度上位于贸易价值网络影响力的中心节点位置；R_{ij} 为 i 国和 j 国之间贸易关系的赋值；α 和 β 为修正参数，α 为标准化常数，β 与影响关系的传递性呈正相关；$Power$ 指数越大，表明该国既定部门在贸易价值网络中的权力等级越高，意味着该国越处于贸易价值网络影响力相对中心的位置，反之则处于相对边缘的位置。

5. 数据来源及说明

本节使用的数据均来自世界投入产出数据库（WIOD）最新版本的世界投入产出表（WIOTs），该数据库提供了 2000—2014 年 42 个经济体的 56 个部门的面板数据，所涵盖经济体的 GDP 总和占全球比重超过 85%，是目前全球价值链研究较为权威的数据库之一，被社会各界广泛应用。根据研究目的及数据可得性，选取中国与欧洲共 32 个国家的 18 个制造业部门作为研究对象，借鉴 WIOD 数据库构建说明和戴翔（2015）等学者对该数据库的产业类别划分方法，按照要素投入密集度特征，将 18 个制造业部门划分为劳动密集型、资本密集型和技术密集型制造业进行分类考察。① 据此，本节基于增加值视角展开对中欧各国制造业及其细分部门的贸易价值分解、分工格局及其网络结构特征研究。

三、中国对欧洲各国制造业出口价值结构分解

1. 中国对欧洲各国制造业出口增加值结构分解及其年均增长率

基于部门双边贸易增加值分解模型，测算得到 2000—2014 年中国对欧洲各国制造业出口增加值及年均增长率，并按 2014 年 FVA 与 IVA 规模之和从高到低排序，结果见表 7－5。② 从中发现：中国各部门出口增加值规模及年均增长率的国别差异非常

① 劳动密集型制造业包括：纺织品、服装和皮革制品业，木材加工制品及手工编织品业，家具制造和其他制造业。资本密集型制造业包括：食品、饮料和烟草业，纸张及纸制品业，记录媒介的印刷和出版业，焦炭和精炼石油产品制造业，橡胶和塑料制品业，其他非金属矿物产品制造业，基础金属制造业，机械设备之外的金属制品业。技术密集型制造业包括：化学原料和化学制品业，基本药品和药品制剂制造业，计算机、电子和光学设备制造业，电气设备制造业，机械设备制造业，汽车、拖车和半拖车制造业，以及其他运输设备制造业。部分国家的名称见表 7－5。

② 因篇幅所限，表 7－5 仅报告了前 20 个国家的测算结果。未报告的部分，感兴趣的读者可联系笔者索取。

显著，其中，德国、荷兰和法国分别位列增加值规模前三，占中国对欧洲出口增加值总额比重分别为25.59%、9.42%和8.90%。中国技术密集型部门出口增加值规模最大，资本密集型部门次之；其中，对德国技术密集型部门出口FVA与IVA规模分别为55.8亿美元和75.0亿美元，相较其他部门两者相对差距最小，表明中国与德国技术密集型中间产品相互进口需求规模较大，同样中国对俄罗斯资本密集型部门的进口需求较大。中欧制造业双边贸易增加值增长十分迅猛，年均增长率保持在10%~40%，表明中欧中间产品贸易相互依赖程度非常高，深度嵌入并快速扩张的生产网络无疑将对深化双边投资协定和拓展经贸合作产生显著促进作用。虽然中国与斯洛伐克的贸易增加值规模排名靠后，但是各部门FVA和IVA年均增长率在所有国家中最高，其次是捷克和波兰等国家，意味着中国与这些欧洲国家的贸易潜力巨大。中国各部门对大多数国家出口IVA大于FVA，IVA年均增长率同样大于FVA年均增长率，即中国制造业中间产品间接出口国内增加值增长率大于国外增加值，从而间接表明了中国在与欧洲国家价值链分工中的价值增值竞争力不断提升，同时意味着继续深化和融入中欧生产网络不仅能够促进中国制造业出口IVA规模扩张，而且有利于全球价值链分工地位攀升。

表7-5 2014年中国对欧洲各国制造业贸易增加值结构分解及其年均增长率

国家	劳动密集型				资本密集型				技术密集型			
	贸易增加值（亿美元）		增长率（%）		贸易增加值（亿美元）		增长率（%）		贸易增加值（亿美元）		增长率（%）	
	FVA	IVA	FVA	IVA	FVA	IVA	FVA	IVA	FVA	IVA	FVA	IVA
德国	2.7	13.9	13.2	19.1	17.9	45.1	16.9	18.8	55.8	75.0	18.0	20.2
荷兰	0.4	6.6	15.7	22.0	2.0	22.9	15.3	18.7	4.1	41.3	15.6	24.7
法国	0.8	8.9	7.3	19.0	4.4	17.3	10.5	15.8	11.2	30.5	12.3	17.2
英国	0.8	4.1	7.9	14.6	6.4	14.3	15.2	14.0	8.4	24.6	9.6	16.0
意大利	2.2	6.7	9.7	17.7	4.8	15.0	15.2	18.7	7.1	21.7	14.3	21.4
俄罗斯	0.9	4.0	17.0	28.6	12.0	7.2	12.7	24.3	4.4	11.0	11.2	29.2
西班牙	0.4	5.6	9.6	24.9	2.6	10.4	15.9	20.6	2.9	13.2	15.9	21.3
比利时	0.4	3.5	12.0	16.6	1.7	11.5	14.1	17.2	2.6	13.9	12.5	18.5
捷克	0.1	2.3	18.0	34.3	1.0	7.3	24.4	33.6	1.6	16.9	27.2	39.2
波兰	0.3	2.5	21.4	30.4	1.8	7.5	23.4	29.3	1.4	13.5	22.7	32.9
瑞士	0.8	1.5	22.2	16.5	2.3	4.3	19.2	18.4	9.0	7.7	20.4	20.0
匈牙利	0.1	1.3	16.3	18.5	0.5	5.6	22.8	20.3	1.1	14.7	25.1	20.8
瑞典	0.3	2.5	13.3	22.6	2.2	5.9	11.2	18.4	3.9	8.2	10.0	19.3
奥地利	0.4	1.2	11.2	19.6	1.9	3.8	17.2	19.0	3.1	5.9	19.0	21.2

续表

国家	劳动密集型				资本密集型				技术密集型			
	贸易增加值（亿美元）		增长率（%）		贸易增加值（亿美元）		增长率（%）		贸易增加值（亿美元）		增长率（%）	
	FVA	IVA	FVA	IVA	FVA	IVA	FVA	IVA	FVA	IVA	FVA	IVA
爱尔兰	0.4	1.3	22.8	20.4	0.5	3.8	17.5	18.7	1.2	6.6	9.3	19.3
丹麦	0.2	1.5	17.9	16.7	0.5	4.2	13.4	18.0	1.4	5.6	15.9	20.7
芬兰	0.2	1.0	10.1	21.3	1.6	3.3	11.6	18.1	1.9	5.6	5.6	15.5
斯洛伐克	0.1	0.8	30.5	38.8	0.4	3.3	26.4	38.4	0.3	6.5	28.5	44.1
挪威	0.1	0.6	11.9	18.4	0.9	2.2	15.5	19.3	1.8	2.7	19.9	22.1
罗马尼亚	0.2	0.6	15.1	27.4	0.5	1.5	14.8	24.3	0.6	2.3	25.0	30.5

2. 中国对欧洲各国制造业增加值出口结构分解及其年均增长率

基于部门双边增加值贸易分解模型，测算出2000—2014年中国对欧洲各国制造业增加值出口及年均增长率，并按2014年VAX与VAI规模之和从高到低排序，结果见表7－6。[①] 对比发现：中欧制造业增加值贸易规模及年均增长率存在显著的国别和部门差异。德国仍是中国最大的增加值贸易伙伴国，俄罗斯次之，英国和法国分别为第三和第四大贸易伙伴国。中国对绝大多数欧洲国家的VAX大于VAI，意味着从规模上来看，中国总体表现为增加值贸易顺差，中欧经贸合作能够显著促进中国的增加值净出口。中国对俄罗斯劳动密集型部门增加值贸易顺差最大（153.3亿美元），但对德国技术密集型部门的逆差最大（224.6亿美元），表明俄罗斯对中国劳动密集型产品和中国对德国技术密集型产品需求非常强劲，可能意味着中欧制造业部门存在“梯级分工”特征，中国迈向价值链高端环节的增值空间巨大。劳动密集型部门VAX与VAI规模之比远大于资本和技术密集型部门，表明中国劳动密集型部门的价值增值能力远高于资本和技术密集型部门。其主要原因在于，凭借劳动力比较优势，中国仅须从国外进口少量中间产品即可完成最终产品生产，产品出口中内含的大量国内增加值用于满足进口国的最终需求，而资本和技术密集型部门则须从欧洲进口更多半成品和零部件等增加值率更高的中间产品，经加工组装后再出口，难以获得更多增加值。从年均增长率来看，中国劳动密集型部门VAX增长率总体上低于VAI，而技术密集型部门VAX高于VAI；中国对匈牙利VAX增长率大幅度低于VAI，对俄罗斯VAX增长率大幅高于VAI，这些差异表明中国技术密集型部门的增加值贸易结构正在快速优化，也间接表明拓展中欧增加值贸易能够显著促进中国制造业由全球价值链中低端环节向高端环节转变。

① 因篇幅所限，表7－6仅报告了前20个国家的测算结果。未报告部分，感兴趣的读者可联系笔者索取。

表 7 -6　2014 年中国对欧洲各国制造业增加值出口结构分解及其年均增长率

国家	劳动密集型				资本密集型				技术密集型			
	增加值贸易（亿美元）		增长率（%）		增加值贸易（亿美元）		增长率（%）		增加值贸易（亿美元）		增长率（%）	
	VAX	VAI	VAX	VAI	VAX	VAI	VAX	VAI	VAX	VAI	VAX	VAI
德国	76.4	23.3	14.3	19.1	100.6	97.0	14.8	17.2	173.9	398.5	15.7	19.5
俄罗斯	156.8	3.5	24.1	16.6	69.2	41.6	27.7	12.0	94.1	14.8	31.4	10.2
英国	68.7	5.3	13.2	13.7	68.9	30.2	13.4	14.9	118.9	58.6	15.1	12.2
法国	42.3	6.0	12.4	14.3	51.4	25.9	14.0	12.2	84.8	60.0	15.2	12.9
意大利	32.5	16.1	13.0	17.3	35.5	28.2	13.9	15.0	57.0	50.5	15.9	14.5
荷兰	23.7	2.2	15.8	18.0	35.8	11.4	16.2	15.3	74.9	18.6	22.3	15.1
西班牙	27.2	2.6	16.0	15.7	28.7	13.7	15.7	16.4	44.2	14.7	17.9	16.8
瑞士	5.6	4.5	10.7	23.8	10.3	10.6	16.0	17.5	20.1	44.9	19.6	19.0
波兰	12.1	2.0	17.3	25.3	17.3	9.3	21.1	24.2	30.7	7.5	24.1	24.0
瑞典	7.8	1.9	15.9	14.8	12.2	9.4	17.9	10.5	18.0	22.1	19.3	9.0
比利时	9.4	1.6	11.8	13.7	14.1	7.8	14.3	13.3	19.3	12.4	15.0	13.4
奥地利	4.9	2.0	13.9	13.6	6.9	9.6	15.6	16.3	11.3	19.2	17.2	17.8
丹麦	5.5	1.2	12.0	17.2	7.3	4.2	14.1	14.6	11.3	13.5	16.6	18.9
捷克	3.2	1.1	15.4	23.9	6.4	5.7	22.1	24.4	14.8	9.8	26.5	27.1
挪威	6.1	0.4	13.9	15.0	7.5	5.3	17.3	15.6	11.2	8.7	19.0	19.1
芬兰	4.1	0.8	15.4	9.9	6.7	6.2	17.8	9.8	11.6	9.5	17.7	4.7
爱尔兰	2.7	2.6	14.5	27.0	4.4	6.0	17.7	25.1	7.7	8.1	21.4	13.4
希腊	5.2	0.1	14.7	6.8	6.5	1.5	14.6	18.4	10.7	0.3	17.0	13.3
匈牙利	1.4	0.4	6.0	20.2	3.3	2.5	15.2	23.1	6.8	7.2	16.8	26.4
罗马尼亚	2.0	1.0	22.8	16.0	4.4	2.1	20.9	15.3	7.9	3.3	27.2	25.4

四、中欧制造业细分部门的增加值显性比较优势分析

1. 中欧制造业细分部门的增加值显性比较优势

基于改进的增加值 VRCA 指数，测得中欧制造业细分部门的 VRCA_ DVA 和 VRCA_ IVA 指数，其中 2014 年中欧六国测算结果报告见表 7 -7。结果发现：各国相同部门的 VRCA_ DVA 和 VRCA_ IVA 指数差异不大，两者结果相互印证，但部门之间存在明显差异。从 VRCA_ DVA 来看，中国的纺织、服装和皮革部门最具竞争力（2.24），但从 VRCA_ IVA 来看，意大利竞争力最强（3.13），中国次之（1.88），家具及其他制造业结果类似。这表明虽然中国劳动密集型部门出口竞争力较强，但是该部

门通过中间产品出口实现间接国内增加值的国际竞争力仍显著低于意大利等国，对于加工贸易比重较大的中国而言，VRCA_ DVA 指数可能存在一定程度的偏差，而 VRCA_ IVA能够更准确地反映一国真实的出口竞争力①。整体而言，德国的汽车、拖车和半拖车部门出口竞争力最强，电气设备和机械设备次之，但纺织、服装和皮革，木材加工及手工编制品等劳动密集型部门出口竞争力较弱，法国与英国的其他运输设备以及荷兰的食品、饮料和烟草部门都具有较强的竞争力。除计算机、电子和光学设备及电气设备外，中国其他技术密集型部门出口竞争力较弱，其中基本药品和药品制剂部门竞争力最弱，其他运输设备次之，这些部门与部分欧洲国家存在较大差距。可见，中国资本和技术密集型部门比较劣势仍然明显，而欧洲发达国家比较优势显著，其原因主要在于劳动力比较优势下的加工贸易发展偏向导致中国制造业被长期“锁定”在加工装配等全球价值链中低端环节，尚未完全形成依靠自主创新实现转型升级的内生能力。因此，中欧制造业部门间仍然存在较强的价值链互补性，但是中国应提高对欧洲中间产品的进口质量，利用其技术溢出效应促进国内自主创新，提升价值链中上游中间产品的增加值比较优势。

表 7－7　2014 年中欧部分国家制造业细分部门的增加值显性比较优势指数

部门	VRCA_ DVA						VRCA_ IVA					
	中国	德国	法国	英国	意大利	荷兰	中国	德国	法国	英国	意大利	荷兰
纺织、服装和皮革	2.24	0.28	0.72	0.64	2.20	0.32	1.88	0.45	0.65	0.86	3.13	0.31
木材加工及手工编制品	1.57	0.48	0.62	0.42	1.10	0.60	1.58	0.61	0.76	0.46	0.94	0.74
家具及其他制造业	1.21	0.91	0.96	1.41	1.41	1.61	1.32	0.86	0.69	1.77	1.32	1.46
食品、饮料和烟草	0.85	0.60	1.72	1.44	0.94	2.95	1.37	0.59	1.64	2.59	0.58	3.05
纸张及纸制品	0.74	0.90	0.87	0.86	0.84	0.96	0.63	1.01	1.07	0.86	0.92	0.93
印刷和出版	0.92	0.81	0.83	1.53	1.20	1.52	1.03	0.81	0.90	1.48	1.44	1.46
焦炭和精炼石油产品	0.90	0.16	0.10	0.30	0.08	0.54	0.96	0.24	0.14	0.46	0.08	0.63

① 这是因为，根据前文测算方法，VRCA_DVA 指数采用不受消耗地点影响的出口国内增加值测算而来，但该出口国内增加值仍然可能有部分通过进口返回并被本国最终使用，而 VRCA_IVA 指数采用一国中间产品出口并被国外最终使用而实现的间接国内增加值测算。因此，采用 VRCA_DVA 指数可能存在一定程度的“虚高”，而 VRCA_IVA 指数能更加准确地衡量一国中间产品出口的显性比较优势或国际竞争力。

续表

部门	VRCA_ DVA						VRCA_ IVA					
	中国	德国	法国	英国	意大利	荷兰	中国	德国	法国	英国	意大利	荷兰
橡胶和塑料制品	0.95	1.11	1.36	1.22	1.15	1.01	0.86	1.23	1.57	1.25	1.25	1.08
非金属矿物产品	1.41	0.77	0.82	0.64	1.47	0.68	1.53	0.82	0.94	0.76	1.56	0.75
基础金属	1.20	0.63	0.46	0.65	0.59	0.55	1.02	0.79	0.74	0.81	0.81	0.79
金属制品	0.64	1.24	1.19	1.27	1.95	1.20	0.61	1.25	1.25	1.11	2.01	1.14
化学原料和化学制品	0.89	0.98	1.20	0.81	0.57	1.78	0.78	1.12	1.35	0.92	0.60	1.95
基本药品和药品制剂	0.23	1.10	2.09	2.19	1.24	1.22	0.27	0.98	1.11	1.55	1.31	0.91
计算机、电子和光学设备	1.35	0.52	0.62	0.59	0.24	0.37	1.42	0.50	0.63	0.50	0.23	0.28
电气设备	1.30	1.51	0.81	0.73	0.98	0.68	1.31	1.67	0.95	0.77	1.09	0.68
机械设备	0.84	1.67	0.93	1.07	1.83	1.38	0.97	1.54	0.94	1.13	1.86	1.36
汽车、拖车和半拖车	0.40	2.15	0.71	0.88	0.59	0.36	0.67	1.75	1.19	0.61	0.88	0.33
其他运输设备	0.49	0.73	2.38	2.31	0.61	0.49	0.40	0.52	1.21	3.49	0.59	0.36

2. 中欧制造业细分部门层面的增加值显性竞争优势

根据式（7－13）计算得到中欧制造业部门 VCA 指数，从表 7－8 中可得如下结论：由于全球价值链的嵌入位置与转型阶段及方向不同，中欧各国制造业及其细分部门的增加值竞争优势指数变动呈显著分化趋势。具体而言，中国制造业大多数部门 VCA 指数大于 1，表明中国从中间产品出口中获得价值增值的能力总体上大于外国向中国出口中间产品实现价值增值的能力。多数劳动密集型部门 VCA 指数上升，纺织、服装和皮革部门升幅最大（1.54），木材加工及手工编制品部门升幅次之（0.51），家具及其他制造业降幅显著（2.54）；资本密集型部门 VCA 总体变化幅度较小，多数部门下降与少数部门上升并存；而多数技术密集型部门 VCA 上升与少数部门下降并存。欧洲五国中，德国的竞争优势主要集中在技术密集型制造业，这些部门 VCA 指数总体处于各国平均水平之上并始终保持领先地位；法国的食品、饮料和烟草部门竞争优势明显，并且多数技术密集型部门竞争优势得到了强化；英国的食品、饮料和烟草部门升幅最大（1.43），其他运输设备部门降幅最大（2.05）。值得注意的是，由于可能被中国逐渐增强的竞争优势替代，欧洲多国纺织、服装和皮革部门的领先地位有所弱化，但意大利等国已表现出向“高增加值”劳动密集型制造业转型的趋势，而且其焦炭和精炼石油产品等部门竞争优势普遍大幅度下降，这意味着欧洲发达国家正将部分“低增加值”劳动密集型和“高能耗、高污染”资本密集型制造业转移至国外，不断巩固其先进制造业的竞争优势。因此，中国需要警惕并重点提升竞争优势下滑的部分资本和技术密集型部门，同时应避免落入“低增加值、高能耗、高污染”的价值链“分工陷阱”。

表7－8　2000年和2014年中欧部分国家制造业细分部门的增加值显性竞争优势指数

部门	中国		德国		法国		英国		意大利		荷兰	
	2000年	2014年	2000年	2014年	2000年	2014年	2000年	2014年	2000年	2014年	2000年	2014年
纺织、服装和皮革	0.72	2.26	0.67	0.48	1.24	0.36	1.69	1.39	1.82	1.90	0.72	0.43
木材加工及手工编制品	1.50	2.01	0.70	0.57	0.86	0.82	0.46	0.49	0.69	0.73	0.59	0.69
家具及其他制造业	3.34	0.80	0.81	1.08	0.64	0.66	0.90	1.95	1.08	1.67	1.86	1.37
食品、饮料和烟草	2.09	2.27	0.76	0.61	2.19	1.97	1.47	2.90	0.47	0.55	1.34	1.54
纸张及纸制品	0.64	0.91	0.72	0.85	1.02	1.11	0.54	0.87	0.55	0.85	0.48	0.80
印刷和出版	1.77	1.41	0.95	0.74	0.92	0.97	1.76	1.65	1.32	1.81	1.27	1.35
焦炭和精炼石油产品	1.49	1.32	0.48	0.28	0.46	0.15	0.89	0.48	0.39	0.10	0.63	0.39
橡胶和塑料制品	1.86	1.34	1.14	1.11	1.63	1.38	1.23	1.34	1.30	1.28	0.95	1.04
非金属矿物产品	2.22	1.93	0.91	0.80	1.03	1.04	0.88	0.84	1.99	1.61	1.21	0.77
基础金属	1.54	1.34	0.90	0.76	1.20	0.93	0.81	0.70	0.58	0.65	1.06	1.08
金属制品	1.06	1.10	1.08	0.98	1.11	1.15	1.06	1.02	1.83	1.99	1.05	1.37
化学原料和化学制品	0.84	1.00	1.16	1.05	1.17	1.39	1.28	1.07	0.51	0.53	1.13	1.37
基本药品和药品制剂	1.24	1.15	0.77	1.21	0.91	1.14	0.62	1.20	1.20	0.52	1.23	1.04
计算机、电子和光学设备	0.60	0.57	0.67	0.77	0.78	0.96	0.57	0.72	0.59	0.57	1.23	0.34
电气设备	1.10	1.41	1.86	1.64	1.02	0.90	0.97	0.79	1.06	0.94	0.98	0.76
机械设备	1.46	1.33	1.40	1.37	0.76	0.77	1.01	1.04	1.56	1.67	0.94	1.25
汽车、拖车和半拖车	1.43	1.87	1.27	1.40	1.32	1.60	1.10	0.53	1.91	1.14	0.55	0.67
其他运输设备	0.64	0.76	0.69	0.48	0.30	0.44	3.31	1.26	1.95	0.80	0.54	0.79

五、中欧制造业细分部门的全球价值链分工格局

为了考察中欧制造业全球价值链分工格局，分别测算出各国细分部门层面的全球价值链参与程度与分工地位，同时重点刻画技术密集型部门的计算机、电子、光学设备制造业和机械设备制造业全球价值链参与程度的动态演进。①

1. 中欧制造业细分部门的全球价值链参与程度

中国制造业全球价值链前向参与度总体大于后向参与度，但与欧洲五国相比，中国各部门价值链参与度却普遍偏低，IVA 规模及比重处于较低水平，这意味着中欧增加值贸易广度和深度仍有很大拓展空间，中国亟须提高中间产品间接出口增加值规模及比重，致力于由价值链“后向参与”向“前向参与”转型。从部门异质性来看，德国资本和技术密集型部门前向参与度较高，而后向参与度较低，表明德国总体处于全球价值链高端环节；与前向参与度相比，中国劳动密集型部门后向参与度远低于欧洲五国，从而印证了中欧制造业部门间竞争优势的显著差异及较强的互补性。欧洲五国的木材加工及手工编制品、焦炭和精炼石油产品、基础金属等部门后向参与度较高，意味着其“资源型”初级产品及半成品部门较多地采用“进口替代”方式满足本国需求。计算机、电子和光学设备及化学原料和化学制品分别是中国后向与前向参与度最高的部门，这是由于这些部门较高的垂直专业化分工属性决定其需要更为深入地嵌入全球价值链体系；而后向参与度同样较高，意味着其较多地依赖于国外高端中间产品的供给，从而导致国内增加值比重始终处于较低水平，这在一定程度上解释了为何中国制造业长期难以摆脱“大而不强”和“贫困增长”的现实困境。因此，对中欧价值链分工而言，中国亟须依靠自主创新逐步累积和提升增值竞争能力，改善对国外高端中间产品的进口依赖，降低高端中间产品供应链安全风险（见表 7 –9）。

表 7 –9　中欧部分国家制造业细分部门的全球价值链参与程度

部门	前向参与度						后向参与度					
	中国	德国	法国	英国	意大利	荷兰	中国	德国	法国	英国	意大利	荷兰
纺织、服装和皮革	0.068	0.171	0.083	0.166	0.193	0.096	0.030	0.328	0.383	0.150	0.105	0.506
木材加工及手工编制品	0.134	0.216	0.189	0.157	0.166	0.172	0.068	0.360	0.394	0.424	0.247	0.588

① 因篇幅所限，表 7 –9 仅报告了 6 国 2014 年的测算结果。未报告的部分，感兴趣的读者可联系笔者索取。

续表

部门	前向参与度						后向参与度					
	中国	德国	法国	英国	意大利	荷兰	中国	德国	法国	英国	意大利	荷兰
家具及其他制造业	0.073	0.117	0.076	0.145	0.115	0.124	0.099	0.109	0.208	0.104	0.079	0.226
食品、饮料和烟草	0.107	0.107	0.108	0.200	0.068	0.137	0.048	0.168	0.093	0.090	0.133	0.208
纸张及纸制品	0.145	0.295	0.273	0.235	0.274	0.209	0.144	0.292	0.372	0.312	0.306	0.545
印刷和出版	0.152	0.213	0.200	0.214	0.278	0.224	0.099	0.246	0.316	0.153	0.149	0.351
焦炭和精炼石油产品	0.163	0.182	0.071	0.205	0.071	0.122	0.128	0.630	0.838	0.567	0.778	0.748
橡胶和塑料制品	0.162	0.315	0.285	0.272	0.305	0.252	0.110	0.240	0.315	0.236	0.227	0.506
非金属矿物产品	0.142	0.212	0.198	0.202	0.231	0.177	0.073	0.242	0.316	0.307	0.150	0.521
基础金属	0.175	0.332	0.308	0.266	0.302	0.298	0.130	0.406	0.555	0.485	0.489	0.634
金属制品	0.153	0.268	0.238	0.212	0.294	0.256	0.123	0.224	0.305	0.237	0.137	0.380
化学原料和化学制品	0.189	0.382	0.332	0.329	0.259	0.329	0.179	0.319	0.379	0.372	0.490	0.523
基本药品和药品制剂	0.118	0.159	0.090	0.117	0.151	0.139	0.089	0.107	0.116	0.110	0.267	0.268
计算机、电子和光学设备	0.136	0.225	0.201	0.174	0.192	0.100	0.246	0.277	0.359	0.318	0.365	0.685
电气设备	0.143	0.274	0.208	0.199	0.235	0.180	0.094	0.145	0.361	0.301	0.245	0.511
机械设备	0.140	0.200	0.163	0.191	0.214	0.203	0.099	0.129	0.333	0.224	0.128	0.353
汽车、拖车和半拖车	0.180	0.163	0.264	0.108	0.251	0.143	0.089	0.100	0.255	0.244	0.215	0.454
其他运输设备	0.081	0.115	0.073	0.224	0.154	0.125	0.096	0.201	0.252	0.206	0.183	0.331

从动态演进来看，在计算机、电子和光学设备制造业中，考察期内中国的前向参与度呈现出先降后升趋势，后向参与度正好相反。德国和法国的前向参与度一直保持波动中稳步上升趋势，但其他欧洲国家普遍经历了先升后降趋势，后向参与度也正好相反，荷兰的变化幅度最为显著。虽然中国前向参与度显著低于欧洲五国，但是2008年开始快速攀升并于2013年超过荷兰，后向参与度则快速下降，由高于欧洲五国迅速降低至最低水平。这些表明积极嵌入全球价值链对中国该部门分工地位的快速攀升作用显著，但是前向参与度和后向参与度仍有很大改善空间，中国应继续强化同欧洲

特别是德国和法国的经贸合作。在机械设备制造业中，除了少数年份下降外，各国的前向参与度均呈上升趋势，中国、德国和意大利升幅最为显著。值得注意的是，虽然中国的前向参与度表现出先下降后波动上升的良好趋势，年均升幅达到2.16%，但是在考察期内仍大幅度低于欧洲五国，意味着中国距离机械制造业强国还“任重道远”；与此相反，中国后向参与度呈先升后降趋势，并于2011年开始低于其他五国，而欧洲五国均表现出波动上升趋势，特别是法国、荷兰、英国已处于较高水平，揭示出其对国外中间产品进口依赖度不断升高，全球价值链增值能力有逐渐降低的趋势。中国应以当前中欧制造业价值链重构为战略契机，着力提高计算机、电子和光学设备，以及机械设备等关键制造业领域中间产品核心竞争力，增加对欧洲国家中间产品净出口规模，改善增加值出口结构及质量，夯筑中国制造业强国建设的重要基础（见图7-5、图7-6）。

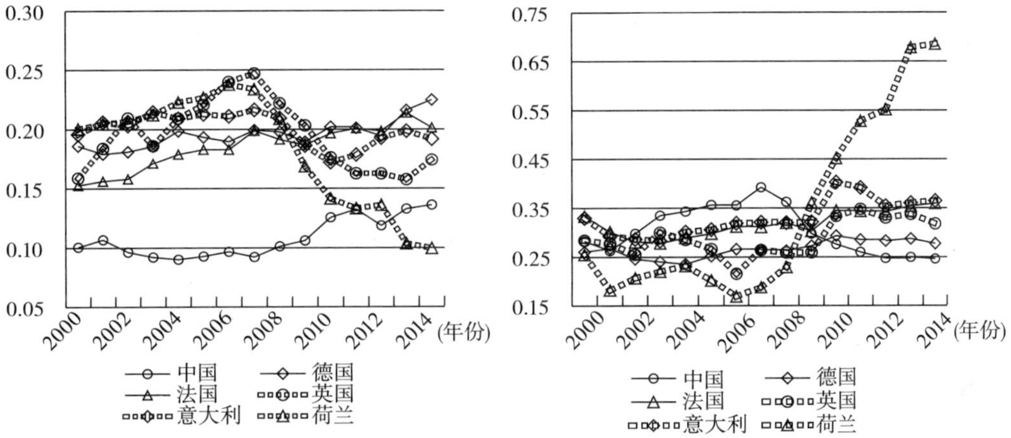

图7-5 2000—2014年中欧六国计算机、电子和光学设备制造业的前向参与度（左）和后向参与度（右）

2. 中欧制造业细分部门的全球价值链分工地位

中欧制造业部门层面的分工地位变化存在明显差异。除家具及其他制造业分工地位指数下降外，中国其他部门均实现不同程度的攀升，其中纸张及纸制品部门升幅最大，地位指数由-0.126攀升至0.001；化学原料和化学制品次之，地位指数由-0.110攀升至0.009。劳动密集型部门中的纺织、服装和皮革以及木材加工及手工编制品，地位指数同样由负转正，已经基本形成对欧洲五国的领先优势。除德国和法国的技术密集型部门以及意大利的劳动密集型和资本密集型部门外，欧洲五国其他部门分工地位总体上出现不同程度的下降。德国和法国的技术密集型制造业进步显著，而英国、意大利和荷兰技术密集型部门的竞争力明显弱化；德国的基本药品和药品制剂地位指数升

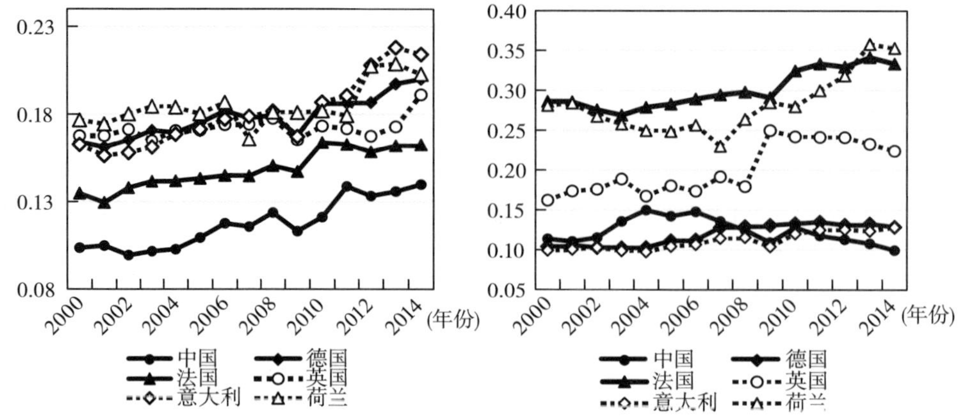

图 7－6　2000—2014 年中欧六国机械设备制造业的前向参与度（左）和后向参与度（右）

幅最大，由－0.017 增至 0.046；法国的其他运输设备，英国的食品、饮料和烟草，意大利和荷兰的纸张及纸制品等地位指数升幅较大。与中国的较大升幅相反，欧洲五国在焦炭和精炼石油产品以及基础金属等部门的降幅较大。综上，这些变化意味着中国自加入 WTO 以来，中欧制造业各部门分工格局进入明显的重塑与调整期。得益于全球分工的红利释放，中国充分发挥了劳动力等生产要素的比较优势，通过资本积累与逆向技术溢出等方式深度嵌入价值链分工，已在劳动密集型和部分资本密集型部门等价值链的中低端环节构筑了较为稳固的竞争优势，正在由“价值输入”向“价值输出”转型，但与欧洲发达国家特别是德国资本和技术密集型部门相比，差距仍然不容小觑，这些无疑构成了中欧继续深化经贸合作的重要基础（见表 7－10）。

表 7－10　2000 年和 2014 年中欧部分国家制造业细分部门的全球价值链分工地位

部门	中国		德国		法国		英国		意大利		荷兰	
	2000 年	2014 年	2000 年	2014 年	2000 年	2014 年	2000 年	2014 年	2000 年	2014 年	2000 年	2014 年
纺织、服装和皮革	－0.051	0.037	－0.063	－0.126	－0.051	－0.244	0.059	0.014	0.064	0.076	－0.139	－0.318
木材加工及手工编制品	－0.008	0.060	－0.050	－0.112	－0.120	－0.159	－0.143	－0.208	－0.046	－0.067	－0.213	－0.304
家具及其他制造业	0.021	－0.024	－0.021	0.007	－0.099	－0.116	－0.022	0.037	0.000	0.033	0.008	－0.087
食品、饮料和烟草	0.007	0.055	－0.026	－0.053	0.011	0.013	0.022	0.096	－0.059	－0.059	－0.019	－0.060
纸张及纸制品	－0.126	0.001	－0.044	0.003	－0.098	－0.075	－0.123	－0.061	－0.112	－0.025	－0.266	－0.245
印刷和出版	0.008	0.047	0.008	－0.027	－0.104	－0.093	0.074	0.051	0.045	0.107	－0.029	－0.099

续表

部门	中国		德国		法国		英国		意大利		荷兰	
	2000 年	2014 年	2000 年	2014 年	2000 年	2014 年	2000 年	2014 年	2000 年	2014 年	2000 年	2014 年
焦炭和精炼石油产品	-0.026	0.031	-0.161	-0.321	-0.302	-0.540	-0.046	-0.263	-0.188	-0.507	-0.236	-0.444
橡胶和塑料制品	0.016	0.046	0.047	0.059	0.003	-0.023	0.044	0.029	0.054	0.062	-0.107	-0.185
非金属矿物产品	0.021	0.063	-0.011	-0.025	-0.092	-0.094	-0.031	-0.083	0.077	0.069	-0.062	-0.256
基础金属	-0.014	0.039	-0.011	-0.054	-0.095	-0.173	-0.058	-0.159	-0.132	-0.134	-0.118	-0.230
金属制品	-0.048	0.027	0.039	0.035	-0.063	-0.053	0.021	-0.020	0.097	0.129	-0.062	-0.094
化学原料和化学制品	-0.110	0.009	0.054	0.047	-0.083	-0.034	0.057	-0.032	-0.152	-0.168	-0.079	-0.136
基本药品和药品制剂	-0.023	0.026	-0.017	0.046	-0.055	-0.023	-0.041	0.006	0.025	-0.096	-0.024	-0.107
计算机、电子和光学设备	-0.153	-0.093	-0.061	-0.042	-0.146	-0.124	-0.103	-0.116	-0.106	-0.135	-0.045	-0.427
电气设备	-0.043	0.044	0.105	0.107	-0.087	-0.119	-0.002	-0.082	0.013	-0.007	-0.084	-0.247
机械设备	-0.009	0.036	0.053	0.061	-0.125	-0.137	0.005	-0.027	0.056	0.073	-0.085	-0.118
汽车、拖车和半拖车	-0.010	0.080	0.037	0.055	-0.028	0.007	0.020	-0.116	0.094	0.029	-0.139	-0.241
其他运输设备	-0.083	-0.014	-0.034	-0.074	-0.220	-0.154	0.192	0.015	0.085	-0.024	-0.170	-0.168

六、中欧制造业的价值网络结构特征分析

如前文所述，为了从整体视角更为全面地考察中欧各国在价值网络中的结构特征，本节将增加值分解框架与社会网络分析法相结合，通过构建 Degree 和 Power，以前文测算而来的中欧各国制造业多边贸易增加值矩阵作为输入，利用 UCINET 6.0 软件程序测算价值网络结构。为了更直观地刻画各国在价值网络中的“中心—外围”分工结构，采用 NetDraw 2.0 软件分别绘制了 2000 年和 2014 年中欧各国制造业价值网络结构图，两国之间连线的粗细表示贸易价值增值关联的紧密程度，连线越粗代表两国之间贸易规模越大（见图 7-7）。

根据计算结果，2000 年德国和法国处于中欧制造业价值网络中心地位，两国贸易关联最为紧密；英国、意大利、荷兰和比利时等处于次中心地位，中国则处于次中心与外围国家之间，中国与德国、英国和法国的贸易关联较为紧密。而 2014 年中欧整

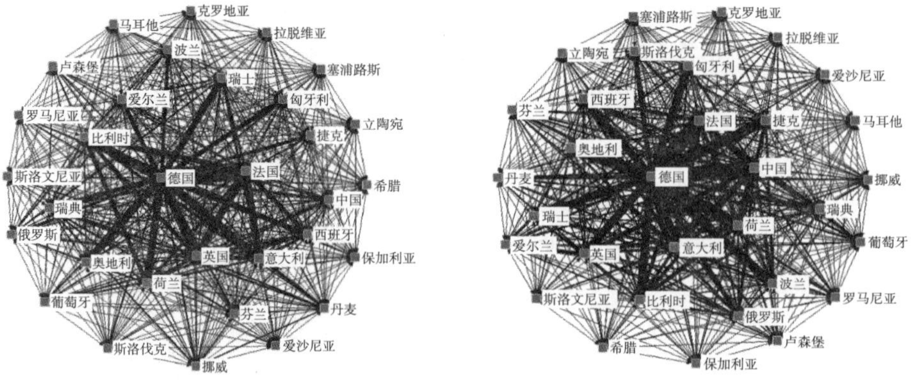

图7－7　2000年（左）和2014年（右）中欧各国制造业价值网络结构

体价值网络结构已显著重构，价值网络中心国已经演变为德国和中国，并且两国贸易关联最为紧密，中国已经取代法国和英国等众多国家，成为欧洲各国最重要的增加值来源国之一。由此可见，中国在中欧价值网络中的分工地位大幅度提升，积极嵌入中欧价值链分工体系对提高中国在中欧价值网络中的中心地位至关重要。不难发现，德国始终处于价值网络的中心地位，表明其在价值网络中对其他国家通过贸易往来获取价值增值的控制能力最强，法国、意大利、荷兰和英国的次中心地位有不同程度变化，中国与欧洲国家制造业价值网络紧密度大幅提升。除直接的贸易关联外，中国还主要通过德国的“中介”和“桥梁”作用与欧洲其他国家构成间接的网络联结，可见继续强化与德国的贸易和投资合作意义重大。2014年中欧价值网络紧密度明显大于2000年，意味着各国通过中间产品贸易能够实现更为紧密的增加值联结，参与中欧价值链分工有利于提高各国制造业价值增值的深度和广度。

对比中欧制造业价值网络结构特征的部门差异，将各国按照2014年Degree和Power之和由高到低进行了排序。从中发现，中欧制造业价值网络具有明显的“中心—外围”结构特征，德国的Degree和Power始终处于最高水平，中国的指数在大幅度提升后仅次于德国，意大利、法国、英国和荷兰等紧随其后。除个别国家外，绝大多数国家制造业部门Degree均有不同程度的提高；Power则出现分化态势，即多数国家的劳动密集型部门下降与资本和技术密集型部门提高并存。从Degree来看，中国的劳动密集型部门在所有国家中升幅最大（13.99），但资本密集型部门中国升幅（11.02）低于德国（13.52），技术密集型部门中国（9.88）同样低于德国（13.82），这表明虽然中国与德国相对差距仍然很大，但是与中国开展双边贸易的国家数量及增加值规模均已大幅度增加，中国的贸易广度与强度仅次于德国，对欧洲各国价值增值的促进作用已变得“举足轻重”，同时意味着未来中欧经贸合作的潜力巨大。从Power

看，中国的升幅在所有国家中最为显著，其中劳动密集型部门升幅为14.94，而降幅较大的依次为英国（5.06）、法国（4.60）和德国（3.50）；中国的资本密集型和技术密集型部门升幅分别为7.61和8.10，远高于其他国家。Power越低的其他国家，越处于中心国家的从属地位，因此从侧面表明中国在中欧制造业价值网络中的角色发生了重大变化，中国较高的网络节点权力对欧洲各国价值增值和利益分配的影响力迅速提升，中欧双边依赖程度显著增强，中国正逐渐由中欧价值网络中的“从属者”向“主导者”转型（见表7－11）。

表7－11　2000年和2014年中欧制造业全球价值网络结构特征

国家	Degree						Power					
	劳动密集型		资本密集型		技术密集型		劳动密集型		资本密集型		技术密集型	
	2000年	2014年	2000年	2014年	2000年	2014年	2000年	2014年	2000年	2014年	2000年	2014年
德国	16.27	18.91	21.94	35.46	16.54	30.36	18.68	15.18	23.13	23.44	25.87	27.00
中国	2.99	16.98	2.47	13.49	1.41	11.29	4.35	19.29	2.56	10.17	2.13	10.23
意大利	12.26	15.39	8.26	12.71	4.67	8.14	17.44	16.31	8.89	8.77	6.68	6.07
法国	9.28	11.38	12.23	12.67	9.19	9.81	9.24	4.64	11.06	7.19	9.13	6.75
英国	7.75	6.09	8.87	9.24	7.20	6.37	10.73	5.67	9.36	5.81	11.38	4.74
荷兰	3.84	5.81	6.88	10.18	3.62	7.33	4.12	3.06	5.77	4.94	4.85	4.12
西班牙	3.99	5.91	5.01	7.02	3.26	4.75	4.95	3.91	4.61	4.27	2.77	2.88
波兰	2.33	4.83	2.09	7.49	1.06	4.26	2.99	4.40	1.97	4.94	1.10	2.39
俄罗斯	1.22	2.22	3.93	10.75	0.83	2.59	1.73	1.54	4.50	8.29	1.00	1.56
比利时	4.46	3.93	7.62	8.50	4.27	5.12	4.76	2.40	5.57	3.59	4.25	2.94
奥地利	4.06	3.88	4.41	6.26	2.42	4.31	5.81	4.15	4.51	4.23	2.65	2.73
捷克	1.49	3.63	1.73	6.51	0.86	4.40	1.98	2.48	1.53	3.25	0.99	2.52
瑞士	3.53	3.61	3.69	4.22	2.49	5.27	3.15	2.10	2.79	2.14	2.92	3.64
瑞典	2.85	3.46	4.99	5.01	3.13	3.47	3.33	2.16	5.37	3.49	3.61	2.71
匈牙利	2.10	2.10	1.89	4.08	1.65	3.96	0.89	0.90	0.68	1.42	0.77	1.45
爱尔兰	2.36	2.42	2.09	3.04	1.97	2.39	1.45	1.60	0.79	0.83	2.48	1.80
斯洛伐克	0.35	1.54	0.64	3.27	0.33	2.12	0.36	1.25	0.60	1.66	0.22	0.69
丹麦	2.72	2.00	2.51	3.30	1.28	1.93	1.80	1.10	1.55	1.00	1.24	1.06
芬兰	1.59	1.16	3.37	2.78	1.24	1.62	2.26	0.91	3.73	1.91	1.53	0.88
葡萄牙	1.80	2.25	1.03	1.65	0.52	0.96	1.76	2.26	0.72	0.87	0.34	0.38
罗马尼亚	0.68	1.75	0.46	1.68	0.18	0.97	0.35	1.56	0.33	1.08	0.21	0.82
挪威	0.86	0.99	2.19	2.32	0.70	1.25	1.10	0.64	2.35	1.35	0.80	0.62
斯洛文尼亚	0.53	0.74	0.56	1.14	0.18	0.48	0.64	0.55	0.44	0.72	0.19	0.35
立陶宛	0.32	0.93	0.09	0.68	0.05	0.32	0.38	0.98	0.06	0.33	0.05	0.18

续表

国家	Degree						Power					
	劳动密集型		资本密集型		技术密集型		劳动密集型		资本密集型		技术密集型	
	2000 年	2014 年	2000 年	2014 年	2000 年	2014 年	2000 年	2014 年	2000 年	2014 年	2000 年	2014 年
卢森堡	0.49	0.75	0.99	1.35	0.27	0.53	0.40	0.17	0.57	0.25	0.08	0.07
爱沙尼亚	0.25	0.74	0.13	0.62	0.05	0.40	0.29	0.62	0.04	0.19	0.04	0.09
保加利亚	0.05	0.50	0.09	0.70	0.01	0.29	0.03	0.28	0.07	0.28	0.01	0.13
希腊	0.30	0.23	0.43	0.95	0.11	0.22	0.39	0.08	0.41	0.59	0.07	0.07
拉脱维亚	0.30	0.63	0.08	0.36	0.03	0.14	0.41	0.68	0.04	0.12	0.01	0.04
克罗地亚	0.28	0.38	0.28	0.49	0.13	0.20	0.28	0.34	0.14	0.30	0.07	0.11
马耳他	0.07	0.12	0.10	0.15	0.07	0.12	0.04	0.02	0.02	0.02	0.04	0.01
塞浦路斯	0.05	0.07	0.10	0.13	0.03	0.04	0.02	0.01	0.01	0.03	0.00	0.01

从 2014 年中欧制造业细分部门的价值网络结构特征来看，中欧制造业部门之间 Degree 和 Power 指数存在明显的异质性。德国大多数部门在中欧六国中均处于中心地位，同时拥有最高的网络权力，中国的多数部门仅次于德国。从 Degree 来看，中国除了纺织、服装和皮革部门高于德国，计算机、电子和光学设备部门接近德国外，其余部门均低于德国；中国近半数部门已超过除德国外的其他四国，但基本药品和药品制剂以及金属制品等部门仍存在明显差距，可能是因为中国这些部门中间产品相对欧洲国家尚未形成增值竞争优势。从 Power 指数来看，中国计算机、电子和光学设备部门权力指数最高，除德国外远高于其他四国，原因可能在于该部门的垂直专业化程度相对较高，中间产品需要多次跨境往返的贸易特征决定了中欧相互之间高度依赖，也意味着中国对欧洲各国价值增值的影响力较大。中国的劳动密集型部门的 Power 指数相对较高，但部分资本和技术密集型部门与德国的差距较大，这些与前文结论相互印证，此处不再赘述。综上可知，网络中心度和网络权力越高的国家，与各国经贸关联越密切，对各国价值增值的决定和支配能力就越强，也越能通过优化与伙伴国的贸易网络结构促进其分工地位的攀升（见表 7－12）。

表 7－12　中欧部分国家制造业细分部门的价值网络结构特征

部门	Degree						Power					
	中国	德国	法国	英国	意大利	荷兰	中国	德国	法国	英国	意大利	荷兰
纺织、服装和皮革	13.66	11.95	9.46	3.46	15.20	2.86	20.14	10.23	3.93	4.07	20.91	1.16
木材加工及手工编制品	15.58	22.82	8.44	5.41	9.82	7.60	18.27	16.03	5.37	2.51	7.18	3.30

续表

部门	Degree						Power					
	中国	德国	法国	英国	意大利	荷兰	中国	德国	法国	英国	意大利	荷兰
家具及其他制造业	16.98	28.47	12.97	12.88	12.23	10.75	14.02	21.46	4.54	10.03	9.91	6.14
食品、饮料和烟草	8.10	11.68	6.52	7.95	3.54	8.39	14.73	14.60	10.69	13.97	4.14	12.53
纸张及纸制品	7.71	30.44	9.44	6.77	8.30	8.15	6.76	23.68	6.75	4.36	6.62	3.72
印刷和出版	12.29	23.19	8.03	7.61	10.04	7.63	14.25	20.58	6.23	8.15	11.25	6.34
焦炭和精炼石油产品	4.82	7.33	2.32	2.15	1.61	3.67	8.47	5.25	0.81	2.19	0.47	2.25
橡胶和塑料制品	8.44	29.94	11.92	7.04	9.28	7.47	7.57	26.01	8.81	5.61	8.05	3.89
非金属矿物产品	14.62	25.14	9.53	6.03	12.36	7.64	14.88	21.02	6.49	4.09	11.87	3.37
基础金属	11.06	26.81	8.49	5.98	9.30	5.86	11.24	22.16	5.64	4.47	7.08	3.89
金属制品	4.71	23.75	7.84	4.88	10.84	4.61	5.46	25.37	6.80	4.43	12.59	3.99
化学原料和化学制品	7.13	25.18	9.35	5.26	7.05	9.61	7.64	26.03	8.73	4.86	4.32	8.13
基本药品和药品制剂	1.14	7.72	2.91	2.88	5.05	1.72	3.03	19.28	5.91	6.49	8.05	2.93
计算机、电子和光学设备	15.90	15.95	6.43	4.36	3.32	5.05	22.65	19.25	6.50	4.27	2.87	1.92
电气设备	12.18	33.13	8.77	5.18	8.93	5.57	10.25	28.36	4.32	2.77	5.81	2.00
机械设备	8.09	27.02	8.72	5.43	9.80	6.11	8.31	27.54	4.49	4.11	9.88	4.05
汽车、拖车和半拖车	5.83	34.11	7.94	5.76	6.01	2.97	4.79	29.13	5.74	2.24	4.61	0.98
其他运输设备	3.65	11.79	8.46	8.24	2.87	1.32	6.64	18.85	10.58	19.56	5.99	2.02

七、中欧制造业价值网络深化融合的政策选择

通过测度分析中欧制造业及其细分部门层面的双边贸易价值构成、显性比较优势、全球价值链参与程度、分工地位和价值网络结构特征，可以看到以下四点。

第一，中国对欧洲制造业出口 IVA 规模及其年均增长率总体大于 FVA，中欧双边贸易增加值年均增长率在 10% ~40%。德国是中国最大的贸易伙伴国，占中国对欧洲出口增加值总额的比重高达 25.59%。中国整体表现为增加值贸易顺差，劳动密集型

部门对俄罗斯顺差最大，技术密集型部门对德国逆差最大。中国劳动密集型部门 VAX 的年均增长率低于 VAI，而技术密集型部门则正好相反。因此，相互深度依赖并快速扩张的中欧生产网络无疑将对深化双边投资协定和拓展经贸合作产生显著促进作用。

第二，中国劳动密集型部门 VRCA 指数较高，但资本和技术密集型部门的比较劣势明显，其中基本药品和药品制剂部门 VRCA 最低，而欧洲发达国家资本和技术密集型部门比较优势显著，中欧制造业仍然存在较强的价值链互补性。在考察期内，中国多数劳动和技术密集型部门 VCA 指数上升，而多数资本密集型部门 VCA 下降；德国的技术密集型部门竞争优势始终保持领先水平，其基本药品和药品制剂 VCA 升幅最大。欧洲发达国家正在将部分非核心部门转移至国外，不断巩固自身先进制造业的增值竞争优势。

第三，中国制造业全球价值链参与度普遍较低，前向参与度总体上大于后向参与度；计算机、电子和光学设备以及机械设备部门前向参与度低于欧洲五国，但呈现出先降后升的趋势，后向参与度正好相反。中国的价值链分工地位总体上均有提升，纸张及纸制品部门升幅最大，其次是化学原料和化学制品。中欧制造业的分工格局进入了明显的重塑与调整期，中国正由价值链“后向参与”向“前向参与”转型，并且已经在劳动和部分资本密集型部门构筑了较为稳固的竞争优势，正逐渐由“价值输入”向“价值输出”转型。

第四，中欧制造业价值网络的“中心—外围”结构特征非常显著，中心国由德国与法国转变为德国与中国，中国已成为欧洲最重要的增加值来源国之一。德国多数部门的网络中心度和网络权力均处于领先水平，中国仅次于德国；中国劳动密集型部门的指数较高，计算机、电子和光学设备部门接近德国，其他部门与德国差距较大，积极嵌入和深化中欧价值链分工体系对提高中国在中欧价值网络中的中心地位至关重要。中国对欧洲各国价值增值和利益分配的影响力日益提升，正逐渐由价值网络中的“从属者”向“主导者”转型。

针对中欧制造业价值网络的特征，有必要多途径促进其深度融合。

首先，拓展中欧增加值贸易广度和深度，促进双边价值链深度融合。新一轮工业革命方兴未艾，应推进“中国制造 2025”与德国“工业 4.0”和“英国工业 2050”等欧洲工业发展战略对接。提升对欧洲国家中间产品进口质量，引导国内企业将高增加值中间产品“进口依赖”转化为“进口学习”，提高资本密集型中间产品国内增加值出口比重，改善技术密集型部门增加值贸易逆差。同时，研判欧洲发达国家劳动和资本密集型制造业的转型方向，避免被锁定在中欧价值链分工的中低端环节或者高污染环节。

其次，创新税收和金融支持政策，鼓励企业持续加大研发投入强度，特别是增强中间产品自主研发创新能力。着力突破关键核心技术瓶颈，重点提高计算机、电子和光学设备，电气设备，机械设备等部门自主创新力度，缩小药品制剂和化学制品等相对劣势部门的技术差距。扩大高技能劳动力的教育供给，支持企业加大高素质劳动力培养力度，推动“人口红利”向“人力资本红利”转型；重视工匠精神塑造和产品品质提升，厚植“专精特新”型企业创新发展的制度土壤，以中间产品创新重塑中国制造业价值增值的竞争优势。

再次，以中欧价值链重构为契机，拓展双边经贸合作空间。注重增加值贸易扩张对双向投资的拉动作用，特别是在当前中欧深化双边投资协定的重要时期，中国应把握中欧价值链重构的战略机遇，推进高水平贸易和投资便利化政策创新，签订和实施高质量的中欧投资协定，配套相应的金融和财税政策，鼓励与支持中国企业通过跨国并购、绿地投资、国际研发合作等方式在欧洲布局。吸引欧洲先进制造业跨国企业对华投资，发挥竞争倒逼、技术溢出和学习模仿等积极效应，提升中国企业在中欧生产网络中的价值增值能力。

最后，构建中欧价值网络治理合作机制，促进中欧多边贸易高质量发展。优化多边贸易网络的通达性，强化中国与德国的网络核心枢纽作用，充分发挥网络中心国的溢出效应。研判英国脱欧、新冠肺炎疫情以及贸易投资保护等不确定性因素对中欧经贸合作的影响，通过调整优化中间产品贸易网络结构，提升中欧贸易的“韧性”和“弹性”。推动中欧班列由“增量”向“提质”转型，构筑高增加值中间产品敏捷生产网络，确保中欧制造业供应链的安全与稳定。抓住高质量共建“一带一路”重要契机，推动亚欧国家融入区域分工网络，促进中欧制造业增加值贸易包容性增长，推动中国由贸易大国向贸易强国转型。

第三节　中国与中东欧贸易便利化的经济效应及其促进选择

“中东欧”是一个地缘政治概念，包含波兰、匈牙利、希腊等 17 个国家，处于欧亚大陆的枢纽地带，是“一带一路”建设的重要节点。2021 年 2 月，第九届中国—中东欧国家领导人峰会于线上举行，国家主席习近平发表了主旨讲话，强调中国与中东欧各国要坚持开放合作，促进贸易自由化、便利化，应聚焦互联互通，深化海关贸易安全和通关便利化。随着“17 +1”合作的不断深化，中国与中东欧各国的经贸联系日益紧密，2012—2019 年，中东欧国家自中国进口额上升约 61.1%，出口额上升约 39.3%，贸易总额显著提升，中国与中东欧间经贸合作具有较大潜力。

中东欧地区作为“一带一路”建设的重要节点，是中国产品和投资进入欧洲的桥头堡，因此，中国与中东欧国家的经贸合作具有非常重要的战略意义。同时，中国—中东欧国家领导人峰会中多次出现有关贸易便利化的阐述，推动贸易便利化是中国与中东欧国家经贸展开进一步合作的重要方向，是大势所趋。因此，推动中国与中东欧国家贸易便利化受到广泛的关注。

从“16 +1”合作到“17 +1”合作，中国与中东欧各国的经贸合作一直是“一带一路”相关研究中的热点问题之一。从现有文献来看，目前对“17 +1”合作的研究主要集中于对两区域间合作的原因和意义，以及进行经贸合作的潜力的探讨。刘作奎（2016）、[①] 曲如晓和杨修（2016）、[②] 张骥和陈志敏（2015）[③] 探讨了与中东欧的合作对我国的重要战略性意义，中东欧国家凭借其独特的地理位置、政治背景和发展状况，成为是我国与欧盟对接的重要突破口，在我国“一带一路”建设过程中占据重要地位。对于“17 +1”合作的未来，匡增杰和高军（2019）、[④] 白洁等（2020）[⑤] 通过构建引力模型，采用社会网络分析法等进行了研究，认为中国与中东欧国家的贸易互补性较强，未来贸易合作潜力巨大。

---

① 刘作奎．“一带一路”倡议背景下的“16 +1 合作”[J]．当代世界与社会主义，2016(3)：144 –152.

② 曲如晓，杨修．“一带一路”战略下中国与中东欧国家经贸合作的机遇与挑战[J]．国际贸易，2016(6)：28 –33.

③ 张骥，陈志敏．“一带一路”倡议的中欧对接：双层欧盟的视角[J]．世界经济与政治，2015(11)：36 –52 + 156 –157.

④ 匡增杰，高军．“一带一路”倡议下中国与中东欧国家贸易潜力研究[J]．统计与决策，2019，35(13)：122 –124.

⑤ 白洁，梁丹旎，王悦．中国与中东欧国家贸易的竞争互补关系及动态变化[J]．财经科学，2020(7)：92 –105.

贸易便利化是目前除了关税措施外实现贸易畅通、自由的主要有效措施之一，有助于贸易成本的降低，为贸易各方带来有益影响，因此贸易便利化越来越成为许多国家的贸易政策选择。有关贸易便利化的经济效应分析目前多采取 Hummels（2007）与 Minor（2013）的方法，即通过“一天贸易时间的等值关税”来测算各国进口用时的“等值关税”，并引入“技术参数”的方式，使用 GTAP 模型对隐形贸易成本进行冲击模拟以考察各项经济效应。① 但是目前针对中国与中东欧国家贸易便利化的研究较少，且未涉及中国与中东欧国家贸易便利化所产生的经济影响研究。因此，本研究在梳理“17 +1”经贸合作现状及贸易便利化现状的基础上，利用可计算一般均衡模型分析两地区间贸易便利化所产生的经济效应，并以此为两地区间经贸合作以及相关的“一带一路”建设问题提供政策建议。

一、中国与中东欧国家经贸基础及 GTAP 模拟方案设计

1. 中国与中东欧国家经贸合作现状

自 2012 年以来，中国与中东欧 17 国贸易额呈稳步上升的趋势。随着中国与中东欧国家合作的不断深入，“向东开放”越来越成为中东欧国家的可行选择。近年来，中国与中东欧国家贸易规模有所上升，且出口增长快于进口。其中，中国从中东欧国家进口额由 136. 84 亿美元上升至 248. 29 亿美元，中国向中东欧国家出口额由 423. 98 亿美元上升至 704. 49 亿美元（见图 7 –8）。

就贸易行业部门来看，中国向中东欧国家出口以机械及运输设备（SITC7）、杂项制品（SITC8）、主要按原料分类的制成品（SITC6）、未另列明的化学品和有关产品（SITC5）为主，这四类部门商品占比达 97% 以上。而中国自中东欧国家进口以 SITC7、SITC6、SITC8、SITC2 为主，这四类部门商品占比达 93% 以上。

从中国与中东欧国家贸易互补性来看，具有显著的贸易潜力。

参考于津平（2003）、② 关雪凌和肖平（2008）③ 的做法测算贸易互补性指数 C_{ij}，I 国与 J 国的贸易互补性可采用如下方法测算：

$$C_{ij}^{i} = RCA_{xi}^{k} RCA_{mj}^{k} \tag{7-18}$$

$$C_{ij} = \sum C^{k} M\, ij \frac{X_{w}^{k}}{X_{w}} = \sum_{k} RCA_{xi}^{k} RCA_{mj}^{k} \cdot \frac{x_{w}^{k}}{X_{w}} \tag{7-19}$$

---

① MINOR，P J. Time as a Barrier to Trade：A GTAP Database of ad valorem Trade Time Costs[Z]. 2013；Hummels，D，et al. Calculating Tariff Equivalents for Time in Trade[Z]. 2007.

② 于津平. 中国与东亚主要国家和地区间的比较优势与贸易互补性[J]. 世界经济，2003(5)：33 –40 +80.

③ 关雪凌，肖平. 中日贸易的比较优势与互补性分析[J]. 现代日本经济，2008(5)：34 –39.

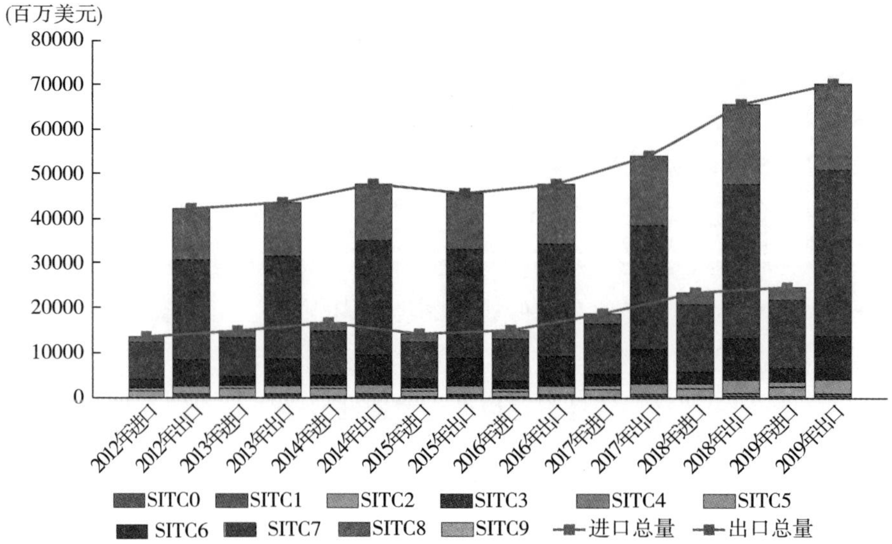

图 7－8　2012—2019 年中国与中东欧 17 国进出口贸易额

资料来源：UNComtrade。

其中，

$$RCA_{xi}^{k} = (X_i^k/X_i)/(X_w^k/X_w) \quad (7-20)$$

$$RCA_{mj}^{k} = (M_j^k/M_j)/(X_w^k/X_w) \quad (7-21)$$

其中，式（7－18）为 I 国与 J 国间单个产品 k 的贸易互补性指数，式（7－19）为 I 国向 J 国出口的综合贸易互补性指数，式（7－20）为 I 国产品 k 的出口显性比较优势，式（7－21）为 J 国产品 k 的进口显性比较劣势。X_i^k 表示 I 国产品 k 的出口额，X_i 表示 I 国出口总额，X_w^k 表示全世界产品 k 的出口额，X_w 表示世界出口总额，M_j^k 与 M_j 分别表示 J 国产品 k 进口额和进口总额。贸易互补性指数越大代表两地区间产品进口与出口越吻合，则贸易互补性越强。

根据测算结果，从中国向中东欧国家出口贸易角度来看，互补性较高的行业为 SITC6、SITC8 和 SITC7，其中 SITC6 与 SITC8 为劳动密集型产品，SITC7 为资本密集型产品。总体来说，中国与中东欧国家的贸易互补性指数均相对较高，其中，与捷克、斯洛伐克、匈牙利、波兰等国的互补性最高（见表 7－13）。

表 7－13　2019 年中国与中东欧国家贸易互补性指数（中国出口）

国家	SITC 0	SITC 1	SITC 2	SITC 3	SITC 4	SITC 5	SITC 6	SITC 7	SITC 8	SITC 9	综合
阿尔巴尼亚	—	—	—	—	—	—	—	—	—	—	—
爱沙尼亚	0.06	0.30	0.18	0.25	0.17	0.54	1.71	1.12	1.59	0.07	0.91
保加利亚	0.13	0.33	0.41	0.26	0.09	0.64	1.87	0.91	1.25	0.07	0.84

续表

国家	SITC 0	SITC 1	SITC 2	SITC 3	SITC 4	SITC 5	SITC 6	SITC 7	SITC 8	SITC 9	综合
波黑	0.43	0.42	0.12	0.26	0.23	0.59	2.62	0.76	1.63	0.00	0.90
波兰	0.46	0.15	0.15	0.15	0.10	0.60	1.93	1.27	2.04	0.02	1.04
黑山	—	—	—	—	—	—	—	—	—	—	—
捷克	0.04	0.15	0.10	0.10	0.04	0.52	1.80	1.70	1.81	0.01	1.14
克罗地亚	0.70	0.31	0.09	0.23	0.11	0.67	1.98	0.96	2.14	0.00	0.96
拉脱维亚	0.11	0.83	0.20	0.16	0.12	0.55	1.59	1.09	1.63	0.06	0.89
立陶宛	0.18	0.40	0.21	0.34	0.15	0.70	1.47	0.95	1.36	0.03	0.82
罗马尼亚	0.29	0.16	0.14	0.14	0.05	0.62	2.15	1.31	1.72	0.01	1.05
马其顿	0.07	0.19	0.16	0.19	0.14	0.55	4.28	0.76	1.00	0.00	1.01
塞尔维亚	0.12	0.27	0.24	0.20	0.05	0.65	2.16	0.92	1.17	0.16	0.86
斯洛伐克	0.13	0.14	0.12	0.14	0.05	0.38	1.66	1.78	1.70	0.01	1.13
斯洛文尼亚	0.13	0.14	0.21	0.19	0.06	0.99	1.93	1.10	1.47	0.00	0.96
匈牙利	0.28	0.11	0.10	0.15	0.05	0.57	1.58	1.69	1.45	0.02	1.08
希腊	0.15	0.23	0.12	0.51	0.11	0.71	1.25	0.64	1.73	0.05	0.74

数据来源：依据 UNComtrade 数据计算得到。

从中东欧国家向中国出口贸易角度来看，初级产品的贸易互补性较高，主要包含SITC2、SITC4（动植物油、脂和蜡）、SITC5、SITC3（矿物燃料、润滑油及有关原料）。从国别来看，贸易互补性也较高，尤其是拉脱维亚、爱沙尼亚和希腊（见表 7－14）。

表 7－14 2019 年中国与中东欧国家贸易互补性指数（中东欧出口）

国家	SITC0	SITC1	SITC2	SITC3	SITC4	SITC5	SITC6	SITC7	SITC8	SITC9	综合
阿尔巴尼亚	—	—	—	—	—	—	—	—	—	—	—
爱沙尼亚	0.27	0.51	8.43	2.00	2.65	0.49	0.70	0.85	0.72	0.21	1.08
保加利亚	0.22	0.61	7.01	1.59	2.73	0.83	0.95	0.64	0.60	0.23	0.96
波黑	0.07	0.36	9.57	1.35	2.75	0.61	1.13	0.47	1.25	0.00	1.03
波兰	0.11	0.99	2.12	0.37	0.38	0.69	0.87	1.06	0.79	0.02	0.80
黑山	—	—	—	—	—	—	—	—	—	—	—
捷克	0.31	0.40	2.21	0.29	0.51	0.50	0.68	1.65	0.55	0.03	0.93
克罗地亚	0.99	1.06	7.58	1.58	1.18	1.04	0.81	0.71	0.62	0.05	1.01
拉脱维亚	0.65	2.87	14.8	0.76	0.31	0.70	0.86	0.61	0.48	0.16	1.11
立陶宛	0.35	1.78	5.44	2.19	0.64	1.16	0.53	0.58	0.75	0.10	0.95
罗马尼亚	1.03	0.82	3.67	0.63	0.81	0.34	0.77	1.32	0.69	0.07	0.92
马其顿	0.05	1.73	5.40	0.35	0.51	1.86	0.64	0.92	0.58	0.01	0.95
塞尔维亚	0.34	1.50	3.30	0.45	2.96	0.71	1.17	0.79	0.60	0.14	0.79

续表

国家	SITC0	SITC1	SITC2	SITC3	SITC4	SITC5	SITC6	SITC7	SITC8	SITC9	综合
斯洛伐克	0.34	0.08	1.86	0.49	0.15	0.31	0.75	1.75	0.43	0.03	0.94
斯洛文尼亚	0.25	0.22	3.13	0.88	0.35	1.62	0.88	1.03	0.48	0.02	0.94
匈牙利	0.62	0.26	1.88	0.44	1.29	0.88	0.49	1.60	0.40	0.04	0.92
希腊	0.09	1.10	4.54	5.26	3.17	0.92	0.70	0.26	0.37	0.22	1.06

数据来源：依据 UNComtrade 数据计算得到。

综合来看，中国与中东欧国家互补性较强，两地区间贸易吻合度较高，并且各有侧重，中国出口的劳动密集型产品和资本密集型产品与中东欧进口的贸易吻合度较高，而中东欧出口的初级产品与中国的进口贸易吻合度更高。较强贸易互补性使中国和中东欧的贸易潜力可观。

2. GTAP 模拟方案设计

Kurabayashi 等根据一般均衡理论，创建了可计算一般均衡模型（Computable General Equilibrium，CGE），① 用于分析政策变动对经济的影响。GTAP 模型由美国普渡大学全球贸易分析项目（Global Trade Analysis Project，GTAP）建立，是 CGE 模型的典型工具之一。②

（1）部门与地区设定。

本研究基于 GTAP 第十版数据库，该数据库涵盖 141 个国家和地区以及 65 个行业，以 2014 年作为基期。本研究将 141 个国家和地区划分为 18 个分类，包括中国、中东欧各国、③ 美国、其他欧盟国家及其他国家（见表 7－15）。

表 7－15　国家和地区分类

序号	分类	国家和地区
1	中国	中国
2	波兰	波兰
3	匈牙利	匈牙利
4	捷克	捷克
5	斯洛伐克	斯洛伐克

① KURABAYASHI，Y，LEIF JOHANSEN. A Multi－sectoral Study of Economic Growth［J］. Access & Download Statistics，1961（12）：187－189.

② HERTEL，T W. Global Trade Analysis：Modeling and Applications（Modelling and Applications）［M］. Cambridge University Press，1996.

③ 由于波黑、黑山、马其顿、塞尔维亚无单独数据，故使用其他东欧国家作为替代，下文“一天贸易时间成本等值关税”中对于这几个国家的设定与此一致。

续表

序号	分类	国家和地区
6	罗马尼亚	罗马尼亚
7	保加利亚	保加利亚
8	阿尔巴尼亚	阿尔巴尼亚
9	斯洛文尼亚	斯洛文尼亚
10	克罗地亚	克罗地亚
11	立陶宛	立陶宛
12	拉脱维亚	拉脱维亚
13	爱沙尼亚	爱沙尼亚
14	希腊	希腊
15	其他中东欧国家	其他中东欧国家
16	美国	美国
17	其他欧盟国家	奥地利、比利时、塞浦路斯、丹麦、芬兰、法国、德国、爱尔兰、意大利、卢森堡、马耳他、荷兰、葡萄牙、西班牙、瑞典
18	其他国家	其他国家和地区

资料来源：整理自 GTAP 数据库。

部门设定方面，将 65 个行业划分为 10 个产业部门，包括食品和活动物，饮料及烟草，非食用原料，矿物燃料、润滑油及有关原料，动植物油、脂和蜡，未另列明的化学品和有关产品，主要按原料分类的制成品，机械及运输设备，杂项制品及其他制造品，服务业及公共事业。

（2）模型情景设定。

设定两种模拟情况分析中国与中东欧国家贸易便利化的经济效应。

S1：通过简化海关程序、提高通关效率、降低通关时间等措施，使得中国与中东欧 17 国之间的贸易便利化程度提升 30%。

S2：通过简化海关程序、提高通关效率、降低通关时间等措施，使得中国与中东欧 17 国之间的贸易便利化程度提升 50%。

二、中国与中东欧国家贸易便利化状况及贸易时间成本

1. 中国与中东欧国家贸易便利化状况

贸易便利化建设是“17+1”合作的重要方向，亦是“一带一路”建设的重要环节。中国与中东欧国家进出口的平均关税率相比中国的平均关税率而言较低，推动贸易便利化建设成为推进“17+1”合作的有效切入点。中东欧地区贸易便利化程度处

于“一带一路”沿线国家的较高位置，但是“一带一路”沿线国家的贸易便利化程度整体较低。[①] 世界银行发布的《2020 营商环境报告》对世界各国的营商环境进行了具体的评分和排名，数据显示中东欧各国营商便利度排名间存在较大差异，除了立陶宛（11 名）、马其顿（17 名）、拉脱维亚（19 名）之外其他国家位次均处于中后位置，中东欧国家中与中国贸易量最大的波兰、捷克、匈牙利分别位列第 40、第 41 与第 52，而波黑、阿尔巴尼亚、希腊营商便利度排名是中东欧国家中最低的，分别位列第 90、第 82 与第 79。因此，为了推动中国与中东欧地区的经贸往来，中东欧地区营商环境仍有较大改善空间，推进与中东欧国家的贸易便利化建设依然大有可为。

从交通运输角度来看，中东欧国家实际基础设施及其相关服务的水平与贸易过程中产生的需求存在差异。国家信息中心发布的《“一带一路”贸易合作大数据报告 2018》显示，不论是中国与“一带一路”沿线国家还是中国与东欧国家的贸易往来方式，均以水路运输为主，但是随着中欧班列的开通，铁路运输增速最快，2017 年中国与中东欧地区贸易中铁路运输方式增幅达 51. 5% ，其中通过铁路运输出口到塞尔维亚的增幅高达 3346. 6% 、到保加利亚的增幅高达 383. 2% 、到罗马尼亚的增幅高达 244. 8% 。但是根据《2016 年全球贸易促进报告》，中东欧国家的铁路和港口基础设施的可用性及质量水平国家差异较大且整体相对较低，同时中国的铁路和港口基础设施的可用性及质量水平，分别位列世界第 14 和第 13。在中东欧国家中，铁路基础设施的可用性及质量水平较高的国家有斯洛伐克（21 名）、捷克（22 名）、立陶宛（24 名），较低的有塞尔维亚（86 名）、波黑（88 名）、阿尔巴尼亚（105 名）；港口基础设施的可用性及质量水平较高的国家有希腊（33 名）、波兰（35 名）、斯洛文尼亚（40 名），较低的有保加利亚（98 名）、黑山（101 名）、波黑（122 名）。由此可见，中东欧地区在基础设施及服务水平方面存在较大提升空间，也是提升中国与中东欧之间贸易便利化水平的重要方向之一。从进出口政策流程来看，烦琐手续成为中国和中东欧各国在贸易中存在的较大阻碍。《2016 年全球贸易促进报告》对各国在进出口贸易中最大的阻碍因素进行了统计，结果显示，因烦琐的进口手续而产生的阻碍在这 18 个国家中均处于前两名。由此可见，贸易中的烦琐手续是中国与中东欧国家间贸易面临的显著挑战，推进贸易便利化建设，降低因重重手续而产生的贸易成本是中国和中东欧国家亟待解决的问题之一，需要贸易双方共同的合作与努力。除此之外，国际与国内运输所造成的高贸易成本和延误状况、国内技术要求和标准，也是中国与中东欧国家上榜率较高的进口阻碍因素。

① 宋周莺，虞洋．“一带一路”沿线贸易便利化发展格局研究[J]．地理科学进展，2020，39(3)：355 – 366.

2. 贸易时间成本及将贸易便利化引入 GTAP 模型

通过引入基于 Hummels（2007）与 Minor（2013）研究的“一天贸易时间成本等值关税”方式，计算相应国家间贸易时间成本对应的等值关税以达到量化贸易便利化的目的，并以此为依据利用 GTAP 模型分析贸易便利化的经济效应。

（1）贸易时间成本。

根据世界银行发布的 2019 年 Doing Business 数据整理获得中国与中东欧各国的贸易时间成本数据。跨境文件数量要求和海关通关程序耗时是影响贸易时间成本的主要因素，较长的贸易时间使得贸易成本大幅度上升。通过计算中国与中东欧国家进出口贸易中所需的单证时间、边界时间以及总时间可知，中国与中东欧国家贸易时间成本较高且大多数国家较为相似，其中黑山、拉脱维亚、阿尔巴尼亚、波黑、马其顿的贸易时间相对较长，而爱沙尼亚、波兰、捷克、克罗地亚、罗马尼亚、斯洛伐克、斯洛文尼亚和匈牙利的贸易时间相对较短（见表 7－16）。

表 7－16 中国与中东欧国家贸易时间成本 单位：天

国家	中国向中东欧出口			中国从中东欧进口		
	单证时间	边界时间	合计	单证时间	边界时间	合计
阿尔巴尼亚	0.7	1.5	2.2	1.3	2.4	3.7
爱沙尼亚	0.4	1.1	1.5	1.0	2.1	3.1
保加利亚	0.4	1.1	1.5	1.1	2.2	3.3
波黑	0.7	1.3	2.0	1.2	2.2	3.4
波兰	0.4	1.1	1.5	1.0	2.0	3.0
黑山	0.6	2.0	2.6	1.2	2.3	3.5
捷克	0.4	1.1	1.5	1.0	2.0	3.0
克罗地亚	0.4	1.1	1.5	1.0	2.0	3.0
拉脱维亚	0.4	1.1	1.5	1.1	3.0	4.1
立陶宛	0.4	1.1	1.5	1.1	2.3	3.4
罗马尼亚	0.4	1.1	1.5	1.0	2.0	3.0
马其顿	0.5	1.4	1.9	1.1	2.4	3.5
塞尔维亚	0.5	1.3	1.8	1.1	2.2	3.3
斯洛伐克	0.4	1.1	1.5	1.0	2.0	3.0
斯洛文尼亚	0.4	1.1	1.5	1.0	2.0	3.0
匈牙利	0.4	1.1	1.5	1.0	2.0	3.0
希腊	0.4	1.1	1.5	1.0	3.0	4.0

数据来源：整理自世界银行网站，http：//www.doingbusiness.org/.

（2）将贸易便利化引入 GTAP 模型。

首先，根据 Hummels（2007）与 Minor（2013）的研究，引入“一天时间成本的等值关税”，结合上文得到的中国与中东欧国家贸易时间，计算得到中国与中东欧贸易时间成本的等值关税税率，中国从中东欧国家进口平均税率为 3.9%，中东欧国家从中国进口平均税率为 5.1%，[①] 因此，由于贸易时间而产生的贸易成本较高，甚至接近由于进出口关税而带来的贸易成本（见表 7－17）。

表 7－17　中国与中东欧国家贸易时间成本的等值关税

国家	中国出口至中东欧国家贸易时间的等值关税	中东欧国家出口至中国贸易时间的等值关税
阿尔巴尼亚	2.74	3.19
爱沙尼亚	2.10	2.75
保加利亚	1.93	2.86
波黑	2.74	2.97
波兰	1.79	2.68
黑山	3.57	3.12
捷克	1.56	2.68
克罗地亚	1.89	2.68
拉脱维亚	2.15	3.59
立陶宛	2.03	3.01
罗马尼亚	1.74	2.68
马其顿	2.57	3.04
塞尔维亚	2.35	2.86
斯洛伐克	1.53	2.68
斯洛文尼亚	1.94	2.68
匈牙利	1.47	2.68
希腊	1.88	3.56

数据来源：根据 Minor（2013）和世界银行数据计算得到。

由于 GTAP 模型中只涵盖了一些传统的贸易壁垒，如关税、补贴、配额等，没有衡量贸易便利化的专门变量，因此需要将贸易便利化引入 GTAP 模型。参考 Minor（2013）与 Hummels（2007）的做法，引入“有效价格”“有效数量”概念，作为贸易中的隐形非关税壁垒变量，从而模拟这种非关税贸易壁垒带来的经济效应。时间成本以从价等价物（占离岸贸易价值的百分比）提供，该等价物与从价关税相当。虽然时间成本与关税之间的这种比较是一致的，但关税成本和时间成本的实现是不同的。

① 数据来自 GTAPV10 数据库。

时间成本的实现是以需求曲线的变化为模型的消费者偏好变化，而关税的特点首先是价格楔子，其特点是价值从经济行为者转移到政府，其次是消费和生产效率的损失。引入 ams 变量后，GTAP 中的进口需求函数为：

$$qxs_{irs} = -ams_{irs} + qim_{is} - \sigma_m^i \ (pms_{irs} - ams_{irs} - pim_{is}) \qquad (7-22)$$

其中，

$$pim_{is} = \sum \theta_{irs}(pms_{irs} - ams_{irs}) \qquad (7-23)$$

在式（7－22）和式（7－23）中，qxs_{irs} 表示 r 向 s 出口商品 i 的数量，qim_{is} 表示 s 进口商品 i 的总数量，pms_{irs} 表示 r 向 s 出口商品 i 的价格，pim_{is} 表示 s 进口商品 i 的均价，ams_{irs} 表示由于贸易时间延迟 r 向 s 出口商品 i 的需求变动，σ_m^i 表示 i 商品的阿明顿替代弹性，θ_{irs} 表示 r 向 s 出口商品 i 占 s 区域 i 总需求量的比例。当 ams 因贸易时间成本降低而增加时，将会使 i 商品价格下降，且因为 r 向 s 出口商品 i 的价格下降幅度大于均价下降幅度，因此 r 向 s 出口商品 i 的数量将会上升。

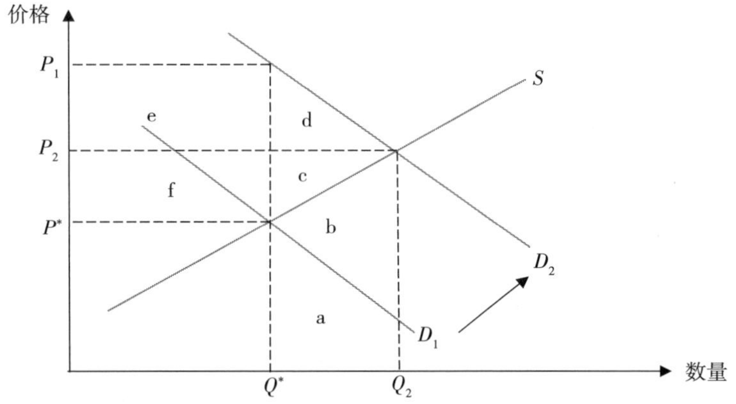

图 7－9　降低贸易时间成本的贸易供需和福利影响

图 7－9 反映了需求变动后的价格变动情况，假设 S 曲线为世界总供给，由于两地间贸易时间减少，需求由 D_1 变为 D_2，此时将支付 P_1 的价格，因此（$P_1 - P^*$）的溢价相当于对应贸易时间成本的等值关税。由于存在超额需求，P_1 不是市场出清价格，之后市场逐渐达到出清状态，对应均衡价格和均衡数量也发生改变，由（Q^*, P^*）变为（Q_2, P_2）。福利的影响包括消费者盈余和外国生产者盈余的增加。图中，区域（$a+b$）等于生产增加的商品所需的新资源，区域（$f+c$）是外国生产者剩余的增加，区域（$e+d$）是由于减少贸易时间导致的消费者剩余的增加。

三、中国与中东欧贸易便利化经济效应的模拟分析

用贸易时间成本降低幅度乘以一天贸易时间成本的等值关税，得到相应的等值关

税变动量，以此为依据按模拟方案依次冲击模型中的 *ams* 变量，从而获得模拟结果。

1. 对贸易的影响

从模型模拟结果来看，贸易便利化的提升使各国家和地区的进出口贸易额及贸易条件发生不同程度的变化。大多数“17 +1”合作国的进出口总量发生正向变化，且随着贸易便利化程度的提升，出口总量的变化幅度也有所加大。在出口方面，大多数“17 +1”合作的参与国出口量提升，在贸易便利化程度提升 30% 的情景下，多个国家和地区出口规模上升，其中匈牙利出口总量提升达3.55%，捷克达2.62%，中国出口总量的提升也达到0.70%；在贸易便利化程度提升 50% 的情景下出口总量变化幅度有所提升，其中匈牙利出口总量提升到5.92%，捷克达4.36%，中国达1.16%。但部分国家出口总量不但没有提升还有所下降，这是贸易转移效应造成的，由于贸易便利化程度的提升，部分原本属于中东欧地区区域内贸易的产品需求转向了从中国进口，因此部分国家的出口总量不升反降。同时可能由于中东欧国家和中国的产出更多地转向这两个区域间的贸易，原本从中东欧国家和中国进口的国家可能转向从其他国家进口，因此美国的出口总量也有所提升。在进口方面，所有参与“17 +1”合作的国家进口规模均有所提升，并且随着贸易便利化水平的提升进口总量变化幅度也有所加大，同时，进口总量的提升幅度高于出口总量的提升幅度。一方面，这是由于贸易便利化水平的提升降低了贸易成本，使得进口额有所上升；另一方面，是由于两个区域的居民收入水平因贸易便利化的提升而有所增长，由此对于进口的需求也有所增长。贸易便利化的提升还将影响国家和地区贸易条件，在贸易便利化影响下，大部分中东欧国家贸易条件得到明显改善，中国的贸易条件也有所改善，在“17 +1”合作的国家中，只有波兰、罗马尼亚和斯洛文尼亚的贸易条件有小幅度恶化（见表7 –18）。

表7 –18　各国家（地区）进出口总量、贸易条件变化情况

%

国家/地区	出口总量变化		进口总量变化		贸易条件变化	
	S1	S2	S1	S2	S1	S2
中国	0.70	1.16	2.41	4.02	0.61	1.01
波兰	1.43	2.39	2.58	4.30	–0.02	–0.04
匈牙利	3.55	5.92	4.36	7.27	0.13	0.22
捷克	2.62	4.36	2.69	4.48	–0.17	–0.28
斯洛伐克	1.49	2.48	2.98	4.96	0.35	0.58
罗马尼亚	0.60	1.00	0.99	1.66	–0.01	–0.02

续表

国家/地区	出口总量变化		进口总量变化		贸易条件变化	
	S1	S2	S1	S2	S1	S2
保加利亚	0.72	1.20	2.04	3.40	0.39	0.65
阿尔巴尼亚	-1.76	-2.93	8.19	13.65	1.82	3.04
斯洛文尼亚	1.59	2.65	2.72	4.54	-0.13	-0.21
克罗地亚	0.07	0.12	1.95	3.26	0.29	0.48
立陶宛	-1.33	-2.21	1.73	2.88	0.45	0.75
拉脱维亚	-2.50	-4.17	1.20	2.01	0.25	0.42
爱沙尼亚	2.23	3.71	8.59	14.32	0.33	0.56
希腊	-2.30	-3.84	3.17	5.29	0.86	1.43
其他中东欧国家	0.23	0.38	5.46	9.10	0.15	0.24
美国	0.19	0.31	-0.37	-0.62	-0.11	-0.19
其他欧盟国家	-0.09	-0.15	-0.45	-0.75	-0.14	-0.24
世界其他国家	-0.03	-0.04	-0.17	-0.29	-0.06	-0.09

数据来源：根据 GTAP 模拟结果整理得到。

贸易便利化对于进出口的影响除了体现在进出口总额和贸易条件之外，还体现在进出口贸易结构方面。中国的出口结构将向资本技术密集型产业转变，具体表现为机械及运输设备和未另列明的化学品及有关产品的出口量上升。中东欧国家出口贸易结构也产生变化，由于中东欧各国的国情差异，其出口结构变化也不尽相同，其中大多数国家的资源密集型行业出口规模有所下降，取而代之的是资本技术密集型和劳动密集型行业出口规模的提升。而贸易便利化程度的提升将深化这种影响，进一步改变贸易结构（见表 7-19）。

表 7-19　各国家（地区）分行业出口额变化

%

情景	国家和地区	食品和活动物	饮料及烟草	非食用原料	矿物燃料、润滑油及有关原料	动植物油、脂和蜡	未另列明的化学品和有关产品	主要按原料分类的制成品	机械及运输设备	杂项制品及其他制造品	服务业及公共事业
S1	中国	-1.6	-0.7	1.0	-4.4	-2.8	0.3	0.1	1.7	-0.8	-0.7
	波兰	-1.5	-1.4	-0.8	-10.3	-1.7	-1.2	1.2	4.6	1.7	-0.5
	匈牙利	-4.2	-1.4	-3.1	-20.8	-5.4	-5.4	-5.4	11.4	0.1	-3.1
	捷克	-1.5	-1.6	-0.9	-19.5	-3.3	-3.0	-2.8	7.8	2.4	-3.0
	斯洛伐克	-4.0	-0.8	-3.2	-19.9	-5.5	-3.3	-8.3	7.7	-11.8	-2.1
	罗马尼亚	-0.7	-0.6	-0.1	0.1	2.2	0.1	2.2	-0.4	-1.2	2.6
	保加利亚	0.4	-0.9	-1.3	-7.2	3.5	-0.9	6.6	-2.4	-5.4	1.7

续表

情景	国家和地区	食品和活动物	饮料及烟草	非食用原料	矿物燃料、润滑油及有关原料	动植物油、脂和蜡	未另列明的化学品和有关产品	主要按原料分类的制成品	机械及运输设备	杂项制品及其他制造品	服务业及公共事业
S1	阿尔巴尼亚	-9.6	-4.4	-9.7	-18.8	-9.3	-6.8	19.2	-4.4	-4.8	-3.4
	斯洛文尼亚	-1.1	0.4	-1.1	-9.3	-1.6	-2.8	2.6	4.4	1.5	0.7
	克罗地亚	-0.6	-0.1	-2.2	-5.8	0.3	-2.6	0.5	-0.5	-1.8	1.0
	立陶宛	-1.7	-2.8	1.0	-13.0	-1.7	-1.8	-1.8	0.1	-1.3	-0.9
	拉脱维亚	-1.0	-0.3	-1.2	-3.8	-2.9	-3.4	-2.4	-6.7	-7.1	0.0
	爱沙尼亚	-2.7	-2.5	-1.3	-23.3	-7.7	-8.0	-2.1	19.2	0.6	-5.2
	希腊	-4.2	-2.2	-1.7	-10.3	-1.6	0.9	1.7	-0.7	-5.8	-3.5
	其他中东欧国家	-2.9	-0.2	-4.7	20.2	-0.8	3.4	2.3	-2.1	11.5	-1.3
	美国	0.3	0.2	0.5	0.9	0.1	0.2	0.6	0	0.9	0.1
	其他欧盟国家	0.7	0.4	0	3.2	0.9	0.5	-0.1	-1.3	-0.2	0.7
	世界其他国家	0.1	0	0.4	0.3	0.2	0	0.2	-0.5	0.1	0
S2	中国	-2.7	-1.2	1.7	-7.4	-4.7	0.4	0.2	2.9	-1.3	-1.2
	波兰	-2.5	-2.4	-1.3	-17.2	-2.7	-2.0	1.9	7.6	2.8	-0.8
	匈牙利	-7.0	-2.3	-5.1	-34.7	-9.1	-9.0	-9.0	19.1	0.2	-5.2
	捷克	-2.6	-2.7	-1.5	-32.5	-5.6	-5.0	-4.7	13.0	4.0	-5.0
	斯洛伐克	-6.7	-1.3	-5.4	-33.1	-9.2	-5.5	-13.9	12.8	-19.7	-3.5
	罗马尼亚	-1.1	-0.9	-0.2	0.2	3.6	0.2	3.6	-0.6	-2.1	4.3
	保加利亚	0.7	-1.5	-2.1	-12.0	5.8	-1.5	11.0	-4.0	-8.9	2.8
	阿尔巴尼亚	-16.1	-7.3	-16.2	-31.3	-15.5	-11.3	32.0	-7.3	-8.1	-5.6
	斯洛文尼亚	-1.8	0.6	-1.8	-15.6	-2.6	-4.6	4.3	7.3	2.6	1.1
	克罗地亚	-1.1	-0.1	-3.7	-9.6	0.5	-4.3	0.9	-0.8	-3.0	1.7
	立陶宛	-2.8	-4.6	1.7	-21.6	-2.8	-3.1	-2.9	0.2	-2.2	-1.5
	拉脱维亚	-1.6	-0.5	-2.0	-6.3	-4.8	-5.7	-4.0	-11.1	-11.8	0.1
	爱沙尼亚	-4.5	-4.2	-2.2	-38.8	-12.9	-13.3	-3.4	32.0	1.1	-8.7
	希腊	-7.0	-3.7	-2.8	-17.2	-2.6	1.5	2.9	-1.1	-9.7	-5.7
	其他中东欧国家	-4.8	-0.3	-7.8	33.6	-1.3	5.7	3.8	-3.6	19.2	-2.1
	美国	0.5	0.3	0.8	1.4	0.2	0.4	0.9	0	1.4	0.1
	其他欧盟国家	1.2	0.6	0	5.3	1.5	0.8	-0.1	-2.2	-0.3	1.2
	世界其他国家	0.2	0	0.7	0.4	0.3	0.1	0.3	-0.9	0.2	0

数据来源：根据 GTAP 模拟结果整理得到。

从各个国家和地区分行业的进口额变化来看，由于贸易成本的下降以及居民收入的提升，“17+1”合作参与国进口规模提升较为显著，各个行业进口额大都呈规模提升的趋势，其中机械及运输设备、杂项制品及其他制造品行业提升较为显著，并且贸易便利化程度的提升将深化影响效果，进一步提升各行业进口规模（见表7-20）。

表7-20　各国家（地区）分行业进口额变化

%

情景	国家和地区	食品和活动物	饮料及烟草	非食用原料	矿物燃料、润滑油及有关原料	动植物油、脂和蜡	未另列明的化学品和有关产品	主要按原料分类的制成品	机械及运输设备	杂项制品及其他制造品	服务业及公共事业
S1	中国	2.6	1.3	0.8	1.7	2.2	1.6	2.6	2.9	3.4	2.5
	波兰	3.1	2.2	0.1	0.5	0.7	1.8	2.2	2.4	7.7	4.0
	匈牙利	2.4	3.1	-1.2	0.9	1.3	1.6	3.7	5.6	4.5	6.7
	捷克	2.3	2.5	-0.4	1.5	1.0	1.6	2.1	3.1	1.2	4.8
	斯洛伐克	2.4	2.1	-1.4	0.1	1.6	1.7	1.4	4.6	2.3	4.8
	罗马尼亚	1.0	0.8	-1.6	0.5	0.1	0.7	0.7	1.0	3.9	1.6
	保加利亚	1.9	1.4	1.7	1.2	1.8	1.6	1.4	2.1	5.0	4.3
	阿尔巴尼亚	9.0	4.9	16.5	12.9	5.3	6.2	7.6	6.0	3.4	11.3
	斯洛文尼亚	3.1	3.6	2.3	3.4	2.5	0.8	1.6	3.4	3.9	5.1
	克罗地亚	2.2	1.8	1.7	0.7	1.7	1.4	0.8	3.2	2.3	3.2
	立陶宛	2.9	3.1	-0.9	-0.6	2.0	1.1	-0.3	3.0	4.6	5.3
	拉脱维亚	2.1	2.3	-0.6	1.6	2.1	0.8	-0.5	0.9	3.7	3.1
	爱沙尼亚	7.0	8.1	1.8	10.9	3.8	6.4	3.9	11.0	9.7	12.0
	希腊	4.1	2.8	2.7	0.2	3.3	2.3	3.6	4.5	10.1	5.1
	其他中东欧国家	6.0	5.4	3.5	6.5	5.2	4.5	2.6	5.7	6.2	8.4
	美国	-0.3	-0.1	0	-0.2	0	-0.1	-0.5	-0.5	-0.7	-0.2
	其他欧盟国家	-0.3	-0.3	0.2	-0.1	0	-0.1	-0.6	-0.6	-0.6	-0.5
	世界其他国家	-0.1	-0.1	-0.1	0	-0.1	-0.1	-0.2	-0.3	-0.5	-0.1
S2	中国	4.3	2.1	1.3	2.8	3.6	2.6	4.3	4.8	5.6	4.1
	波兰	5.2	3.6	0.1	0.9	1.1	2.9	3.6	4.0	12.9	6.7
	匈牙利	4.0	5.2	-2.0	1.5	2.2	2.7	6.2	9.4	7.5	11.2
	捷克	3.8	4.2	-0.6	2.5	1.7	2.6	3.5	5.2	2.1	8.1
	斯洛伐克	4.1	3.6	-2.3	0.1	2.6	2.9	2.3	7.6	3.8	8.0
	罗马尼亚	1.7	1.4	-2.6	0.8	0.1	1.2	1.2	1.6	6.4	2.7
	保加利亚	3.1	2.3	2.8	2.0	3.0	2.7	2.3	3.5	8.3	7.2
	阿尔巴尼亚	14.9	8.1	27.5	21.5	8.8	10.3	12.6	10.0	5.7	18.9

续表

情景	国家和地区	食品和活动物	饮料及烟草	非食用原料	矿物燃料、润滑油及有关原料	动植物油、脂和蜡	未另列明的化学品和有关产品	主要按原料分类的制成品	机械及运输设备	杂项制品及其他制造品	服务业及公共事业
S2	斯洛文尼亚	5.2	6.0	3.9	5.6	4.1	1.3	2.7	5.6	6.5	8.6
	克罗地亚	3.7	2.9	2.8	1.2	2.9	2.3	1.3	5.4	3.8	5.4
	立陶宛	4.9	5.2	-1.5	-1.0	3.4	1.9	-0.4	5.1	7.6	8.8
	拉脱维亚	3.4	3.8	-1.0	2.7	3.5	1.3	-0.8	1.4	6.1	5.1
	爱沙尼亚	11.7	13.5	3.0	18.2	6.3	10.6	6.4	18.3	16.1	20.0
	希腊	6.9	4.7	4.6	0.2	5.5	3.9	6.0	7.5	16.8	8.4
	其他中东欧国家	10.1	8.9	5.8	10.9	8.6	7.6	4.3	9.4	10.3	14.1
	美国	-0.4	-0.1	-0.1	-0.3	-0.1	-0.2	-0.8	-0.9	-1.1	-0.3
	其他欧盟国家	-0.5	-0.5	0.4	-0.1	-0.1	-0.2	-0.9	-1.0	-1.0	-0.9
	世界其他国家	-0.2	-0.1	-0.1	0.1	-0.1	-0.1	-0.4	-0.4	-0.8	-0.2

数据来源：根据 GTAP 模拟结果整理得到。

综上所述，在贸易便利化推进的影响下，中国与中东欧国家的贸易结构将发生一定程度的改变，资本及技术密集型行业贸易规模扩大较为显著。

2. 对宏观经济的影响

贸易便利化程度的提升在影响贸易状况的同时将进一步带动 GDP、社会福利和各行业产出等宏观经济指标发生变化，也就是对宏观经济产生影响。

中东欧国家与中国贸易便利化水平的提升将使中东欧各国和中国的 GDP 水平出现不同程度的提升，中国由于经济体量大，GDP 变化幅度相对较小，但在 S1 情景下涨幅依然达到 0.52%，在 S2 情景下涨幅达到 0.87%。而中东欧国家贸易便利化的影响将使 GDP 产生较大幅度的增长，在 S1 情景下，爱沙尼亚增幅达 9.9%，其他中东欧国家达 7.87%；在 S2 情景下爱沙尼亚增幅达 16.50%，其他中东欧国家达 13.12%。而美国、其他欧盟国家及世界其他国家 GDP 水平将因挤出效应而受损，其中其他欧盟国家受损较大，在 S1 情景下达 -0.15%，在 S2 情景下达 -0.25%，这主要是因为 17 个中东欧国家大都属于欧盟成员国，其本身双方贸易量较大，贸易依存度较高，同时中国也是欧盟的重要贸易伙伴国之一，因此当中东欧国家与中国贸易便利化程度显著提升后其他欧盟国家所受影响较大。在社会福利变化方面，由于贸易便利化影响下中东欧各国与中国的非关税贸易壁垒减少，各国资源配置效率提高，从而社会福利水平出现显著提升，且福利水平随着贸易便利化程度的提升而提升。其中中国的福利水平提升幅度最大，在 S1 情景下为 675 亿美元，在 S2 情景下达到 1125 亿美元，各个中东欧国家的福利水平也均有不同幅度的提升。同时，在挤出效应的影响下，美国、其他欧盟国家及世界其他国家的社会福利将受损，在 S1 情景下美国社会福利损失达 152 亿美元，其他欧盟国家社会福利损失达 276 亿美元；在 S2 情景下美国社会福利损失达 253 亿美元，其他欧盟国家社会福利损失达 461 亿美元（见表 7－21）。

表 7－21　各国家（地区）GDP、社会福利变化

国家和地区	GDP 变化（%）		社会福利变化（百万美元）	
	S1	S2	S1	S2
中国	0.52	0.87	67507.66	112512.80
波兰	2.90	4.84	15724.66	26207.77
匈牙利	4.07	6.78	5760.50	9600.83
捷克	3.77	6.29	7569.49	12615.81
斯洛伐克	2.38	3.96	2669.24	4448.73
罗马尼亚	1.31	2.18	2584.94	4308.23
保加利亚	2.02	3.36	1281.23	2135.38
阿尔巴尼亚	5.64	9.40	849.23	1415.38
斯洛文尼亚	4.87	8.11	2366.54	3944.23
克罗地亚	2.27	3.79	1364.24	2273.73
立陶宛	3.55	5.92	1835.76	3059.60
拉脱维亚	2.91	4.86	864.82	1441.36
爱沙尼亚	9.90	16.5	2680.28	4467.13
希腊	2.58	4.30	6455.92	10759.86
其他中东欧国家	7.87	13.12	582.92	971.53
美国	－0.07	－0.12	－15158.20	－25263.60
其他欧盟国家	－0.15	－0.25	－27638.60	－46064.30
世界其他国家	－0.04	－0.07	－19317.00	－32194.90

数据来源：根据 GTAP 模拟结果整理得到。

从行业来看，中东欧国家和中国之间贸易便利化程度的提升对不同行业的产出影响存在异质性。其影响因素较多，一方面是贸易便利化程度的提升导致贸易竞争力水平较高的行业的出口需求增长，从而拉动行业产出增加；而贸易竞争力较低的行业，由于贸易成本下降使得进口成本下降，从而更多转向进口，因此行业产出可能下降。另一方面是收入水平的变化等使得国内居民的需求产生变化，从而影响行业产出。贸易便利化水平的提升使中国的非食用原料，矿物燃料、润滑油及有关原料和杂项制品及其他制造品行业产出小幅度下降，其他行业产出呈上升趋势。对中东欧国家而言，非食用原料，矿物燃料、润滑油及有关原料，杂项制品及其他制造品行业产出整体呈下降趋势，食品和活动物，饮料及烟草行业整体呈上升趋势，其他行业由于各国国情差异变化方向有所不同。同时，行业产出的变化幅度将随贸易便利化程度的提升程度上升而加大（见表7-22）。

表7-22 各国家（地区）分行业产出变化

%

情景	国家和地区	食品和活动物	饮料及烟草	非食用原料	矿物燃料、润滑油及有关原料	动植物油、脂和蜡	未另列明的化学品和有关产品	主要按原料分类的制成品	机械及运输设备	杂项制品及其他制造品	服务业及公共事业
S1	中国	0.2	0.3	-0.4	-0.5	0.1	0	0	0.4	-0.2	0.6
	波兰	0	0.6	-1.0	-0.2	-1.0	-0.6	-1.4	0.9	-2.7	2.0
	匈牙利	-1.8	1.3	-3.2	-5.4	-4.2	-4.0	-3.7	10.2	0.1	2.3
	捷克	-0.4	0.3	-1.1	-5.5	-2.7	-1.9	-2.6	5.1	1.1	2.0
	斯洛伐克	-1.2	1.0	-3.0	-7.4	-3.9	-2.2	-6.4	6.1	-10.2	2.0
	罗马尼亚	0.3	0.5	-0.7	0.4	1.4	0.3	-0.3	-1.9	-1.8	1.2
	保加利亚	0.5	0.5	-1.3	-1.3	2.3	-0.4	2.0	-3.6	-4.9	1.6
	阿尔巴尼亚	1.1	1.8	0.7	-7.3	-1.9	-0.3	5.7	-5.7	-6.2	5.4
	斯洛文尼亚	1.3	2.7	-2.0	-2.6	-1.5	-2.9	0.7	3.6	-2.3	3.7
	克罗地亚	0.8	1.2	-1.5	-1.2	1.1	-0.8	-0.7	-2.0	-2.7	2.1
	立陶宛	-0.2	-1.7	-0.4	-0.9	-1.5	-1.4	-3.7	-3.4	-2.9	2.7
	拉脱维亚	-0.1	0.3	-1.1	0.2	-2.9	-3.1	-3.1	-7.6	-5.9	2.1
	爱沙尼亚	1.8	-1.0	-2.4	-1.7	-6.3	-2.6	-2.1	17.6	0.1	7.4
	希腊	0	0.9	-1.6	-0.4	0.6	-0.6	-2.3	-7.1	-5.8	1.9
	其他中东欧国家	1.9	2.1	-3.3	5.8	-0.3	3.1	-0.2	-5.5	9.1	6.8
	美国	0	-0.1	0.3	0.1	0	0	0.1	0	0.3	-0.1
	其他欧盟国家	0.3	0.1	0.3	0.5	0.6	0.3	-0.1	-1.0	0	-0.1
	世界其他国家	0	0	0.1	0.1	0.1	0	0.1	-0.2	0.2	-0.1
S2	中国	0.3	0.6	-0.6	-0.8	0.1	0	0	0.6	-0.3	1.0
	波兰	0	1.0	-1.6	-0.3	-1.6	-0.9	-2.3	1.5	-4.6	3.4
	匈牙利	-2.9	2.2	-5.3	-9.0	-7.0	-6.7	-6.2	17.0	0.2	3.9
	捷克	-0.6	0.5	-1.8	-9.1	-4.5	-3.1	-4.3	8.5	1.8	3.2
	斯洛伐克	-2.0	1.7	-4.9	-12.3	-6.6	-3.7	-10.6	10.2	-17.0	3.4
	罗马尼亚	0.5	0.8	-1.2	0.7	2.3	0.5	-0.6	-3.1	-2.9	2.0
	保加利亚	0.9	0.8	-2.1	-2.1	3.8	-0.7	3.3	-6.1	-8.1	2.6
	阿尔巴尼亚	1.9	3.0	1.2	-12.1	-3.1	-0.5	9.5	-9.4	-10.3	9.0

续表

情景	国家和地区	食品和活动物	饮料及烟草	非食用原料	矿物燃料、润滑油及有关原料	动植物油、脂和蜡	未另列明的化学品和有关产品	主要按原料分类的制成品	机械及运输设备	杂项制品及其他制造品	服务业及公共事业
S2	斯洛文尼亚	2.1	4.4	-3.3	-4.4	-2.5	-4.8	1.2	6.0	-3.9	6.1
	克罗地亚	1.3	2.0	-2.6	-2.0	1.9	-1.3	-1.1	-3.4	-4.5	3.4
	立陶宛	-0.3	-2.7	-0.7	-1.4	-2.6	-2.3	-6.1	-5.6	-4.9	4.5
	拉脱维亚	-0.2	0.6	-1.9	0.4	-4.8	-5.2	-5.2	-12.7	-9.9	3.4
	爱沙尼亚	2.9	-1.6	-4.0	-2.8	-10.5	-4.4	-3.6	29.3	0.2	12.3
	希腊	0	1.4	-2.6	-0.7	1.0	-1.0	-3.8	-11.8	-9.7	3.1
	其他中东欧国家	3.2	3.4	-5.6	9.7	-0.5	5.2	-0.4	-9.1	15.1	11.3
	美国	0	-0.1	0.6	0.1	0.1	0	0.2	0	0.5	-0.2
	其他欧盟国家	0.4	0.1	0.6	0.9	1.0	0.5	-0.2	-1.6	0	-0.2
	世界其他国家	0	-0.1	0.2	0.2	0.1	0	0.2	-0.4	0.3	-0.1

数据来源：根据 GTAP 模拟结果整理得到。

四、促进中国与中东欧贸易便利化的政策建议

“17+1”合作一直以来都是“一带一路”建设中具有重要意义的一环，从现状来看，中国与中东欧国家的贸易合作正处于稳步提升阶段，且两个区域间贸易互补性较强，具有进一步发展的潜力，同时贸易便利化是当前消除非关税贸易壁垒、实现贸易畅通的重要举措。整体而言，无论是从贸易角度还是从宏观经济角度，中国与中东欧国家贸易便利化程度的提升都对参与国产生正面影响，包括贸易总额、GDP、社会福利水平等方面，而挤出效应使其他国家在贸易条件、GDP、社会福利等方面出现不同程度的损失。由于各国国情差异，贸易便利化对于不同行业的影响存在异质性，在经济状况总体提升的状况下，中国和中东欧国家依然有一些行业产出下降、出口规模萎缩。鉴于上述研究结论，提出以下政策建议。

第一，扩大来自中东欧地区商品的进口规模，促进贸易平衡。近年来，来自中东欧地区的进口商品规模逐年上升，但与出口规模差距较大，由此带来较大的贸易顺差，扩大进口规模成为亟待解决的问题之一。中国与中东欧贸易互补性较强，应进一步开展贸易合作，便利中东欧商品进入中国，通过进口商品博览会等方式为来自中东欧各国的商品进入中国提供高效平台。除了传统贸易模式之外，还可以积极拓展电子商务等新型贸易模式，共同建设电子商务平台，拓宽贸易渠道，推动中东欧各国与中国产品进入对方市场，加强贸易往来。

第二，优化资源配置，促进产业转型升级。贸易便利化的影响使国家间贸易合作进一步加深，在贸易自由化、便利化的大趋势下，国内部分行业可能会受到负面冲击，因此在传统优势产业提升国际竞争力的同时，对竞争力较低的行业应加大政策扶持力度，促使其加强技术创新，促进转型升级，提升国际竞争力。

第三，简化通关流程、缩短通关时间，同时加强港口通关基础设施建设，提升通关效率，推进“17+1”合作贸易便利化建设，降低贸易成本。从制度和基础设施各个方面加强互联互通建设，与中东欧各国深化政策沟通，国家间加强互信互利，推动各国“单一窗口”制度建设，搭建数据信息共享平台，使信息交流更加高效，提高通关效率。[①] 落实物流中心建设计划，推进铁路交通和包括海关合作在内的多式联运领域务实合作，提高运输效率，节省贸易时间，降低贸易时间成本。深化与中东欧地区在基础设施领域的合作，帮助中东欧各国提升基础设施建设水平和服务能力。

第四，继续全方位深化“17+1”合作，加强在人文交流、卫生健康、科技创新等领域的合作与交流。当前阶段，新冠肺炎疫情仍是全球共同面临的重大挑战，在此阶段应加强在防疫经验与防疫物资方面的交流和输送，共同抵御疫情带来的负面冲击，增强国际互信，相互尊重、合作共赢，构建人类命运共同体。后疫情时代，吸取疫情带来的经验和教训，弥补现有治理体系的不足之处，打造“健康丝绸之路”。一方面，建立应急响应机制，以应对突发公共事件；[②] 另一方面，着力恢复经济秩序，加强适应新阶段的贸易、文化、科技等领域的交流合作。

---

① 张建平，樊子嫣．“一带一路”国家贸易投资便利化状况及相关措施需求[J]．国家行政学院学报，2016(1)：23-29.

② 史本叶，马晓丽．后疫情时代的全球治理体系重构与中国角色[J]．东北亚论坛，2020，29(4)：60-71+127-128.

第四节 亚非产消网络的多元对接

一、亚非经贸合作背景与历程

1. 亚非经贸合作背景

亚非合作最早可追溯到1955年4月在印度尼西亚万隆召开的第一次亚非会议，即万隆会议。万隆会议召开前后，亚非国家大多正在进行民族解放斗争，或处于摆脱西方殖民统治，取得独立发展的初期阶段，[①] 和平发展与政治独立是当时广大亚非国家的迫切诉求。而在当时美苏争霸的国际环境下，广大亚非国家面临着来自东西方两个阵营的干预、拉拢、打压与夹击，政治、经济发展受到多重阻碍。但是，冷战格局也促使广大亚非国家意识到通过合作谋求发展中国家共同发展，提高发展中国家国际地位，维护发展中国家合理利益的重要性，因而形成了未来加深亚非合作的广泛共识，也促进了亚非国家在政治领域的广泛合作。但在20世纪中后期，受广大亚非国家自身经济发展水平有限的影响，各国间的合作主要集中在政治领域。

直至进入21世纪后，亚非国家大力推进经济社会发展，经济实力普遍提升，中国、印度等新兴经济体也快速崛起，从而为亚非在经贸领域的合作提供坚实基础和重要机遇。2005年4月，万隆会议后亚非领导人的首次聚会——亚非峰会的召开为新时期亚非合作搭建了新的桥梁，此次会议提出要建立亚非合作的有效体制机制，即通过定期举行亚非首脑会议、部长级会议、商业峰会等会议会谈加强亚非各国间的交流与合作；同时，该会议提出建立亚非新型战略伙伴关系，签署了《亚非新型战略伙伴关系宣言》，将亚非合作由过去更多的政治领域合作，扩大至政治、经济和社会文化等多方面多层次的全面合作。

自21世纪以来，世界经济环境日益复杂多变，全球经济发展不平衡问题、贸易保护主义趋势、南北经济差距扩大、西方发达国家经济压迫等问题，使越来越多的亚非国家意识到加深经贸合作，以平等互利的方式实现共赢的必要性与重要性。因此，亚非国家开始积极探索合作新渠道、新方式、新路径，通过各种形式的正式及非正式

---

① 任晓．南南合作的蓬勃重构国际秩序[N]．文汇报,2015－04－24(T02).

会议、交流会、博览会等努力开拓经贸合作新空间，不断精确细化合作新领域，拓展合作广度与深度，以加快实现亚非经济共同发展与进步。

2. 中非经贸合作历程

万隆会议的召开鼓舞了非洲国家的民族解放运动，也促进了中非经贸合作的发展，至1965年，中国与30多个非洲国家和地区建立了经贸联系。随着民族独立后中国与非洲各国经济的发展，中国与非洲的经贸往来日益密切。中国实行改革开放后，中非经贸关系进入快速发展时期。20世纪80年代，中国与50多个非洲国家和地区建立经贸联系，与40个非洲国家签订政府间贸易协定。在非洲经济陷入困难的局面下，中国适时调整对非经贸政策，有效促进了双边贸易额的扩大，贸易方式的增加，以及贸易结构的多样化。[①] 20世纪90年代，中国提出实施出口市场多元化战略，主张开拓发展中国家市场，这一战略的提出进一步促进中非间的经济联系和贸易往来，1990年至1999年，与中国贸易额超1亿美元的非洲国家由1个增加至14个。

进入21世纪后，世界政经形势深刻变革，中非合作亦呈现一系列新动向。

（1）中非合作论坛成为关键平台。

为进一步促进中非经济共同发展，在双方共同倡议下，每三年举办一届的中非合作论坛部长级会议成为中非强化沟通、增强互信、深化合作的重要平台。

中非合作论坛第一届部长级会议于2000年10月在北京举行，此次会议主要讨论21世纪如何推动建立公正合理的国际政治经济新秩序，以维护发展中国家的共同利益，以及新形势下如何进一步加强中非在经贸等实质性领域的合作。中非合作论坛第一届部长级会议确定了未来中非合作的方向与领域，虽然没有对合作的具体细节做出详细规划，但是明确了中非合作的大体方向与主题基调。通过此次会议，中非双方决定在21世纪建立和发展长期稳定、平等互利的新型伙伴关系，建立中非合作论坛机制。

2003—2012年举办的四届中非合作论坛部长级会议对中非合作领域、方式、措施进行了详细规划及不断补充，四次中非合作论坛的举办，逐步完善中非在基础设施建设、农业、贸易、投资、资金、教育、科技、医疗卫生等多个领域的具体合作规划，切实推进了中非多领域务实合作。

近年来，世界政治经济发展的不稳定因素显著增加，中国提出构建人类命运共同体理念，并提出“一带一路”倡议作为构建人类命运共同体的重要探索与实践。人类命运共同体理念和“一带一路”倡议的提出与逐步推进，得到越来越多国家的认可，而非洲2013年提出的工业化、一体化战略与“一带一路”建设在设施联通、国际产

① 张小峰，刘鸿武．中非经贸合作回顾与展望（1980—2009年）[J]．财经问题研究，2010（1）：124－129.

能和装备制造合作等方面存在诸多契合之处，因此，在第六届、第七届中非合作论坛峰会上，中非以“一带一路”建设与非洲工业化进程对接为契机，进一步深化合作，致力于构建更加紧密的中非命运共同体。习近平主席在第七届中非合作论坛峰会上表示，中非要共同打造责任共担、合作共赢、幸福共享、文化共兴、安全共筑、和谐共生的中非命运共同体，重点实施好产业促进、设施联通、贸易便利、绿色发展、能力建设、健康卫生、人文交流、和平安全“八大行动”。[①] 中非合作论坛峰会为中非合作发展提供了重要发展机遇和明确发展方向。

（2）中非经贸合作区是重要载体。

中非经贸合作区的建设与发展既促进了中国对非贸易和投资方式的创新与升级，也促进了非洲的产业发展与工业化进程，对中非经贸合作发展起到了积极的推动作用。2006 年，中非合作论坛北京峰会发布的《中非合作论坛——北京行动计划（2007—2009 年）》指出，“支持有实力的中国企业在有条件的非洲国家建立 3 ~ 5 个境外经济贸易合作区”，以进一步实践推进中非经贸合作。2007—2008 年，商务部批准在非洲建立 7 个经贸合作区，分别是赞比亚中国经贸合作区、埃及苏伊士经贸合作区、尼日利亚莱基自由贸易区、尼日利亚广东经贸合作区、埃塞俄比亚东方工业园、毛里求斯晋非经贸合作区和阿尔及利亚江铃经贸合作区。[②] 中非经贸合作区大致可分为三种类型：一是资源能源利用型合作区，如赞比亚中国经贸合作区依托丰富的铜钴资源，形成了以有色金属矿产业群为主的主导产业；二是加工贸易型合作区，如埃及苏伊士经贸合作区依托优越的区位条件及廉价的生产要素大力发展加工制造业和物流商贸；三是综合型商贸区，如尼日利亚广东经贸合作区和埃塞俄比亚东方工业园，发展集加工、贸易、研发、会展为一体的自贸区。

自 2015 年中非合作论坛约翰内斯堡峰会以来，中非经贸合作区坚持遵循“企业主体、政府支持、招商引资、设施先行、规划定位”的二十字方针，积极探索适合双方发展实际的合作方式与路径。目前，经贸合作区已成为中非投资合作发展的重要依托，截至 2019 年中，经中国商务部备案的在非经贸合作区有 25 个，吸引超过 430 家企业入园，累计投资超过 66 亿美元，雇佣外籍员工 4 万人，累计上交东道国各种税费近 10 亿美元，形成了一批装备制造、轻工纺织、家用电器、资源深加工等产业集群，极大提高了当地的工业化水平、产业配套和出口创汇能力。

2019 年 6 月，第一届中国—非洲经贸博览会暨中非经贸合作论坛在湖南长沙举

---

① 习近平．携手共命运　同心促发展：在 2018 年中非合作论坛北京峰会开幕式上的主旨讲话[J]．中华人民共和国国务院公报，2018(26)：6 - 10.

② 沈陈．中非经贸合作区的十年建设：成就与反思[J]．海外投资与出口信贷，2017(1)：45 - 48.

行，此次博览会期间，中非共签署84项合作文件，涉及非洲20多个国家，总额为208亿美元，涵盖贸易、投资、基础设施、农业、制造业等领域。① 在中非经贸博览会期间举行的“中国—非洲经贸合作区研讨会”上，中国地方政府、在非各类经贸产业园、智库与非洲国家政府部门和园区管理机构纷纷对园区建设、开发、运营等展开交流讨论，并围绕战略定位、政策沟通、资本融通、经验分享、投资推介、模式总结、建立机制等进行商讨，以谋求中非经贸合作区的高效建设与高质量发展。② 中非经贸合作区已成为当前中非加深经贸合作联系、共同推进经贸发展的重要载体。

（3）“一带一路”为中非经贸合作提供新机遇。

2013年，习近平主席提出“一带一路”倡议，同年，非盟制定《2063年议程》，该议程规划了非洲未来50年的发展方向，与“一带一路”倡议存在诸多契合之处，“一带一路”建设有助于推进议程目标的实现。2014年5月，李克强总理访问非盟总部时，中非双方同意在高速铁路、高速公路和区域航空三大网络及基础设施工业化（三网一化）领域展开合作，③ 根据“一带一路”倡议的内容，中非“三网一化”合作被认为是“一带一路”倡议与《2063年议程》对接的先期阶段。中国政府非洲事务特别代表，中国前驻南非、津巴布韦大使刘贵将中非“三网一化”合作比作非洲版的“一带一路”建设，他认为“尽管非洲没有被正式纳入‘一带一路’范围内，但已从中受益，甚至可以说非洲走在‘一带一路’前面”。④

2015年中非合作论坛约翰内斯堡峰会召开后，中非合作与“一带一路”倡议的对接更加明晰，双方以“一带一路”为出发点进一步规划合作进程，并正式将中非“三网一化”合作及其阶段性成果列为“一带一路”建设在非发展的重要成果。2016年时任中国外交部非洲司司长林松添表示，非洲是“一带一路”的重要节点，也是中国向西推进“一带一路”建设的重要方向和落脚点，“一带一路”建设将给中非合作发展带来前所未有的机遇。⑤ 2017“一带一路”中非合作发展论坛、2017年中非合作与“一带一路”经贸投资论坛、2018“一带一路”与中非关系研讨会等多场论坛的召开，加强了中非合作的交流互信，不断解决中非合作中的问题与困难，逐步完善中非合作的政治经济环境，为中非合作与“一带一路”建设的对接提供了更加细致、明

① 中非经贸合作迈向高质量发展[EB/OL]. 中国政府网，2019-07-09.

② 共商中非经贸合作区建设[EB/OL]. 新浪新闻，2019-06-28.

③ 中国官员表示中非“三网一化”合作开局良好[EB/OL]. 人民网，2015-06-15.

④ 中外学者谈中非合作：“三网一化”是非洲版“一带一路”[EB/OL]. 人民网，2015-09-11.

⑤ 非洲是建设“一带一路”的重要方向和落脚点：访外交部非洲司司长林松添[EB/OL]. 中国社会科学网，2016-08-29.

确、高效的发展思路与规划。2018 年第七届中非合作论坛北京峰会上，习近平主席发表讲话表示，“要抓住中非发展战略对接的机遇，用好共建‘一带一路’带来的重大机遇，把‘一带一路’建设同落实非洲联盟《2063 年议程》《联合国 2030 年可持续发展议程》以及非洲各国发展战略相互对接，开拓新的合作空间，发掘新的合作潜力，在传统优势领域深耕厚植，在新经济领域加快培育亮点”。[①] 这表明中国高度重视与非洲国家共同参与“一带一路”建设，积极探索中非合作新路径。

随着非洲国家对“一带一路”建设了解的加深，“一带一路”建设重大项目在非洲不断推进，起初，中国选取了埃及和南非作为“一带一路”建设项目重点推进国家，随后选择了埃塞俄比亚、肯尼亚、坦桑尼亚以及刚果（布）为产能合作的先行先试国家。截至 2021 年中，共有 46 个非洲国家与中国签署“一带一路”合作备忘录，部分国家与中国签署产能合作协议。

二、亚非扩大商贸网络规模

2001 年，非洲 11 国向东亚 10 国和地区的出口占其总出口的 9. 92%，平均进口比重为 13. 54%。随着亚非经济的快速发展，以及东亚区域生产网络的迅速崛起，亚非经贸合作日益密切，非洲国家不断扩大与东亚之间的进出口规模。到 2018 年，非洲 11 国向东亚出口比重提升至 12. 68%，其中，毛里塔尼亚有 43. 33% 的出口是面向东亚的；与出口相比，非洲 11 国从东亚地区的进口规模有更大程度的提升，至 2018 年，非洲 11 国从东亚地区的进口比重攀升至 25. 29%，这一比重与 2001 年相比提高了 11. 75 个百分点，其中埃塞俄比亚有 38. 91% 的进口来自东亚，尼日利亚为 34. 7%，肯尼亚为 33. 62%，南非为 29. 73%。虽然从 2001 年至 2018 年，部分非洲国家与东亚的进出口规模呈下降趋势，但是从整体来看，非洲地区与东亚的进出口贸易呈扩张趋势；且从进出口差异来看，非洲地区从东亚的进口规模更大，增长幅度更大，出口比重相对较低，增长相对缓慢（见表 7 – 23）。

表 7 – 23　2001—2018 年非洲 11 国向东亚 10 国和地区进出口占总进出口比重

国家和地区	向东亚 10 国和地区出口占总出口比重（%）						
	2001 年	2005 年	2010 年	2015 年	2017 年	2018 年	比重变化
阿尔及利亚	2. 70	2. 04	4. 58	7. 43	10. 55	—	7. 85
埃及	—	—	6. 24	4. 08	4. 43	6. 52	0. 28
埃塞俄比亚	14. 00	9. 14	17. 03	23. 80	24. 12	21. 67	7. 67

① 习近平在 2018 年中非合作论坛北京峰会开幕式上的主旨讲话[EB/OL]. 新华网,2018 – 09 – 03.

续表

国家和地区	向东亚 10 国和地区出口占总出口比重（%）						
	2001 年	2005 年	2010 年	2015 年	2017 年	2018 年	比重变化
肯尼亚	3.23	3.15	2.66	3.93	5.52	6.29	3.06
毛里塔尼亚	10.20	15.32	46.34	40.64	44.70	43.33	33.13
摩洛哥	4.59	2.58	5.18	3.84	3.79	3.27	-1.32
尼日利亚	5.02	—	4.82	—	8.73	9.76	4.74
南非	16.48	19.72	23.48	20.26	21.56	20.59	4.11
苏丹	—	—	—	56.52	18.72	21.68	-34.84
突尼斯	0.74	0.66	0.93	0.97	1.18	1.68	0.94
也门	62.85	61.69	44.20	12.08	—	2.14	-60.71
非洲 11 国	9.92	11.42	10.93	13.43	12.67	12.68	2.76
国家和地区	从东亚 10 国和地区进口占总进口比重（%）						
	2001 年	2005 年	2010 年	2015 年	2017 年	2018 年	比重变化
阿尔及利亚	7.17	14.21	22.11	21.40	25.05	—	17.88
埃及	—	—	20.61	22.63	21.10	22.48	1.87
埃塞俄比亚	22.05	24.66	36.89	46.31	44.10	38.91	16.86
肯尼亚	14.64	17.79	41.10	32.83	34.97	33.62	18.98
毛里塔尼亚	7.36	5.45	16.93	9.76	28.29	15.88	8.52
摩洛哥	6.33	9.12	12.95	11.88	12.92	12.96	6.63
尼日利亚	19.48	—	22.87	—	25.11	34.70	15.22
南非	17.25	23.71	27.50	31.54	30.26	29.73	12.48
苏丹	—	—	—	36.83	34.22	29.13	-7.7
突尼斯	5.23	6.51	10.76	12.59	13.14	13.96	8.73
也门	14.51	18.54	23.98	23.98	—	8.84	-5.67
非洲 11 国	13.54	17.33	22.26	24.95	24.90	25.29	11.75

注：因吉布提、厄立特里亚、索马里数据缺失，故为非洲 11 国数据。

数据来源：根据 UNCOMTRADE 数据计算所得。

三、亚非商品贸易结构

1. 非洲向东亚的商品出口

从 2017 年、2018 年非洲 11 国向东亚 10 国和地区的出口来看，大部分非洲国家将初级产品和半成品出口输往东亚，2017 年，非洲 11 国将初级产品出口的 18.3% 和半成品出口的 12.1% 输往东亚，而零部件和消费品输往东亚的比重分别为 4.3% 和 5.4%，输往东亚的资本品比重最低，仅为 2.90%；2018 年，这一趋势进一步加强，非洲 11 国将初级产品出口的 19.3% 和半成品出口的 13.1% 输往东亚，而零部件和消费品输往东亚的比重分别为 3.8% 和 5.7%，输往东亚的资本品比重依然最低，为 2.40%。从非洲 11 国整体对东亚出口商品的构成来看，初级产品和半成品的比重依然是最高的。2017 年，非洲 11 国对东亚的初级产品出口占对东亚总出口的一半以上，高达 54.6%，半成品比重为 34.2%，其中阿尔及利亚、埃塞俄比亚、肯尼亚、毛里塔尼亚、南非、苏丹都向东亚出口了相当大规模的初级产品，阿尔及利亚、埃及、尼日利亚、南非向东亚出口了大量的半成品，阿尔及利亚、尼日利亚、苏丹向东亚的总出口中，初级产品和半成品的出口比重均达 98% 以上；2018 年，初级产品和半成品依然是非洲 11 国向东亚出口中占比最大的产品，但比重有所下降，占比分别为 47.6% 和 30.3%，零部件比重大幅度上升，由 2017 年的 1.60% 提高至 12.9000%，埃塞俄比亚、毛里塔尼亚、尼日利亚、苏丹、也门对东亚的出口中，初级产品占了极高的比重，肯尼亚、尼日利亚、南非的半成品出口比重较高，埃及对东亚出口中的零部件出口比重大幅度上升，占比为 67.6000%。在出口至东亚各类商品的主要来源地中，2017—2018 年，南非在初级产品、半成品、消费品、资本品中均占主导地位，2017 年，57.9% 的初级产品、67.8% 的半成品、77.500% 的资本品、71.30% 的消费品由南非供应；2018 年，56.200% 的初级产品、71.2000% 的半成品、83.300% 的资本品、69.500% 的消费品由南非供应。而在零部件方面，2017 年，摩洛哥是主要供应方，非洲 11 国向东亚出口的零部件产品中，有 63.000% 来自摩洛哥；2018 年，非洲 11 国向东亚出口零部件的主要供应方是埃及，提供了 89.6000% 的零部件。丰富的自然资源以及有限的生产能力使非洲地区为东亚主要提供初级产品，但不断提升的生产水平使其向东亚逐渐增加工业品供应（见表 7－24、表 7－25）。

表 7－24　2017 年非洲 11 国向东亚 10 国和地区出口商品构成

%

国家和地区	向东亚 10 国和地区出口商品占各类商品总出口比重					
	初级产品	半成品	零部件	资本品	消费品	总量
阿尔及利亚	7.7	9.1	1.9	0.09	0.6	10.5
埃及	17.8	2.80	2.1	2.80	2.7	4.4
埃塞俄比亚	30.2	28.2	50.4	7.80	13.5	24.1
肯尼亚	22.3	6.9	0.9	1.30	1.8	5.5
毛里塔尼亚	76.3	20.1	—	—	24.6	44.7
摩洛哥	19.0	1.2	8.2	2.20	0.8	3.7
尼日利亚	7.0	17.0	—	1.90	19.8	8.7

续表

国家和地区	向东亚10国和地区出口商品占各类商品总出口比重					
	初级产品	半成品	零部件	资本品	消费品	总量
南非	42.9	19.9	3.4	2.90	10.9	21.5
苏丹	31.2	4.7	87.2	—	0.2	18.7
突尼斯	4.6	0.6	0.7	2.60	1.0	1.1
也门	—	—	—	—	—	—
非洲11国	18.3	12.1	4.3	2.90	5.4	12.6
国家和地区	向东亚10国和地区出口商品结构					
	初级产品	半成品	零部件	资本品	消费品	总量
阿尔及利亚	53.6	46.2	0.04	0.08	0.08	100.0
埃及	46.0	33.2	1.10	0.50	19.20	100.0
埃塞俄比亚	69.9	13.0	0.70	2.70	13.70	100.0
肯尼亚	52.0	26.7	0.10	0.60	20.60	100.0
毛里塔尼亚	70.1	11.2	—	—	18.70	100.0
摩洛哥	40.5	10.6	37.00	0.90	11.00	100.0
尼日利亚	68.0	30.2	—	0.07	1.70	100.0
南非	50.8	37.2	0.80	1.30	9.90	100.0
苏丹	89.1	10.8	0.02	—	0.04	100.0
突尼斯	21.0	14.7	11.10	20.40	32.80	100.0
也门	—	—	—	—	—	—
非洲11国	54.6	34.2	1.60	1.00	8.60	100.0
国家和地区	向东亚10国和地区出口商品的地区分布					
	初级产品	半成品	零部件	资本品	消费品	总量
阿尔及利亚	9.3	12.9	0.002	0.007	0.09	9.5
埃及	3.2	3.7	2.600	2.100	8.60	3.9
埃塞俄比亚	2.4	0.7	0.800	4.900	2.90	1.8
肯尼亚	1.0	0.8	0.100	0.600	2.50	1.0
毛里塔尼亚	3.8	1.0	—	—	6.40	2.9
摩洛哥	2.1	0.9	63.000	2.700	3.60	2.8
尼日利亚	15.8	11.2	—	0.900	2.50	12.6
南非	57.9	67.8	29.700	77.500	71.30	62.2
苏丹	4.3	0.8	0.003	—	0.01	2.6
突尼斯	0.2	0.2	3.700	11.200	2.10	0.6
也门	—	—	—	—	—	—
非洲11国	100.0	100.0	100.000	100.000	100.00	100.0

表 7-25 2018 年非洲 11 国向东亚 10 国和地区出口商品构成

%

国家和地区	向东亚 10 国和地区出口商品占各类商品总出口比重					
	初级产品	半成品	零部件	资本品	消费品	总量
阿尔及利亚	—	—	—	—	—	—
埃及	27.2	4.6	2.8	8.10	2.9	6.5
埃塞俄比亚	29.4	31.4	12.9	5.30	11.9	21.6
肯尼亚	24.9	8.7	0.9	2.30	1.9	6.2
毛里塔尼亚	83.9	22.6	—	—	19.5	43.3
摩洛哥	15.5	1.4	6.9	2.10	0.9	3.2
尼日利亚	7.8	23.4	0.3	0.06	25.7	9.7
南非	41.6	19.1	2.6	2.90	10.9	20.5
苏丹	32.1	3.2	0.2	0.02	0.2	21.6
突尼斯	18.0	0.4	0.9	0.50	1.1	1.6
也门	7.8	0.1	24.4	—	4.5	2.1
非洲 11 国	19.3	13.1	3.8	2.40	5.7	12.6
国家和地区	向东亚 10 国和地区出口商品结构					
	初级产品	半成品	零部件	资本品	消费品	总量
阿尔及利亚	—	—	—	—	—	—
埃及	14.6	13.3	67.6000	0.400	4.10	100.0
埃塞俄比亚	65.8	13.7	0.4000	2.100	18.00	100.0
肯尼亚	49.8	30.1	0.2000	1.200	18.70	100.0
毛里塔尼亚	69.8	10.4	—	—	19.80	100.0
摩洛哥	33.2	14.1	37.2000	1.200	14.30	100.0
尼日利亚	67.9	29.7	0.0002	0.010	2.30	100.0
南非	48.5	39.0	0.6000	1.400	10.50	100.0
苏丹	95.4	4.5	0.0005	0.001	0.02	100.0
突尼斯	57.0	6.2	9.8000	2.900	24.00	100.0
也门	83.2	3.7	1.9000	—	11.20	100.0
非洲 11 国	47.6	30.3	12.9000	0.900	8.30	100.0
国家和地区	向东亚 10 国和地区出口商品的地区分布					
	初级产品	半成品	零部件	资本品	消费品	总量
阿尔及利亚	—	—	—	—	—	—
埃及	5.200	7.5000	89.6000	7.100	8.500	17.000
埃塞俄比亚	1.300	0.4000	0.0300	2.300	2.100	1.000
肯尼亚	1.200	1.1000	0.0100	1.400	2.500	1.100

续表

国家和地区	向东亚 10 国和地区出口商品的地区分布					
	初级产品	半成品	零部件	资本品	消费品	总量
毛里塔尼亚	3.800	0.9000	—	—	6.100	2.600
摩洛哥	1.700	1.1000	7.1000	3.200	4.200	2.400
尼日利亚	25.100	17.3000	0.0003	0.300	4.900	17.600
南非	56.200	71.2000	2.6000	83.300	69.500	55.200
苏丹	4.500	0.3000	0.0001	0.003	0.007	2.300
突尼斯	0.900	0.1000	0.6000	2.400	2.100	0.700
也门	0.002	0.0001	0.0001	—	0.001	0.001
非洲 11 国	100.000	100.0000	100.0000	100.000	100.000	100.000

注：因吉布提、厄立特里亚、索马里数据缺失，故为非洲 11 国数据。
数据来源：根据 UNCOMTRADE 数据计算所得。

2. 东亚向非洲的出口

从东亚 10 国和地区向非洲的商品出口来看，其整体水平不高，近年来，半成品、资本品和消费品是向非洲输出的最主要产品。2017 年，东亚 10 国和地区向非洲出口了 1.7% 的半成品、1.6% 的资本品和 2.2% 的消费品；2018 年出口比重基本没有变化，向非洲出口了 1.60% 的半成品、1.6% 的资本品和 2.2% 的消费品。2017 年，东亚 10 国和地区向非洲出口的商品中有 34.1% 是半成品，23.9% 是资本品，26.7% 是消费品；2018 年，东亚 10 国和地区向非洲出口的商品中有 35.6% 是半成品，22.7% 是资本品，26.2% 是消费品。在出口至非洲各类商品的主要来源地中，近年来，中国一直占据绝对主导地位，2017 年东亚地区向非洲的出口中，有 38.3% 的初级产品、71.1% 的半成品、60.7% 的零部件、58.6% 的资本品和 77.80% 的消费品来自中国；2018 年，40.4% 的初级产品、72.00% 的半成品、61.2% 的零部件、64.9% 的资本品和 76.2% 的消费品都由中国供应。东亚向非洲地区的产品输出量相对较低，以半成品和消费品主（见表 7－26、表 7－27）。

表 7－26　2017 年东亚 10 国和地区向非洲 11 国出口商品构成

%

国家和地区	向非洲 11 国出口商品占各类商品总出口比重					
	初级产品	半成品	零部件	资本品	消费品	总量
中国	2.20	3.30	2.1	1.8	3.1	2.6
中国香港	0.10	0.07	0.3	2.2	0.2	0.6
印度尼西亚	0.40	3.20	1.4	0.7	1.5	1.9
日本	0.06	0.40	0.6	0.9	1.1	0.7

续表

国家和地区	向非洲11国出口商品占各类商品总出口比重					
	初级产品	半成品	零部件	资本品	消费品	总量
韩国	1.60	0.60	0.8	2.4	1.4	1.1
马来西亚	0.30	1.6	0.6	0.5	1.6	1.2
菲律宾	0.30	0.2	0.2	0.2	0.2	0.2
新加坡	0.30	0.5	0.3	0.3	0.3	0.4
泰国	0.40	1.1	3.8	1.0	1.8	1.7
越南	1.90	0.6	0.3	1.4	0.6	0.8
东亚10国和地区	0.80	1.7	1.2	1.6	2.2	1.6
国家和地区	向非洲11国出口商品结构					
	初级产品	半成品	零部件	资本品	消费品	总量
中国	0.6	35.6	12.7	20.6	30.5	100.0
中国香港	0.2	5.4	13.2	76.1	5.0	100.0
印度尼西亚	6.2	70.9	4.4	1.6	16.7	100.0
日本	0.1	19.3	21.0	31.2	28.4	100.0
韩国	0.6	25.4	13.8	46.2	14.0	100.0
马来西亚	1.8	68.9	8.4	6.2	14.7	100.0
菲律宾	6.3	16.1	46.6	21.5	9.5	100.0
新加坡	0.8	47.1	31.4	12.3	8.4	100.0
泰国	1.0	21.1	38.3	11.1	28.5	100.0
越南	11.3	12.7	6.5	42.3	27.2	100.0
东亚10国和地区	1.0	34.1	14.3	23.9	26.7	100.0
国家和地区	向非洲11国出口商品的地区分布					
	初级产品	半成品	零部件	资本品	消费品	总量
中国	38.3	71.1	60.7	58.6	77.80	68.1
中国香港	0.7	0.6	3.4	11.8	0.70	3.7
印度尼西亚	22.7	7.7	1.1	0.2	2.30	3.7
日本	0.6	3.2	8.4	7.5	6.00	5.7
韩国	4.2	5.6	7.3	14.5	3.90	7.5
马来西亚	5.2	6.0	1.7	0.8	1.60	3.0
菲律宾	1.2	0.1	0.6	0.2	0.06	0.2
新加坡	1.2	2.1	3.3	0.8	0.50	1.5
泰国	4.5	2.9	12.5	2.2	5.00	4.7
越南	21.4	0.7	0.9	3.4	2.00	1.9
东亚10国和地区	100.0	100.0	100.0	100.0	100.00	100.0

表 7－27　2018 年东亚 10 国和地区向非洲 11 国出口商品构成

%

国家和地区	向非洲 11 国出口商品占各类商品总出口比重					
	初级产品	半成品	零部件	资本品	消费品	总量
中国	2. 30	3. 30	2. 2	1. 9	3. 1	2. 7
中国香港	0. 10	0. 07	0. 3	2. 4	0. 2	0. 7
印度尼西亚	0. 30	2. 80	1. 1	0. 5	1. 6	1. 7
日本	0. 05	0. 40	0. 7	0. 9	1. 1	0. 7
韩国	1. 90	0. 70	0. 8	1. 2	1. 7	0. 9
马来西亚	0. 30	1. 40	0. 4	0. 6	1. 6	1. 1
菲律宾	0. 10	0. 20	0. 2	0. 2	0. 3	0. 2
新加坡	0. 40	0. 30	0. 7	0. 3	0. 4	0. 4
泰国	0. 40	1. 10	4. 3	1. 0	2. 3	1. 9
越南	2. 60	0. 60	0. 4	1. 0	0. 5	0. 7
东亚 10 国和地区	0. 80	1. 60	1. 3	1. 6	2. 2	1. 7
国家和地区	向非洲 11 国出口商品结构					
	初级产品	半成品	零部件	资本品	消费品	总量
中国	0. 50	36. 0	12. 7	21. 2	28. 6	100. 0
中国香港	0. 20	4. 6	12. 5	78. 8	3. 9	100. 0
印度尼西亚	5. 10	69. 7	3. 8	1. 3	20. 1	100. 0
日本	0. 09	17. 8	22. 1	31. 1	28. 9	100. 0
韩国	0. 80	41. 7	15. 3	22. 8	19. 3	100. 0
马来西亚	1. 90	68. 4	5. 9	8. 5	15. 3	100. 0
菲律宾	2. 10	14. 2	51. 4	17. 0	15. 3	100. 0
新加坡	0. 80	48. 4	29. 4	12. 6	8. 8	100. 0
泰国	0. 90	19. 3	37. 8	10. 0	31. 0	100. 0
越南	14. 40	16. 7	9. 6	35. 3	23. 9	100. 0
东亚 10 国和地区	1. 00	35. 6	14. 5	22. 7	26. 2	100. 0
国家和地区	向非洲 11 国出口商品的地区分布					
	初级产品	半成品	零部件	资本品	消费品	总量
中国	40. 4	72. 00	61. 2	64. 9	76. 2	69. 6
中国香港	0. 7	0. 50	3. 5	14. 2	0. 6	4. 1
印度尼西亚	16. 3	6. 20	0. 8	0. 2	2. 4	3. 2
日本	0. 5	2. 80	8. 5	7. 6	6. 1	5. 5
韩国	4. 8	7. 00	6. 3	6. 0	4. 4	6. 0
马来西亚	5. 3	5. 40	1. 2	1. 1	1. 7	2. 8

续表

国家和地区	向非洲11国出口商品的地区分布					
	初级产品	半成品	零部件	资本品	消费品	总量
菲律宾	0.3	0.06	0.6	0.1	0.1	0.2
新加坡	1.4	2.30	3.4	0.8	0.6	1.7
泰国	4.4	2.80	13.3	2.3	6.2	5.1
越南	25.9	0.80	1.2	2.8	1.6	1.8
东亚10国和地区	100.0	100.00	100.0	100.0	100.0	100.0

注：因吉布提、厄立特里亚、索马里数据缺失，故为非洲11国数据。
数据来源：根据UNCOMTRADE数据计算所得。

四、亚非产消网络对接的动因与路径选择

东亚已成为世界生产网络的重要生产方，而非洲经济呈快速发展态势，对产品、服务等需求不断增加，决定了亚非深化产消网络对接成为必要选择。

1. 促进亚非产消网络对接的动因

亚非地区的资源、发展特点，决定了两大区域对接具有广阔前景。

第一，亚非地区发展存在互补性。价值链与产品内分工的深化推动了东亚区域生产网络的扩张与深入发展，当前，东亚地区越来越成为全球生产网络中占据主导地位的生产聚集地。2018年，东亚10国和地区的出口总额在世界出口总额中的占比约为29.83%，其中，中国出口总额在全球排名第一，日本、韩国、中国香港分别位列第4、第5、第7，出口总额排名前30的国家和地区中，有9个国家和地区属于东亚区域。生产的集聚与分工细化使东亚地区拥有世界领先的产品供给能力，能够满足多样化的产品和服务需求，为东亚地区的对外经贸合作提供了坚实基础。当前，非洲的经济发展水平虽然相对偏低，但整体上保持较快增速，对产品、服务、技术等的大量需求为亚非产消网络的对接提供了巨大的发展空间，而东亚地区优越的产品和服务供给能力则为亚非经贸合作提供了充足保障。

第二，非洲丰富的资源禀赋是亚非产消网络对接的重要基础。非洲矿产资源丰富，约有50种重要矿产，蕴藏全球12%的石油资源，50%以上的黄金、磷酸盐和钴，89%的铂和钯，80%以上的锰矿，90%以上的铬矿，60%以上的钻石，20%以上的铁、铜、锌和铝土矿，30%以上的铀、钽、铯、锆、石墨、矾土等重要矿产资源；除矿产资源外，非洲还拥有丰富的水力资源、森林资源、太阳能资源、风力资源，且受经济发展水平和生产能力有限等影响，非洲自然资源仍有巨大的开发空间，这为亚非产消网络的对接提供巨大的发展空间和潜力。

第三，非洲庞大的人口规模使亚非产消网络对接具有巨大潜力。非洲各国人口数量普遍呈上升趋势，2019 年，非洲 12 国人口占世界总人口的比重已达 8.84%，较 2001 年占比增加 1.99%。庞大的人口规模意味着非洲存在潜在的大规模消费需求，但当前非洲国家较为普遍的低收入状况也在很大程度上限制了消费需求。2011 年，世界 36 个低收入经济体中，有 27 个来自非洲，非洲低收入经济体占 75%。2018 年，IMF 发布报告称，非洲地区约 40% 的低收入国家正处于债务困境或高风险状态。非洲经济虽然整体保持增长态势，但是依旧处于较低的发展水平，生产水平有限，经济发展滞后，形成大规模消费需求的能力受限。因此，要进一步探索亚非经贸合作的有效方式，推动非洲经济加快发展，提高非洲国家的收入水平，才能充分发挥非洲庞大人口规模所蕴藏的巨大消费潜力，从而推进亚非产消网络深化对接（见表 7 – 28）。

表 7 – 28　2001—2019 年非洲 12 国人口占世界比重

%

国家和地区	2001 年	2005 年	2010 年	2015 年	2017 年	2018 年	2019 年	2001—2019 年增减（个百分点）
阿尔及利亚	0.50	0.50	0.51	0.53	0.53	0.55	0.55	0.05
埃及	1.10	1.15	1.18	1.25	1.27	1.28	1.30	0.2
厄立特里亚	0.03	0.04	0.04	0.04	0.04	0.04	0.04	0.01
埃塞俄比亚	1.09	1.16	1.25	1.36	1.40	1.43	1.45	0.36
肯尼亚	0.52	0.55	0.60	0.64	0.66	0.67	0.68	0.16
毛里塔尼亚	0.04	0.04	0.05	0.05	0.05	0.05	0.05	0.01
摩洛哥	0.46	0.46	0.46	0.46	0.47	0.47	0.47	0.01
尼日利亚	2.01	2.12	2.27	2.45	2.52	2.56	2.60	0.59
索马里	0.14	0.15	0.17	0.18	0.19	0.19	0.20	0.06
南非	0.73	0.73	0.73	0.75	0.75	0.75	0.75	0.02
苏丹	0.55	0.58	0.63	0.52	0.54	0.54	0.55	0
突尼斯	0.16	0.15	0.15	0.15	0.15	0.15	0.15	-0.01
非洲 12 国	6.85	7.11	8.1	8.44	8.64	8.74	8.84	1.99

注：因吉布提和也门数据极小或缺失，故为非洲 12 国数据。

数据来源：根据 UNCTAD 数据计算所得。

可见，在亚非产消网络的对接中，东亚既是向非洲提供产品和服务的供给方，也是非洲能源资源的消费方；而非洲地区既是向东亚地区供给自然资源的供给方，也是东亚地区产品和服务的消费方。

2. 亚非产消网络的对接路径

第一，进一步发展东亚区域生产网络。在亚非产消网络的对接过程中，东亚地区作为大规模生产聚集地，更多是向非洲提供产品和服务的供给方，东亚地区的生产规模是亚非产消对接的主要支撑。因此，推动亚非产消网络的对接，需要进一步扩大东亚区域生产网络，加强区域内经济合作，深化各经济体之间的分工联系；深入挖掘市场需求，探索开发新产品，细化产品分工，推进东亚产品市场结构升级，提升东亚区域产品供给能力和供给质量；加速区域内生产要素的流转、消化与吸收，优化资源配置结构，进而优化区域内产业发展结构，推进东亚区域生产网络优化升级。东亚区域生产网络的完善，将为亚非产消网络的对接创造更多机会与空间，能够更好地满足非洲国家对产品和服务的消费需求，提升亚非产消对接的质量，从而深化亚非合作的广度和深度。

第二，加深数字化合作。在新一轮科技革命背景下，数字经济与传统产业的交互融合为亚非产消网络对接带来更多机遇。非洲土地、森林等资源丰富，具有发展现代农业的优越基础，且农业生产依然占有重要地位，提高农业经济效益，加快发展现代农业符合非洲农业的发展需求。东亚地区可依托科研优势，加强农业基础科学与应用技术的研究，提高现代信息技术与农业生产的融合程度；加强农作物育种和遗传研究，提高农作物产量，优化农作物品种和质量；加强农业生产过程中使用设备的智能化研究，提升农业生产效率。此外，新科技革命推动东亚地区制造业的转型升级，制造业的提质提效与数字化发展不仅能够创造出新的产品需求，更有助于提高产品供给能力与质量。非洲地域广阔，人口聚集程度有限，发展网络通信技术和电商业务，有助于扩大消费规模，并运用数字技术和大数据资源，精确满足多样化市场需求，提高供求匹配程度与效率。

第三，建设非洲近期市场生产网络。随着市场敏捷响应要求的提高，生产体系有必要与消费中心在空间上尽量靠近；非洲工业化基础薄弱，劳动力质素不高，短时间内难以培育起规模化的生产制造基地。由此，在毗邻非洲消费市场，选择生产制造能力较强的国家和地区，充分利用或打造新型加工制造基地，有助于对接东亚区域生产网络，同时构建起对非洲消费市场的敏捷响应能力。

大事记

（2019 年 9 月至 2021 年 12 月）

2019 年 9 月

7 日

第三次中国—阿富汗—巴基斯坦外长对话在巴基斯坦伊斯兰堡举行。

中国电气进出口有限公司顺利完成白俄罗斯“戈梅利—日罗宾—博布鲁伊斯克—奥西波维奇”铁路段的电气化改造项目，这是中企在白俄罗斯完成的第一个铁路电气化项目。

8 日

2019 欧亚经济论坛在陕西省西安市举行，本届论坛以“共建‘一带一路’：高水平合作、高质量发展”为主题，来自全球 58 个国家和地区的 1000 余名政要、企业家、专家学者等人士参会。

10 日

国家外汇管理局取消合格境外机构投资者（QFII）和人民币合格境外机构投资者（RQFII）投资额度限制。

11 日

中国和哈萨克斯坦两国政府签署《关于落实“丝绸之路经济带”建设与“光明之路”新经济政策对接合作规划的谅解备忘录》。

全球境外中资企业商（协）会联席会议成立大会在北京召开。

中欧班列运输协调委员会第四次会议在北京召开，国铁集团与全国中欧班列运营企业共同签署了《推进中欧班列高质量发展公约》。

12 日

乌兹别克斯坦总统米尔济约耶夫签署法令，规定自 2020 年 1 月 1 日起，包括中国香港特别行政区在内的中国公民可免签通过乌国际机场进入该国，并停留不超 7 天。

16 日

中国工商银行伦敦分行在伦敦证券交易所发行 6 亿英镑债券。这是中资银行发行的首笔英镑债券。

25 日

中俄议会合作委员会第五次会议在俄罗斯国家杜马大厦举行。

26 日

“区域层面上的‘一带一路’国际研讨会”在比利时首都布鲁塞尔举行。

中国建筑旗下中建国际与特拉维夫大都会轨道交通有限公司（NTA）共同签署特拉维夫绿线 G3 -2 段地铁项目 EPC 合同。

“2019 国际新一代信息技术合作大会”在济南举办。

28 日

由中国记者协会主办的 2019“一带一路”记者组织论坛在北京召开。

2019 年 10 月

3 日

成都市政府发布《成都市融入“一带一路”建设三年行动计划（2019—2021 年）》。

7 日

以“‘一带一路’：文明对话与合作共赢”为主题的第四届中法文化论坛在法国尼斯开幕。

9 日

长三角区域首条跨境电商班列——中欧班列（义乌—列日）eWTP 菜鸟号正式

开通。

13 日

重庆、广西等西部地区 12 省区市和海南省、广东省湛江市，在重庆签署《区域海关共同支持西部陆海新通道建设合作备忘录》和《中国建设银行金融服务西部陆海新通道建设框架协议》等。

14 日

第六届“一带一路”中德经济对话会在德国法兰克福举办。

15 日

四川省人民政府、中国人民对外友好协会在成都共同举办 2019“一带一路”四川国际友城合作与发展论坛。

16 日

世界互联网大会组委会发布《携手构建网络空间命运共同体》概念文件。

17 日

中国与毛里求斯签署《中华人民共和国政府和毛里求斯共和国政府自由贸易协定》。

23 日

由格鲁吉亚政府主办的第三届第比利斯丝绸之路国际论坛闭幕。

28 日

商务部官网发布《中国—上海合作组织地方经贸合作示范区建设总体方案》。

2019 年 11 月

1 日

中欧班列“长安号”首次使用全程统一运单，班列在各国边境站不需要重新办理运输单据，真正实现“一单到底”。

《中国（重庆）自由贸易试验区条例》施行。

3 日

中国与乌兹别克斯坦签署《中华人民共和国商务部与乌兹别克斯坦共和国投资和外贸部关于电子商务合作的谅解备忘录》。

2019 河南—卢森堡“一带一路”经济合作论坛在郑州开幕。

中国黑河口岸至俄罗斯布拉戈维申斯克口岸开通气垫船客货运输。

4 日

使用中国优买贷款、由中国电力建设集团公司负责修建的蒙古国首都乌兰巴托市纳来哈公路升级改造项目实现主线临时通车。

巴基斯坦西南部城市瓜达尔举行 30 万千瓦燃煤电厂、中巴法曲尔中学扩建等项目的奠基仪式。

2019 中新（重庆）战略性互联互通示范项目金融峰会在重庆举行，其间签约重大项目 56 个，涉及绿色债券、债务融资、跨境物流、教育、旅游等多个领域，协议金额 1945.4 亿元。

5 日

第二届中国国际进口博览会在上海开幕，国家主席习近平出席并发表题为《开放合作　命运与共》的主旨演讲。

6 日

由中国工商银行四川省分行立项研发的全国首个多式联运“一单制”跨境区块链平台——“中欧 e 单通”正式发布。

7 日

“一带一路”仲裁机构高端圆桌论坛在北京举行，42 家境内外仲裁机构发布《“一带一路”仲裁机构北京联合宣言》。

中国与法国共同签署《关于结束中华人民共和国政府与欧洲联盟地理标志保护与合作协定谈判的联合声明》。

9 日

中国土木工程集团有限公司投资建设的尼日利亚首个铁路车辆组装厂举行奠基仪式。

12 日

中俄经贸合作与文化交流中心等 10 个重点项目在青岛市西海岸新区国际经济合作区奠基开工。

13 日

中国石油与哈萨克斯坦国家石油天然气股份公司签署《关于在油气领域扩大合作的备忘录》，与哈萨克斯坦共和国能源部、哈萨克斯坦天然气运输股份公司签署《关于天然气领域合作备忘录》。

14 日

金砖国家领导人第十一次会晤在巴西首都巴西利亚举行，此次会晤发表了《金砖国家领导人第十一次会晤巴西利亚宣言》。

2019 年 12 月

1 日

《中华人民共和国政府和巴基斯坦伊斯兰共和国政府关于修订〈自由贸易协定〉的议定书》正式生效。

2 日

国家主席习近平同俄罗斯总统普京视频连线，共同见证中俄东线天然气管道投产通气仪式。

由博鳌亚洲论坛、重庆市人民政府、欧洲咨询联盟共同主办的博鳌亚洲论坛第二届亚欧合作对话在重庆开幕。

中日企业第三方市场合作交流会在北京举行。

3 日

由国家版权局和世界知识产权组织联合主办的“‘一带一路’版权国际论坛”在成都开幕。

9 日

“中非合作与共建‘一带一路’”国际研讨会在塞内加尔首都达喀尔举行。

10 日

中巴经济走廊拉合尔轨道交通橙线项目建设完成，系巴首个城市轨道交通项目。

12 日

四川省印发《成都“一带一路”国际多式联运综合试验区总体方案》。

甘肃省印发《新时代甘肃融入“一带一路”建设打造文化制高点实施方案》，提出将文化旅游建设成推动甘肃省绿色发展崛起的首位产业和支柱产业。

13 日

中企承建的东非最大光伏电站——肯尼亚加里萨 50 兆瓦光伏发电站正式投入运营。

16 日

国家开发银行与白俄罗斯财政部在上海签署 35 亿元境外人民币贷款协议。

17 日

陕西首条第五航权客运航线——“叶卡捷琳堡—西安—普吉”航线正式开通。

中国援助巴基斯坦的职业技术学院和医院在巴西南部俾路支省瓜达尔正式动工。

亚投行宣布为京津冀低碳能源转型与空气质量改善项目提供 5 亿美元的贷款，以增加京津冀地区天然气供应，减少煤炭消耗和相关的污染排放。此项目是亚投行在中国的第一笔主权担保贷款。

18 日

由中资企业承建的塞尔维亚 E763 高速公路苏尔钦—奥布雷诺瓦茨段通车仪式在塞首都贝尔格莱德市郊举行。

首届“一带一路”能源合作伙伴关系论坛在北京开幕。

敦煌铁路全线开通运营。

第三届“一带一路”中医药发展论坛在北京举行。

19 日

中国国家电网所属中电装备公司与沙特电力公司在利雅得签署沙特智能电表项目总承包合同。

中国公民持有效普通护照可免办签证入境亚美尼亚。

22 日

“一带一路”国际合作高峰论坛咨询委员会第二次会议在北京举行。

23 日

哈萨克斯坦首次用集装箱向中国出口玉米。

24 日

中欧班列“长安号”（西安—斯瓦夫库夫）首列宽轨直达班列从西安港发车。

国务院同意在石家庄、太原等 24 个城市设立跨境电子商务综合试验区。

中埃企业签署年产 50 万吨磷化工项目承包合同。

25 日

中国银保监会发布并施行《中华人民共和国外资银行管理条例实施细则》。

26 日

中铁集装箱俄罗斯国际物流有限公司揭牌仪式暨市场推介会在俄罗斯首都莫斯科举行。

由中国铁建承建的莫斯科地铁阿米尼站至终止区间中线隧道贯通。

27 日

最高人民法院发布《关于人民法院进一步为“一带一路”建设提供司法服务和保障的意见》。

28 日

由中国企业承建的乌兹别克斯坦最大聚氯乙烯生产项目在乌中部工业城市纳沃伊正式投产。

30 日

陕西西安咸阳国际机场发布新增西安至布达佩斯、西安至伊斯坦布尔、西安至努尔苏丹 3 条“一带一路”国际直达航线。

31 日

国家药品监督管理局、海关总署联合发布《关于增设郑州航空港口岸为药品进口口岸的公告》。

2020 年 1 月

1 日

《中华人民共和国外商投资法实施条例》正式施行。

新版《跨境电子商务零售进口商品清单》正式实施。

《中华人民共和国政府和巴基斯坦伊斯兰共和国政府关于修订〈自由贸易协定〉的议定书》降税安排正式实施。

中欧班列公共班列（西安—布拉格）开行。

安徽省新年首趟定制化中欧班列启程。

2 日

成都海关关区首票西部陆海新通道跨境（公路）货运报关单在天府新区海关申报成功。

3 日

白俄罗斯总统感谢状颁发仪式在中白工业园举行，中白工业园开发公司首席执行官胡政获白总统卢卡申科颁发的感谢状，成为首位获此殊荣的外国公民。

6 日

中国人民银行与老挝银行签署双边本币合作协议，允许在两国已经放开的所有经常和资本项下交易中直接使用双方本币结算。

7 日

《中华人民共和国政府和巴基斯坦伊斯兰共和国政府关于修订〈自由贸易协定〉的议定书》对原自贸协定中的货物贸易市场准入及关税减让表、原产地规则、贸易救济、投资等内容进行了升级和修订，并新增海关合作章节。

哈尔滨·中国—乌克兰联合创新合作平台揭牌仪式在哈尔滨举行。

8 日

由中建八局和中国对外承包工程商会共同倡议发起的中建埃及“鲁班学院”在埃及新首都 CBD 项目基地举行揭牌仪式。

9 日

全国首趟俄罗斯菜籽油专列运抵成都。

山东省正式设立胶州、临沂“一带一路”综合试验区。

国家发展改革委“一带一路”建设促进中心组织召开跨国公司共建“一带一路”座谈会。

TIR 运输车辆首次从中蒙最大陆路口岸——二连口岸出境。

11 日

由中国政府援建、江苏省建筑工程集团有限公司承建的冈比亚国际会议中心在冈首都班珠尔正式交付。

14 日

中国首票转关直通 + TIR 货物从乌鲁木齐国际陆港区报关始出。

15 日

“一带一路”产业园区联盟成立仪式在第二届“亚蓉欧”全球合作伙伴大会上举行。

17 日

中国援中非光伏电站项目奠基仪式在中非共和国首都班吉举行。

由中国天辰公司承建的格鲁吉亚重点能源项目格达巴尼联合循环天然气电站二期工程举行竣工仪式。

乌兹别克斯坦举办“一带一路”主题艺术节。

21 日

首列中欧班列“长安号”（西安—波兹南）“冠捷光电产品专列”从西安港西安铁路集装箱中心站始发。

22 日

第四届“一带一路”达沃斯论坛在达沃斯举行。

31 日

欧亚政府间理事会会议在哈萨克斯坦南部城市阿拉木图举行，此次会议就扩大成员国间经贸合作等议题开展讨论。

2020 年 2 月

17 日

乌干达 500 兆瓦光伏发电项目正式签约，合同金额 5 亿美元（约合人民币 35 亿元）。

19 日

中法达成一致，同意开放共享中法海洋卫星的观测数据。

20 日

澜沧江—湄公河合作第五次外长会在老挝万象举行，该会议提出结合“陆海新通道”合力打造经济发展带。

21 日

西北首个多式联运示范工程——兰州新区向西开放新枢纽多式联运示范项目开工建设。

23 日

中国中铁隧道局作为施工设计总承包方承建的以色列特拉维夫轻轨红线 9 条盾构隧道全线贯通。

24 日

亚洲基础设施投资银行宣布捐赠 100 万美元，用于支持中国抗击新型冠状病毒肺炎疫情的防控工作。

海关总署专门就进一步促进中欧班列发展出台十条举措，以深化沿线各国经贸往来。

25 日

广州地铁集团联合体与巴基斯坦旁遮普省公共交通管理局签订巴基斯坦拉合尔轨道交通橙线运营及维护服务合同。

希腊比雷埃夫斯港邮轮码头扩建工程开工仪式在比雷埃夫斯市举行。

28 日

中日第八次高级别政治对话举行，双方同意加强第三方市场合作。

商务部、国家开发银行联合印发《关于应对新冠肺炎疫情发挥开发性金融作用支持高质量共建“一带一路”的工作通知》。

中欧班列（郑州）首趟进口运邮班列抵达郑州。

2020 年 3 月

2 日

由中国电建所属电建核电公司和山东电建公司建设的沙特阿美吉赞 3850 兆瓦电站项目 12 燃机带负荷并网一次成功，这是目前实现成功并网的世界最大联合循环电站项目。

“一带一路”银行间常态化合作机制发布《支持中国等国家抗击新冠肺炎疫情的倡议》。

5 日

天津开通直达欧洲的“卡车航班”，卡车从天津出发抵达德国，行程约 14 天。

10 日

中油工程中东地区公司签约伊拉克马季努油田酸气处理设施项目。

西部陆海新通道开行青海铁路箱专列。

西部陆海新通道首列市外复工复产专列开行。

11 日

中国能建国际公司、广东院与乌克兰 Karsa 公司签署乌克兰 Karsa1500 吨/天垃圾电站项目 EPC 合同。

15 日

受新冠肺炎疫情影响中断了一个月的中哈霍尔果斯国际边境合作中心中方区域正式恢复运营。

新冠肺炎疫情期间中欧班列“长安号”开行首趟面粉专列。

17 日

中国和巴基斯坦两国政府签署谅解备忘录，正式确认中巴经济走廊拓展至科技与农业领域，并增设相应的联合工作组。

19 日

宁夏印发《自治区推进“一带一路”和内陆开放型经济试验区建设 2020 年工作计划》。

24 日

中国能建华北院与白俄罗斯拉德特雷德公司签订白俄布列斯特商务中心建设项目工程总承包合同。

长沙至莫斯科中欧班列首发。

25 日

中欧班列（西安）首开西安—德国罗斯托克—意大利维罗纳、瑞典哥德堡、瑞典斯德哥尔摩的“铁海联运”班列。

中国葛洲坝集团国际工程有限公司与土耳其发展公司签署了土耳其埃利迪尔抽水蓄能电站项目工程总承包框架合同。

2020 年成都投资促进“百日擂台赛”暨成都国际铁路港供应链综合解决中心重大项目集中签约仪式在成都举行。

西安市人民政府办公厅印发《西安丝绸之路金融中心发展行动计划（2020—2022 年）》。

西部陆海新通道新开重庆长寿首发铁海联运班列。

26 日

国家主席习近平在北京出席二十国集团领导人应对新冠肺炎疫情特别峰会，并发表题为《携手抗疫　共克时艰》的重要讲话。

27日

首趟“中国邮政号”中欧班列（义乌—马德里）启程。

推进“一带一路”建设工作领导小组办公室召开办公室主任会议。

陕西省发展改革委等部门联合印发《支持中欧班列长安号高质量发展的若干措施》，旨在解决中欧班列长安号开行中的障碍和问题，推动班列高质量发展。

东方电气集团国际合作有限公司与塞尔维亚迈特菲投资公司签署塞尔维亚米特洛维卡废物衍生燃料发电项目燃料输送及锅炉岛总承包合同。

29日

《陕西省“一带一路”建设2020年行动计划》印发，提出推进交通商贸物流中心优化升级、推进国际产能合作中心深化拓展等7大类28条举措。

“中车造”首批出口欧洲的车轴在湖南株洲北站搭乘中欧班列正式发运德国。

2020年4月

2日

由四川路桥集团承建的挪威贝特斯塔德大桥正式通车。

7日

《重庆市推进西部陆海新通道建设实施方案》印发，明确26项重点任务。

国务院发布关于同意设立广西百色重点开发开放试验区的批复，要求将试验区建设成为我国与东盟高质量共建“一带一路”的重要平台、辐射带动周边经济发展的重要引擎、稳边安边兴边模范区、生态文明建设示范区，为构建全面开放新格局做出重要贡献。

沙特内阁举行视频会议，同意核准“一带一路”融资指导原则。

国务院召开常务会议决定新设46个跨境电商综合试验区。

8日

哈铁开行首趟蔬菜出口货物列车。

首趟西安至巴塞罗那中欧班列开行，全程约12000公里。

中铁建承建的2022年卡塔尔世界杯主体育场主体钢结构卸载顺利完成。

武汉首开中亚国际联运汽车班列。

9 日

中东欧科技创新中心落户青岛国际经济合作区。

12 日

西安—达卡国际全货运航线开通。

中国首趟中欧班列邮包专列抵达立陶宛。

13 日

国务院同意设立江西内陆开放型经济试验区。

14 日

《重庆市推进西部陆海新通道建设实施方案》印发。

16 日

亚投行宣布将原定 50 亿美元危机恢复基金扩大到 100 亿美元，执行时间初定为 18 个月，主要为紧急公共卫生需求提供资金支持。

新疆推进实施“一带一路”建设领导小组印发《2020 年自治区推进丝绸之路经济带核心区建设工作要点》。

《2020 年广西高质量参与“一带一路”建设工作要点》印发实施。

21 日

海关总署通报了 10 起 2019 年中国海关知识产权保护典型案例，“一带一路”沿线国家成为重点。

22 日

中国船舶集团和卡塔尔石油公司云签约 LNG 船“超级订单”。

2020 年 5 月

4 日

中欧班列（义乌—维尔纽斯）中国邮政专列首发。

6 日

河南首条美线跨境电商货运航线开通。

7 日

江西印发实施《江西省参与“一带一路”建设 2020 年工作要点》。

12 日

中欧班列首开苏州自贸区专列。

白俄罗斯首都明斯克郊区的中白工业园内，中国国机集团投资的火炬园项目举行奠基仪式。

13 日

郑州至多哈货运航线首航。

18 日

从义乌出发的首趟义新欧中欧班列（义乌—维尔纽斯）中国邮政专列抵达维尔纽斯，开启一条运输新冠肺炎疫情期间积压国际邮件的新通道。

中欧班列“长安号”南亚班列首发。

由哈电集团总承包的“一带一路”重大项目阿拉伯联合酋长国迪拜哈斯彦 4 × 600 兆瓦清洁燃煤电站项目 1 号机组一次并网成功。

20 日

中国电建与赞比亚国家电力公司通过视频会议方式正式签署赞比亚 600 兆瓦太阳能光伏发电项目合同。

天津东疆自贸区首趟铁水联运中欧班列开行。

“海上丝路”铁海国际联运班“新乡号”首发。

25 日

中泰铁路合作联合委员会第 28 次会议（视频会）举行。

26 日

中欧班列国际合作防疫物资专列抵达塞尔维亚首都。

2020 年 6 月

2 日

武汉—比利时洲际全货运航班恢复。

哈尔滨电气国际工程有限责任公司与厄瓜多尔签署美纳斯 3 ×90 兆瓦水电项目土建工程最终移交纪要。

以“同心抗疫，共克时艰”为主题的“一带一路”税收征管合作机制会议通过视频形式召开。

4 日

中欧国际交易所正式在山东自贸区青岛片区设立中欧国际交易所中国（北方）资本市场服务基地。

5 日

重庆市与乌兹别克斯坦塔什干州建立友好市州关系。

中欧班列“中吉乌”公铁联运国际货运班列在兰州首发。

7 日

搭载三星电子产品配件和半成品的货机落地西安咸阳国际机场，装卸货后飞往美国洛杉矶，这标志着陕西首条洲际第五航权全货运航线顺利开通。

8 日

首趟专门运送地铁施工设备的中欧班列从南昌向塘国际陆港发车驶向莫斯科，这是南昌向塘国际陆港继食品专列、防疫物资专列之后的又一定制专列。

中国（广西）自由贸易试验区首次面向全球开展大型线上招商引资活动。

10 日

中国同南非执政党以“统筹推进疫情防控和经济社会发展：中南执政党的探索与实践”为主题举行视频研讨会。

11 日

亚投行在中国银行间债券市场发行首笔熊猫债，价值 30 亿元人民币。

15 日

联合国全球契约组织 2020 年领导人峰会以线上形式举行，并正式启动“可持续基础设施建设助力‘一带一路’，加速实现联合国可持续发展目标”行动平台。

16 日

中国—中东欧国家中小企业复工复产视频信息交流与洽谈会在北京举行，会上正式启动中国—中东欧中小企业合作线上服务平台，并发布中国及中东欧国家参会中小企业信息和活动成果清单。

17 日

中非团结抗疫特别峰会在北京举行，国家主席习近平主持并发表题为《团结抗疫，共克时艰》的主旨讲话。

由中国山东高速集团承建的塞尔维亚伊维拉克—拉伊科瓦茨快速公路开工仪式在塞中部城市拉伊科瓦茨举行。

18 日

由中俄双方共同建设的莫斯科别雷拉斯特物流中心首发国际班列。

“一带一路”国际合作高级别视频会议在北京举行，习近平主席发表书面致辞。

“一带一路”建设与向西开放协商座谈会在兰州举行。

中欧班列“中吉乌”公铁联运国际货运班列首批集装箱从伊尔克什坦口岸出境，这是首趟采用“铁路—公路—铁路”多式联运方式组织开行的中欧班列。

22 日

由中联部主办的中国—阿拉伯国家政党对话会特别会议开幕。

第二十二次中国—欧盟领导人会晤以视频方式举行。

23 日

郑州至欧洲定期全货机邮件专线开通。

28 日

《中华人民共和国财政部和奥地利共和国财政部财政合作框架协定》签署。

29 日

上合“一带一路”央企“国际客厅”宣布启用，上合国际贸易商事仲裁中心等首批 20 个总投资约 800 亿元的项目集中发布。

2020 年 7 月

1 日

中铁集装箱运输有限责任公司联手长安号常态化开行中欧班列公共班列。

广西首个国际物流单一窗口服务中心启用。

2 日

新疆阿富准铁路（阿勒泰—富蕴—准东）的阿勒泰至富蕴段顺利铺通，标志着阿富准铁路已全线贯通，北疆铁路环线正式形成。

兰州以线上方式举办第 26 届兰洽会。

3 日

国内首列发往莫斯科别雷拉斯特物流中心的中欧班列——“辽宁沈阳—莫斯科别雷拉斯特”中欧班列在辽港集团沈阳内陆港集铁物流场站首发。

中蒙举行应对新冠肺炎疫情联防联控合作机制第二次视频会议，宣布正式建立并启动运行中蒙边境口岸“绿色通道”。

6 日

中国—阿拉伯国家合作论坛第九届部长级会议以视频连线方式举行，国家主席习近平向会议致贺信。

9 日

中国援助巴基斯坦新冠肺炎隔离医院在伊斯兰堡落成启用。

14 日

西安港国际集拼中心首单集拼出口业务启动。

15 日

首届中国—阿联酋经济贸易数字博览会开幕。

第三届“一带一路”国际青年论坛在线上举行。

广西开行首趟“俄罗斯煤炭”铁海联运集装箱班列。

16 日

“中国 + 中亚五国”通过视频方式举行首次外长会晤。

天津港与乌鲁木齐签署战略合作协议，推动海铁联运和中欧中亚班列建设。

世界单体规模最大高铁导线项目在兰州新区投产。

“一带一路”记者组织合作平台中非新闻界网络座谈会在北京举行。

23 日

中俄执政党对话机制第八次会议以视频会议方式举行。

24 日

西安至基辅中欧班列首次开行。

广西唯一内陆地区的保税物流中心——柳州保税物流中心项目获海关总署批复认可验收合格。

26 日

第三届进博会参展商联盟第一次会议在上海举行，乳业专委会和公共卫生防疫专委会同时宣布成立。

28 日

深化中国河南省—乌兹别克斯坦撒马尔罕州务实关系视频会议举行。

31 日

西部陆海新通道荣昌班列开行。

2020 年 8 月

1 日

青海首趟农产品进口中欧班列从俄罗斯抵达西宁。

5 日

中国（陕西）—东盟投资合作洽谈会举行。

中国人民银行重庆营业管理部等 13 部门联合印发《金融服务西部陆海新通道建设方案》。

6 日

中国—巴布亚新几内亚经贸联委会首届会议举行。

10 日

“一带一路”国际商事调解中心推动建立以调解为手段解决“一带一路”建设中的商事纠纷的国际法治平台。

12 日

中欧班列（西安—米兰）防疫物资专列开行。

国务院办公厅印发《关于进一步做好稳外贸稳外资工作的意见》。

15 日

中欧班列口岸铁路通行实现无纸化。

17 日

南非财政部、公共工程与基础设施部、南部非洲开发银行签署《基础设施基金协议备忘录》，拟成立南非基础设施基金。

19 日

由中国电科装备承建的土耳其 Kalyon 集团 500 兆瓦光伏全产业链项目成功贯通并正式投产。

20 日

奥地利首趟维也纳—西安中欧班列启程。

中巴经济走廊政党共商机制第二次会议以视频会议方式举行，该会议通过《中巴政党推动高质量共建中巴经济走廊合作联合宣言》。

23 日

首趟“湾区号”中欧班列经新疆阿拉山口口岸出境。

25 日

“蓉欧 + 日韩”东向海铁联运大通道建设圆桌会议在成都举行。

云南省印发《中共云南省委云南省人民政府关于加快构建现代化产业体系的决定》。

26 日

西安、唐山两地携手合作，启动开行“唐西欧”国际货运班列。

洛阳首趟中欧班列正式开行。

中俄科技创新年通过视频连线方式启动。

2020 年 9 月

1 日

海关总署发布公告，即日起新增上海、福州、西安等 12 个直属海关开展跨境电子商务企业对企业出口监管试点。

2 日

中欧班列（渝新欧）跨境电商 B2B 出口专列重庆首发。

4 日

首趟中欧班列长安号“韩国 LG 专列”开行。

中国国际服务贸易交易会在北京举行。

6 日

新疆兵团推进参与“一带一路”建设领导小组办公室印发《兵团关于加大对外开放力度　积极参与丝绸之路经济带核心区建设的实施意见》。

8 日

第二届“空中丝绸之路”国际合作峰会在北京举行。

华侨大学与中国银行签订战略合作协议，共促“一带一路”建设。

10 日

推进“一带一路”建设工作领导小组办公室在福建泉州召开共建“一带一路”2020 年重点工作推进会。

11 日

一带一路法律服务创新中心在西安西咸新区揭牌。

甘肃首开“中吉乌”公铁联运国际货运班列。

12 日

“一带一路”建设促进中心与五所高校智库战略合作座谈会暨签约仪式在北京举行。

中哈启动“中哈复工复产首批千名专家计划”。

湖北跨境电商首次牵手中欧班列（武汉）向欧洲出口。

14 日

中国和欧盟在北京签署《中欧地理标志协定》。

中巴经济走廊框架下首个特别经济区拉沙卡伊特区项目开发协议签约仪式在巴基斯坦总理府举行。

16 日

陕西首个跨境电商国际快件产业园开园运营。

湖南省“一带一路”基金与沙特国际电力和水务公司就埃及 KomOmbo 200 兆瓦光伏发电项目举行《投资框架协议》视频签约仪式。

21 日

国家主席习近平在联合国成立 75 周年纪念峰会上发表重要讲话。

22 日

第四届全球跨境电子商务大会在郑州开幕。

中国铁建国际集团签约莫斯科—喀山高速公路项目第五标段项目，是中企首次签约俄罗斯国家级重点高速公路项目。

25 日

首列“贵西欧”（贵阳—西安—塔什干/明斯克）国际货运班列发车。

30 日

“一带一路”清洁能源发展论坛在西宁开幕。

2020 年 10 月

5 日

2020“一带一路”城市大会在线上举行。

中意产业合作基金正式启动，首期募集资金 6 亿欧元。

9 日

欧亚政府间理事会会议审议通过《关于采取联合措施促进出口的决议》。

11 日

第七届丝绸之路国际电影节在西安举办。

12 日

中企承建吉赞阿美石油应急响应中心交付使用。

山西首开阿富汗中欧（中亚）班列。

郑州至赫尔辛基定期客运航线开航。

13 日

中国和乌兹别克斯坦举行“丝路电商”交流对接会。

15 日

首列由波兰开往中国的中欧班列乳制品专列抵达武汉。

第十一届泛北部湾经济合作论坛暨 2020 北部湾国际门户港合作峰会在广西南宁开幕。

国际商事争端预防与解决组织在北京正式成立。

香港与格鲁吉亚签署全面性避免双重课税协定。

16 日

2020 上海合作组织国际投资贸易博览会在山东青岛胶州举行。

我国首个“一带一路”河湖生态保护培训中心在武汉成立。

19 日

中国地质调查局中标总额为 3.75 亿元的“沙特阿拉伯地盾水系沉积物及重砂样品高精度地球化学勘查”项目。

20 日

《中国国家卫生健康委员会与塞内加尔卫生与社会行动部关于建立对口医院合作机制的意向书》签署。

中新（重庆）战略性互联互通示范项目联合工作委员会第二次会议在北京举行。

23 日

蒙古国加入《亚太贸易协定》。

“一带一路”国际商事调解中心自由贸易试验区济南片区调解室揭牌。

25 日

国家发展改革委与新华通讯社签署合作协议，共同指导“中国一带一路网”的建设和运维，助力共建“一带一路”高质量发展。

首个《“一带一路”高质量发展案例报告》在北京发布。

中巴经济走廊拉合尔轨道交通橙线项目正式运营。

26 日

由亚投行、欧洲复兴开发银行、中国工商银行（阿拉木图）股份公司及全球绿色基金共同支持的中亚最大在建风电项目——哈萨克斯坦札纳塔斯风电项目贷款签约仪式在亚投行总部举行。

27 日

《金融支持中欧班列（西安）集结中心暨中国（陕西）自由贸易试验区高质量发展的意见》出台。

28 日

“对接欧亚经济联盟与‘一带一路’倡议”视频论坛举行全会，该会议以“全球经济挑战：疫情后恢复国民经济和国际贸易的抗危机举措”为主题。

土库曼斯坦石油天然气国际大会开幕。

29 日

中非合作论坛 20 周年成果与展望云论坛通过视频连线方式成功举行。

2020 年 11 月

3 日

推进河南省“一带一路”风险防控和信用体系建设工作会举办，会上共同签署《关于加强河南省参与“一带一路”风险防控和信用体系建设的框架协议》。

菜鸟网络和新疆阿拉山口综保区联合举办跨境电商专列——“菜鸟号—阿拉山口专列”始发仪式。

4 日

第三届中国国际进口博览会在上海举行，国家主席习近平以视频方式发表主题演讲。

全国设立 10 个进口贸易促进创新示范区。

5 日

中蒙俄经济走廊建设三方工作组以视频方式召开第一次会议。

6 日

第十三届“一带一路”生态农业与食品安全论坛在上海举行。

“一带一路”沿线国家与地方政府双向合作论坛在上海举行。

中巴经济走廊联合合作委员会科技联合工作组第一次会议以视频会议形式召开。

9 日

以“亚蓉欧·链全球”为主题的第三届“亚蓉欧”全球合作伙伴大会在成都举行。

10 日

上海合作组织成员国元首理事会第二十次会议举行，国家主席习近平在北京以视频方式出席并发表题为《弘扬“上海精神”深化团结协作　构建更加紧密的命运共同体》的重要讲话。

“一带一路”国际商事调解中心中国（河北）自由贸易试验区正定片区调解室揭牌成立。

中国水电贵阳院参与设计的乌兹别克斯坦卡姆奇克水电站顺利并网发电。

11 日

国际海底管理局签署共建“一带一路”谅解备忘录。

12 日

我国首个“一带一路”跨境电商国际卡车班列从宁夏银川出发。

15 日

《区域全面经济伙伴关系协定》（RCEP）签署仪式以视频方式进行，15 个 RCEP 成员国经贸部长正式签署该协定。

16 日

金砖国家银行合作机制 2020 年年会暨金砖国家金融论坛以视频会议方式召开。

17 日

“一带一路”减贫与发展联盟成立大会暨“全球可持续减贫与发展”学术研讨会在云南临沧举行。

中欧班列沿线国家执法安全合作会商会在重庆开幕。

第三届亚欧互联互通产业合作论坛（欧洲）以线上视频形式在比利时布鲁塞尔和郑州市同步举行。

西部陆海新通道省际协商合作联席会议第一次会议在重庆召开，“13 + 1”省区市负责人在会上介绍了通道建设情况。

重庆跨境公路班车（中亚班车）新增哈萨克斯坦线路。

18 日

“一带一路”建筑类大学国际联盟 2020 年会议暨校长论坛以“云会议”形式举办。

中亚区域经济合作学院与新疆维吾尔自治区人民政府和乌鲁木齐市人民政府之间的《东道城市备忘录》签字仪式在乌鲁木齐市举行。

“一带一路”中沙产能合作首个国内国际双循环示范性项目——深工沙特塑胶新材及电子光学产业制造基地项目启动仪式在沙特朱拜勒举行。

中国“一带一路”再保险共同体第二次成员大会、理事会第二次会议在北京召开。

由全国 11 个中欧班列运营平台共同组货的“跨境电商欧洲专列”在义乌西站发车，这是全国首列多省跨区域合作的中欧班列。

工业和信息化部批复设立“一带一路”（青岛）中小企业合作区。

19 日

亚太经合组织工商领导人对话会举行，国家主席习近平在北京以视频方式出席并发表题为《构建新发展格局，实现互利共赢》的主旨演讲。

20 日

亚太经合组织第二十七次领导人非正式会议举行，国家主席习近平在北京以视频方式出席并发表重要讲话。

皎漂深水港项目《特许协议》签约仪式在中国驻缅甸大使馆举行。

中欧班列（郑州）至芬兰赫尔辛基线路首发。

21 日

2020“一带一路”经济与环境合作高级别圆桌会议在南京召开。

西部陆海新通道物流枢纽联盟正式成立。

22 日

2020 丝路国际合作高峰论坛在西安举行。

文化和旅游部在广州发布 2020 年“一带一路”文化产业和旅游产业国际合作重点项目名单，45 个项目在列。

24 日

第七届“一带一路”中德经济合作对话会以视频方式举行。

第四届中阿新闻合作论坛以线上形式举办。

推进“一带一路”建设水利合作工作座谈会在河南郑州召开。

以“坚持开放包容，促进互联互通”为主题的“一带一路”互联网国际合作论坛在浙江乌镇召开。

26 日

“一带一路”数贸发展与国际合作论坛暨洛阳市老城区“‘一带一路’文化数贸港”项目启动仪式在洛阳市老城区举行。

2020 年“一带一路”记者组织论坛通过网络视频方式在北京召开，论坛发布《“一带一路”记者组织合作平台共同宣言（2020）》。

27 日

2020“一带一路”高校联盟论坛在兰州大学举行。

28 日

中国（西安）—越南（河内）国际班列战略合作协议签约仪式在广西南宁举行。

西北地区规模最大、可满足陕西地区 70% 的中药材仓储需求的关中中药材物流基地正式运营。

江苏徐州首趟开往德国中欧班列开行。

29 日

东莞至杜伊斯堡首开中欧班列。

30 日

中巴经济走廊联委会瓜达尔港联合工作组召开第五次会议（视频）。

2020 年 12 月

1 日

司法部、陕西省政府在西安国际港务区举办中国—上海合作组织法律服务委员会西安中心、“一带一路”律师联盟西安中心、西安“一带一路”国际商事争端解决中心和国家生物安全证据基地揭牌仪式。

由中国生态环境部与国际合作伙伴共同发起建立的“一带一路”绿色发展国际联盟在京启动研究报告发布暨研究院启动仪式。

2 日

我国气候变化南南合作项目——援埃塞俄比亚卫星交付仪式在北京成功举办。

第九届中俄北极论坛以视频会议的形式举行。

3 日

第二届“一带一路”能源合作伙伴关系论坛在北京召开。

第四届“一带一路”国际青年论坛在韩国首尔和辽宁大连两地连线举行。

2020 金砖国家治国理政研讨会暨人文交流论坛开幕式在线上举行。

中俄东线天然气管道中段（吉林长岭—河北永清）正式投产运营。

4 日

由国铁集团倡议、6 家单位发起成立西部陆海新通道班列运输协调委员会。

8 日

“一带一路”合作伙伴疫情防控和复工复产廉洁建设研讨会在北京召开。

10 日

2020 丝绸之路国际产学研用合作会议在西安开幕。

中国援苏丹屠宰厂项目实施协议签字仪式在苏丹财政部举行。

2020 日韩（青岛）进口商品博览会在青岛市开幕。

15 日

中巴经济走廊联委会产业合作联合工作组召开第五次会议（视频）。

《中华人民共和国政府与非洲联盟关于共同推进“一带一路”建设的合作规划》签署。

国务院批复同意设立新疆塔城重点开发开放试验区，中国沿边重点开发开放试验区增至 9 个。

16 日

由中建集团承建的中巴经济走廊最大交通基础设施项目白沙瓦—卡拉奇高速公路苏库尔至木尔坦段移交仪式在巴中部城市木尔坦举行。

18 日

2020 年度“一带一路”国际合作高峰论坛咨询委员会会议以视频形式举行。

中国—冰岛自贸区联委会第四次会议以视频方式举行。

全国首个地方物流枢纽联盟——河南省物流枢纽（园区）联盟在郑州成立。

20 日

第三届丝绸之路国际诗歌艺术节在西安开幕。

由中建集团承建的阿尔及利亚南北高速公路奇法至贝鲁阿其亚路段举行落成仪式。

22 日

2020“一带一路”美丽乡村论坛在甘肃省陇南市康县举行。

23 日

《中华人民共和国政府和乌克兰政府关于共建丝绸之路经济带和 21 世纪海上丝绸之路的合作规划》签署。

土耳其首列对华出口商品货运班列顺利开行庆祝仪式在西安举行。

中国援建白俄罗斯的中白工业园中白科技成果产业化创新中心交付白方并正式投入运营。

26 日

中非总统府举行为中国援中非第 17 批医疗队授勋和“中国—中非命运共同体中国大使奖章”颁发仪式。

国家发展改革委公布《西部地区鼓励类产业目录（2020 年本）》。

匈牙利中欧商贸物流合作园区与河南航空货运发展有限公司签署战略合作协议，建设布达佩斯海外货站，共同推动在匈牙利实施航空货运枢纽项目。

30 日

国家主席习近平在北京同德国总理默克尔、法国总统马克龙、欧洲理事会主席米歇尔、欧盟委员会主席冯德莱恩举行视频会晤。中欧领导人共同宣布如期完成中欧投资协定谈判。

31 日

合肥中欧班列新增至布拉格线路。

《中埃关于新冠病毒疫苗合作意向书》签字仪式在埃及卫生与人口部举行。

2021 年 1 月

1 日

非洲自贸区正式启动。

6 日

中国和刚果（金）在金沙萨签署共同推进“一带一路”建设的谅解备忘录。

7 日

中国和博茨瓦纳在哈博罗内签署共建“一带一路”谅解备忘录。

10 日

南昌中欧班列首列“江西制造”专列成功开行。

16 日

陕西 2021 年首条国际全货运航线西安—东京首飞。

2021 年 2 月

4 日

2021 年“欢乐春节”拉脱维亚、法国、韩国等国系列活动在线上揭幕。

9 日

中国—中东欧国家领导人峰会举行，习近平主席在北京以视频方式主持，并发表题为《凝心聚力，继往开来，携手共谱合作新篇章》的主旨讲话。

21 日

由联合国亚洲及太平洋经济社会委员会倡导发起的《亚洲及太平洋跨境无纸贸易便利化框架协定》正式生效。

27 日

河南省营商环境建设促进中心、河南省一带一路建设促进中心正式揭牌。

2021 年 3 月

1 日

《中欧地理标志协定》正式生效，这是中欧之间首次大规模互认对方的地理标志，总数量超过 500 个。

中哈霍尔果斯国际边境合作中心部级协调机制双方代表举行视频会谈，就加强中哈霍尔果斯国际边境合作中心合作深入交换意见。

4 日

西部陆海新通道江津班列首趟企业定制专列发运。

6 日

中国驻埃塞俄比亚大使馆与埃塞俄比亚联邦警察总署举行“一带一路”项目安全保障机制备忘录签字仪式和安检设备交接仪式。

11 日

《〈中华人民共和国政府和卡塔尔国政府关于对所得避免双重征税和防止偷漏税的协定〉议定书》签署。

12 日

由山东高速集团统筹运营的“齐鲁号”欧亚班列鲁欧快线（济南—法兰克福）首班开行。

13 日

广西开通南宁至哈萨克斯坦首趟中欧班列。

19日

“常西欧”国际货运班列首发，从江苏常州奔牛港出发，经西安港集结中转，最终前往乌兹别克斯坦塔什干、俄罗斯莫斯科等主要站点城市。

20日

中欧班列（武汉）首次延伸至米兰。

22日

匈塞铁路巴塔吉尼卡至旧帕佐瓦段左线开通运营，成为继贝尔格莱德至泽蒙段左线、泽蒙至巴塔吉尼卡段左线开通后的第3个开通运营区间，标志着匈塞铁路贝尔格莱德至旧帕佐瓦段左线全线开通运营。

28日

中欧班列（沈阳）实现沈阳—阿拉山口—欧洲及韩国—辽宁港口—沈阳—德国国际中转两条新通道的中欧班列同步首发。

29日

南疆首趟本地报关中欧班列开行。

30日

中欧班列“长安号”（西安—丹麦）首次直达丹麦。

31日

陕西汉中至俄罗斯、荷兰中欧班列首次开行。

2021年4月

2日

陕西省推进“一带一路”建设工作领导小组会议在西安召开。

7日

中国与白俄罗斯服务贸易和投资协定第一轮谈判通过视频会议方式举行，并就《谈判职责文件》达成共识。

由国家发展改革委与联合国开发计划署联合举办的“新冠肺炎疫情下加强知识分享和能力建设，促进‘一带一路’建设与可持续发展协同增效”能力建设培训班在深圳开班。

8 日

宁夏印发《自治区推进“一带一路”和内陆开放型经济试验区建设 2021 年工作计划》。

由辽宁港口集团开通运营的“大连—别雷拉斯特”商品车中欧班列在大连港集装箱铁路中心站首发。

9 日

“一带一路”创新发展中心成立仪式在国家开发银行举行。

12 日

意大利“一带一路”研究机构举办“一带一路”线上展会。

13 日

由东方国际提供机电成套设备和相应技术服务的乌兹别克斯坦扎尔乔布一级水电站 1 号、2 号机组先后成功并网发电。

河南省委、省政府发布《关于推进中国（河南）自由贸易试验区深化改革创新打造新时代制度型开放高地的意见》。

15 日

由中土集团负责施工建设的尼日利亚拉各斯轻轨红线项目举行开工典礼。

17 日

河北省首趟直通德国的“冀欧号”中欧班列从石家庄国际陆港鸣笛启程，开赴德国汉堡。

18 日

河北省召开全省推进“一带一路”建设工作领导小组会议。

20 日

博鳌亚洲论坛 2021 年年会开幕，国家主席习近平以视频方式出席并发表题为《同舟共济克时艰，命运与共创未来》的主旨演讲。

21 日

中国科兴公司与埃及 VACSERA 公司的代表分别在北京和开罗举行关于中国新冠疫苗在埃及本地化生产合作协议签署仪式。

甘肃省与新疆维吾尔自治区、陕西省、青海省、新疆生产建设兵团举行政务服务“丝路通办”联盟线上签约仪式，共同签署《“丝路通办”政务服务“跨省通办”联盟加盟协议》，标志着丝绸之路经济带节点省区“跨省通办”进入实质性合作阶段。

中欧（厦门）班列开出首趟防疫物资出口专列。

22 日

领导人气候峰会召开，国家主席习近平在北京以视频方式出席，并发表题为《共同构建人与自然生命共同体》的重要讲话。

中国驻印度尼西亚使馆与巴基斯坦驻印度尼西亚使馆共同举办中巴经济走廊网络研讨会。

25 日

《陕西省推进“一带一路”建设 2021 年工作要点》印发，包括 8 个方面 26 项具体举措。

26 日

蓉甬出口铁海联运班列开通。

28 日

第四届进博会非洲地区线上推介会成功举办。

29 日

亚洲基础设施投资银行天津办公室交付启用仪式在滨海新区举行。

首列“港铁号”海铁联运中欧班列从广州港始发，终点为波兰马拉舍维奇。

30 日

推进“一带一路”建设工作领导小组办公室在北京举行中国“一带一路”网理事会成立会议。

2021 年 5 月

6 日

由俄罗斯远东地区梅尔基站始发至中国江西赣州的入境中欧班列开行。

7 日

中国—埃塞俄比亚/斯里兰卡可再生能源三方合作项目与埃塞方指导委员会第二次会议以视频形式召开。

主题为“应对气候变化的国际合作”的第五届“一带一路”国际青年论坛在韩国首尔和中国甘肃兰州两地连线举行。

10 日

中欧班列“江苏号”首发南京至荷兰蒂尔堡班列。

11 日

第五届丝绸之路国际博览会（丝博会）暨中国东西部合作与投资贸易洽谈会在西安举行。

首趟西部陆海新通道宁夏班列发车，班列全程物流采用“一票制”“门到门”“门到港”的运作模式。

12 日

国务委员兼外长王毅在陕西西安主持“中国 + 中亚五国”外长第二次会晤。

《青海省 2021 年推进“一带一路”建设重点工作分工方案》印发，安排部署五个方面 31 项年度重点工作。

13 日

中欧班列“长安号”首列中亚回程公共班列抵达西安。

16 日

新疆首列本地出口跨境电商专列从阿拉山口岸启程。

18 日

广西首次开行“柳州—莫斯科”跨境直通中欧班列。

19 日

国家主席习近平在北京通过视频连线，同俄罗斯总统普京共同见证两国核能合作项目——田湾核电站和徐大堡核电站开工仪式。

20 日

武汉首开至哈萨克斯坦的中亚班列。

第三届中国西部国际投资贸易洽谈会（西洽会）在重庆举行。

22 日

“齐鲁号”欧亚班列冷链专列由上合示范区青岛多式联运中心发出前往俄罗斯莫斯科，这是中国首班冷鲜蔬菜欧亚班列专列。

25 日

中国与乌干达海关签署《中乌海关关于“经认证的经营者”（AEO）互认的安排》，这是中国海关在非洲地区签署的首个 AEO 互认安排。

28 日

巴基斯坦拉沙卡伊特别经济区举行开工仪式，标志着中巴经济走廊框架下实施的首个产业园区进入全面建设阶段。

阿克苏开行首趟中欧班列。

29 日

国家发展改革委一带一路建设促进中心组织召开共建“一带一路”国际传播形势与对策座谈会。

武汉首开“阳逻港—杜伊斯堡”水铁联运测试班列。

30 日

华南地区首趟直达乌克兰中欧班列从广州白云大朗铁路货运站启程。

31 日

中欧班列（沈阳）首次开行经霍尔果斯至杜伊斯堡班列。

中欧班列（合肥）开通西班牙马德里回程班列。

2021 年 6 月

2 日

商务部发布《关于围绕构建新发展格局做好边境经济合作区、跨境经济合作区工作的通知》。

湖北省市场监管局与湖北省“一带一路”领导小组办公室制订的《标准联通共建“一带一路”湖北行动计划（2021—2023）》正式发布。

山西首次开行至法国巴黎的中欧班列。

由中铁隧道局和中铁电气化局联合承建的以色列特拉维夫轻轨红线工程实现电客车试跑。

7 日

浙江首发金华至布达佩斯中欧班列。

8 日

第二届中国—中东欧国家博览会在宁波开幕。

西北五省（区）政协“助推服务丝绸之路经济带建设”联席会议在新疆乌鲁木齐市召开。

9 日

由中国能建葛洲坝机电公司参建的俄罗斯阿穆尔天然气加工厂项目举行启动投产仪式。

10 日

由中土集团承建的尼日利亚拉伊铁路在拉各斯举行通车仪式。

13 日

由中交集团承建的埃塞俄比亚默斯凯尔广场在首都亚的斯亚贝巴举行竣工典礼。

15 日

中国共产党同突尼斯主要政党共同建立中突政党共建“一带一路”交流机制，并通过视频方式举行首次会议。

“空中丝绸之路”系列活动在郑州举行。

郑州市召开郑州中欧班列集结中心示范工程建设工作推进会。

16 日

中国铁建承建的几内亚达比隆港至圣图矿区专用铁路（达圣铁路）正式建成通车。

17 日

由中土集团承建的埃塞俄比亚莫焦旱港扩建项目在莫焦市举行开工仪式。

23 日

以“加强抗疫合作、促进经济复苏”为主题的“一带一路”亚太区域国际合作高级别会议举行，习近平主席发表书面致辞。

25 日

巴基斯坦默蒂亚里—拉合尔 ±660 千伏直流输电工程举行启动送电仪式。

28 日

国家主席习近平在北京同俄罗斯总统普京举行视频会晤。两国元首宣布发表联合声明，正式决定《中俄睦邻友好合作条约》延期。

首列中欧班列“长安号”（西安—巴黎—北非三国）在西安国际港站发车。

29 日

武汉首开至蒙古国乌兰巴托“海铁联运”汽车专列。

30 日

中国与乌克兰签署《中华人民共和国政府和乌克兰政府关于深化基础设施建设领域合作的协定》。

2021 年 7 月

1 日

长三角首趟“中吉乌”公铁联运中欧班列启程。

中国香港与格鲁吉亚签订的全面性避免双重课税协定在完成有关批准程序后正式生效。

5 日

国家主席习近平在北京同法国总统马克龙、德国总理默克尔举行视频峰会。

巴基斯坦瓜达尔港多个项目举行集中开工仪式。

8 日

以“深化经贸合作，共建绿色丝路”为主题的第 27 届中国兰州投资贸易洽谈会在甘肃省兰州市举办。

9 日

中欧班列（齐鲁号）由上合示范区发出山东省首班开往土耳其的国际铁路班列。

12 日

中国铁建莫斯科地铁第三换乘环线东段大盾构项目首条隧道贯通，这是中国企业在欧洲首个大直径盾构项目。

15 日

中国土木承建的尼日利亚卡杜纳至卡诺段现代化铁路正式开工。

16 日

亚太经合组织领导人非正式会议举行，国家主席习近平在北京以视频方式出席并发表讲话。

长三角首趟“中吉哈”公铁联运班列启程。

21 日

最高人民法院“一站式”国际商事纠纷多元化解决平台在国际商事法庭网站上线启动试运行。

24 日

第三次中巴外长战略对话在四川省成都市举行。

27 日

海关总署公布《“十四五”海关发展规划》。

28 日

由中国路桥公司牵头的中国企业联合体承建的克罗地亚佩列沙茨跨海大桥成功合龙。

商务部与乌兹别克斯坦投资和外贸部以视频会议方式共同召开中国—乌兹别克斯坦投资合作工作组第一次会议。

武汉首开至乌兹别克斯坦塔什干班列。

30 日

唐山港开行直达俄罗斯中欧班列。

郑州开通至乌兹别克斯坦中亚班列。

2021 年 8 月

1 日

衡阳首发至哈萨克斯坦中亚班列。

武汉阳逻国际港集装箱水铁联运项目开港通车，实现中欧班列（武汉）与“黄金水道”的无缝连接。

3 日

首趟中欧班列（齐鲁号）青岛至第比利斯点对点班列从霍尔果斯铁路口岸顺利出境。

5 日

新冠肺炎疫苗合作国际论坛首次会议以视频方式举行。

11 日

宁夏回族自治区高级人民法院印发《关于充分发挥司法职能服务保障“一带一路”建设的意见》。

伊拉克内阁会议已决定授权伊拉克外交部签署加入亚洲基础设施投资银行的申请文件。

13 日

甘肃省推进“一带一路”建设工作领导小组会议在兰州召开。

16 日

中亚至中卫首列大宗货物国际班列抵达，班列从哈萨克斯坦出发，全程 2133 公里，运行时间 6 天。

17 日

中俄两国首座跨江铁路大桥——同江中俄黑龙江铁路大桥实现铺轨贯通。

国家发展改革委印发《“十四五”推进西部陆海新通道高质量建设实施方案》。

19 日

第五届中国—阿拉伯国家博览会在宁夏银川以“线上 + 线下”办会模式举行。

23 日

山西获批首个“一带一路”联合实验室。

24 日

中非互联网发展与合作论坛以线上方式举办。

25 日

主题为“构建丝路商贸平台　助推经济合作共赢”的 2021 线上（中国）亚欧商品贸易博览会开幕。

“韩国—中国—波兰”国际班列首次整列发出，连云港中欧班列线路再增新通道。

青海省首趟青海至哈萨克斯坦“铁转公”中欧班列成功开行。

26 日

中欧班列（长沙）首列湖南自贸专列从长沙国际铁路港出发。

2021 年 9 月

1 日

由上港集团在海外投资建设并拥有运营权的自动化集装箱港口——以色列海法新港正式开港。

2 日

2021 年中国国际服务贸易交易会在北京举行，主题为“数字开启未来，服务促进发展”。国家主席习近平在全球服务贸易峰会上发表视频致辞。

3 日

第六届东方经济论坛全会开幕，国家主席习近平应邀以视频方式出席并致辞。

5 日

“‘一带一路’与北京‘两区’建设法治环境保障暨第六届‘一带一路’综合服务能力建设论坛”在北京召开。

7 日

第二届“一带一路”税收征管合作论坛由哈萨克斯坦财政部国家收入委员会以线上形式举办。

由中国作家协会发起的“一带一路”文学联盟在北京成立。

9 日

金砖国家领导人第十三次会晤以视频方式举行，国家主席习近平发表题为《携手金砖合作　应对共同挑战》的重要讲话。

欧洲地区首家中国疫苗工厂的奠基仪式在塞尔维亚首都贝尔格莱德举行。

京津冀首趟中欧班列跨境电商专列从石家庄国际陆港启程，驶向波兰最大的铁路转运港马拉舍维奇，进而辐射全欧洲。

10 日

中欧班列全国首列快速通关跨关区出口专列从西安国际港站发车，标志着海关总署推出的“铁路进出境快速通关”业务模式在西安国际港务区正式启动。

14 日

中国—阿拉伯国家合作论坛第九届中阿关系暨中阿文明对话研讨会以视频连线形式召开。

2021 中国仲裁高峰论坛暨第二届“一带一路”仲裁机构高端论坛在北京举行，并发布《“一带一路”仲裁机构北京联合宣言合作机制》。

15 日

中欧班列“武汉—加里宁格勒—汉堡”快线首发，这是 2021 年中欧班列（武汉）继开通波罗的海拉脱维亚首都里加班列之后又一个联通波罗的海的新通道。

16 日

第十八届中国西部国际博览会开幕式暨第十届中国西部国际合作论坛在四川成都举行。

17 日

上海合作组织成员国元首理事会第二十一次会议举行，国家主席习近平在北京以视频方式出席并发表重要讲话。

23 日

中巴经济走廊联合合作委员会第十次会议以视频会议形式召开。

2021 年 10 月

12 日

第二届中国—拉共体高级别学术论坛暨第六届中国—拉美和加勒比智库论坛在北京召开。

《生物多样性公约》第十五次缔约方大会领导人峰会在昆明举行，国家主席习近平以视频方式出席并发表主旨讲话。

重庆—恩贾梅纳友城协议签署仪式在线上举行。

2021 全球数字贸易大会暨武汉（汉口北）商品交易会在武汉开幕。

14 日

第二届联合国全球可持续交通大会开幕，国家主席习近平以视频方式出席并发表题为《与世界相交　与时代相通　在可持续发展道路上阔步前行》的主旨讲话。

15 日

匈塞铁路项目匈牙利段奠基仪式在匈南部城市基什孔豪洛什举行。

中国—中亚北斗合作论坛在甘肃省兰州市举办。

18 日

第二届“一带一路”能源部长会议举行，中共中央政治局常委、国务院副总理韩正在北京以视频方式出席并发表致辞。

19 日

《“一带一路”进出口商品集散中心（四川）建设策划方案》正式发布。

20 日

人民币跨境支付系统（CIPS）网络研讨会在巴基斯坦举办。

26 日

“一带一路”绿色发展圆桌会暨“一带一路”绿色发展国际联盟 2021 年政策研究专题发布活动在北京举行。

首发“上海号”中欧班列抵达德国汉堡。

29 日

《中国国际贸易促进委员会/中国国际商会调解中心知识产权争议调解规则》发布。

2021 年 11 月

1 日

中方正式提出申请加入《数字经济伙伴关系协定》。

2 日

2021 金砖国家治国理政研讨会在北京举行。

3 日

《陕西省“十四五”深度融入共建“一带一路”大格局、建设内陆开放高地规划》印发实施。

4 日

第四届中国国际进口博览会在上海开幕，国家主席习近平以视频方式出席并发表题为《让开放的春风温暖世界》的主旨演讲。

6 日

由中国山东高速集团国际合作公司承建的巴尼亚卢卡—普里耶多尔高速公路项目开工仪式在波黑塞族共和国第二大城市普里耶多尔举行。

7 日

中国和埃及在埃及首都开罗签署经济技术合作协定。

8 日

菜鸟比利时列日数字物流中枢正式投入使用，这是菜鸟网络在欧洲最大的智慧物流枢纽，该项目的启用将进一步服务中欧进出口跨境贸易。

11 日

亚太经合组织工商领导人峰会举行，国家主席习近平应邀在北京以视频方式发表题为《坚持可持续发展，共建亚太命运共同体》的主旨演讲。

12 日

亚太经合组织第二十八次领导人非正式会议举行，国家主席习近平在北京以视频方式出席并发表重要讲话。

18 日

中国和匈牙利签署《中华人民共和国商务部和匈牙利创新与技术部关于推动绿色发展领域投资合作的谅解备忘录》《中华人民共和国商务部和匈牙利创新与技术部关于加强数字经济领域投资合作的谅解备忘录》。

贵州首列直发中欧班列出发。

19 日

第三次“一带一路”建设座谈会在北京举行，中共中央总书记、国家主席、中央军委主席习近平出席并发表重要讲话。

20 日

中巴经济走廊首个水电投资项目卡洛特水电站顺利完成导流洞下闸，正式启动水库蓄水。

24 日

《山西省“十四五”“一带一路”开放型经济发展及对外开放新高地建设规划》发布。

26 日

“丝路电商”邮政班列“天山号”从中国新疆乌鲁木齐西货场首发开行，前往哈萨克斯坦阿拉木图。

27 日

由青海省人民政府主办、以“聚力打造国家清洁能源产业高地”为主题的 2021“一带一路”清洁能源发展论坛在西宁举办。

2021 年 12 月

1 日

第七届丝绸之路国际艺术节在西安开幕。

2 日

由中国贸促会和中国国际商会共同主办的2021年“一带一路”贸易投资论坛以线上线下相结合方式举行。

第五届“一带一路”与全球治理国际论坛在上海举行。

4 日

甘肃至格鲁吉亚第比利斯中欧班列首发开行。

5 日

国家主席习近平在北京向“2021从都国际论坛”开幕式发表视频致辞。

6 日

“一带一路”绿色发展国际联盟与联合国环境规划署在北京联合举办“一带一路”基础设施可持续发展专家研讨会。

北京市发展改革委发布《北京市推进“一带一路”高质量发展行动计划（2021—2025年）》，并与香港贸发局签署《深化推进共建“一带一路”高质量发展合作备忘录》。

8 日

中国（广西）自由贸易试验区钦州港片区钦州综合保税区正式实施封闭监管。

10 日

第六届“一带一路”国际青年论坛暨2021“一带一路”高校联盟论坛以线上线下相结合方式举行。

第七届全球中国对话论坛在伦敦英国社会科学院举行。

13 日

国家发展改革委何立峰主任与非盟委员会法基主席以视频连线形式共同出席中非盟共建“一带一路”合作工作协调机制第一次会议并发表致辞。

吉林省“一带一路”建设座谈会在长春召开。

14 日

主题为“疫后经济复苏和中欧合作前景”的中欧圆桌会议第十八次会议以视频连

线方式举行。

15 日

国家发展改革委区域开放司以视频方式召开发展改革系统共建“一带一路”工作会议。

青海首列南亚国际班列在青海省海东市平安区发车。

16 日

中国和卢旺达两国政府在基加利签署卢旺达智慧教育项目优惠贷款框架协议。

17 日

2021 年度“一带一路”国际合作高峰论坛咨询委员会会议以视频形式举行。

20 日

推进新疆丝绸之路经济带核心区建设工作座谈会在乌鲁木齐召开。

21 日

《中国与欧亚经济联盟经贸合作协定》联委会第二次会议以视频会议形式召开。

首班“许郑欧”公铁联运国际班列开行。

由中企承建的巴基斯坦尼鲁姆—杰卢姆水电站项目整体移交证书签字仪式在巴首都伊斯兰堡举行。

29 日

陕西省商务厅、西安海关等 4 部门联合印发《全面对接 RCEP 经贸新规则，扎实推进高水平对外开放行动方案》，深化陕西省与 RCEP 成员国经贸合作。

内蒙古呼和浩特首次开行中欧班列。

附　记

第一章　百年未有之大变局开辟新时代

第一节　20 世纪美国走向主导世界经济格局（马莉莉、冯心怡、梁泳琪）

第二节　百年未有之大变局的内涵（马莉莉、颜可）

第三节　百年未有之大变局下中国所面临的形势（马莉莉、刘华桐、任佳、杜煌怡雯）

第二章　基于全局的“一带一路”沿线价值链与产业变迁

第一节　基于全局的研究方法选择（陈江铭）

第二节　“一带一路”沿线价值链与分工格局变迁（马莉莉）

第三节　“一带一路”沿线区域产业转型（马莉莉、陈江铭）

第四节　“一带一路”沿线数字服务贸易结构与价值链分工格局（张亚斌、马莉莉、刚翠翠）

第三章　“双循环”与“内策外联”建设“一带一路”

第一节　发展与安全并进诉求（马莉莉、孙天瑞）

第二节　“双循环”的战略选择及其赋能“一带一路”建设（马莉莉、李卓凡）

第四章　驱动南方基于数字经济的转型升级

第一节　数字经济的属性及南方的引领潜力（马莉莉、吕翠翠、李江莲）

第二节　江苏产业集聚对区域技术创新的影响力（万伟）

第三节　智慧湾区的协同转型（马莉莉、贺丹舟、何晶怡）

第四节　福建数字经济的创新发展（陈正浩）

第五节　海南自由贸易港的差异化发展与数字贸易港建设（马莉莉、焦雅婷、李又瑶、程婧、陈正浩）

第五章　南北耦合强化北方战略保障功能

第一节　南北耦合强化能源安全的自主保障（余紫菱）

第二节　“数字—能源”耦合协调、能源效率及“东数西算”空间选择（余紫菱、任孟成）

第三节　反贫困的创新发展（马玉荣、冯耀）

第四节　黄河流域生态保护的数字化驱动（王慧聪）

第六章　东西内外互济支撑亚欧陆海贸易通道

第一节　创新建设亚欧陆海贸易大通道的思路与方式（马莉莉）

第二节　集结枢纽网络支撑中欧班列高质量开行（马莉莉、李傲蕾）

第三节　数字丝路扩展通道发展前景（余紫菱）

第四节　适应性发展空中班列集疏体系（白冬欣）

第五节　建设亚欧陆海贸易大通道的配套措施（马莉莉、程婧、陈正浩）

第七章　层级生产网络的梯度联动

第一节　中国—东盟“大网群”电力互联网络建设研究（余紫菱、马莉莉、任孟成）

第二节　中欧制造业增加值贸易结构、分工格局及政策选择（张亚斌、马莉莉）

第三节　中国与中东欧贸易便利化的经济效应及其促进选择（刘诗雨）

第四节　亚非产消网络的多元对接（高雨）

大事记　马莉莉、刘华桐、曹又心、林伟杰、于之平、张骁戈